欧米の
ホームレス問題

実態と政策

◆上◆

小玉　徹
中村健吾　[編著]
都留民子
平川　茂

法律文化社

HOMELESSNESS IN EUROPE AND THE USA Volume 1 : REALITIES AND POLICY RESPONSES

edited by Toru Kodama, Kengo Nakamura, Tamiko Tsuru and Shigeru Hirakawa

Preface : Kengo Nakamura
Part I EU : Kengo Nakamura
Part II United Kingdom
    Introduction : Toru Kodama
    Chapter 1 : Toru Kodama
    Chapter 2,4 : Yoshihiro Okamoto
    Chapter 3 : Tohru Nakayama
Part III Germany
    Introduction : Reiko Shoya
    Chapter 1,2,3,5 : Kengo Nakamura
    Chapter 4 : Yoshiko Saga & Kengo Nakamura
Part IV France
    Introduction : Tamiko Tsuru
    Chapter 1,2,3,4,6 : Tamiko Tsuru
    Chapter 5 : Mieko Hinokidani
Part V United States
    Introduction : Shigeru Hirakawa
    Chapter 1 : Shigeru Hirakawa
    Chapter 2 : Takao Koike

Horitsu bunka-sha, Kyoto, 2003

序

　1990年代末以来，日本における「野宿者」あるいは「路上生活者」の問題は，日雇労働者の集まる大阪の釜ヶ崎や東京の山谷などに問題が集中していた旧来のあり方とは次元の異なる深刻さを示すようになった。大都市の公園や駅構内に青いテントや段ボール箱を置いて暮らす人々，あるいは深夜に空き缶を回収する人々の急増は，現代の日本に住むわれわれにとっては驚くべき出来事であった。ところが今や，そうした人々との「出会い」は，そもそも出会いの経験が有しているはずの驚きと緊張感を失い，なにげない「日常の風景」の中に溶解してしまいかねない。厚生労働省は2001年12月に，全国の「野宿者」の数を2万4090人と発表したが，不況が長引くにつれて公園や路上で生活する人々の数は増え続けており，2万4090人という数値も実態を反映しているとは言いがたくなった。いずれにせよ，もはや「非日常的な」事態というよりは，むしろわれわれの社会が不断に直面せざるをえない事態として，市民がこの問題にいかに向き合うかが問われるようになっている。長期にわたって野宿生活を送る人も増大しており，この問題が不況にともなう一過性のものではなくなっているという認識が共有されつつある。

　大都市圏の自治体は2000年から，宿泊場所と就労支援事業とを提供する「自立支援センター」の運用を開始するとともに，大阪市においては1999年から路上での巡回相談を実施している[1]。野宿生活者を支援する民間団体（NPO）の取り組みも活発になっている。日本政府もまた2002年7月に，国と自治体の責任を明記した「ホームレスの自立の支援等に関する特別措置法」を成立させ，2002年中には「野宿者」の生活実態に関する初の全国調査を実施する予定であるといわれている。

　とはいえ，日本において野宿問題への社会の本格的な取り組みが始まったのは，つい最近のことである。これに対して欧米諸国の社会は，第2次世界大戦

後の時代に視野を限定したとしても，路上生活者あるいはホームレス生活者の抱える諸問題との長い格闘の歴史を経てきている。断っておかねばならないが，そうした歴史は決して麗しいサクセス・ストーリーによってではなく，むしろ幾多の試行錯誤と紆余曲折によって彩られている。と同時に，欧米諸国におけるこの問題への最近の取り組みは，「排除」といういっそう大きな枠組みの中で新たな展開をみせ始めている。われわれはしたがって，キャッチアップするべき目標としての「先進国」というよりは，むしろ問題への格闘の経験において先に進んでいるという意味での「先進国」である欧米諸国の取り組みの成果と課題から，多くを学ぶことができるであろう。

1）EU-USホームレス研究会とその問題関心

　本書は，「EU-US ホームレス研究会」による3年半におよぶ共同研究の成果のうち，欧米諸国におけるホームレス生活者の実態と，支援の政策ないし制度にかかわる部分をまとめたものである。これら諸国のホームレス生活者に対する公的機関や NPO による支援の具体的な実例については，近く法律文化社より上梓する予定である本書の下巻『欧米のホームレス問題（下）─支援の実例─』の中で紹介する。

　「EU-US ホームレス研究会」は当初，1998年6月の社会政策学会第96回大会における共通論題「日雇労働者・ホームレスと現代日本」の報告者の有志を中心にして，大阪市立大学大学院経済学研究科の福原宏幸教授の呼びかけにより，1999年2月から7名の研究者と5名の大学院生によって出発した。2000年4月からは文部科学省の科学研究費補助金を受け，本格的な海外現地調査を行うようになった。また，2001年度からは厚生労働省の科学研究費補助金の支給を受け，テーマを「社会的排除 social exclusion」にまで拡大しつつ，現在も研究を続行している。研究会は，各研究者の専門を生かして，EU班，イギリス班，ドイツ班，フランス班，アメリカ班に分けられている。そして，本書の各編は，これらの班のメンバーによる研究成果を収めている。

　研究会の問題関心は，きわめて単純である。それは，上で述べたように，野宿問題への取り組みが本格的に問われるにいたった日本は，長い歴史を有する

欧米のホームレス生活者支援策と貧困対策から何を学ぶことができるか，という点に尽きる。したがって，本書にまとめられた研究は，各国の支援システムを比較することを直接の目的にしてはいない。あくまで，日本において「野宿者」あるいはホームレス生活者を支援する制度と実践を考案していくにあたって参考にできること，ひいては教訓とするべきことを引き出すのが，研究の主たる目的であった。実際，本書の著者たちの多くは，日本の「路上生活者」あるいは「野宿者」の生活実態等に関する調査に携わってきた[2]。また，本書の著者はみな，すでにさまざまな機会に欧米諸国についての研究の成果を部分的に発表しており，社会政策学会等の場をお借りしてグループ報告も行っている[3]。本書はそうした蓄積の集大成である。欧米の主要4ヵ国におけるホームレス生活者支援のシステムをある程度まとまった仕方で提示した書物は，日本では本書以外にまだ見当たらないし，本書によって日本で初めて紹介される事実もかなりあるだろう。その意味で，日ごろから野宿生活者への支援に携わっておられる方々はもとより，各国の社会政策ないし社会保障の研究者にとっても，本書が情報と発想の源泉として役立つことを期待したい。

　むろん，部分的に参考になる点が多々あるにせよ，文化も歴史も異なる欧米の制度を日本がすぐさま真似したりコピーしたりすることはできないであろうし，適切な対応でもないであろう。欧米の支援制度の多くがNPOによる裾野の広い活動を基礎にしているだけに，そうした制度をただちに日本に「輸入」することなど不可能である。繰り返しになるが，われわれが学ぶべき最も重要な点はむしろ，欧米諸国がホームレス問題を現代における貧困の極限的な形態のひとつとして認識し，さまざまな試みを繰り広げてきた――正と負の双方の――経験にあるように思われる。

2）「ホームレス生活者」についての広い理解を採用するEU

　本書を読んでいただくにあたって最初にご留意願いたいのは，「ホームレス生活者」という言葉がほとんどのEU加盟国においては，「野宿者」や「路上生活者」よりも広い範囲の人または世帯を含んでいるという点である。本書では，イギリスにおけるhomeless people，ドイツのWohnungslose，そしてフ

ランスの Sans-abri または Sans-domicile-fixe（SDF）に「ホームレス生活者」という訳語を当てているが[4]，これらの用語はいずれも，路上生活者のみならず，知人や親族の家に宿泊している人，安い民間の宿に泊まり続けている人，福祉施設に滞在している人などを含んでいる。これらの EU 加盟国ではさらに，自分の住居を失いかけている人や社会的な水準からみて劣悪な住居に住んでいる人をも包摂するような概念（たとえば，イギリスの「援助すべき人々 supporting people」，ドイツにおける「住宅難 Wohnungsnotfälle」，あるいはフランスの住宅政策の文脈における「恵まれない者 personnes défavorisées」など）を設けて，対策を講じている。

　ホームレス問題に対するこのような広い視線は，人々がホームレス状態に陥ることを予防するための施策が EU 加盟国において発展していることの背景的要因をなしているとともに，これら諸国が「ホームレス問題」を貧困問題の中にしっかりと位置づけていることをも示唆している。実際，本書の第Ⅰ編から第Ⅳ編までの関連箇所で紹介されるように，EU は「ホームレス状態」を「貧困」あるいは「社会的排除」の「極限的な形態」として理解し，加盟国の政府が欧州委員会に対して2001年から2年おきに「貧困と社会的排除に抗するナショナル・アクション・プラン」を提出することを義務づけた。しかも EU は，こうした広い「ホームレス状態」を数量的に指標化し，各国比較を可能にするための試みを始めている。これに対して，今日のアメリカにおける支配的な了解によれば，「ホームレス」はもっぱら路上生活者のことをさしている。しかし，そのアメリカにおいても，最近の調査・研究においては——いまだ一部にとどまるとはいえ——，EU 加盟国にみられるような「ホームレス状態」についての広い概念が用いられるようになっている。したがって，本書において「ホームレス生活者」という語が使われる場合，それらは基本的にはいずれも，上述のような広い外延を有している。

3）「ホームレスの自立の支援等に関する特別措置法」について

　ところが，日本では「ホームレス」という語は，もっぱら野宿生活者を意味するようになり，しかもそうした狭隘な理解は，「ホームレスの自立の支援等

に関する特別措置法」の制定によって公認されてしまった感がある。呼称は常に，その社会と時代の支配的なものの見方を映し出し，それを固定化する。緊急に必要とされている施策にとどまらず，人々が野宿状態に陥ることを予防するようなアプローチを考案しようとするならば，野宿状態にいたる過程をも射程に入れるような，問題の広い理解が，日本においても必要不可欠となるであろう。「ドヤ」や飯場で寝泊りする日雇労働者，家出して友人宅を渡り歩くフリーターの青少年たち，「自立支援センター」等に一時的に滞在している人，ひいては，生活保護を受けていったんは賃貸住宅に入居したとはいえ，安定した仕事が見つからないために住居を失う危険にさらされている人——こうした人々にも野宿状態に陥る危険が迫っていることを視野に収めうるような，そういう理解が必要になっているのではないだろうか。

　とはいえ，日本の「路上生活者」ないし「野宿者」と，欧米における「路上生活者」または「ホームレス生活者」とのあいだには，語の外延の違いにとどまらず，路上生活やホームレス状態に立ちいたった背景の面でもかなり違いがあることを指摘しておかねばならない。日本の場合，路上生活を余儀なくされるにいたった要因として挙げられる最大のものは，やはり失業である。これに対して，失業時の生活保障制度が整えられている欧州諸国では，——本書の第II編以下の各編におけるホームレス生活者の実態に関する章が明らかにしているとおり——失業がただちに路上生活やホームレス状態に結びついてはいない。欧州諸国では，そしてアメリカにおいても，失業にともなう生活の不安定化に加えて，アルコールや薬物への依存の問題，家庭の内外における暴力の問題，生活習慣の問題等が重なることで，ホームレス状態が引き起こされている。その意味では，欧米におけるホームレス問題は，住宅と就労をめぐる支援の拡充によって緩和される余地がある日本のそれよりも，複雑な様相を呈している。[5]

　また，「ホームレスの自立の支援等に関する特別措置法」との関連でさらに付言すれば，10年間の時限立法であるとはいえ特別の法律を制定することでこの問題に対処しようとすることは，この法律に沿って支援の制度と実践とが整備されることで，市民を「1級市民」と「2級市民」とに分断する危険性をはらんでいると言わざるをえない。少なくともドイツとフランスには，ホームレ

ス生活者のみを対象にした法律は存在しない。これら両国は，長い取り組みと法の改正を経て，一般的な社会保障や労働市場政策を通してホームレス生活者を支援するようになっている。構造的失業問題に悩む欧州諸国の経験が物語っているように，現代日本の野宿問題はもはや不況にともなう一過性の問題ではなく，ある種の構造的な問題としての様相を帯びていると思われる。したがって，この問題に対しては「特別措置法」によるのではなく，市民の内部での分断を極力回避しうるように，一般的な制度による対処が求められている。

「特別措置法」の第3条は，「自立の意思があるホームレス」という表現にみられるように，「自立の意思」があるかないかを基準にして野宿生活者を区分し，「自立の意思がある」とみなされた人に対してのみ就労や住宅の確保などの支援を提供するという方向性を示唆している。欧米においても，ホームレス生活者を救済に「値する」者と「値しない」者とに区分しようとするか，あるいは「就労可能な」者と「就労不可能な」者とに区分しようとする行政上の措置が，支援の実践において大きな歪みと欠損を招いてきた（この点に関しては，「第II編　イギリス」と「第V編　アメリカ」がとくに参考になる）。行政上のそうした観点はドイツとフランスにおいていったんは克服されたのだが，経済のグローバリゼーションによる圧力とEU全体の政策傾向とを受けて再び広がりつつある。しかし，救済に「値する者」と「値しない者」という区分が欧米の支援の実践においてもたらした負の経験から，日本のわれわれは今こそ学ぶべきであろう。

日本では，当事者はもとより，支援のNPOや「自立支援センター」の中でも，野宿生活者が就労するにいたるまでの道筋をいかにして確保するかが真剣に模索されている。この点については，欧米でのホームレス生活者に対する就労支援の制度と，それを積極的に活用したNPOの取り組みが参考になろう。就労支援の一般的な制度と枠組みについては本書で紹介したが，NPOによる支援の具体的な取り組みについては，本書の下巻である『欧米のホームレス問題（下）―支援の実例―』を参照願いたい。

本書の各編の冒頭にはすべて「はじめに」が置かれており，各編の概要はその中で述べられているので，ここでそれをあらためて要約することは控えたい。

それぞれの編は一応は独立しているので，読者にはどの編から読んでいただいても支障はない。ひとつだけお断りしておきたいのは，専門分野を異にする10名の著者による本であるだけに，著者たちのあいだで視点や評価が必ずしも細部にいたるまで一致しているわけではないという点である。欧米においては，ホームレス生活者を支援するNPOに対する政府の補助金は，それなくしては支援のシステムが根底から崩れてしまうほどの規模と深みに達しているが，これをどうみるのか。EU加盟国における長期失業者やホームレス生活者の就労支援策において強調されるようになっている「雇用確保力employability」，あるいは「排除」といった概念をどう評価するか。そうした点をめぐって，著者たちのあいだで明確なコンセンサスができているわけではない。これらについては，今後の検討課題としたい。

謝　辞　Acknowledgements

　本書を準備するための調査と研究に際しては，当然のことながら，調査の対象となった諸国等における数多くの方々や組織に，言葉では言い尽くせないほどお世話になった。紙数の都合で，お世話になった事柄を逐一述べることができないのが心苦しいが，以下に，そうした方々や組織を編別に記させていただくことで，感謝の意を表したいと思う。

For their support and patience we would like to thank the following colleagues of ours;
Wir danken unseren folgenden Kolleginnen und Kollegen für ihre Unterstützung und Duldsamkeit;
Notre plus grande reconnaissance va aux celles et ceux d'au-dessous, qui nous ont beaucoup aidés, en répondant gentiment, précieusement à l'interview ou l'enquête:

【第Ⅰ編　EU】
欧州委員会の雇用・社会問題総局において主任行政官を務めるジョス・ヨンカ

ース氏 Mr. Jos Jonckers。欧州委員会ガバナンス・チームのヴォルフガンク・パーペ氏 Dr. Wolfgang Pape。「ホームレス生活者とともに活動する各国諸組織の欧州連合体（FEANTSA）」の事務局長を務めるフレーク・スピヌヴィエヌ氏 Mr. Freek Spinnewijn。「ヨーロッパ反貧困ネットワーク（EAPN）」で広報部門を担当するヴァンセント・フォレスト氏 Mr. Vincent Forest。

【第Ⅱ編　イギリス United Kingdom】
カーディフ大学都市地域計画学部 Department of City and Regional Planning, Cardiff University のデイビット・クラファン教授 Professor David Clapham、ロバート・スミス博士 Dr. Robert Smith、ポーリン・カードさん Ms. Pauuline Card、そしてロブ・ローランドさん Mr. Rob Rowlands。グラスゴー大学都市研究学部 Department of Urban Studies, University of Glasgow のキース・キントゥリアさん Mr. Keith Kintrea、スザーン・フィツパトリックさん Ms. Suzanne Fitzpatrick、そしてピーター・ケンプさん Mr. Peter Kemp。グラモーガン大学人文社会科学部 School of Humanities and Social Sciences, University of Glamorgan のスーザン・ハッツォン博士 Dr. Susan Hutson。ロンドン・スクール・オブ・エコノミックス経済学部 Department of Economics, London School of Economics のクリスティーン・ホワイトヘッドさん Ms. Christine Whitehead、そして同スクール社会的排除分析センターのメガン・ラベンヒルさん Ms. Megan Ravenhill。ラフ・スリーパーズ・ユニット Rough Sleepers Unit のチャールズ・チャペルさん Mr. Charles Chappel。通訳者として、戸田有心さん、高橋美和さん、鴨澤小織さん、斉藤麻人さん。

【第Ⅲ編　ドイツ Bundesrepublik Deutschland】
「ホームレス生活者扶助連邦協議体（BAG-WH）」のハインリッヒ・ホルトマンシュペッター氏 Herr Heinrich Holtmannspötter、トーマス・シュペヒト＝キットラー氏 Herr Thomas Specht-Kttler、ならびにヴェレーナ・ローゼンケ氏 Frau Werena Rosenke。ビーレフェルト市でホームレス生活者向けに諸種

のサービスを提供しているNPOであるGebalのライムント・クリンカート氏Herr Raimund Klinkert。「革新的社会研究・社会計画研究所（GISS）」のフォルカー・ブッシュ＝ゲーアトゥゼマ氏Herr Volker Busch-Geertsema。ベルリン州保健・社会局Landesant für Gesundheit und Soziales Berlinでホームレス生活者支援部門を担当されているベアテ・フリューゲル氏Frau Beate Flügel。INTERSOFIAのリアネ・シェンク氏Frau Liane Schenk。ベルリン都市ミッションBerliner Stadtmissionのヴァルター＝ユルゲン・ツィーマー氏と同僚の皆さんHerr Walter-Jürgen Ziemer sowie seine Kolleginnen und Kollegen。オルデンブルク市ディアコニー事業Diakonisches Werk Oldenburgのペーター・スチュンカ氏と同僚の皆さんHerr Peter Szynka sowie seine Kolleginnen und Kollegen。連邦雇用・社会秩序省Vc 2課Referat Vc2 des Bundesministeriums für Arbeit und Sozialordnungのヘルムート・ギュンタート氏Herr Helmut Güntertとマークス・シュルテス氏Herr Markus Schultes，ならびにVc 4課のウヴェ・ミューレンマイスター＝ファウスト氏Herr Uwe Müllenmeister-Faust。ノルトライン-ヴェストファーレン州政府の社会扶助担当者であるラルフ・ゾンマー氏Herr Ralf Sommer。通訳者として，ヨシコ・フクダ＝クニュットゲンさんFrau Yoshiko Fukuda-Knüttgen，丹後京子さん，ならびに三浦まどかさん。同朋大学社会福祉学部の上畑恵宣教授，静岡大学人文学部の布川日佐史教授，ならびに大阪市立大学大学院法学研究科の木下秀雄教授。

【第Ⅳ編　フランスRépublique Française】
「国立人口問題研究所（INED）」研究員のマリーズ・マルプサ氏Mme. Maryse Marpsatおよびジャン＝マリ・フィルディオン氏M. Jean-Marie Firdion。「国立科学研究センター（CNRS）」のセルジュ・ポーガム教授M. Serge Paugam。社会福祉緊急援助SAMU-Social Internationalの創設者であるドクター・ザビエ・エマニュエリM. Xavier Emmanuelli，現責任者のブルノ・ル＝モアヌ氏M. Bruno Le Moine，そしてマリヌ・ケナン氏Mme. Marine Quenin。パリ交通公社（RATP）の「環境および安全局・極限的排除と闘う委員会Mis-

sion lutte contre la grande exclusion」の代表者であるドクター・パトリック・アンリ M. Patrick Henry。フランス最大の人道的アソシエーション「カトリック救済会 Secours Catholique」全国委員会・失業および参入サービス責任者のジャック・ブルジョワ氏M. Jacques Bourgeois。「フランス国鉄−連帯委員会 Mission Solidarité」の元委員で「全国家族手当金庫（CNAF）」の研究局責任者のジュリアン・ダモン氏M. Julien Damon。パリ県「社会福祉・児童・保健局（DASES）」の調査・研究部長であるロベール・ポワンサード氏 M. Robert Poinsard。パリ県「労働・雇用・職業養成局（DDTEF）」のミシェル・ティロシュ氏 Mme. Michelle Tiroche。パリ市「経済的活動・雇用局（DDAEE）」のスヴァント・スヴァンストレム氏 M. Svante Svahnström。仲介的アソシエーション（AI）と参入支援労働派遣企業（ETTI）のアソシエーション「ディナモ Dyna'MO」責任者のローゼン・プージア氏 Mme. Rozenn Peuziat。「社会的参入施設・宿泊施設アソシエーション連合会（FNARS）」のクレール・ボーヴィル氏 Mme. Claire Beauville。「全国民間保健・福祉団体連合（UNIOPSS）」議長および「ヨーロッパ反貧困ネットワーク（EAPAN）」議長のユーグ・フェルテス氏 M. Hugues Feltesse, ならびに UNIOPSS の「排除との闘い」部局長のマリー＝マグドレーヌ・イエール氏 Mme. Marie-Magdeleine Hilaire。「公共施設省都市計画・建設・建築研究所（PUCA）」で SDF 研究担当者のダニエル・バレ氏 Mme. Danielle Ballet。雇用連帯省の雇用政策部門責任者のナタリー・ブラール氏Mme. Nathalie Boulard。居住問題に取り組むアソシエーション（PACT-ARIM）全国連合代表のレミ・ジェラード氏 M. Rémi Gérard。ブッシュ・ド・ローヌ県都市政策担当者のエブリーヌ・カルディ氏 Mme. Evelyne Cardi。オー・ド・セーヌ県施設局長のフィリップ・サンドゥヴォワール氏 M. Philippe Sandevoir およびポール・サン＝ルルー氏 Mme. Paule Sanz-Leroux。オー・ド・セーヌ県の社会生活部門責任者のエス・ジェルマン氏 Mme. Hesse Germain。参入支援企業である「ル・コッコ・エロン LE COQ HERON」のファビエンヌ・ゼルネ氏 Mme. Fabienne Zelner およびパトリシア・カンブロ氏 Mme. Patricia Camblor。通訳者の甲田充子氏。

【第Ⅴ編　アメリカ United States of America】
　ロサンゼルス市の民間非営利組織「ワインガート・センター付属ホームレスおよび貧困研究所」のポール・テッパー氏 Mr. Paul Tepper。カリフォルニア大学ロサンゼルス校法学部教授のギャリィ・ブレイズィ氏 Mr. Gary Blasi。カリフォルニア大学ロサンゼルス校付属都市貧困研究センター Center for the Study of Urban Poverty、ならびに同センターのアベル・ヴァレンズエラ氏 Mr. Abel Valenzuela。ロサンゼルス郡ホームレス・サービス局（LAHSA）のミッチェル・ネットバーン氏 Mr. Mitchel Netburn とジャネット・ロウ氏 Ms. Janette Rowe。サンフランシスコ市ホームレス問題対策室のジョージ・J・スミス氏 Mr. George J. Smith。ロヨラ大学助教授のタルマッジ・ライト氏 Mr. Talmadge Wright。ニューヨーク市の民間非営利組織「コモン・グラウンド・コミュニティ」のロザンヌ・ハガティ氏 Ms. Rosanne Haggerty。ニューヨーク市ホームレス・サービス局のビル・ディスティファノ氏 Mr. Bill Distefano。コロンビア大学のキム・ホッパー氏 Mr. Kim Hopper。イリノイ州立大学シカゴ校のチャールズ・ホック氏 Mr. Charles Hoch。シカゴ市福祉局家族支援課のブルーク・E・スペルマン氏 Ms. Brooke E. Spellman と、同市住宅局のエレン・K・サーリ氏 Ms. Ellen K. Sahli。通訳者として、アビィ・マーゴリスさん Ms. Abby Margolis とマシュー・マールさん Mr. Mathew Marr。マシュー・マールさんは同時にわれわれの共同研究者でもあり、アメリカでのほとんどのインタビューのアレンジも担当していただいた。彼は、カリフォルニア大学ロサンゼルス校付属都市貧困研究センターのリサーチ・アソシエイトである。

　このほか、各国での調査に際しては、大阪府立大学大学院社会福祉学研究科の伊藤泰三君と垣田裕介君、大阪市立大学大学院経済学研究科の大西祥恵君、久本貴志君および松原仁美君をはじめ、大学院生の諸君にお手伝いいただいた。
　最後になってしまったが、法律文化社編集部の田靡純子氏には、著者が多数におよぶためにさまざまな面でご苦労をおかけした。10名の著者がある程度体系的に執筆分担をした本が出版にまでこぎつけるという異例の事態は、同氏の

ご尽力なくしては生じえなかったであろう。著者一同，感謝申し上げるしだいである。

なお，本書は平成13年度厚生労働省科学研究費補助金（H13－政策－012）を受けて刊行された。

2002年10月

著者を代表して

中村　健吾

1）「自立支援センター」は，東京都内では台東寮（定員104名），新宿寮（同52名），豊島寮（同80名），墨田寮（同110名）が置かれ，大阪市内では大淀寮（定員100人），西成寮（同80人），淀川寮（同100人）が置かれている。
2）そうした調査の報告書としては，＜笹島＞の現状を明らかにする会『名古屋＜笹島＞野宿者聞き取り調査報告書―生活・労働・健康・福祉―』（1995年），＜笹島＞問題を考える会『＜笹島＞問題をめぐる現状と政策提言』（1998年），連合大阪・あいりん地区問題研究会『研究会報告　日雇い労働者・野宿生活者問題の現状と連合大阪の課題』（1998年），広島路上生活を明らかにする会／野宿労働者の人権を守る広島夜回りの会『広島市の「ホームレス」：路上生活者の聞き取り調査（1998年2月4日）報告書』（1998年），都市生活研究会『平成11年度〔東京都における〕路上生活者実態調査』（1999年），＜笹島＞問題を考える会『1999名古屋野宿者聞き取り報告書（速報版）』（1999年），広島路上生活を明らかにする会／野宿労働者の人権を守る広島夜回りの会『広島市のホームレスⅡ―第二次路上生活者調査（2001年2月10日）調査報告書』（2002年），大阪府立大学社会福祉学部・都市福祉研究会『大阪府野宿生活者実態調査報告書』（2002年）などがある。
3）社会政策学会編『グローバリゼーションと社会政策』法律文化社（2002年）所収の「テーマ別分科会1＝ヨーロッパにおけるホームレス問題への挑戦」を参照されたい。これ以外にも，既発表の共同研究の成果としては，大阪市立大学経済学会編『経済学雑誌』102巻3・4号の小特集「ヨーロッパにおけるホームレス問題への挑戦」がある。
4）当然のことながら，homeless people, Wohnungslose, Sans-abri または Sans-domicile-fixe といった術語は，各国の異なる文化と文脈の中で形成されてきたものであるから，これらの語の意味や外延がぴったりと重なり合うわけではない。それにもかかわらず，これら3つ（ないし4つ）の術語を重なり合う言葉として併記しうる理由のひとつは，欧州規模のホームレス生活者支援NPOの連合体であるFEANTSAやEUによる一連の文書において，これらの言葉が同一の人的集団を指すものとして使われている点にある。つまり，そうした文書においては，WohnungsloseとSans-abriの英語

訳はいずれも homeless people なのである。このような語義の収斂は，欧州に共通する広い「ホームレス生活者」の定義を作ることを FEANTSA が提唱し，それを受けて EU が「ホームレス状態」に関する欧州共通の数量的指標を作成しようと試みていることを背景にしているものと思われる。なお，FEANTSA については本書の第Ⅰ編を，それぞれの術語の正確な説明については第Ⅱ編，第Ⅲ編，第Ⅳ編をご参照願いたい。

5）しかしながら，長期にわたって野宿生活を余儀なくされる人々が増えるにしたがい，日本においても欧米諸国にみられるような複合的な問題が現れ始めていることは，注意を要する。

目　次

序

第Ⅰ編　Ｅ　Ｕ

はじめに──本格化する，社会的排除とホームレス問題へのＥＵの取り組み　3

第1章　市場・通貨統合から政治・社会統合へ ───── 5
1　拡大するＥＵの影響力　5
2　「貧困と社会的排除に抗するナショナル・アクション・プラン」の背景　6

第2章　社会的排除 ─────────────── 11
1　「社会的排除」の含意　12
2　「社会的排除」に関する統計上の指標　15
3　「社会的排除」概念の二面性　17

第3章　ホームレス問題の輪郭 ─────────── 18
1　「ホームレス状態」とは何か　18
2　「ホームレス状態」の指標を作成する試み　20
3　「ホームレス状態」の現実　20

第4章　「ナショナル・アクション・プラン」におけるホームレス問題 ── 23
1　欧州委員会による評価　23
2　ＦＥＡＮＴＳＡによる評価　24
〈補遺〉欧州社会基金　26

注・参考文献　28

第II編　イギリス

はじめに―住宅政策への包摂から社会的排除の克服へ　35

第1章　ホームレス生活者支援策の変遷 ―― 37

1. 1977年ホームレス法の成立とその意義　37
2. 公営住宅売却によるホームレス問題の深刻化　41
3. 「物への助成」から「人への助成」へ　46
4. 増大する単身ホームレス生活者と住宅給付　48
5. 社会的排除の克服と就労支援　51

第2章　ホームレス生活者の現状とその支援制度 ―― 58

1. ホームレス生活者の像　58

    区　分　ホームレス生活者の規模および地域的分布　ホームレス生活者の属性

2. ホームレス状態の原因　70
3. 政策上の課題　73

    制度の課題　住宅政策の課題　居住にかかわるさまざまな課題

4. 現在のホームレス生活者支援政策　78
5. ホームレス生活者支援制度の構造　82

    階層構造　ホームレス生活者支援策の構成　ホームレス生活者支援策の概要

第3章　野宿者の現状と野宿者支援策 ―― 89

1. 野宿者の具体的様相　90
2. ホームレス生活者に対する社会保障と就労支援　96

    ホームレス生活者と社会保障給付　ホームレス生活者と就労支援

3. 政府の野宿者支援策　101

    野宿者優先プログラムの支援策とその評価　野宿者対策室の野宿者支援戦略

第4章　社会への再参入のための「ナショナル・アクション・プラン」 ―― 113

注・参考文献　116

第Ⅲ編　ド　イ　ツ

はじめに――公的扶助をベースに，NPOと自治体による多方面の支援システムを展開するドイツ　125

> ドイツにおける社会扶助法（公的扶助制度）の役割　雇用政策と公的扶助の交錯　貧困ならびに社会的排除と闘うためのナショナル・アクション・プラン

第1章　ホームレス状態をめぐるいくつかの概念 ────── 128
　1　ホームレス生活者　Wohnungslose　128
　2　住宅難　Wohnungsnotfälle　128
　3　無宿者　Obdachlose　131
　4　非定住者　Nichtseßhafte　132

第2章　ホームレス生活者支援策の歴史 ────── 134
　1　1945〜60年：戦前からの連続性　134
　2　1960年代：過渡期　138
　3　1970年代以降：収容から「社会への再参入」へ　140
　4　ま　と　め　146

第3章　ホームレス生活者の現状 ────── 148

第4章　今日のホームレス生活者支援の諸制度 ────── 157
　1　秩序法ないし警察法にもとづくホームレス生活者対策　157
　2　社会扶助法によるホームレス生活者支援策　161

> 連邦社会扶助法の概要　家賃肩代わり措置による予防施策：「特別な場合の生活扶助」（15a条）　現に住宅を失っている人のための諸施策：敷居の低い扶助　住居獲得後のソーシャルワーク援助　「特別な社会的困難を克服するための扶助」（72条）

　3　住　宅　政　策　169
　4　就労支援策　172

> 就労支援策を支える法制度　民間のホームレス生活者支援施設による就労支援策　就労支援策が抱える問題点

第5章 「ナショナル・アクション・プラン」と
　　　　ホームレス生活者支援策の将来 ── 184
　　1　全般的な戦略　184
　　2　ホームレス生活者への言及　186
　　3　ホームレス生活者にかかわるその他の措置　187
　　4　言及されざる人々　189
注・参考文献　190

第Ⅳ編　フランス

はじめに――国家責任の社会諸施策を「公」と「民」の協同体制で実行　203
　　　　　一般的貧困対策に位置づけられたホームレス支援策　貧困者支援
　　　　　アソシエーションのイニシアティブ、そして「公」と「民」の協同
　　　　　「反排除法」そしてナショナル・アクション・プラン

第1章　ホームレス生活者支援策の歴史と現状 ── 207
　　1　前　史　208
　　2　第2次世界大戦後・高度成長期（1945〜75年）のホームレス問題　210
　　　　「救済地」のない人々への宿泊社会扶助　刑法による浮浪者対策
　　　　ビドンヴィルなどの極貧ホームレス家族
　　3　「貧困の発見」とホームレス問題　213
　　4　大量失業時代のホームレス問題　214
　　　　1980年代の「新しい貧困」とホームレス問題　「排除」とホーム
　　　　レス問題　好況期のホームレス問題　最後に

第2章　緊急施策―アウトリーチ・緊急受け入れから宿泊施設 ── 224
　　1　アウトリーチ・緊急受け入れ　225
　　2　宿泊施設　hébergement　227
　　　　多様な施設形態：長期滞在の社会扶助宿泊施設（CHRS）　緊急施
　　　　設（シェルター）　社会再参入宿泊施設（CHRS）の現状と課題

第3章　社会福祉・社会保障政策―RMIと医療保障 ── 234
　　1　参入最低限所得保障（RMI）制度　234

2　医療保障の措置　237

　　　　「個人保険」と医療扶助　　普遍的疾病保障（CMU）制度

第4章　雇用確保への支援策 ─────── 240

　　1　雇用政策の概要と特徴　240

　　　　職業養成策　　民間企業での雇用誘導策　　公的雇用　　「困難層」
　　　　への補助雇用─「経済的活動による参入」支援策

　　2　個別的な援助体制　245

　　3　雇用政策（補助雇用・参入就労）の効用　247

第5章　住宅政策と住宅困窮者支援施策 ─────── 249

　　1　住宅政策と「特定層」対策　250

　　　　1977年以前の住宅困窮者対策　　1977年の住宅融資制度改革と「特
　　　　定層」対策　　ベソン法制定の背景　　ベソン法の特徴

　　2　住宅事情と貧困世帯の居住状況　255

　　　　住宅事情　　貧困世帯の居住状況

　　3　「恵まれない者」施策の両義性　258

　　　　社会住宅への優先入居　　反排除法の方針

　　4　困窮者に向けられた住宅施策の現状と課題　261

　　　　施策の現状　　施策の評価　　社会住宅政策の方向性と課題

　　5　「恵まれない者」施策の意義　269

第6章　「反排除法」から「ナショナル・アクション・プラン」、そして今後の課題 ─────── 271

　　1　制定の経緯　271

　　2　諸施策の特徴　273

　　　　雇用諸施策　　住宅および居住保障策　　その他

　　3　「ナショナル・アクション・プラン」など今後の
　　　　　　　　　　　　「貧困・排除との闘い」の課題　278

注・参考文献　280

第Ⅴ編　アメリカ

はじめに——マキニー法のもとでのホームレス生活者対策　305

第1章　ホームレス生活者の歴史と現在 ——————— 309
1　スキッド・ロウのホームレス生活者　309
2　今日のホームレス生活者　315
ホームレス生活者の定義　性別　エスニシティ　年齢　居住（滞在）地域　退役軍人　結婚の有無　子どもの有無　学歴　身体的病気（身体障害を含む）　アルコール・薬物・精神障害　調査日の滞在場所　ホームレス状態の経験回数　現在のホームレス状態の継続期間　地域移動　収入　収入源　ホームレス生活者人口

第2章　連邦政府のホームレス生活者対策
　　　　——マキニー法の成立・展開を軸に ——————— 336
1　ホームレス支援立法の前提　336
ホームレス生活者の諸相　貧困対策の切り詰め
2　マキニー・ホームレス支援法の成立　340
マキニー法成立以前の政府動向　マキニー・ホームレス支援法の成立
3　1990年代における連邦ホームレス政策の展開　346
「ケアの継続」という戦略　連邦ホームレス生活者対策の政策含意
4　小　括　355

注・参考文献　356

第Ⅰ編
E U

はじめに
――本格化する，社会的排除とホームレス問題への EU の取り組み――

　欧州の主要国（イギリス，ドイツ，フランス）においてホームレス生活者がおかれている状態と彼／彼女らへの支援策を紹介するに先立って，ホームレス問題に対する EU[1] レベルでの理解の仕方や政策構想を検討することは，一面では理にかなったことである。なぜなら，今日では共通市場や通貨政策にかかわる分野のみならず，各国政府の専決事項であるとみなされてきた社会保障の分野においても，EU レベルで検討され決定される政策や理念が加盟国の政策に重要な影響をおよぼしているからである。したがって，加盟国における制度変化の意味と方向性を見定めるうえでも，EU の政策を理解しておかなければならなくなりつつある。しかし，他面で注意しなければならないのは，たとえば，欧州中央銀行によって一元的に管理される通貨政策とは異なって，貧困やホームレス問題への対策の主体はあくまで加盟国であり，EU レベルで発せられる共通の方針といえども加盟国における立法や措置を通してしか作用しないという点である。したがって，EU に共通する目標を達成するために採用される政策は国ごとに相当な違いを示す。

　単一通貨「ユーロ」を導入するための制度面での準備が一段落した1990年代の半ば以降，EU は市場・通貨統合を超えて政治・社会統合へと向かう傾向を再び強め始めた。それは明らかに，経済のグローバリゼーションに対する EU なりの回答を求めようとする試みである。後述するように，EU は，加盟国が「貧困と社会的排除に抗するナショナル・アクション・プラン」を2001年から2年ごとに提出することを義務づけた。それは，加盟国政府の主権の範囲内に属する事柄であったはずの加盟国内における貧困の問題に EU レベルでも取り組んでいくことを意味している。そして，この取り組みもまた，持てる者と持たざる者との亀裂を拡大させる傾向をともなうグローバリゼーションへの欧州独特の応答であるとみてよいだろう。

　そうした取り組みの中でキー・コンセプトとして登場しているのが，「社会

的排除 social exclusion」という概念である。それは，しばしば低所得を軸にして組み立てられがちである「貧困」の概念よりも広い範囲の社会的問題状況を包摂しており，本書の主題である「ホームレス状態 homelessness」も，欧州委員会などによって「社会的排除の極限的な形態」として位置づけられている。しかし，欧州委員会は今日にいたるまで「社会的排除」について明確な定義を示していないだけでなく，「社会的排除」を「通常の労働市場からの排除」に限定していくような傾向も見受けられる。

とはいえ，「社会的排除」や「ホームレス状態」を測定し国際比較を行うために，それらに関する数量的な指標を案出する試みを EU はすでに開始した。EU はもはや単なる「市場のヨーロッパ」ではないのである。

第1章　市場・通貨統合から政治・社会統合へ

1　拡大する EU の影響力

　EU はこれまで，共通市場の内部における労働者の自由移動に関連するかぎりにおいて，欧州レベルでの社会政策を発展させてきた。他方，ホームレス問題をはじめとする貧困や社会的排除といった問題は，もっぱら加盟国政府が取り組むべき国内問題とされ，これらの問題について欧州委員会をはじめとするEUの機関が口をはさむことを加盟国政府は警戒してきた。ことに，イギリス政府の抵抗で「社会政策協定」をマーストリヒト条約の本文に盛り込むことに失敗 (1991年12月) して以降，欧州委員会と加盟国の政府は EU レベルでの社会政策の発展について消極的にならざるをえなかった。たしかに，歴史的文脈の中で形成されてきた各国の社会保障システムは互いに著しく異なっており，これを欧州レベルでの法制によって画一的に整備することは，困難であるのみならず有害なことでもあろう。また，ただでさえ貧弱な EU の予算の約半分は依然として共通農業政策のために使われており，[2)]日程にのぼっている東欧の農業国 (ポーランド，ハンガリー) の加盟をも鑑みるなら，EU が社会保障の分野で加盟国政府に代替するような役割を近い将来に演じるなどということは，およそ不可能であるといわざるをえない。

　とはいえ，欧州委員会をはじめとする EU の機関が加盟国の政策に影響をおよぼす手段は，予算だけではない。第1に，しばしば引き合いに出されるように，加盟国全体における経済立法の 4 分の 3，立法全体の 2 分の 1 は，EU レベルで制定された法規に対応するものだといわれる [Giddens, 1998, p.142]。社会保障政策に関連する EU レベルでの立法は，市場・通貨統合に関連するそれと比べればまだまだ少ないとはいえ，画一的な立法がなじまないこの分野では，のちに紹介する「整合化の新しい開かれた方法 new open method of coordination」に代表されるソフトな調整方法が用いられるようになっている。それは法規のような直接的な効果をもたらすわけではないが，それでも，欧州委員会が設定した目標へと加盟国政府がおのれの政策を半ば「自発的に」接近させて

いくうえで有効である。

　第2に，欧州レベルでの法案を準備する欧州委員会の官吏と各国政府の上級官吏との間には，法案の立案過程から実行・監視の過程にいたるまできわめて日常的な接触と交渉が存在する。たとえば，ドイツ連邦政府の（Aグレードに属する）上級官吏の約40％は，彼らの日常的な業務の一環としてブリュッセルに赴き，EUの政策形成・執行過程に関与している。また，1995年には，州政府をはじめとするドイツの地方政府からは約500人の官吏がEUのいくつかの政策領域に関与した。このような現象は，「(政府の)日常活動のヨーロッパ化」，あるいは「行政の多次元的な相互浸透」［Wessels, 1997, pp.281-282］などと呼ばれている。各国の政策はもはや国民国家の閉ざされた空間の中で形成され実行されるのではなくて，EUというスプラ・ナショナルな次元，各国政府というナショナルな次元，そして地方政府というサブ・ナショナルな次元が複雑に絡み合う多次元的な行政システムの中で展開されている。[3]

　かくして各国の政策は，ホームレス問題ともかかわりの深い雇用政策はもちろんのこと，社会保障の領域においても，EUレベルでの政策や法制度の変化を視野に入れずしては理解することができなくなりつつある。

2　「貧困と社会的排除に抗するナショナル・アクション・プラン」の背景

　貧困や社会的排除に対する各国の取り組みをEUレベルでのイニシアティブによって活性化しようという試みは，単一通貨「ユーロ」を導入するための制度面での準備が整った1990年代の後半から本格化したといってよいであろう。

　1997年10月に調印されたアムステルダム条約は，マーストリヒト条約では付属議定書扱いになっていた「社会政策協定」をほぼ全面的に条約本体に取り込んだ（EC設立条約第11編第1章）。その結果，条約136条には「高水準の雇用の継続と社会的排除の撲滅のための人的資源の開発」がEUおよび加盟国の目標として掲げられた。さらに137条によれば，「労働市場から排除された人々を労働市場へ統合する」ために，加盟国の関係閣僚からなる閣僚理事会は次の2種類の措置をとることができる。すなわち，第1に「最低基準」を特定多数決[4]にもとづく「命令 directive」[5]によって採択することである。「命令」が閣僚理事会

での全会一致ではなく特定多数決によって採択可能となったことは，排除に抗するEUレベルでの立法を迅速にするうえで効果的である。第2に「知識の改善，情報および優れた慣行の交換の促進，社会的排除を撲滅するための革新的な手法の開発と経験の評価を目的とする発議を通じて，加盟国間の協力を促進する」ことである。この第2の措置が，加盟国政府による「貧困と社会的排除に抗するナショナル・アクション・プラン」の作成とその検証というかたちで具体化されていくのである。

アムステルダム条約はこのように，EUと加盟国とが協調して貧困や社会的排除に対処するための効果的な手順を定めたのだが，同条約における「社会的排除」と「統合」はあくまで通常の労働市場からの「排除」とそこへの「統合」に限定されている点にも留意する必要がある。少なくとも条約の文言を見るかぎり，「社会的排除」の中にたとえば「ホームレス状態」が含まれているのかどうかはにわかに判定しがたいのである。

アムステルダム条約にともない，EU条約の2条には「高水準の雇用の促進」がEUの「目的」として初めて挿入されるとともに，EC設立条約の第Ⅷ編において「雇用」と題された諸条項が新たに設けられた。この改正によって，閣僚理事会が「加盟国の雇用政策のためのガイドライン」を1998年から毎年決定し，加盟国はこのガイドラインに沿った年次報告（「雇用政策に関するナショナル・アクション・プラン」）を閣僚理事会と欧州委員会に提出することになった。ちなみに，「加盟国の雇用政策のためのガイドライン」の4つの柱は以下のとおりであるが，これは1998年から2002年まで変化していない。

① 雇用確保力 employability を高める
② 企業家精神を発展させ，雇用を創る
③ 経営者と被雇用者の適応能力を高める
④ 男女の機会均等のための政策を強める

さて，縁故採用や予算の不正使用などを欧州議会から追及されていた欧州委員会は，1999年3月，ついに委員の総辞職というかたちで責任をとらされることになった。これにともない，同年9月には，イタリアの中道左派連立政権（「オリーブの木」）の首相を務めたロマーノ・プロディを委員長とする新欧州委

員会が発足した。1996年4月のイタリア，1997年5月のイギリスと同年6月のフランス，そして1998年9月のドイツにおける総選挙の結果，欧州の大国においていずれも保守政権から社会民主主義的政権への交替が起こったあとだっただけに，プロディ委員長の就任はEUにおいて社会民主主義の新しい路線が影響力をさらに浸透させていく機会を提供したといえよう。[8] 実際，むこう6年間にわたる新欧州委員会の方針である「戦略目標2000-2005」を発表するに際してプロディ委員長が欧州議会で行った演説（2000年2月）は，市場・通貨統合に傾斜してきた欧州統合のプロセスに軌道修正を加えて政治統合を前面に押し出し，これまで各国の主権に属すると思われてきた事柄にもEUの権限を波及させることを表明した，きわめて野心的なものであった。彼は次のように語っている。

「われわれを驚かす第1の事柄は，ひとつの逆説である。すなわち，一方において，欧州統合はわれわれの大陸において史上に類例を見ないような平和と繁栄の半世紀をわれわれにもたらした。ユーロの導入にともなって，われわれはいまや完全に統一された単一市場を手にしているのだが，これによってEUはグローバリゼーションの試練に立ち向かうことのできる世界的な経済勢力として登場しうる。しかし他方において，欧州の市民は幻滅し不安を抱いている。彼らはEUの諸制度に対する信頼を失っている。彼らは，失業に対するわれわれの取り組みの遅さに我慢できなくなりつつある。〔中略〕これまで欧州統合は，単一市場をうち立て単一通貨を導入するという主として経済的な過程であった。これからの統合はますます政治的な過程となるであろう。〔中略〕この政治統合の新しいフロンティアは，司法・内務行政，共通外交・安全保障政策，国防協力であり，基本的な政治的価値という重要問題である。これらの問題は国家主権の核心に触れるものであり，1980年代と90年代に支配的であったものよりもはるかに高い次元の政治的コンセンサスを要求する。」[Prodi, 2000b]

ちなみに，上の引用文の中にある「基本的な政治的価値」とは，EU市民の基本権のカタログを含む欧州憲法の制定を念頭においた表現だとみてよいであろう。周知のとおりEUは2002年2月から，「欧州憲法」の創設をも視野に入れたEUの将来像について，ジスカール=デスタン元フランス大統領を議長と

する「欧州協議会 European Convention」のもとで検討を始めている。

　いずれにせよ，欧州委員会は「戦略目標2000-2005」の重点項目として以下の4点を掲げた。
① 欧州ガバナンス European governance の新しい諸形態を促進する
② われわれの大陸を安定させ，世界における欧州の発言力を高める
③ 新しい経済的・社会的アジェンダを策定する
④ 万人のためのよりよい生活の質を追求する

　これらの戦略目標のうち，われわれのテーマと関連しているのは③の「新しい経済的・社会的アジェンダ」であるが，その中心的な内容は，「雇用と持続可能な発展とを促進するような仕方で，われわれの経済をデジタル時代に見合うように近代化するとともに，公正でケアを行う社会 a fair and caring society を建設するためにわれわれの社会的保護のシステムを再編成すること」[Commission, 2000a, p.3] にある。とくに注目に値するのは，「イノベーション」や「企業家精神」の促進，あるいは「人的資本への投資」といった競争力強化政策と並んで，「完全雇用」と「社会的排除との闘い」が重点目標に掲げられていることである [ibid., p.10]。

　「雇用，経済改革，そして社会的結束 social cohesion」をテーマにして2000年3月にリスボンで開かれた欧州理事会（EUサミット）は，来る10年間におけるEUの「新しい戦略目標」として，「より多くのよりよい仕事とより高い社会的結束とをともなう持続可能な経済成長を達成しうる，最も競争力に富みかつ最もダイナミックな知識依存型経済」の実現を謳った。そして，この目標を実現するための方策のひとつとして，「人々に投資し社会的排除と闘うことで，欧州社会モデル European social model を近代化する」（議長総括）ことが位置づけられた。「欧州社会モデル」というのは明らかにアメリカ的な社会モデルに対置されるべく構成された概念であり，それは，「社会の全成員が一般的な便益と保護のサービスに自由に接近することを保障するような内部での連帯と相互支援という価値へのコミットメントに，市場の諸力と機会および企業活動の自由とを結びつけようとする」社会のモデルであるという [Commission, 1996, p.13]。つまり，高水準の社会保障と個人の経済活動の自由という2つの

極を結合してきたのが欧州社会だったというわけである。なるほど，1980年代以来持続している高い失業率とグローバルな経済競争の強化のなかで，このモデルをそのまま維持することはできなくなった。とはいえ，経済活動の自由と競争という一方の極だけに軸足を移動させることは，欧州の経済競争力にとってかえってマイナスに作用しかねない。問われているのはむしろ，2つの極を新しい仕方で結びつけること，すなわち「欧州社会モデルの近代化」である。

「テクノロジーと社会の変化にうまく対応しようと思えば，経済のダイナミズムを支え，雇用を創出するような改革を追求するために，欧州社会モデルの近代化と改善が必要になる。〔中略〕EUはその良好な社会的条件を，高い生産性と高品質の財やサービスに結合し続けなければならない。これこそ，欧州社会モデルの主要な特徴なのである。ダイナミックで競争的な経済におけるより多くのよりよい雇用は，社会的結束を強めてくれるであろう。」[Commission, 2000b, p.8]

要するに，企業家精神の育成，「人的資源」への投資を通じたイノベーション能力と「雇用確保力」の向上など，供給サイドへの政策的介入を強めることによって，欧州社会の構造を経済競争力の源泉となるように改革しようとするのが「欧州社会モデルの近代化」であるといえよう。[9]

さて，リスボンでの欧州理事会はまた，貧困や社会的排除といった，これまで加盟国政府の管轄事項とみなされてきた領域において欧州委員会と加盟国との協力を促すために，「整合化の新しい開かれた方法 new open method of coordination」を定式化した。これは，①目標達成の期限をともなうEUレベルでの政策「ガイドライン」の作成，②各国における最良の政策や実践を比較・測定するための「量的・質的指標」や「ベンチマーク」の策定，③「ガイドライン」に沿った「ナショナル・アクション・プラン」を加盟国が作成する，④「定期的なモニタリング，評価，見直し」を通して各国による「相互学習」を促進する，という4点からなっている（議長総括）。これは明らかに，欧州委員会が上から画一的な規則や命令を加盟国に押しつけるのではなく，欧州委員会が設ける一定のガイドラインに沿って加盟国自身が立てた目標を加盟国が追

求することを促すための方法である。ただし，詳細な「ガイドライン」が欧州委員会によって定められた雇用政策とは異なり，貧困や社会的排除への対応策に関しては「ガイドライン」の代わりに全般的な「目標 goals」が定められることになった。

こうした線に沿って，2000年9月にニースで開かれた欧州理事会は，貧困ならびに社会的排除を除去するための4つの目標を以下のように定めた。

① 雇用への参加，ならびに資源・権利・財・サービスへの万人のアクセスを促進すること
② 排除のリスクを阻止すること
③ 最も傷つきやすい人を支援すること
④ すべての関係者を動員すること

そのうえで同理事会は，上記の4つの目標を達成するべく，加盟国が2001年6月までに「貧困と社会的排除に抗するナショナル・アクション・プラン (2001-2003年)」[10]を欧州委員会に提出することを決定したのだった。提出された「ナショナル・アクション・プラン」は欧州委員会による吟味にかけられ，同委員会がまとめた全般的な評価報告書にもとづいて，2001年12月には雇用・社会政策閣僚理事会が最終的な評価報告書を欧州理事会に提出した。

第2章 社 会 的 排 除

各国が「ナショナル・アクション・プラン」において提示しているホームレス問題への対策については第4章で言及することにして，本章では近年のEUによる社会政策においてキー・コンセプトとして用いられるようになった「社会的排除」という概念の含意を説明しておこう[11]。ただし，言うまでもなく「社会的排除」という概念はEUの中においてすら国ごとの政治的・社会的文化や状況の違いを反映して異なる意味内容と結びついている。したがって，本章で紹介し分析されるのは主としてEU，とくに欧州委員会がその公式文書の中で用いるようになった「社会的排除」の概念に限定されていることを，最初に断っておきたい。

1 「社会的排除」の含意

「社会的排除」の概念が欧州委員会の用いる言葉のレパートリーの中に導入されたのは、フランス社会党出身のジャック・ドロール欧州委員会委員長の任期（1985-95年）の最中においてである。本来は市場・通貨統合と平行して「社会的ヨーロッパ」の建設が不可欠だと構想していたドロール委員長と、フランス人官吏が多く所属していた第5総局（現在の雇用・社会問題総局）のイニシアティブのおかげで、欧州委員会における「社会的排除」の概念は当初、フランスで展開されていた議論から取ってこられたといわれている[Atkinson/Davoudi, 2000, p.429]。「社会的排除」という言葉は「貧困」という言葉と部分的には重なりながらも、部分的にはそこから乖離しつつ、すでに1980年代の末からEUの公式文書に登場するようになっていた[Abrahamson, 1997, pp.128-129]が、これが政策上のキー・コンセプトとして真正面から掲げられたのは、欧州委員会が1992年に発表した文書「連帯の欧州をめざして：社会的排除に対する闘いを強め、統合を促す」においてである。この文書では「社会的排除」の概念について次のように述べられている。

「社会的排除は、過程と結果としての状態との双方をさすダイナミックな概念である。〔中略〕社会的排除はまた、もっぱら所得をさすものとしてあまりにもしばしば理解されている貧困の概念よりも明確に、社会的な統合とアイデンティティの構成要素となる実践と権利から個人や集団が排除されていくメカニズム、あるいは社会的な交流への参加から個人や集団が排除されていくメカニズムの有する、多次元的な性質を浮き彫りにする。それは、労働生活への参加という次元をすら超える場合がある。すなわちそれは、居住、教育、保健、ひいてはサービスへのアクセスといった領域においても感じられ、現れるのである。」[Commission, 1992, p.8]

ここにはすでに、①社会的排除は結果のみを問題にするのではなく排除されていく過程を問題にするのだという点、ならびに、②社会的排除は低所得や失業といった問題に限定されない多次元性を有しているという点、が指摘されている。しかし、この概念規定の試みは「排除」につながる数多くの指標を列挙

していると同時に，曖昧な点を多々残しており，これによっては具体的にどの現象が社会的排除に相当し，どの現象がそうでないかは判別できない。

　欧州委員会による近年の文書では，上記①と②の側面に加えて，「社会的排除」は，③「構造的な現象」であることが指摘されるようになった。「構造的な現象」とはすなわち，経済と社会の変化の「構造的なトレンド」に関連して生じた現象であるということである。「構造的なトレンド」として挙げられている4つの傾向は，第1に，合理化や労働市場の規制緩和にともなって生じている「流動的でフレキシブルな労働のパターン」であり，第2に，「知識依存型経済」への移行とともに情報テクノロジーをはじめとする新しい技能や資格が被雇用者に要求されるようになったことである。第3に挙げられているのは，高齢化や伝統的な家族構造の崩壊といった「人口学的な変化」であり，これによってひとり親の世帯やホームレス状態が生み出される可能性が高まっている。そして第4に，発展から取り残された田舎，かつての工業地帯，あるいは低所得状態・失業・暴力などが集中する都市域が他の地域から隔離されるという「領域分化 territorialization」である〔Commission, 2000c, p.7〕。

　このように「社会的排除」が「多次元的」であり，かつ「構造的」である以上，それを克服して「社会的包摂 social inclusion」を促すためには，「包括的かつ整合的な政策アプローチ a comprehensive and co-ordinated policy approach」が必要になると欧州委員会はいう。このアプローチはまた，「社会的排除」が結果としての状態のみならずそれが発生する過程をも射程に入れた概念であることに対応して，「先を見越した pro-active」ものでなければならない。

　「社会的包摂のための包括的かつ整合的なアプローチは，経済と社会の変化から取り残された人々に受動的給付を支払うといった方法による繁栄の再分配をはるかに超えるものでなければならない。試みられるべきは，再分配の規模を拡大することにあるというよりは，むしろ万人の完全な参加と良質な生活とを保障する潜在力を最大化するような仕方でわれわれの経済と社会を運営することである。焦点は活発な参加を促すことにおかれるべきであり，そうすることで人的資源の浪費を少なくし，機会の公正な分配を達成することができる。〔中略〕今日におけ

る経済およびテクノロジーの変化のダイナミズムを考慮するなら，このような先を見越した観点が社会的包摂を実現するために重要になっている。〔中略〕すべての市民に変化への備えを用意させるような前向きの適応過程を促し支援することこそ，連帯と社会的結束を強化するための最良の見通しを与えてくれる。」[ibid., p.8]

結局，欧州委員会は，——以下で述べるように「社会的排除」の度合いを測るためのEU共通の指標を策定する努力を続けているとはいえ——「社会的排除」に明確な定義を与えることを今日まで回避している。[13] それにもかかわらず，欧州委員会が使用する「社会的排除」の概念は上でみたように，経済のグローバリゼーションと情報社会化に対応して欧州経済の競争力を強化するというEUの全般的な戦略にみごとに合致する仕方で組み立てられている。すなわち，これまで加盟国が整備してきたような「受動的な」所得再分配政策や社会的保護のシステムでは経済と社会の変化に対応できないので，人々の「雇用確保力」や「適応能力」を高める「能動的な福祉国家」（リスボンでの欧州理事会における議長総括）に切り替えていくことをめざすEUの戦略にとって，「所得の再分配」に視野を限定せず「先を見越した」アプローチを要求する「社会的排除」の概念の構成は，実に適合的である。なぜなら，「社会的排除」が示唆する「先を見越したアプローチ」とは，可能なかぎり社会的保護に頼らなくてもすむように労働力としての人々の資質——労働市場における個々人の競争力——を強化することを指向しているからである。それは，マクロ経済政策を通して完全雇用を達成しようとするようなアプローチではない。そうではなくて，供給サイドのミクロな次元における競争力の強化をめざしているのである。[Silver, 1994, p.540]が示唆しているように「社会的排除」の概念は，欧州委員会と加盟国政府のみならず経営者団体をも含む，「欧州の福祉国家を改革しようとする新しい広範な連合」を形成するうえで，キー・コンセプトとしての機能を果たしうる。

「社会的排除」の概念を以上のような文脈の中においてみると，皮肉なことに，本来は多次元的であるはずのこの概念は，もっぱら「変化の激しい労働市

場から排除された人々」に適用される概念となり，したがって「社会への包摂」が「労働市場への包摂」へと切り詰められかねない危険性をともなっているといわざるをえない。そうなると，そもそも労働市場に再参入する以前にさまざまな問題を抱えているホームレス生活者のような人々は，「社会的包摂」のための施策から除外されかねないのである。「先を見越した」就労支援策と事後的な生活保障政策は，いわば車の両輪なのであって，前者のみの一面的強調は，人々に自立を強制するような圧力を生み出し，後者のみの一面的強調は，自立への道を閉ざすことにつながる。

2 「社会的排除」に関する統計上の指標

　定義が明確になっていないにもかかわらず，「社会的排除」に関するEU共通の統計指標を打ちたてようとする試みが，欧州共同体統計局（Eurostat）と社会的保護委員会とによってそれぞれ独自に続けられている［Eurostat, 2000; Social Protection Committee, 2001］。以下では，これら2種類の指標のうち後者の社会的保護委員会による指標のみを簡単に紹介する。[14]

　2001年3月にストックホルムで開催された欧州理事会は，2001年末までに「社会的排除」に関する共通の指標を採択することを決定した。これを受けて，ニース条約（2000年9月調印）にもとづいて設置された社会的保護委員会は，指標策定のためのサブ・グループを設置したが，このサブ・グループにはすべてのEU加盟国から専門家が送り込まれた。サブ・グループが2001年10月にまとめた報告書［Social Protection Committee, 2001］は，所得，失業，健康状態，教育歴，という4つの領域にわたる18の統計的指標を提示した。そして，社会的保護委員会によるこれら18の指標がEUの公式の指標として採用されていくものと思われる。18の指標は以下のとおりであるが，これらは，社会的排除をもたらす最も重要な要因であるとみなされた「主要な指標」と，社会的排除の補足的な次元をさし示す「2次的な指標」とに大別されている。

【主要な指標】
① 所得移転後の（各国の所得中央値 median income の60％以下を「低所得」とみた場合の）低所得率

② 所得の配分（各国で下位20％の人の所得が上位20％の人の所得に対して示す比率）
③ 低所得の持続度
④ 低所得の中央値と貧困線（各国の所得中央値の60％）の所得とのギャップ
　　（貧困線以下にある人々の所得の中央値を貧困線の所得で割った数値）
⑤ 地域的な結束度（失業率の違いの係数）
⑥ 長期失業率（12カ月以上失業している人の数が全労働人口に占める割合）
⑦ 仕事のない世帯に住んでいる人の数
⑧ 早期に退学して以降，教育や職業訓練を受けていない人の数
⑨ 出生時の期待寿命
⑩ 当事者からみた健康状態

【2次的な指標】
⑪ 所得中央値の60％という貧困線からの所得分布（所得が各国の所得中央値の40％以下，50％以下，70％以下にある人の数）
⑫ 一定の時点にかぎってみた場合の低所得率
⑬ 所得移転以前の低所得率（1.すべての社会的な所得移転を除外した場合の所得，2.老齢年金と遺族年金を含む場合の所得，3.所得移転後の所得）
⑭ 所得の配分（ジニ係数）
⑮ （所得中央値の50％を「低所得」とみた場合の）低所得の持続度
⑯ 失業者全体の中に長期失業者（12カ月以上の失業者）が占める割合
⑰ 全労働人口の中できわめて長期的な失業者（24カ月以上の失業者）が占める割合
⑱ 低い学歴しかもたない人の数

　以上から読み取れるように，社会的保護委員会による指標では低所得と並んで失業の問題が重視されているものの，同委員会の報告書自身が認めているとおり，住宅に関する指標が欠けている。報告書は住宅の指標をめぐって合意が形成できなかったことを示唆すると同時に，2003年から2005年までの「貧困と社会的排除に抗するナショナル・アクション・プラン」においては，①まずまずの水準を備えた住宅 decent housing，②住居費，③ホームレス状態とそれ以外の不安定な居住状態についての数量的なデータ，が記載されるべきである

と提言している［ibid., p.4］。

　ともあれ，この報告書と各国の「ナショナル・アクション・プラン」を踏まえた2001年12月の欧州理事会は，その議長総括の中で，貧困と社会的排除を構成する重要な次元として「健康と居住」を改めて挙げている。社会的排除を示す指標の中になんらかの仕方で住宅をめぐる指標が導入される可能性は高いといえる。

3　「社会的排除」概念の二面性

　EUレベルで使われるようになった「社会的排除」という概念は，すでにみてきたように，低所得という側面に限定されない社会問題のさまざまな次元（非貨幣的で，社会関係や社会参加にかかわる次元）に注意を促すうえで利点を有している。したがってそれは，貧困を克服するための多次元的で包括的なアプローチを示唆しうるし，そうしたアプローチは，本書の第Ⅱ編以下で述べられているように何よりもホームレス生活者への支援策において必要とされているものなのである。「社会的排除」の概念はまた，グローバリゼーションと情報社会化の進展のなかで「豊かな社会」においても出現してきた貧困の新しい諸相――情報へアクセスする機会の不平等，新しい資格や技能を身につけることの困難，あるいは身体的・精神的健康の問題など――を射程に入れることができる。そしてそれは，社会的に剝奪された状態に陥る過程に着目することで，予防的な施策を発展させるための手がかりをも与えうるであろう。そのかぎりにおいて，「貧困」に代わって「社会的排除」という概念が使われ始めたことは，時代の要請にかなっていたといえる。

　そうした利点にもかかわらず，EUレベルで使われている「社会的排除」の概念にはある独特の傾向が刻み込まれているのであり，この傾向は，「社会的排除」の概念が本来有しているはずの潜在力を切り詰める危険性をともなっている。

　欧州委員会は，公的扶助をはじめとする旧来のセイフティネットを「受動的な所得再分配政策」とみなして縮小し，欧州経済の競争力の強化にとって有意義な「積極的な労働市場政策」へと重心を移そうとしている。欧州委員会が用

いる「社会的排除」概念は，まさにこの重心移動を促すのに都合のよい仕方で組み立てられている。というのも，それは第1に，「先を見越したアプローチ」の必要性を一面的に強調することで，事後的な支援策としての社会保障の地位を低下させる傾向をはらんでいるからであり，第2に，——「社会的排除」概念が有する本来の多次元性に反して——「社会への包摂」を「労働市場への包摂」へと還元する指向性を含んでいるからである。まだ最終的な決着をみたわけではないにせよ，社会的保護委員会が提出した「社会的排除」に関する指標が基礎的ニーズの充足（栄養素の摂取，社会的な交際，自由時間や休暇旅行など）や住宅といった次元を欠いているのは，決して偶然であるとは思えない。

第3章　ホームレス問題の輪郭

1　「ホームレス状態」とは何か

　欧州委員会と閣僚理事会は，「ホームレス状態 homelessness はおそらく，社会的排除の極限的な形態 the most extreme form である」［Commission, 2001, p.52; Council, 2001, p.64］という理解を示すにいたったが，「ホームレス状態」[15] それ自体については定義を与えていない。欧州各国のホームレス生活者支援組織の連合体である FEANTSA（「ホームレス生活者とともに活動する各国諸組織の欧州連合体」）は，ホームレス生活者への支援策をめぐってしばしば欧州委員会に対し政策提言を行っているが，この FEANTSA も欧州諸国に共通する「ホームレス状態」の定義を練りあげてはいない。というのも，ホームレス問題に対する各国の捉え方には，歴史的な経験に由来する違いが存在するからであり，したがって，「ホームレス状態」についての単一の厳密な定義を施すことは困難だからである。

　とはいえ，FEANTSA に加盟している欧州各国の NPO のあいだには，「ホームレス状態」に関する一定の緩やかなコンセンサスが存在しているようである。FEANTSA の議長 President を務めているトーマス・シュペヒト゠キットラーは，欧州全体に適用される「ホームレス状態」の定義については「広くて一般的」である方が望ましいと述べたうえで，そうした定義は以下の4つの機

能を果たすべきだという［Specht-Kittler, 2002, p.4］。
① 法的な機能（公的資金による援助において基準を与える）
② 統合上の機能（社会サービスにとって重要になる）
③ 住居をめぐる機能（住宅供給者に対して基準を与える）
④ 調査における機能（経験的・理論的調査にとって重要になる）

そして，上記のような機能を果たしてくれるような「ホームレス状態」の定義には，以下の3つの集団が含まれるべきであるという。
① 極度のホームレス状態にある人々（私的な住居 home をもたないすべての人々または世帯）
② 極度のホームレス状態に陥る危険のある人々（私的な住居を失う危険が間近に迫っている人々または世帯）
③ 住宅をめぐる排除 housing exclusion の状態にある人々（過密住宅，質の悪い住宅，剥奪を受けた都市域での居住といった，住宅をめぐる排除の深刻な形態のもとで生活しているすべての人々）

これら3つの集団を「ホームレス状態」という概念の中に包摂するという考え方は，ドイツで普及している「住宅難 Wohnungsnotfälle」の概念を踏襲したものだと思われる[16]。とはいえ，こうした考え方は決してドイツに特有のものではなく，本書の第Ⅱ編から第Ⅳ編において明らかにされるように主要なEU加盟国が共有する理解となっている。

読者には上記の3つの集団に関する記述を注意深く読んでいただきたいのだが，たとえば①の集団の中には日本で「野宿者」または「路上生活者」と呼ばれている人々のみならず，なんらかの一時的滞在施設に入居している人，あるいは知人や親族の住居に泊まらせてもらっている人も含まれる。そして②や③の集団の場合には，目下のところ雨露をしのぐことのできる私的な「住宅 housing」を得てはいるのだが，それを失う危険にさらされているか，あるいはそうした「住宅」が人間としての尊厳にかなうような生活を保障してくれる「住居 home」としての水準に達していないような人々を含んでいる。

欧州におけるホームレス生活者支援のNPO（ひいてはホームレス生活者支援を担当する行政当局）がこうした広い概念を採用するようになったのは，上記の3つ

の集団の間の垣根が流動的であり，③から②へ，②から①へという移行が実際に生じているからである。したがってそれは，より劣悪な状態への移行を未然に防止するような「予防的アプローチ」の必要性を示唆しているのであり［ibid., p.4］，現に欧州各国では野宿状態やホームレス状態を予防するための施策が発展してきた。

2 「ホームレス状態」の指標を作成する試み

加盟国政府が欧州委員会に提出した「貧困と社会的排除に抗するナショナル・アクション・プラン」のうち，ベルギー，フランス，オランダ，イギリス，フィンランドの「プラン」には，ホームレス状態についての指標と自国の情報システムとを練りあげていくという方針が表明されている。また，ベルギー政府は，欧州レベルで調和のとれたデータ収集を行うための方法を発展させるべきだと提案している［Council, 2001, p.65］。

欧州共同体統計局（Eurostat）はこうした動きを受けて，「社会的排除」のみならず「ホームレス状態」についてもその指標を作成するべく「作業部会 Task Force on Homelessness」を設置した。この作業部会はスペイン，イタリア，フィンランド，フランス，オランダの国立統計局の代表者から構成されているが，そこには NGO を代表して FEANTSA も参加することになった。作業部会は2003年の初頭までに最終的な結論を EU の社会的保護委員会に提出することになっている。

3 「ホームレス状態」の現実

では，「ホームレス状態」について本章の第 1 節で示したような広い定義を採用した場合，EU 加盟15カ国におけるホームレス状態の規模はどのような様相を示すであろうか。目下のところ，公的な機関がホームレス生活者の全国的な数を定期的に調査しているのはアイルランドとフィンランドだけである［Spinnewijn, 2002, p.7］から，EU 全体のホームレス生活者の数となると，種類の異なる情報源から集めてきたデータにもとづいて推測するしかない。**図表 I - 1** に示されている数値は[17]，FEANTSA が設置した「ホームレス状態に関する

図表 I-1　EU 15カ国におけるホームレス生活者の数 (1990年代の推計値)

極度のホームレス状態にある人々		
①友人や親族の家，短期に借りた家具付きの部屋，あるいはホームレス生活者のためのサービスを提供する施設を渡り歩いている人	270万人	0.7%
②ホームレス生活者のための公的なあるいはボランタリーなサービスに頼っている人	180万人	0.5%
③車中や船中，永久的ではない建物，あるいは人間の居住のために建てられたのではない建物といった「異例の居住環境」にある人	240万人	0.6%
極度のホームレス状態に陥る危険のある人々		
④住宅からの立ち退き措置をとられている人	160万人	0.4%
⑤住宅から立ち退かされた人 (1年間の数値)	40万人	0.1%
住宅をめぐる排除の状態にある人々		
⑥著しく低水準な，かつ (あるいは) 過密な居住環境にある人	1500万人	4%
EU 15カ国の総人口	3億7600万人	100%

出所：[Avramov, 1999, pp.16-17] より福原宏幸が作成したもの [福原 2002, p.4]。ただし，カテゴリー区分に若干の変更を施してある。

欧州観測機関 European Observatory on Homelessness」において研究コーディネーターを勤めているドラガナ・アブラモフが，各国における公式・非公式のデータにもとづいて推計したものである。

ちなみに，図表 I-1 における③のカテゴリーに属する人々は，ホームレス生活者向けの滞在施設が乏しい南欧諸国 (ポルトガル，スペイン，イタリア，ギリシャ) に数多くみられるという [Avramov, 1995, p.93]。

次に，ホームレス生活者の規模を各国別にみてみよう。図表 I-2 は，図表 I-1 における②に相当する集団の規模を国別に示したものであり，ホームレス生活者向けシェルターや一時的な宿泊施設の1日あたりの利用者数と年間を通した利用者数を示したものである。ただし，図表 I-2 にはオーストリア，フィンランド，スウェーデンの数値が含まれていない。

続いて，図表 I-1 における⑥のカテゴリーに属する人々についてもう少し詳しくみてみよう。図表 I-3 は，劣悪な条件の住宅に住んでいる人が各国の全人口に占める比率を示したものである。

図表 I-2　1990年代の初頭にホームレス生活者向けの公的な，またはボランタリーな滞在施設を利用した人の数　　　　　　　　　　（単位：人）

国	1日あたり平均の，または調査日における利用者数	1年を通した利用者数
ベルギー	4,000	5,500
ドイツ	490,700	876,450
デンマーク	2,947	4,000
スペイン	8,000	11,000
フランス	250,000	346,000
ギリシャ	5,500	7,700
アイルランド	2,667	3,700
イタリア	56,000	78,000
ルクセンブルク	194	200
オランダ	7,000	12,000
ポルトガル	3,000	4,000
イギリス	283,000	460,000
12カ国合計	1,113,008	1,808,550

出所：[Avramov, 1995, p.92]

図表 I-3　EU 13カ国における「住宅をめぐる排除」の現状 （1996年）（単位：%）

国	浴槽またはシャワーがない	スペースが不足している	湿気を帯びた壁，床，建物の土台
ベルギー	3	17	12
デンマーク	2	19	7
ドイツ	1	13	7
スペイン	2	29	16
ギリシャ	1	27	20
フランス	2	14	15
アイルランド	2	17	9
イタリア	1	19	5
ルクセンブルク	1	9	8
オランダ	1	11	10
オーストリア	2	18	9
ポルトガル	10	32	34
イギリス	0	23	13
EU 13カ国平均	2	19	12

注：スウェーデンとフィンランドの数値は抜けている。
出所：[Eurostat, 2000a, p.45]

たしかに，EUを全体としてみるなら居住の条件はさほど悪くない。とくに，浴槽またはシャワーのない住居に住んでいる人の比率がEU平均で2％しかないというのは，日本に住むわれわれにとっては驚かされる数値である。しかし，なかにはポルトガルのように浴槽またはシャワーのない住居に住んでいる人が10人に1人の割合に達する国もみられるし，南欧諸国における居住条件は決して良好であるとはいえない。

第4章 「ナショナル・アクション・プラン」におけるホームレス問題

　最後に，各国政府が2001年6月に欧州委員会へ提出した「貧困と社会的排除に抗するナショナル・アクション・プラン」についての欧州委員会とFEANTSAによる評価を，ホームレス問題に関連するかぎりで概観しておこう。

1　欧州委員会による評価

　各国から提出された「ナショナル・アクション・プラン」を吟味した欧州委員会（とくに雇用・社会問題総局）は，その結果をまとめた「社会的包摂に関する共同報告書草案」を2001年7月末に公表した。その後，同年8月末から9月の上旬にかけて，欧州委員会は各国政府と「報告書草案」の内容についての討議を行った。この討議を経て手直しされた「報告書草案」は同年12月3日に開かれた雇用・社会政策閣僚理事会において承認されることで正式の「報告書」となり，これが最終的には12月14日にブリュッセルで行われた欧州理事会に提出された。

　最終的な「報告書」におけるホームレス問題への言及はごく限られたものではあるが，この問題に対する各国政府のスタンスと政策とについての「報告書」による評価はなかなか手厳しい。「報告書」はまず，「ナショナル・アクション・プラン」におけるホームレス状態に関する情報が全般的に乏しいことを指摘している。実際，「ナショナル・アクション・プラン」の中でホームレス

生活者数の推計値を掲載しているのは，デンマーク，オーストリア，フィンランド，オランダ，イタリアの5カ国だけであった［Council, 2001, pp.64-65］。

　ホームレス生活者の数を測定するための「指標」についても，「報告書」は重要な点を指摘している。すなわち，多くの諸国が用いている「指標」は行政上の関心を反映して，ホームレス生活者向けのサービスを受けた人のみを「ホームレス生活者」として数えあげる傾向にあるというのである。たとえばイギリスにおいては，ホームレス生活者が法律にもとづく支援や助成を受けるためには，自分が「故意のホームレス生活者」ではないことを自治体当局に対して証明しなければならず，したがって，「故意に」ホームレス状態に陥ったとみなされた場合には制度上は「ホームレス生活者」でなくなってしまうのである［Avramov, 1995, p.69；本書の第Ⅱ編第1章も参照せよ］。このため「報告書」は，──曖昧な表現ながら──行政上の措置を基準にするのではなく「結果」あるいは当事者の実際の状態に焦点を当てた指標を立案すべきことを示唆している。そして，各国政府はホームレス問題の規模と性質について乏しい知識しかもたないので，この問題に対する「戦略的かつ予防的な方策」を発展させることができないでいると批判している［Council, 2001, p.64］。

2　FEANTSA による評価

　すでに簡単に紹介しておいたように，FEANTSA（「ホームレス生活者とともに活動する各国諸組織の欧州連合体」）[18]は1989年に設立された欧州規模の NPO であり，これには EU 加盟国を含む20の欧州諸国から70を越える NPO が加盟している。FEANTSA に加盟している NPO は，各国においてホームレス生活者を支援している諸組織の全国組織である場合が多い。FEANTSA は欧州委員会から公式の諮問相手としての地位を得ており，同委員会から資金面での支援を受けることでブリュッセルに事務所を構え，専従の職員をおいている。活動内容としては，EU の諸機関や各国政府に対してロビー活動を行うほか，加盟する諸組織相互の情報交換や調査活動にも取り組む。定期刊行物としては季刊の雑誌 *HOMELESS in Europe* と月刊のニュースである *FEANTSA Flash* があるが，これらは今では FEANTSA のホームページで読むことができる。[19]

FEANTSA もまた，各国の「ナショナル・アクション・プラン」を全体として分析した評価報告書［FEANTSA, 2002a］とそれにもとづく「政策提言」［FEANTSA, 2002b］を，早くも2002年6月に公表した。

　評価報告書によれば，ホームレス問題に対処するためには住宅の問題だけに視野を限定せず雇用や健康の問題をも射程に入れた「包括的なアプローチ holistic approach」が必要であるが，アイルランド，デンマーク，フィンランド，イギリス（スコットランド）といった若干の国だけがそうした包括的な戦略（予防から緊急の援助を経て社会への再統合にいたるまでの段階を踏んだ戦略）を政府として明確に定式化しているにとどまるという。[20]

　この点に関連してとくに重要であるのが，ホームレス生活者がしばしば抱えている健康問題（生活スタイル，疾病，アルコールなどへの依存症の問題）や社交上の問題（孤独や自信喪失）に対処しうるような，長期の心理的・医学的・社会的支援をともなう住居である。フィンランド，デンマーク，ルクセンブルク，イギリスは，そうした構想に沿って「支援付き住宅 supported housing」を提供している。したがって評価報告書によれば，住宅省と社会問題省との連携，より具体的には，ホームレス生活者支援を担当する地方自治体と社会住宅を管轄する当局との協力が必要なのだが，上記の諸国はそうした協力を少しずつ発展させつつある。とくにアイルランドは，ホームレス生活者向けに提供されているすべてのサービスを調整する「ホームレス・エージェンシー」を設置した点ですぐれているという。

　評価報告書は長期的な支援戦略の必要性を指摘しつつも，同時に，ホームレス生活者のための緊急受け入れ施設が全体として不足していることに注意を促している。

　多くの国は労働市場において不利なグループへの雇用プログラムを立案してはいるが，残念ながら，ホームレス生活者を明示的に含むか，あるいはホームレス生活者に焦点をしぼった雇用プログラムを提示している国はあまりない。とはいえ，評価報告書は，「雇用確保力をもたないグループ unemployable group」を対象にした就労能力育成支援プログラムを展開しているベルギーのワロン地方の実践や，フランスで制度化された公的雇用である「連帯雇用契約

(CES)[21]」の可能性に注目している。

 結局，評価報告書は，ほとんどの「ナショナル・アクション・プラン」が「不明瞭」であり，「実践的でない」か，あるいは「総合的でない」という否定的な結論を下している。

 そこでFEANTSAは，次回(2003-2005年)の「ナショナル・アクション・プラン」をにらんだ「政策提言」[FEANTSA, 2002b]において，再度「統合的で包括的な戦略 integrated and comprehensive strategy」の必要性を訴えるとともに，ホームレス状態を測る指標に関しては行政の活動を基準に据えるのではなく，当事者が結果としておかれている状態を重視するよう――欧州委員会と歩調を合わせて――提唱している。

 このように，EU加盟国が初めて一斉に提出した「ナショナル・アクション・プラン」の内容は，ホームレス生活者支援に取り組むNPOにとって決して満足のいくものではなかった。とはいえ，著者の印象では，加盟国が欧州委員会から支援と刺激を受けながらホームレス問題への取り組みに本腰を入れていく軌道はすでに設定されている。貧困問題は各国の主権の範囲内にある事柄であるとして加盟国政府がEUレベルでの政策調整を回避することは，もはや不可能になりつつある。

 なるほど，先に述べておいたように，「社会的排除」の概念を「労働市場からの排除」へと切り詰めていく傾向がEUレベルでの言説には見いだされるし，いくつかの国の「ナショナル・アクション・プラン」では実際にそうした傾向が顕著になっている。しかし，「社会的排除」の概念が本来は示唆している問題の多次元性をまさに凝縮しているホームレス問題に本格的に取り組むことを高位の意思決定機関で決定した以上，EUと加盟国はホームレス問題の実情に迫られながら，予防的かつ包括的なアプローチを発展させていかざるをえないであろう。

〈補遺〉 欧州社会基金

 EUによる補助金制度である欧州社会基金（ESF）は，加盟国の先進的な社会的プ

ロジェクトを財政面から支援するものだが,ホームレス生活者向けのプログラム(とくに就労支援策)において今日では欠かすことのできない大きな役割を演じている。

欧州社会基金は,欧州経済共同体(EEC)の設立を定めた1957年のローマ条約以来,加盟国における雇用促進措置を側面から支援する目的で活用されてきた。すなわち,加盟国の政府や公法上の団体が行う雇用促進措置の費用のうち,通常はその25%(最大限で50%)を欧州社会基金から支出するのである。同基金はその後に幾度かの制度改正を経て,1999年以降は EU による「加盟国の雇用政策のためのガイドライン」に沿った運用がなされている。「欧州社会基金規則 Regulation on the European Social Fund (No.1784/1999)」によれば,同基金からは以下のような分野の雇用促進措置に対して補助金が支出される(2条)。

1. 長期失業を予防し,長期失業者の労働市場への再参入を促し,青少年等の職業上の再統合を支援するような,積極的な労働市場政策
2. 労働市場へ参入するうえで,すべての人,とくに社会的排除にさらされている人の平等な機会を保証する政策
3. 労働市場への統合,雇用確保力,および職業移動を向上させるための訓練,教育,カウンセリングを促し改善する政策
4. 技術と適応能力とを有する労働力を育成し,労働組織のイノベーションを促し,企業家精神を発展させるような政策
5. 労働市場への女性の参入を改善する政策

なお,欧州社会基金による補助金には,「EC 支援枠 Community Support Framework」によるものと「EC イニシアティブ Community Initiaive」によるものとの2種類がある。前者は,「欧州社会基金規則」に則って加盟国が欧州委員会に具体的な雇用促進プロジェクトの運営計画を提出し,それについて欧州委員会が採否の決定を下すというかたちをとっている。この EC 支援枠が欧州社会基金の予算の90%を占めている。

これに対して後者の EC イニシアティブは,政策上の一定のガイドラインに沿った「革新的な」プログラムを欧州委員会が加盟国から募集し,そうしたプログラムに重点的に補助金を出す仕組みである。2000年からは,「国境を越える協力をとおして,労働市場と結びついたあらゆる形態の差別ならびに不平等と闘うための新しい手段を発展させる」という目的で,EQUAL と呼ばれる新しい EC イニシアティブが開始された[Commission, 2000d]。これは,「加盟国の雇用政策のためのガイドライン」で打ち出された政策の実行過程において,ジェンダー,人種,宗教,障害,年齢などによる差別を生じさせないためのプログラムを NPO などの協力をも得ながら促そうというイニシアティブである。

ともあれ，今日では EU 加盟国の NPO は欧州社会基金に競って応募している。

---

1) European Union を「欧州同盟」と訳すべきか，それとも「欧州連合」と訳すべきかについては，日本の EC ／ EU 研究者の間で今日でも意見の分かれるところである。駐日欧州委員会代表部が European Union の訳語を「欧州連合」とすることを決定して以来，ジャーナリズムにおいては「欧州連合」という訳語が定着するにいたった。しかし，EU はもはや国際連合のような国際組織でも，単なる主権国家の連合体（国家連合）でもなく，それらを超える「一種独特の」政治体となることを指向しているのであるから，「欧州連合」よりも「欧州同盟」という訳語の方が適切であると著者は考えている。しかし，「欧州連合」という訳語がすでに広く用いられているので，本書では European Union にあえて訳語をつけずに，すべて EU という略称で表記することにした。
2) 2002年度における EU の一般予算 general budget の歳出総額は986億3500万ユーロ（約108兆5000億円）であるが，このうちの45.2％にあたる445億ユーロが共通農業政策（「欧州農業指導保証基金・保証部門」）のために支出されている。
3) 行政のみならず立法をも含む EU の政治過程は近年，「多次元的ネットワーク・ガバナンス」という概念で分析されるようになっている。その全体像については［中村，2000b］を，EU の環境政策におけるその具体例については［中村, 2002a］を参照されたい。
4) 閣僚理事会における特定多数決は，加盟各国にその人口規模にほぼ見合うように票数を割り当て，合計87票のうち少なくとも62票の賛成（10カ国の賛成票）があれば欧州委員会の法案が採択される仕組みになっている。したがって，全会一致とは違い，たとえ数カ国の反対があっても法案は採択されうる［石川, 1995, 58頁以下］。
5)「命令」は，「達成されるべき結果」についてのみ加盟国を拘束し，その結果に到達するための形式および方法については加盟国の選択に委ねられる。つまり，「命令」は加盟国の国内法に置き換えられることで初めて効力をもつ。これに対して「規則 regulation」は，国内法の制定を経ずして，すべての加盟国に直接に適用される［山根, 1998, 65頁以下］。
6) ちなみに，ドイツ政府による「貧困ならびに社会的排除と闘うためのナショナル・アクション・プラン」は，公的な補助金を受けていない通常の労働市場への統合に重点をおいており，ドイツのホームレス生活者の多くが一時的に就労している「第 2 労働市場」（公的な補助金を受けることで初めて雇用が成り立っている労働市場）をできるかぎり縮小する方向をめざしているように思われる。ドイツの「ナショナル・アクション・プラン」については，本書の第Ⅲ編第 5 章を参照されたい。
7) 欧州委員会（なかでも，雇用・社会問題総局）は，アムステルダム条約137条によってホームレス生活者への支援策についても措置をとることが可能になったとみているようである［Jonckers, 2000, p.9］が，当然のことながら解釈は分かれるであろう。
8) ロマーノ・プロディの政治的立場は，イギリスのトニー・ブレアによる「第 3 の道」やドイツのゲルハルト・シュレーダーによる「新しい中道」といった社会民主主義の新

しい政治指向にきわめて近い。プロディはその著書の中で，経済のグローバリゼーションのもとでの自由化傾向を基本的には肯定しつつ，アメリカ的な社会モデルはこれを否定し，「右翼」と「左翼」という区分を時代遅れなものと断定するとともに，欧州経済の競争力強化のために福祉国家の資源を人的能力の開発に重点的に振り向ける「リーン国家 lean state」の構築を提唱している [Prodi, 2000a, Introduction] が，これらはいずれもブレアやシュレーダーの主張でもある。

9) ここにも，社会政策を経済競争力や生産性を高めるための道具とみなす1990年代半ば以降の欧州委員会における傾向が現れている。そうした道具主義的な言説は，各国政府や経営者から一定の同意を得つつ社会政策におけるおのれの権限を拡大しようとする欧州委員会のレトリックにすぎず，欧州委員会（とくに雇用・社会問題総局）は実際には社会政策が社会統合において有する固有の意義と役割を認識しているという見方も可能ではある [Atkinson/Davoudi, 2000, p.431]。著者はしかし，道具主義的な言説は単なるレトリックではなく，グローバリゼーションに対応して1990年代の半ばに欧州委員会が採用した「能動的サプライサイド政策」の中に深く組み込まれたものであり，したがって文字どおりに受けとめるべきであると考えている。なお，EU の「能動的サプライサイド政策」については，[中村, 2000a, 2002b] を参照されたい。

10) これは，「社会的包摂に関するナショナル・アクション・プラン National Action Plan on Social Inclusion」と呼ばれる場合もある。

11) EU が用いている「社会的排除」の概念に関するより詳細な分析については，[中村, 2002c] を参照されたい。

12) フランスにおける「排除」をめぐる議論の概要については，[都留, 2000, 55頁以下] ならびに [都留, 2002] を参照せよ。

13) 欧州委員会の雇用・社会問題総局の主任行政官 Principal Administrator である Jos Jonckers 氏によれば，「社会的排除」の概念は欧州委員会においてはいわば「貧困」の代用概念として用いられているという。すなわち，欧州委員会が「貧困」という語を用いて加盟国の社会政策や社会的保護のシステムに口出しするならば，加盟国政府からの強い反発を受けるので，「貧困」の代わりに「社会的排除」という概念を使用するようになったというのである（著者らが2001年6月にブリュッセルの雇用・社会問題総局にて同氏に対して行ったインタビューより）。「社会的排除」の概念は，社会政策における欧州委員会と加盟国との権限の区分というデリケートな領域に触れるものであるだけに，欧州委員会はこれに明確な定義を与えることを避けているのかもしれない。

14) ちなみに欧州共同体統計局（Eurostat）の指標は，住宅，基礎的ニーズの充足度，友人や親族と接触の頻度などに関する指標をも含んでいて，社会的保護委員会の指標よりも内容面で包括的である。これについては，[中村, 2002c] を参照されたい。

15) 欧州委員会は2000年の段階では，ホームレス状態を，「貧困と社会的排除の深刻な現れのひとつ」[Commission, 2000c, p.7] として位置づけたにすぎなかった。これが，「社会的排除の極限的な形態」という理解にまで深化した背景には，ホームレス状態をまさしく後者の表現で捉えてきた FEANTSA（「ホームレス生活者とともに活動する各国諸組織の欧州連合体」）からの影響が働いていると思われる。

16) ドイツにおける「住宅難」の概念については，本書の第Ⅲ編第1章を参照されたい。ちなみに，FEANTSA の議長であるトーマス・シュペヒト=キットラーは，FEANTSA に加盟しているドイツの全国組織である「ホームレス生活者扶助連邦協議体」のメンバーであるがゆえに，ドイツにおける「住宅難」の概念を参考にした「ホームレス状態」の定義を提案しているのであろう。
17) この数値は実に多様な情報源に由来しているため，厳密なものではない。したがって，各カテゴリーに該当する人が EU 加盟国の総人口に占める比率をも図表の中では示してあるが，これはあくまで参考のために挿入したものにすぎない。
18) La Fédération Européenne d'Associations Nationales Travaillant avec les Sans-Abri
19) http://www.feantsa.org
20) 本書の第Ⅲ編と第Ⅳ編で紹介するとおり，実際にはドイツやフランスにおいても予防から社会への再統合にいたるまでの段階を踏んだ支援のシステムが作られてはいるが，FEANTSA の評価報告書はあくまで「ナショナル・アクション・プラン」において表明されている政府の方針を問題にしているのである。
21) フランスの「連帯雇用契約 (CES)」については，本書の第Ⅳ編第4章を参照せよ。

【参考文献】

石川謙次郎　1995：「閣僚理事会」大西健夫・中曽根佐織編『EU 制度と機能』早稲田大学出版部。

都留民子　2000：『フランスの貧困と社会保護－参入最低限所得 (RMI) への途とその経験』法律文化社。

都留民子　2002：「フランスの今日の『排除 Exclusion(s)』概念：わが国の社会問題に使用することは可能か」国立社会保障・人口問題研究所編『海外社会保障研究』141号。

中村健吾　2000a：「グローバリゼーションにともなう EU と国民国家の変容」大阪市立大学経済学会編『経済学雑誌』100巻4号。

中村健吾　2000b：「EU における多次元的ネットワーク・ガバナンス」『アソシエ』(御茶の水書房) Ⅳ号。

中村健吾　2002a：「EU の環境政策における多次元的ネットワーク・ガバナンス」環境情報科学センター編『環境情報科学』31巻2号。

中村健吾　2002b：「グローバリゼーションと地域統合の時代における社会政策の可能性」社会政策学会編『グローバリゼーションと社会政策』法律文化社。

中村健吾　2002c：「EU における『社会的排除』への取り組み」国立社会保障・人口問題研究所編『海外社会保障研究』141号。

福原宏幸　2002：「EU におけるホームレス支援政策と Social Exclusion」大阪

市立大学経済学会編『経済学雑誌』102巻3・4号。
山根裕子　1995：『新版 EU／EC 法：欧州連合の基礎』有信堂。
Abrahamson, Peter　1997：Combating Poverty and Social Exclusion in Europe, in: Beck,W.et.al.(eds.), *The Social Quality of Europe*, Bristol: Policy Press.
Atkinson, Rob/Davoudi, Simin　2000：The Concept of Social Exclusion in the European Union: Context, Development and Possibilities, in: *Journal of Common Market Studies*, Vol.38, No.3
Avramov, Dragana　1995：*Homelessness in the European Union: Social and Legal Context of Housing Exclusion in the 1990s*, Brussels: FEANTSA.
Avramov, Dragana　1999：The State-of-the-art Research of Homelessness and Provision of Service in Europe, in: Avramov, D.(ed.), *Coping with Homelessness: Issues to be Tackled and Best Practices in Europe*, Aldershot: Ashgate.
Commission (European Commission)　1992：Towards a Europe of Solidarity: Intensifying the Fight against Social Exclusion, Brussels.
Commission　1996：First Report on Economic and Social Cohesion 1996, Brussels.
Commission　2000a：Strategic Objectives 2000-2005: Shaping the New Europe, Brussels.
Commission　2000b：Social Policy Agenda, Brussels.
Commission　2000c：Building an Inclusive Europe, Brussels.
Commission　2000d：COMMUNICATION FROM THE COMMISSION TO THE MEMBER STATES establishing the guidelines for the Community Initiative EQUAL concerning transnational cooperation to promote new means of combating all forms of discrimination and inequalities in connection with the labour market, Brussels.
Commission　2001：Draft Joint Report on Social Inclusion, Brussels.
Council (Council of Employment and Social Policy)　2001：Joint Report on Social Inclusion, Part I -The European Union and EXECUTIVE SUMMARY, Brussels.
Eurostat　2000：European Social Statistics: Income, Poverty and Social Exclusion, Brussels.
FEANTSA　2002a：FEANTSA's Analysis of the National Action Plans-Social Inclusion (2001), Brussels.
FEANTSA　2002b：Policy Statement: The Fight against Homelessness Must

be a Priority for EU Policies Addressing Poverty, Brussels.

Giddens, Anthony 1998: *The Third Way: The Renewal of Social Democracy*, Cambridge: Polity Press.

Jonckers, Jos 2000: Towards a European policy on poverty: recent development, mimeo.

Prodi, Romano 2000a: *Europe as I See It*, Cambridge: Polity Press.

Prodi, Romano 2000b: Shaping the New Europe: Speech at the European Parliament in Strasbourg (15 February 2000).

Silver, Hilary 1994: Social exclusion and social solidarity: Three paradigms, in: *International Labour Review*, Vol.133,1994/5-6.

Social Protection Committee 2001: Report on Indicators in the field of poverty and social exclusion, Brussels.

Specht-Kittler, Thomas 2002: Homelessness and Numbers: between Fact and Fiction, in: *HOMELESS in Europe*, Spring 2002.

Spinnewijn, Freek 2002: Eurostat Task Force on Homelessness: FEANTSA urges for a more important role for NGOs in homelessness statistics!, in: *HOMELESS in Europe*, Spring 2002.

Wessels, Wolfgang 1997: An Ever Closer Fusion?: A Dynamic Macro-political View on Integration Process, in: *Journal of Common Market Studies*, Vol. 35, No.2.

第Ⅱ編
イギリス

①	②
③	④

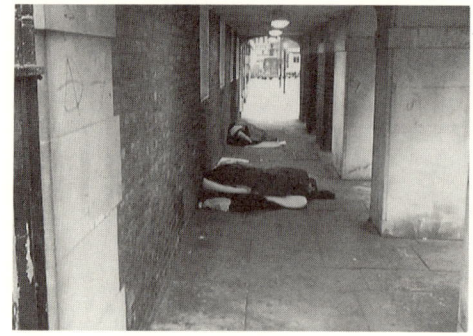

① ロンドン中心部の路上で就寝している野宿者。
② イギリス政府の野宿者対策室の事務所。105頁参照。
③ 若年のホームレス生活者を支援するボランタリー組織「フォイヤー」が運営しているホテル。
④ ロンドンのタワー・ハムレット区のホームレス生活者向けサービス相談窓口。102頁参照。

はじめに
――住宅政策への包摂から社会的排除の克服へ――

　イギリスといえば，住宅政策の確立している福祉国家としてのイメージが一般的である。同国で公営住宅が建設されるようになったのは，1919年住宅・都市計画法（アディソン法）の成立を契機としている。アディソン法のもとでの公営住宅は，グレードの高いハウス系（他の住宅と垂直に区分された長屋建て，二戸一，戸建て）として建設された。その後，1930年さらには1956年の住宅法に依拠したスラム・クリアランスにより，中・高層のフラット（他の住宅と水平に分割されている）が大量に供給されるようになった［小玉，1999］。

　留意すべきは，ホームレス問題は，1977年ホームレス法が成立するまでは，以上の住宅政策の枠外におかれていたということである。その背後には，17世紀以来の救貧法の影響があった。ホームレス問題は，粗野で怠惰な「かれらの問題」であり，居住権の侵害としての「われわれの問題」ではなかった。1977年ホームレス法は，「かれらの問題」から「われわれの問題」へと転換を図った，ということでは画期的な意義をもっていた。

　その後の展開から，ホームレス問題は住宅問題としての側面だけでなく，多様な機会（仕事，教育など）への不十分なアクセスにも起因していることが明らかになった。住宅問題がそれなりに「解決」された以上，ホームレス問題は，まさに「かれらの問題」と把握されかねないなかで，そうした認識を社会的排除（この概念については，第Ⅰ編第2章を参照）と捉え，再び「われわれの問題」として位置づける政策が試みられているのである。

　以上のような政策展開を理解するうえで見逃してならないのは，ホームレス法（住居法の一部）の成立にかかわる政党の運動であり，ホームレス生活者を支援するさまざまな市民団体の活動（詳細は本書に続く下巻を参照）である。本編では，ホームレス政策の展開を保守党，労働党の政策理念とかかわらしめて論じている。また，ホームレス生活者を支援するNPOを財政面からサポートし，政治面でも強力な圧力団体であるシェルター，ホームレス生活者の人々に居住

とともに職業訓練を施し，自立の機会を提供するフォイヤーなどの活動が紹介されている。

　ところでイギリスのホームレス生活者は主に3つに区分される。A）家族やカップルなど子どもをもつ人々で，このグループに自治体は安全な住宅を保障する義務がある。B）子どもや特別の問題はないが低収入の人々で住宅給付（後述）により保護されている。C）弱い状況にありながら住居を与えられない人々（野宿者）である。このグループには，ケア施設（養護，精神病院）から出た人々，ドラッグ，アルコールの問題のある人々，刑務所，軍隊から出た人々，が多い。

　本編の第1章は，A），B）グループへの安全な住宅保障の義務，住宅給付による保護が，いかに制度化されてきたのか，いいかえれば救貧法体制のもとでのホームレス対策が福祉国家の住宅政策（住居法）の対象へと転換していくプロセスに焦点を当てている。さらにこうしたホームレス政策は，社会的排除という問題を解決できず，ブレア政権のもとで，その克服が新たな政策課題として登場してきている現状に言及している。

　第2章は，A），B），C）グループのホームレス生活者の属性とその抱えている問題を把握し，それぞれについてとられている政策を，住居法の性格，行政システムの構造，という側面から批判的に検討している。さらに南ウェールズの諸都市を例として，ホームレス対策の具体的な内容（予防，住居・支援策・緊急施策の提供，諸施策の点検）を紹介している。

　第3章では，社会的排除の極端な状況にあるC）グループの具体的な様相を踏まえたうえで，その対策としてとられた1990年代初頭の野宿者優先プログラム（保守党）による再定住化施策の問題点と，ブレア内閣のもとで1999年に設置された野宿者対策室による新たな戦略＝「寒い路上から屋内へ」を詳細に論じている。

　最後に第4章では，社会的排除の克服に向けたイギリスのナショナル・アクション・プラン（第Ⅰ編第2章を参照）の概要を紹介している。

第1章　ホームレス生活者支援策の変遷

1　1977年ホームレス法の成立とその意義

　イギリスのホームレス生活者対策において大きな転機となったのは，1977年ホームレス法の成立である。

　17世紀以来の救貧法と1948年の国民扶助法 National Assistance Act のもとで，ホームレス問題は福祉の問題として扱われていた。慈恵的貧困救済と社会秩序の維持を目的とした救貧法により，ホームレス生活者は貧民収容施設 Workhouse に収容されていた。彼らは粗野で怠惰であるとみなされ，収容施設の環境は苛酷で懲罰的であった。この体制の遺産は，ホームレス生活者への対応と政策に長く影響をおよぼした。

　1948年の国民扶助法の制定にともない救貧法は廃止され，地方自治体の福祉局が一時的な施設をホームレス生活者に提供することになった。支援は，ホームレス状態が火事や洪水など予期しない事態によって引き起こされたことを条件としていた。一時的な施設の状況は劣悪で，救貧法時代の施設が用いられた。設備は共用で，男女は分離され，終日の滞在は許されなかった。家族はしばしば分離された。いくつかのホステル（住居を確保できない者にそれを提供する施設）は男性を受け入れず，子どもたちは親から引き離され，ケア施設に預けられた。1974年度でイングランドとウェールズの2800人の子どもたちが，単にホームレス状態にあるという理由でケア施設に収容されていた。

　ホームレス生活者の数は，1950年代後半から急速に増大した。その背景としては，1957年家賃法にもとづく家賃統制の緩和，借家の持家への転換，標準世帯ニーズに向けた公営住宅建設の削減，が指摘されている。1948年法は，第2次大戦後のホームレス問題の量的かつ質的な側面に対応できなかった。救済を求めるホームレス生活者の数は年々増大していたが，その大多数は予期しない

事態ではなく住宅不足の犠牲者であった。彼らは恒久的な住宅を求めていた。福祉局は住宅ストックをもたないため、こうした要求に対応できなかった。

一方、地方自治体の住宅局は、ホームレス生活者を不相応で無責任な者とみなし、公営住宅への入居を望まなかった。また、ホームレス生活者を公営住宅に入居させることは、待機リストの原則に反すると考えていた。福祉局と住宅局の協力は、それらが地方政府の異なった階層にあることから不十分であった。1948年法の根本的な弱点は、ホームレス状態が住宅問題として生じ、住宅・地方自治省（のちの環境省）と住宅局が解決のカギを握っているのに、同法においてホームレス問題は厚生省（のちに保健社会保障省）と福祉局の責任となる福祉の事項として扱われている、ということにあった。

1960年代から70年代初頭にかけて改革を求める声がしだいに強くなってきた。アカデミックな研究は、ホームレス問題の原因が個人の資質ではなく住宅不足にあることを指摘した。ボランティア・グループ、慈善団体も問題点を公表した。1966年には、ホームレス生活者を受け入れる住宅協会に活動資金を供給する全国的な慈善的寄付金の運用団体＝シェルター Shelter が組織化された。住宅協会はボランタリーな委員会 Board によって運営され、住宅およびそれに付随する施設を供給する非営利団体であり、法的には中央・地方政府とは独立した民間の住宅供給組織である。同年11月には夫の失業にともないホームレス状態に陥ってしまった家族を取り上げたドキュメンタリー・ドラマ＝「キャッシー・カム・ホーム」が放映（BBC）され、国民に大きな波紋を投げかけた。

ここで留意すべきは、ホームレス生活者は、運動家たちにより「家のない人」という以上に、あらゆる種類の劣悪な住宅に住む人々をも含むように拡大解釈されたことである。この解釈は、住宅政策に対して重要な意義をもっていた。それは、これまでのように住宅局が住宅を建てて、できるだけ公平に割り当て、全住宅部門に最低基準を課すために環境保健監視官（かつては衛生監視官、住宅監視官と呼ばれた）を派遣するだけではなく、容認できないほどひどいと思われる住宅事情にあるすべての人を探し、別に住宅を供給しなければならないことを意味していたからである。

1948年法が十分作動しえないまま、ホームレス生活者は事実上、増加してい

るにもかかわらず，1972年地方政府法では，1974年4月以降，一時的な居住施設の供給を自治体の裁量とするように変更された。シェルター，カトリック住宅助成協会，家がなく社会的に足場のない人々のための運動団体，中央住宅助成委員会，児童貧困問題にかかわる活動団体は，慈善団体連合 Joint Charities Group を結成した。その目的は，1974年地方政府法でホームレス問題への自治体の義務を復活させ，それを住宅局に課すよう修正することにあった。

1974年2月，住宅局に義務を課そうとする多くの訴えに，保守党政府は，地方政府の再編を促す通達18/74（環境省を中心に策定された）を発令することで呼応した。この通達は，のちにホームレス法案とそのガイダンスの原案を作成するうえで重要なものとなった。通達では，ホームレス状態が「住宅が必要とされる極端な形態」であるとの認識のもとに，地方自治体の福祉局ではなく住宅局がホームレス問題に責任をもつよう勧告された。通達はまた，優先グループの基準を導入した。住宅事情の悪いところでは，子どもをもつ家族，高齢，障害，妊娠その他の理由で緊急性があるか，弱者となっている単身者への住宅の提供を優先するよう提唱した。

1974年2月の選挙で労働党が政権に返り咲いたけれども，選挙前の公約にもかかわらず，ホームレス生活者対策の立法化は優先事項とならなかった。他方，環境省による通達18/74の執行状況に関する調査によれば，多くの自治体は優先グループの基準を採用していなかった。さらに全国の住宅局のうちホームレス問題にかかわったのは3分の1にすぎなかった。いくつかの地域では，住宅局も福祉局も責任をとらず，その結果，家族のホームレス生活者がのけ者とされ右往左往する事態も起こった。

通達18/74は，立法化されなければ実施されないことが明らかとなった。1976年に入ると連合慈善団体は，立法化に向けて地方自治体連合と協議するとともに，法案の策定作業にとりかかった。1977年の自由党と労働党の連合政権のもとで法案が準備された。この法案は，通達18/74をベースとしたものであり，ホームレス状態を定義し，住宅局に優先グループへの居住施設の確保を，それ以外の人々にはアドバイスと助成を義務づけていた。慈善団体連合の提案には，以上のほかにアピールの権利，国家による不履行への対処，優先的ニー

ズの単身者への拡大，提供される施設は当人のニーズと適合すること，が含まれていた。

　政府の提出した法案に対して，市町村議会連合，大都市自治体連合は，実行のコストと自治権の喪失という観点から反対した。彼らがとくに問題にしたのは，すでに公営住宅の待機リストに出願している人々に不公平となる，という点であった。彼らは国会での論議で，法案を「順番飛び越え者」，「家賃ペテン師」，「たかり屋でずるい奴」の特権となる，と中傷した。

　反対者らは，法案に修正を加えることでその主旨を弱体化させることに成功した。その修正は，「故意 intentionally」とみなされた人々に居住施設の提供をしない，というものであった。彼らは，そのことによって自治体の義務を「地区とのつながり local connection」のある人々に限定し，優先的ニーズと弱者の定義を曖昧にできる，と考えていた。

　立法化されたホームレス法は，自治体による援助をその地区の人々に限定し，助成するに「値する人 deserving」と「値しない人 undeserving」とを区別する，という点において通達18/74の主旨から後退していた。しかしながら，この法律は，ホームレス生活者の基本的権利を認めさせ，彼らを恒久住宅に住まわせることを政府が自治体に要請した最初の試みであった。慈善団体連合は，この法律がすべてのホームレス生活者にとってより包括的な義務を達成するための最初のステップになることを期待した。

　法律の具体的な運用は，地方自治体の住宅局が遵守すべき施行準則によって規定された。それは環境省，保健社会保障省，ウェールズ庁の共同により作成され，ホームレス生活者の範囲は，「家のない人」という以上に拡大された。「家族の一員として通常，居をともにするものと共同で占有できる居住施設をもたない」人々，居住施設をもっていながら「その場へ安全に立ち入ることができない」（たとえば，違法な追い立てによって）人々，自分の家に戻ろうとすれば「何者かによって暴力を加えられるか，その脅威に遭遇しそうな」人々（たとえば，虐待される妻），キャラバンや居住用の船をもっていても「定置して，その中で生活できる場所のない」人々，さらに「過密居住，基盤設備の欠如，あるいは深刻な感情的圧迫のために通常の居住を期待できない程度に住宅状況を悪

化させている」人々，などもホームレス生活者と認定されることになった。

　1977年ホームレス法はのちに1985年住居法に吸収された。立法化によってホームレス生活者と認定された世帯数は着実に増加し，1978年の5万3110世帯（イングランド）から1990年には14万5800世帯となった。法律は，子どものいる家族とそれ以外の優先的ニーズに該当する人々に恩恵をもたらした。

　この法律によってホームレス生活者と認定される2つの主要な理由は，親類や友人との同居ができなくなったこと，パートナーとの関係が破綻したこと，になった。このパターンは，1990年代に入ってモーゲージの債務不履行が問題となってきていることを除けば，変化していない。いずれにしてもそのパターンは，民間家主による追い出しと家賃滞納とが大きな理由であった立法化以前の状況とは異なっている。

　もちろん，この法律は弱者とみなされない単身者と若い人々をカバーしておらず，増大しつつあるこのグループのホームレス問題の解決にほとんど役立たなかった。また，申請者は決定にアピール（不服申し立て）する権利をもたず，それが可能となるのは，自治体が行政法の原理に反する行為をした，という司法的な観点からであった。この方式はコストがかかり，提起することは容易でなかった。

　この法律の主要な欠点は，全国にわたる統一的かつ一貫した実施にいたらなかったことである。各自治体は，「故意のホームレス生活者」，「弱々しい」，「適切なアドバイスと助成」というようなキーとなる用語がルーズに定義されているため，その運用についてかなりの裁量をもつことになった。たとえば環境省が1986年に行った調査では，自治体の45％が家賃滞納者を，55％がその地区へ仕事を探しにきた者を，いずれも「故意のホームレス生活者」とみなし，40％はケア施設を出た子どもたちをホームレス生活者として受理していなかった［Richards, 1992, pp.129-138; Donnison and Ungerson, 1982, 邦訳361-388頁］。

2　公営住宅売却によるホームレス問題の深刻化

　ホームレス法が導入されて以降の1980年代は，不況で失業者が増大し，住宅

図表II-1-1　イングランドにおけるテニュア別住宅ストックの推移

(単位：1000戸)

	1976年	1981年	1986年	1991年	1996年
持ち家	9,568	10,499	11,929	13,358	13,885
民間賃貸	2,619	2,044	1,953	1,967	2,277
住宅協会		422	495	621	959
地方自治体	4,990	5,061	4,504	3,844	3,428
合　計	17,177	18,026	18,881	19,790	20,549

出所：[Wilcox, 1999, p.110]

への支出も下降しつつあった。民間賃貸セクターは停滞し，公営住宅は売却され，住宅投資の継続的な削減はアフォーダブル（良質かつ低廉）な住宅を減少させた。このため自治体は，増大するホームレス生活者を抱えながら，彼らが再入居できるような住宅を過少にしか保有していない，という状況に直面した。

以上の変化を図表II-1-1で確認すると，イングランドにおける民間賃貸セクター（ストック）は，1981年の204万4000戸から1986年の195万3000戸へと減少し，その後は漸増傾向を示すけれども，1991年でも196万7000戸と1981年のレベルにまで回復していない。サッチャーによる公営住宅購入権（1980年住宅法によるThe Right to Buy）の導入で，1981年に506万1000戸あった公営住宅は1991年に384万4000戸と大幅に減っている。同じく社会住宅（市場では適切な住宅を得られない一定以下の所得階層に供給される住宅。イギリスの場合，公営および住宅協会の住宅）である住宅協会のストックは，1981年の42万2000戸から1991年の62万1000戸へと着実に拡大している。ただし，この期間に増加した19万9000戸は，とうてい公営住宅ストックの減少分111万7000戸をカバーできていない。

この結果，法律でホームレス生活者と認定された人々が公営住宅貸与の増大するシェアを占めることになった。イングランドにおいてその割合は，1978年度の14％から1989年度の30％に，ロンドンでは同じ時期に25％から59％に上昇した [Richards, 1992, p.137]。

保守党にとって公営住宅の売却は，労働党色の強い自治体に打撃を与え，さらに住宅管理の問題を個人へと帰着させる一石二鳥の戦略であった。1980年住宅法によりハウス系の住宅は初期の段階で30〜50％（のちに60％），フラットに

ついては70％（1986年以降）のディスカウントされた価格で売却された。この結果，1994年まで152万戸以上の住宅が売却された。このようなディスカウント率の格差は，郊外に建てられたハウス系に対してインナーシティのフラットの売却が思ったように進捗しなかったことを反映していた。

ロンドンを例にとれば，1961年から81年にかけてインナー・ロンドンの持家率は17％から27％，アウター・ロンドンのそれは53％から62％へと増大し，インナー・ロンドンの公営住宅は1981年時点で住宅ストックの43％（アウター・ロンドンは23％）を占めていた。図表II-1-2は，1986年までの公営住宅の売却状況を自治体別に示したものである。シティは住宅がわずかしか存在しないことから，またワンズワースも自治体の裁量で空き家を大量に売却したことから，例外的な状況にある。これらを除外すれば，16％以上の売却が進んだ地域は持家率が50％以上の地域とほぼ重なっている。他方，公営住宅がかなりの比重を占めているにもかかわらず，売却率が8％未満のところは，いずれも失業率が高く，荒廃した状況にあり，郊外の庭つきの伝統的なハウスではなくフラットが大部分という地域である。

こうした事態の帰結は，公営住宅の他のテニュアに比べての〝残余化〟であり，さらに公営住宅の居住エリアの〝限定化〟であった。

1979から85年にかけて所得分配における最下5分位の貧困世帯の比率は，持家の場合，モーゲージ借入者を含めて44％から29％へと大幅に低下した。これに対して公営住宅では，43％から57％へと貧困世帯が半分以上を占めることになった。公営住宅の比較的裕福な階層がその購入によって持家所有者に転換したことの反映であった。他方，1980年代の中頃からホームレス生活者の数が増大し，1980年には6万2920世帯（イングランド）であったのが1985年には9万3980世帯にも達していた［Wilcox, 1999, p.198］。しかしながら減少する公営住宅の空き家の再募集において，彼らは交渉力と待機し選択する能力をもたなかった。このため新しい借家人は，過去において公営住宅への多くのルートが開かれていたような多様なグループを形成できず，多様性のないグループが地理的により限定された荒廃地域に追い込まれること，すなわち都市における〝分極化〟が進行していった［Forrest and Murie, 1988, pp. 141-145］。

図表II-1-2　ロンドンにおける公営住宅の売却状況（1979～86年）

凡例：
- 16％以上
- 8～16％
- 8％未満

1. シティ・オブ・ロンドン
2. ハマースミス
3. イズリントン
4. ケンジントン・アンド・チェルシー
5. ウェストミンスター
6. ランベス
7. サザク
8. ルイシャム
9. タワー・ハムレッツ
10. ハクニー
11. ウォルタムフォレスト
12. リッチモンド
13. キングストン

出所：[Forrest and Murie, 1988, p.145]

　公営住宅の売却により恒久住宅が欠乏するなかで，自治体は一時的な施設を使用せざるをえなくなった。イングランドにおいて1980年にホームレス状態にあると認定された4710世帯が一時的な施設を利用していた。これが1990年には4万5270世帯となり，とりわけB&B（Bed & Breakfast：簡易ホテルで設備共用のところが多い）の利用による財政的・社会的なコストが重要な問題となった［Wilcox, 1999, p.199］。

　以上の問題は，1990年代の後半以降，より深刻化することになった。**図表**II-

図表II-1-3　ロンドンにおけるホームレス世帯の居住状況

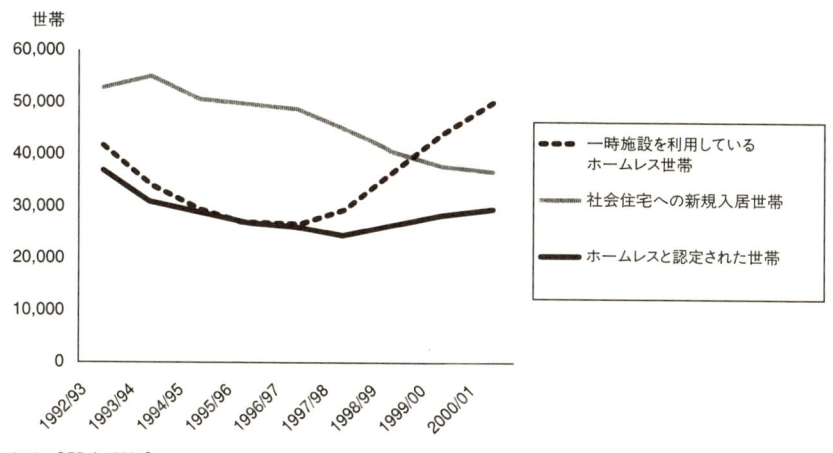

凡例：
- 一時施設を利用しているホームレス世帯
- 社会住宅への新規入居世帯
- ホームレスと認定された世帯

出所：[GLA, 2001]

1-3に示されるように，ロンドンにおける一時的な施設の利用者は，1992年度で4万2000世帯であり，この年にロンドンの自治体が法律でホームレス状態にあると認定したのは3万6500世帯であった。2000年度にはホームレス状態にあると認定されたのは2万9630世帯であるが，一時的な施設の利用者は5万世帯に達している。広域自治体である大ロンドン庁の調査では，2001年9月現在の一時的な施設の利用者は5万1315世帯，その内訳はB&B 7123世帯，ホテルの別館4637世帯，自宅待機6511世帯，その他（ホステル，短期滞在施設など）3万3010世帯であった。

地方自治体と住宅協会の恒久的な住宅を新規に賃貸した世帯（ホームレス状態にある世帯以外の世帯も含まれる）は，1993年度の5万4800世帯から2000年度の3万7000世帯へと減少している。大ロンドン庁の調査チームは，この要因を新規の住宅建設の停滞，さらに社会住宅に入居している借家人の移動率の低下にある，と説明している。当然，ホームレス状態にあると認定されながら社会住宅を割り当てられる世帯は減少し，一時的な施設で長い間待機を余儀なくされる世帯が増大することになった［GLA, 2001］。

3 「物への助成」から「人への助成」へ

イギリスの住宅法では,単身のホームレス生活者は弱い立場にある者以外は,優先的ニーズから除外されている。ロンドン・スクール・オブ・エコノミックス(LSE)のホワイトヘッド教授の推計では,イングランドにおける単身のホームレス生活者は11万人(1999年)におよんでいる。しかし,こうした人々が失業などでストレートに野宿者(ラフ・スリーパー Rough Sleeper,毛布などにくるまって路上で寝ている人々)となるケースは少ない。1999年12月の1日あたり(夜間)平均の野宿者は1600人にすぎない。ホステル,B&B,地方自治体が提供する一時的な施設を利用できるからである。

ホームレス状態であっても失業中であれば,保険への拠出がない場合でも求職補助 Jobseeker's Allowance (25歳以上で週50.35ポンド,それ以下では週39.85ポンド,詳細は後述)がもらえ,病気や障害の場合は所得補助 Income Support の対象となる。通常,ホステルなどの施設は無料ではなく家賃をとる。求職補助か所得補助のいずれかを申請していれば,同時に住宅給付を要求できるのである。所得補助を受けている場合,原則として家賃の全額が住宅給付として支給される。

住宅給付は,民間賃貸,公営住宅,住宅協会,コーポラティブ住宅,ホステルなどすべての借家人に適用される。このうち公営住宅の借家人への住宅給付は家賃割引 Rent Rebate,それ以外は家賃手当 Rent Allowance と呼称されている。留意すべきは,住宅給付は所得補助を受けている人々だけでなく,低所得階層にあまねく支給されていることである。この場合,所得が基準収入を1ポンド上回るごとに,給付金額は65ペンスずつ減額されることになる。

イングランド(人口4949万5000人,1998年時点)において1997年度の住宅給付の受給者は387万人(家賃割引224万2000人,家賃手当162万8000人),うち所得補助も支給されているのは251万9000人(家賃割当140万8000人,家賃手当111万1000人),所得補助を受けていないのは135万1000人(家賃割当83万4000人,家賃手当51万7000人)となっている[Wilcox, 1999, pp. 222-223]。

現行の住宅給付は1986年社会保障法に依拠しているように，社会保障の一部をなしているけれども，その運用については地方自治体の住宅局が担っている。

もともと住宅給付制度は2つの系譜からなっていた。第1は，地方自治体の住宅局による家賃割引の導入（1930年代のスラム・クリアランスにより貧しい人々を公営住宅に入居させるため）と，やはり住宅局による民間賃貸への家賃手当の適用（1972年の家賃統制の廃止にともなう）である。第2は，1948年の国民扶助法による公営住宅の借家人を含めた低所得者層への補足給付 Supplementary Benefit の支給である。補助額が算定される資力調査（資産・収入についての調査）は，両者で異なるため混乱が生じ，1970年代後半には地方自治体の住宅局による統一された住宅給付への要請が強まった。1986年社会保障法では住宅給付に一元化され，その2年後には補足給付に代わって所得補助が導入された。住宅給付は，就労の当否にかかわらず同様の条件と同様の手順で該当者を処遇することになった［Malpass and Aughton, 1999, pp.69-80］。

地方自治体の住宅局は，ホームレス状態が「住宅が必要とされる極端な形態」であるとの認識から，恒久的な住宅（公営，住宅協会の住宅）への移転，それができない場合でも B&B，ホステル，民間賃貸の居室を充当することが義務づけられている。その背後には，社会保障的な観点から構築され，広範な国民層を対象としている住宅給付の存在がある。もちろん住宅給付の支給は，住宅ないしは住宅関連施設を利用していることが条件となる。こうした利用ができず，路上での生活を余儀なくされている野宿者は，住宅給付の対象とならない。ただし，所得補助か求職補助の対象にはなりうる。

図表II-1-4 は，イギリス（UK）における住宅への公共支出の変遷を示している。サッチャー首相による公営住宅購入権の導入により公営住宅のかなりの部分は持家へと転換され，維持管理費や家賃徴収を中心とした消費的経費は1980年を境に減少している。同時に地方自治体による住宅建設は抑制され，大規模な住宅改良にのみ資本的経費が支出されるようになる。しかし，1980年代に入って住宅給付が増大したことから公共支出は横ばいとなっている。1989年地方自治体住宅法により公営住宅の収支を自立採算とすることが義務づけられ，家賃の上昇にともなって住宅給付も上昇し，1990年代に公共支出は拡大に転じ

図表 II-1-4　イギリスにおける住宅への公共支出

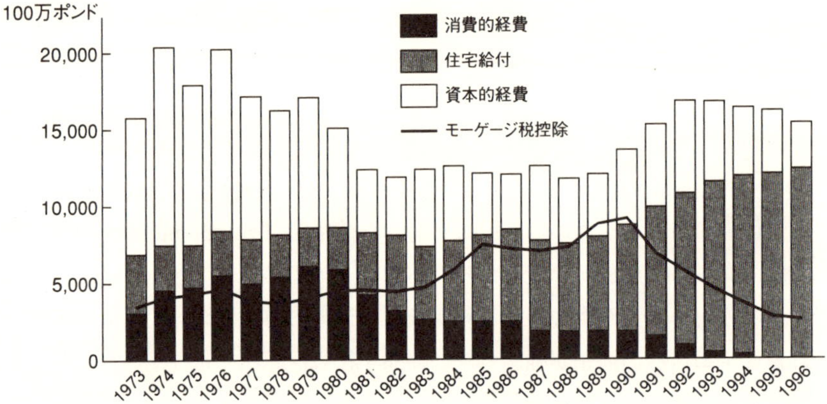

凡例：消費的経費、住宅給付、資本的経費、モーゲージ税控除

出所：[Hills, 1997, p.133]

ている。

　労働党の福祉国家路線を批判したサッチャー政権以降の保守党のもとで住宅への公共支出に生じた変化は，大幅な歳出の削減ではなく，「物への助成」から「人への助成」への転換であった。

4　増大する単身ホームレス生活者と住宅給付

　では，「人への助成」への転換によって単身者のホームレス問題が解決されたのかというと，そうではなかった。

　イギリスにおいて戦後，数十年にわたって継続した経済的繁栄は低成長へと移行し，1980年代に入るとインフレーションとともに失業率が上昇した。**図表 II-1-5** は主要先進5カ国の失業率の推移を示している。1980年以降，日本以外の国々は，いわゆるスタグフレーションのもとで軒並み失業率の上昇をみた。イギリスの失業率は1979年に5％台であったのが1981年には9％台へと急速に上昇し，1982年から86年までは10％を上回る非常に高い状況にあった。とりわけイングランド北部，アイルランド，スコットランドなど，かつての工業地帯であった地域は衰退し，若い人々が求職のためにロンドンへと押し寄せること

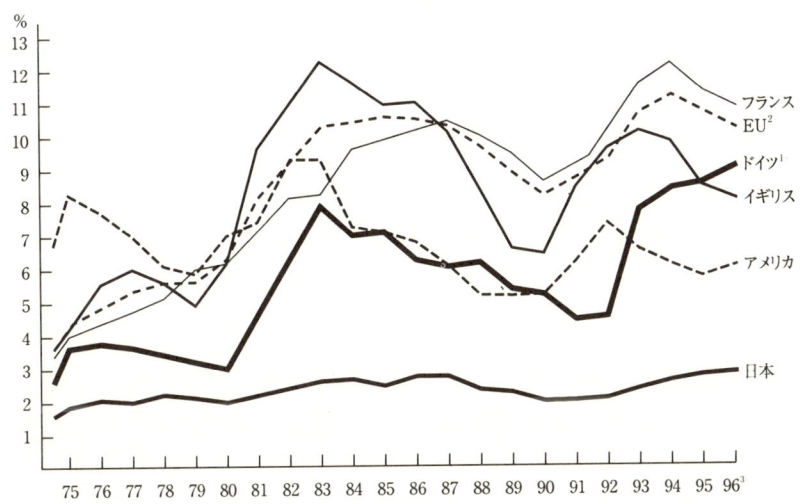

図表Ⅱ-1-5　主要先進国における失業率の推移（1975〜96年）

注：1）統一後は西ドイツについてのデータ
　　2）ドイツ，フランス，イギリス，イタリア，ベルギー，オランダ，ポルトガル，スペイン
　　3）予測にもとづく
出所：[Curwen, 1997, p.355]

になった。しかしながらロンドンにおいても十分な雇用はなく，住宅も欠乏していた。

　住宅給付が導入される以前は，ホテル，ホステル，居住用施設の住人は，厚生・社会保障省にバウチャー（料金前納の宿泊券）というかたちでの宿泊手当Board and Lodgings Allowance（補足給付に該当）を要求していた。1970年代後半から1980年代中頃にかけて失業している若者は，ホステルとB&Bに殺到した。地方自治体が恒久住宅に入居させることができなかったホームレス家族の増大もB&Bブームの要因となった。

　1982年から83年にかけて21歳から25歳までの年齢層による宿泊手当の申請は激増し，当該期に増大した2万5000人の申請者のうち，このグループが44％を占めることになった。1984年度の宿泊手当申請者は13万9000人，政府の支出は3億8000万ポンド（約646億円）におよんだ。かつては，こうした人々は仕事にありつき，民間賃貸セクターで独立した世帯を確立していたのであるが。とり

わけ保養地でもある海岸地帯のB&Bに居住する若者の増大は，新聞紙上 (The Daily Mail) でも注目されることになった。

「自分で失業している日焼けして健康そうな若い快楽主義者の軍団が，われわれの出費により海岸地帯に休養している。もちろん，これは許されないことだ。われわれの出費のうえにあぐらをかいている怠け者は，合法的な略奪者ともいえる。海岸地帯の社会保障局は，補助されたタバコの煙とアルコールの臭い，まじめに就労している寡黙な大衆にたかっている独りよがりの面々で溢れかえっている。」

この問題に対する政府の対応は，ホームレス生活者を支援する運動団体が強く要求していたB&Bの居住水準向上のための規制ではなく，宿泊手当を申請する人々の権利を制限しようとするものであった。1985年，政府は宿泊手当の認定期間を，26歳以下について，ロンドンとその他の大都市で8週間，それ以外の地域で4週間，海岸地域で2週間に変更した。この結果，宿泊手当を引き続き申請しようとする場合，宿泊者は他の地域への移動を迫られることになった。この変更について社会保障助言委員会のレポートでは，若い人々が移動を強いられることで仕事を見つけるのが困難となること，たとえ宿泊手当が高額で不十分であっても，現状ではそれ以外に彼らに住宅を提供する方途はないこと，が報告されている。

頻繁な移動にともなって適当な宿泊所が見つからず，野宿を余儀なくされる人々も増大した。ロンドンで夜間シェルターを運営する団体 Riverpoint Nightshelter は，シェルターを利用する26歳以下の若いホームレス生活者は，1984年で全体の35%，1986年には57%まで増加し，その主要な原因がB&Bに関連する宿泊手当の変更にあることを指摘している。

この変更規定は1989年に廃止されたけれども，1988年社会保障法では親元の家に留まるよう16歳と17歳の若者への住宅給付の適用を廃止した。同時にこれまで前納すべき家賃のために前もって支払われていた住宅給付は，後から支給されることになった。1988年の変更は，民間賃貸とB&Bホテルを利用することで住宅を確保しようとする人々の期待を裏切ることになった。

1994年にいたるまでに住宅給付は，全体の社会保障予算において急速に増加している費目となった。450万人の借家人が申請する住宅給付は88億ポンド（約1兆4690億円）に達した。1996年，政府は通常，民間賃貸セクターに支払われる住宅給付額を制限するために，家賃設定官 Rent Officer によって決定される「地域参照家賃」Local Reference Rent を導入した。さらに25歳以下の人々が利用する民間賃貸施設の家賃評価を，「1室家賃 Single Room Rent」（寝室ないしは共有する居室に支払われるその地域の平均的な家賃）とした。

　とくに後者の変更の影響は大きかった。たとえばブライトンで住宅給付を要求している25歳以下の単身者の3分の2は，その地域の「1室家賃」より高額の居室に住んでいた。南部民間家主協会 Southern Private Landlords Association は，新しい規則の導入によって25歳以下の人々に部屋を貸そうとする家主はいなくなるであろう，との懸念を表明した。1997年に実施されたシェルターの調査では，家主が25歳以下の人々に賃貸しないようになったこと，いくつかの地域では当該地区の住宅局により決定された「地域参照家賃」と市場家賃の差額が週あたり20ポンドにのぼることが指摘された。

　1997年，社会保障局は「1室家賃」の導入後の12カ月間で，住宅給付を受けている人々が13万6000人減少したことを公表した。民間賃貸セクターの住宅にかかわる受給者は7.6ポイント縮小した。しかしながら同時に，全国レベルで野宿者を含む25歳以下のホームレス生活者の増加が報告されるようになった。ロッディールの住宅局にホームレス生活者として保護された若い女性は，家賃を支払うために個人手当（Personal Allowance，所得補助の一部で基本的な生活支出をカバー）を使ってしまい，栄養失調となっていた［Foord/ Palmer/ Simpson, 1998, pp. 23-31］。

5　社会的排除の克服と就労支援

　1997年，ブレア首相は内閣直属の社会的排除対策室を設立，これまで各省が個別に対応し効果のあがらなかったこの問題に各省の関係者が共同で取り組むことになった。同対策室が最初にその課題としたのは野宿者問題である。ブレ

ア首相は「みずから好んで野宿しているのはわずか5％にすぎない。いったん野宿にいたると彼らが抱える諸問題への対応が困難になるばかりか，仕事と家庭生活への夢も遠のいてしまう」と言明，"ノー・ホーム，ノー・ジョブ"のサイクルを断ち切り，野宿者を社会復帰させる具体的な対策を同対策室に要求した。これによって野宿者を含めた失業者の就労をサポートするプログラム（ニュー・ディール）がスタートした。

社会的排除は，日本ではあまり聞きなれない文言である。ブレア首相のブレーンであるアンソニー・ギデンズ（LSE学長）は，「第3の道の政治は，平等を包含 Inclusion，不平等を排除 Exclusion と定義する」と述べ，続けて「最も広い意味での包含とは，市民権の尊重を意味する。もう少し詳しく言うと，社会の全構成員が，形式的にでなく日常生活において保有する，市民としての権利・義務，政治的な権利・義務を尊重することである。またそれは，機会（仕事，教育などへのアクセス）を与えること，そして公共空間に参加する権利を保障することも意味する」[Giddens, 1998, 邦訳173-174頁] と説明している。

以上のように社会的排除をしない，ということは市民権を尊重することであるが，それは「結果」の再配分とともに「機会」へのアクセスを重視している。その背景には，ポスト工業化にともなう労働市場の変容と福祉給付の再編が関係していた。

すでに言及したようにサッチャーの導入した公営住宅購入権によりハウス系の公営住宅の大部分は持家へと転換され，公営住宅はフラット系を中心にマージナルな階層のテニュアとなった。ここで留意しなければならないのは，1980年代以降に顕著となったポスト工業化時代への移行にともなう労働市場の変容である。重工業の凋落は熟練筋肉労働者の雇用を減少させ，サービス部門における低賃金の不安定かつ不熟練労働の拡大につながった。失業，とりわけ長期のそれが増加した。これまでの慣例的な労働契約と労働条件はなくなり非類型的な労働が広まり，女性の雇用が増大した。

イギリスにおいて1977年に公営住宅へ入居した世帯のうち，失業者は39％であった。これが1993年には71％へと拡大した。公営住宅では若者と高齢者の借家人が増え，その中間の年齢層は減少した。他方，1989年以降，公営住宅の収

支を自立採算とすることが義務づけられ，家賃は上昇した。このため，就労し，一定以上の収入を得ていることから住宅給付の対象とならない借家人は持家を選好するようになった。逆に，所得補助や住宅給付の対象とならなければ居住の安定性を確保できない貧困者（当然，ホームレス生活者と認定され公営住宅に入居した世帯も含まれる）は，就労へのインセンティブを削がれる（貧困の罠 poverty trap）ことになった［Malpass and Murie,1999, pp.123-130］。

　これまで失業者に対しては国民保険から失業給付 Unemployment Benefit が支給され，この給付を1年間受けた者や新規学卒の失業者のように保険料拠出要件を満たさない者は，所得補助によって生活が支えられてきた。失業給付か所得補助を受けている者には，住宅給付が全額支給されることになっていた。この場合，就労しても賃金水準が低いときは「貧困の罠」から脱却できないことから，社会保障経費は上昇しこそすれ低減することはなかった。

　1996年，以上のような問題に直面していた保守党（メージャー政権）は，求職活動を行う者を対象として，失業給付と所得補助を統合した求職者手当 Jobseeker's Allowance: JSA を導入した。求職者手当は2種類あり，保険料の拠出要件を満たす者には最初の6カ月間資力調査なしの拠出ベースの求職者手当 Contribution-based JSA が支給される。6カ月を超えて失業が継続した者および保険料の拠出要件を満たさない者には，資力調査付きの所得ベースの求職者手当 Income-based JSA が支給される。この結果，従来の所得補助は，労働能力のない者，就労の意思のない者に限定されることになった。

　拠出ベースの求職者手当を受けるためには，原則として，①失業しているかまたは週16時間以下しか就労していないこと，②労働市場要件を満たしていること，③保険料拠出要件を満たしていること，④イギリスに居住していること，⑤年金年齢に達していないこと，⑥学生ではないこと，等の要件を満たす必要があった。資力調査付きの所得ベースの求職者手当を受けるためには，③以外の要件とともに，所得補助と同様の資力調査要件を満たす必要があった。

　②の労働市場要件とは，労働能力があること，週40時間以上就労できること，積極的に求職活動を行っていること，および雇用事務官に求職者同意書 Jobseeker's Agreement を提出していることである。この協定書は仕事を得るた

めに行う対策の記録であり，2週間ごとに求職者が署名してチェックされる。それは積極的に仕事を探していることを証明するものである。

　1997年に政権についたブレア労働党は，以上の求職者手当を組み込んだニューディールを発表した。そこでは，①マクロ的経済の安定性と成長の持続，②「福祉から就労へ Welfare to Work」のプログラム，③勤労意欲を刺激する税制と給付の改革，④教育や技能に対する投資の強化，⑤最低賃金が保障された柔軟な労働市場の構築，が提起された。このための資金調達は，民営化された公益事業への一時課税 Windfall Tax によりなされ，1997年から98年までに合計52億ポンド（約8840億円）が徴収された［駒井, 1999, 120頁］。

　ニューディール政策をまとめたものが，**図表II-1-6** である。ここでまず注目すべきは，18～24歳までの若年失業者，25歳以上の長期失業者が第1ステップで仕事が見つからず，第2ステップで民間企業に就労する場合，雇用主に補助金が支給され，前者については職業訓練の費用も支給されていることである。また，50歳以上の高齢失業者が民間企業に就労する場合には，雇用主ではなく就労者に直接，補助金が支払われている。選択肢には民間企業以外に1年間の教育・職業訓練，ボランティア団体，環境保全団体での就労がある。

　若年・長期失業者について，第2ステップでの就労や教育・職業訓練の機会を拒否した失業者には，最高6カ月，求職者手当を支給しないというペナルティが課せられる。高齢失業者のニューディールへの参加は任意となっている。任意参加のものとして，これ以外にひとり親世帯向け，障害者向け，失業者の配偶者向けのプログラムがある［藤森, 2002, 200-220頁］。

　「若年失業者へのプログラム」は，1998年4月から開始され，2000年4月末までに44万3000人以上が参加した。このプログラムを終了した35万7000人のうち40.3％（14万4000人）が補助金なしの職 Unsubsidised Employment につき，福祉受給者は4万6000人，その他の選択6万9000人，不明10万4000人となっている。他方，「長期失業者へのプログラム」には，1998年10月から2000年4月末までに21万6000人が参加した。このプログラムを終了した16万4000人のうち16.0％（2万7000人）が補助金なしの職につき，補助金付きの職8000人，短期就業6000人，その他12万3000人という状況である［藤森, 2000, 96-97頁］。

図表II-1-6　ニューディール・プログラムの特徴

	若年失業者 (18〜24歳)	長期失業者 (25歳以上)	50歳以上失業者
・試験的導入時期 ・全国的導入時期	・98年1月 ・98年4月	・98年6月 ・2001年4月	・99年10月 ・2000年4月
参加前の 手当受給期間	6カ月	24カ月	6カ月
参加形態	強制	強制 (2001年4月〜)	任意
個人アドバイザーの 協力を得て就職活動	4カ月	3〜6カ月	3〜6カ月
ニューディールの選択肢 / 就労に対する補助金	6カ月間 〈雇用主へ〉 ・週60ポンド ・750ポンド(職業訓練)	6カ月間 〈雇用主へ〉 ・週75ポンド	12カ月 〈就労者へ賃金補助〉 ・週60ポンド(常勤) ・週40ポンド(パートタイム)
ニューディールの選択肢 / 教育・職業訓練 訓練生への手当	12カ月 求職者手当と同額	12カ月 求職者手当と同額	750ポンドまで訓練生に対して補助
ニューディールの選択肢 / ボランティア団体	6カ月間 ・少なくとも求職者手当と同額 ・週15ポンドの交付金	──	──
ニューディールの選択肢 / 環境保全団体	6カ月間 ・少なくとも求職者手当と同額 ・週15ポンドの交付金	──	──
拒否した場合の制裁	求職者手当の 減額・停止	求職者手当の 減額・停止	制裁なし

出所:[藤森, 2001]

　以上のプログラムが野宿者を含めたホームレス生活者の就労確保にどの程度，効果があったのかについて管見のかぎりでは不明である。言うまでもなく野宿者の場合，通常の失業者に比べて就労にいたるまでのバリアは大きい。このため野宿者を支援する NPO は，教育・職業訓練について独自のプロジェクトを有している。

セント・マンゴス St Mungo's は，社会的排除対策室との連携のもとに野宿者の社会復帰をサポートするロンドンで最大規模の NPO であり，1999年3月時点で14カ所のホステル（672名），8つのケア・ホーム（169名），40のサポート・ハウジング（373名），さらに雇用促進と職業訓練のみを目的とする施設を2カ所に有している。

　活動の内容は，まずチームを作って路上のホームレス生活者にねばり強く働きかけることにある（アウト・リーチ）。ホームレス生活者と信頼関係を構築するのに数週間，場合によっては数カ月かかる。1999年度は10チームがロンドン10区にまたがる4000人にアウト・リーチを行い，1267名をセント・マンゴスかそれ以外の施設に入居させている。

　居室と食事の提供をするホステルは，ほとんどが個室である。20年前は，ホームレス生活者を対象とする慈善団体と国のホステルは宿舎タイプがほとんどで，不潔かつ過密であった。1980年代から90年代にかけて大規模なホステルは閉鎖されるか改築された。今日，ホステルに入居する人々は，是認されない哀れな存在としてでなく，最小限の規則のもとで暖かく受容されていることを実感できるようになっている。

　ホステルに入居したものの，高齢，肉体的ないしは精神障害，アルコール問題により自分で生活できない場合は，ケア・ホームを利用する。ホステルより規模が小さいけれども，1人あたりのスタッフの比率は高い。高齢，精神的障害，アルコール問題を抱えながらも，自分で生活できる場合は，ホステルからサポート・ハウジングへと移動する。2人部屋，グループホーム，一群または単独の居室が利用される。サポート・ハウジングは，自分の住宅に住むための通過点であり，ひとりだけでは住めない人々に独立と安全をもたらす場所である。プロジェクトのニーズに応じてサポートは，常住か，週ごとに訪れるスタッフによって実施される。移住およびコミュニティ・サポートのチームは，住宅協会，公営，民間セクターの住宅を確保するとともに，引っ越しののちにそこに定住できるよう訪問サービスを行っている。

　セント・マンゴスは，以上のすべての住民に対して就労と職業訓練の機会を提供しており，1998年度のプロジェクトへの参加者は1245人となっている。プ

ロジェクトの内容は，①就労と教育・職業訓練の情報提供，②職業訓練のための作業所，③教育・職業訓練のための一時的な雇用確保，④雇用されてからのサポート，に区分される。

　①としては，就労と教育・職業訓練へのアドバイス，コンピュータの習得コースなどを有するトレーニング・センター（Bridge Training Centre），25歳以上で求職者手当を請求し，かつ恒久的な住宅に居住していないホームレス生活者への職業紹介をするセンター（Programme Centre），センターではなくホステル，デイ・センター，立ち寄り所 drop-in に出向いて活動（アウト・リーチ）しているグループ（Vocational Guidance Team）がある。

　②には，6カ月にわたって木工を習得する作業所（Steps Workshop），セント・マンゴスのホステルにおける非公式の活動（写真，芸術，工作，旅行の企画）への参画（Make It Work）がある。

　③の就労支援（Placement Link Worker）は，民間企業での一時的な仕事，そこでの教育・職業訓練をめざすもので，諸費用はセント・マンゴスから支払われる。

　④の雇用支援（Employment Link Worker）は，雇用されてから最初の1週間，アドバイスと情報提供，社会保障給付への助言，就職に際して入用とされる備品と支出への金銭的援助，を担当するプログラムである［http://www.mungos.org/］。

第2章 ホームレス生活者の現状とその支援制度

1 ホームレス生活者の像

1）区　分

　既述しているようにイギリスでは，「ホームレス生活者」を1977年住居法制定以来，法律で定義しているが，ホームレス生活者にはさまざまな集団が考えられる。法律で定義され，地方自治体に承認されたホームレス生活者を「公式のホームレス生活者」とすると，それ以外のホームレス状態の人々は，「非公式のホームレス生活者」である。その中には，多くの単身ホームレス生活者，ホームレス状態でありながら提出書類や手続きの煩雑さなどから地方自治体への手続きを控える人々，自分がホームレス状態にあることに気がつかない人々もいるであろう。また，住宅事情のため世帯分離できない人々もあり，「隠れたホームレス生活者」と呼ばれている。野宿状態は，最も厳しいホームレス状態として「ラフ・スリーパー Rough Sleeper」[1]という言葉で区別される。以下でも「野宿者（ラフ・スリーパー）」と一般の「ホームレス生活者」を区分して使う。

2）ホームレス生活者の規模および地域的分布

　ホームレス生活者の規模は，前述のホームレス生活者区分によって異なる。ホームレス生活者の最も広い範囲をホームレス状態の体験者とすると，1993年の「イングランド住宅調査」（*the Survey of English Housing 1994/95*）を検討した Roger Burrows [Burrows, 1997, pp.50-68] によれば，過去10年間で4.3％が「ホームレス状態」を体験している。1995/96年の結果は6％ [Kennet, 1999, p.47] に増えており，「ホームレス状態」が現在も多くの世帯に広がっている。「公式のホームレス生活者」は，法制度上の基準を満たした人々である。ホー

図表II-2-1　野宿者数（イングランド）

都市名	1998	2001	都市名	1998	2001	都市名	1998	2001
Bath	12	4	Gloucester	16	5	Plymouth	13	7
Birmingham	56	2	Guildford	8	1	Portsmouth	21	1
Blackpool	15	4	Leeds	8	8	Reading	13	7
Bournemouth	44	7	Leicester	20	9	Sheffield	15	1
Brighton	44	6	Liverpool	17	9	Slough	12	1
Bristol	42	7	London	621	264	Southampton	22	6
Cambridge	30	19	Manchester	31	14	Stoke on Trent	20	0
Canterbury	11	7	Northampton	13	6	Swindon	17	3
Chester	21	5	Nottingham	14	3	Worcester	20	6
Exeter	27	7	Oxford	39	9	York	12	8

注：1998年の値は最も多い数値。
出所：[Rough Sleepers Unit, 03/12/2001]

ムレス生活者向けの支援制度が適用されるには，前述のように申請者が「ホームレス状態にあること」，「優先条件を兼ね備えていること」，「恣意的なホームレス生活者でないこと」，「当該自治体とつながりがあること」を証明しなければならない。こうした条件に合致して初めて，申請者が自治体にホームレス生活者と認定される。ホームレス生活者の認定数は，最も多い1990年代初めで約17万世帯（グレートブリテン），現在はやや減少して2000年で約13万6000世帯である。ちなみに，イングランドでは11万1550世帯（優先条件を備えており地方自治体にホームレス生活者として受け入れられた世帯）[2]，スコットランドでは2万0400世帯（優先条件を備えているホームレス生活者またはホームレス状態の可能性のある世帯）[3]，ウェールズでは4390世帯（優先条件を備えており，恣意性がなく適格なホームレス世帯）[4]である。これらの数値は前述のさまざまな条件を満足した者だけを含んでおり，ホームレス生活者の規模はそれ以外に申請しない人々の存在を考慮に入れなければならない。また，認定基準が変更されるたびに承認される「ホームレス生活者」数も変動する（最近，優先条件を拡大したため承認件数が増加する傾向にある）ため，上の数値はホームレス生活者の規模を示すひとつの指標と理解しなければならない。

　路上で生活しているいわゆる「野宿者」数は，「どこで生活しているか不確

図表II-2-2　地域別ホームレス世帯数（イングランド）

地域	2000/1年	比率	地域	2000/1年	比率
London	29,630(25.9%)	9.5	West Midlands	13,860(12.1%)	6.4
South East	14,760(12.9%)	4.4	Yorkshire & The Humber	9,150(8.0%)	4.3
South West	11,210(9.8%)	5.4	North East	5,220(4.6%)	4.8
East	9,800(8.6%)	4.3	North West	13,350(11.7%)	4.7
East Midlands	7,370(6.4%)	4.3	England	114,350(100.0%)	5.5

注：優先条件を備えるホームレスで恣意的でない世帯。
　　比率は1000世帯あたりのホームレス世帯数。
資料：DTLR ,2002, p.10, Tableより著者が作成。

かである」，「移動する」，「野宿とホステルなどの一時居所を放浪する」などの理由で不確かである。したがって野宿者の計数については，その方法や基準などについて議論がある。社会的排除対策室の報告 [The Social Exclusion Unit, 1998, p.3] によれば，1990年代初めにロンドンに2000人，イングランドに2000人の野宿者がいたと推定されている。それが1998年の1850人，2001年には532人に減少している [Rough Sleepers Unit, 03/12/2001]。

　ホームレス生活者は，ロンドンを中心とした大都市圏に集中している。地域別「公式のホームレス生活者」数（図表II-2-2）は，ロンドンが最も多く，イングランド全体の4分の1以上を占める。また，その周辺の南東および南西地域を加えると全体の半分近くを占める。

　ホームレス生活者の属性は都市化の程度によって異なり，その性格も年々変化している。ホームレス問題に関する行政資料を分析したプリースらによると，ホームレス生活者の承認件数は都市化とともに増え，大都市の中心ほど多い。その属性は，大都市内ほど「環境適応能力の低下した者を含む世帯 vulnerable households」の比率が多く，なかでも「精神的問題」を抱える人々の比率が高い [Pleace, Burrows and Quilgars, 1997, pp.13-14]。1995年の優先条件を備えた世帯に占める「環境適応能力の低下した者を含む世帯」の比率は，イングランド全体で24%であるが，ロンドン郊外 Outer London で31%，大都市圏内 Metropolitan Districts で33%，インナー・ロンドン Inner London で38%である。2000年の「優先条件を備えたホームレス世帯」の内訳を図表II-2-3に

図表Ⅱ-2-3　優先条件を備えたホームレス世帯 (2000年)

	世帯数	比率(%)
養育年齢の子ども	64,530	58
妊　婦	10,810	10
高　齢	4,030	4
身体的障害	5,340	5
精神的不健康	8,520	8
若　年	4,530	4
家庭内暴力	6,540	6
その他	4,920	4
緊急的なホームレス世帯	1,570	1
優先条件を備えた世帯	110,790	100

注：比率は四捨五入のため合計が100にならない。
出所：[Wilcox, 2001, Table 87]

示しているが，「子どもを含む世帯」(「養育年齢の子ども」+「妊婦」) の比率が1990年の80％から68％に低下している。「精神的問題」などの「環境適応能力の低下した者を含む世帯」が増加し，ホームレス生活者の属性が大きく変化していることを示している。

3) ホームレス生活者の属性

　ホームレス生活者の属性は，ホームレス状態の程度によって異なる。以下では，主にホームレス状態の程度の異なる3調査の分析を利用してホームレス生活者の全体像を示そう。それらは，ホームレス生活者の最も大きなくくりとして『イングランド住居調査』(*The Survey of English Housing 1994/95*：1994年の最後の1/4期から1995年の最初の1/4期における 9993世帯の世帯主に対する聞き取り調査) における「過去10年間にあなたはホームレス状態にあったでしょうか」という質問によるホームレス状態経験者の分析，第2にイングランドの9自治体へのホームレス状態申請者 (2474名：1992年から1993年) を分析した『ホームレス申請者の研究』[O'Callaghan et al., 1996]，最後に一時居所に滞在するホームレスと炊き出しやデイ・センターを利用する野宿者を調査した『単身ホームレス生活者』[Anderson, Kemp and Quilgars, 1993] である。『単身ホームレス生活者』は，

1991年のイングランドの10自治体を対象とした大規模な調査であり，ホステルやB&Bなどに住んでいるホームレス生活者1346人，デイ・センターを利用している野宿者351人，炊き出しを利用している野宿者156人への聞き取りを行っている。また，その性格をより浮き立たせるために一部，日本の野宿者との比較を行った。日本の調査は，1999年に〈笹島〉問題を考える会が実施した名古屋市内199人の野宿者への聞き取り調査である。

（１）性別および年齢

　ホームレス生活者は若年層が中心であるが，ホームレス状態の程度によってやや異なる。若いほどホームレス状態の経験が多く，最もその比率の高いのが16～29歳の13.7%である。これがホームレス状態の申請者に反映し，その中間年齢が26歳，4分の3が35歳以下である。女性がホームレス状態の申請者に多く（全体で61%），片親世帯の90%，単身申請者の40%を占める。

　一時居所の単身ホームレス生活者の年齢は，性別によってやや傾向が異なる。最も多い年齢層は，女性で18～24歳 (38%)，男性で25～44歳 (38%) と，女性の方がやや若い。野宿者は男性が多く（性比は10：1で，男性が大半），一時居所の単身ホームレス生活者と比べるとやや高齢化するが，日本の野宿者が50歳代を中心とし，ほとんど男性であるのとは顕著な違いである。過去と比べると，ホステルなどの一時居所で最近の若年化傾向が顕著である。男性の30歳未満は1972年の11%から1991年の39%に増え，反対に60歳以上の比率は1972年の32%から1991年の17%に減少している。女性の30歳未満の比率は，1972年の24%から1991年の67%に増加し，反対に60歳以上は36%（1972年）から7%（1991年）に減少している [Kemp, 1997, pp.73-74]。

　ホームレス生活者の若年化傾向は，後述するホームレス状態を引き起こすメカニズムが大きな要因であるが，ロンドンの住所不定者の平均死亡年齢が47歳 [ibid., 1997, p.80] であることも考慮しなければならない。

　女性問題は表面に現れにくく，厳しいホームレス状態では女性の比率が少ない。しかし，ホームレス状態の申請者に女性は多く，女性は広範囲に不利益をこうむっている。たとえば，賃金は男性の5分の4であり，パートタイムの90

図表II-2-4　性別年齢階層（イングランド）

(単位：%)

	一時居所の人々		野宿者	
	女性	男性	女性	男性
16〜17歳	12	3	11	1
18〜24歳	38	22	33	12
25〜44歳	31	38	36	48
45〜59歳	12	20	13	29
60歳以上	7	17	7	9
年齢不詳	1	1	ー	1
合計	100	100	100	100
母数（人）	293	969	45	456

出所：[Kemp, 1997, p.73]

%が女性である。その結果，民間住宅市場での住宅取得が困難である［Watson, 1999, pp.81-100］。また家庭内暴力，家主からの嫌がらせなどの問題もある。

（2）人種および世帯構成

　ホームレス状態の程度による人種構成の差は，人種のおかれている社会環境の差に起因する。白人は，アルコール・ドラッグ・精神的健康問題など複雑な問題を抱えた者が，ホステルやB&Bなどの一時居所に入所できず，野宿者となる例が多い。黒人やマイノリティは社会的に不利益をこうむり，単純に貧困によってホームレス生活者になっている例が多い（Centre Pointでのヒアリング）。黒人の13.4%がホームレス状態を経験しているが，白人はほぼ平均の4.2%である。ホームレス状態の申請者（白人74%，黒人16%）と一時居所滞在者（白人73%，黒人16%）の人種構成は変わらないが，野宿者はほとんどが白人で，デイ・センター利用者は白人96%，黒人1%。炊き出し利用者は白人が99%である。マイノリティの野宿者が増えてきてはいるが，最近の調査でも白人が大半を占めている。

　伝統的な家族以外の世帯が社会的な不利益を受け，「片親世帯」(19.7%)や「男性単身世帯」(7.4%)においてホームレス状態の経験が平均よりも高い。ところが，家族のホームレス生活者を優先する制度のため申請時点では「単身

世帯」の比率が低下し，ホームレス状態申請者の過半数が，子どもを抱える優先条件を備えた世帯である。

(3) 教育水準および就労状態

ホームレス生活者の教育水準は，一般に低い。一般（男子16～64歳，女子16～59歳）では GCE などの教育上の資格をもっていない者が男子で15％，女子で19％（1999～2000）[Social Trends, No.31,p.69] だが，一時居所の単身ホームレス生活者は53％，野宿者は62％である。教育水準の低さは，適正な水準の給与を受ける職業に就くことを妨げるのはもちろん，行政手続きをも困難にする [Pleace and Quilgars, 1997, p.154]。

就労状態が世帯の経済状態を左右しており，未就労や不安定な就労がホームレス状態を招きやすい。「未熟練工」(14.9％; Semi-skilled manual 7.1％, Unskilled manual 7.8％)，「失業」(14.4％)，「その他の未就労」(12.4％)，「パートタイマー」(7.8％) といった就労状態の者がホームレス状態を平均より多く経験している。ホームレス状態の申請者は，就労者が2割（21％）で，職業訓練中を含む失業者が半数を占める。一時居所の単身ホームレス生活者は，就労比率が低く（10％），長期疾病や障害（13％）・退職（10％）が多い。野宿者ではさらに就労比率が低下し（デイ・センターで7％，炊き出しで6％），求職していない者が増

図表II-2-5　就労状態（イングランド）　　　　　　　（単位：％）

	ホームレス状態申請者	一時居所滞在者	野宿者
賃金労働	21	10	7
失業中（求職）	36	43	47
失業中（探していない）	9	13	25
長期疾病・障害	6	13	14
退職（リタイア）	2	10	3
その他	26	10	5
合　計	100	100	100
母　数（人）	1497	1271	499

注：ホームレス状態申請者の「その他」は，「政府のプログラム」（2％），「教育機関に在籍」（3％），「主婦」（19％），「その他の活動」（2％）を意味する。

資料：[Kemp, 1997, p.77; O'Callaghan et.al, 1996, p.17] より著者が作成。

える。
　このようにホームレスの程度がひどくなるとともに教育水準が低く，不健康で就労率が低下し，求職もしなくなる。

(4) 給付金受給の状況
　1998～1999年にグレートブリテンでなんらかの給付を受けた世帯は59%で[6]，長い人生の間になんらかの給付を受ける人が多い。ホームレス状態を申請した世帯は，無給付が14%で，多くは「所得補助 Income support (61%)」，「養育手当て Child benefit (40%)」，「住宅給付 Housing benefit (rent/rate rebate) (34%)」などの給付金を受けている。一時居所の単身ホームレス生活者は，「無収入 (8%)」が少なく，「所得補助 (55%)」，「その他の公的給付金 (21%)」などの給付を受けている者が多い。ところが，野宿者は「無収入 (20.6%)」が多く，「所得補助 (39.7%)」，「その他の公的給付金 (15.5%)」の受給率が低下する。また，「路上での物乞い (20.4%)」が「その他の公的給付金」の受給率を上回る。ホームレス状態が過酷になるほど，公的な支援を受ける比率が低下してい

図表II-2-6　給付金受給の状況　　　　　　　　（単位：%）

	ホームレス状態申請世帯	一時居所滞在者	野宿者
所得補助	61	55	39.7
養育手当て	40	─	─
住宅給付	34	─	─
地方税補助	19	─	─
片親補助	13	─	─
失業手当	7	10	7.2
家族猶予	5	─	─
年金/寡婦手当て	3	─	─
療養手当て	2	─	─
その他	6	21	15.5
無給付	14	─	─
母　数	1497世帯	1261人	499人

注：回答は複数回答なので合計が100%を上回る。
　　「一時居所滞在者」および「野宿者」の「その他」は「所得補助」および「失業手当」以外の公的給付金を意味する。
資料：[O'Callaghan et.al, 1996, p.19; Anderson, Kemp and Quilgars, 1993, p.15] より著者が作成。

るが，日本の野宿者の「失業手当（日雇い求職者給付金）」(1.0%)，「その他の給付金（年金）」(2.0%)の受給比率と比較すると，イギリスのホームレス生活者の受給比率はきわめて高い。日本の野宿者は「無収入」(31.0%)やほとんど収入がない者が多いにもかかわらず，経済的な支援を受けられず，収入を得るためにダンボールや空き缶などの「廃品回収」(35.5%)を行っている。

（5）健康問題

　ホームレス生活者にとって健康問題は重要な問題である。劣悪な居住状態や過酷な環境がホームレス生活者の健康を蝕んでいるが，医療利用環境も劣悪である。NHS 一般医（GP）への登録が一時居所の単身ホームレス生活者で80%，デイ・センター利用の野宿者で61%である。このような低い登録率が日常医療の利用を妨げ，緊急医療の利用比率を高めている［Pleace and Quilgars, 1997, p. 155］。

　ホームレス生活者が健康問題を抱えていなければ，GP への登録が低くとも問題がないが，ホームレス状態が激しいほど健康を害している。一般の「健康問題なし」の比率が45%なのに対し，一時居所の単身ホームレス生活者は38%，さらにデイ・センター（22%）や炊き出し（24%）利用の野宿者では5分の1から4分の1に低下している［Bines, 1997, p.133］。反対に複数の健康問題を抱える比率が一般で24%，一時居所の単身ホームレス生活者で38%，デイ・センター（57%）や炊き出し（59%）利用の野宿者では60%程度に増大する［ibid., p.133］。厳しい居住環境ほど健康を害しているのは，健康状態に合った食事ができないなど［ibid., p.137］，健康を支える日常習慣を維持できないことが理由のひとつである。

　健康問題の中で大きな比重を占めるのが精神的健康問題であり，ホームレス状態が厳しくなるほど精神的健康問題を抱える比率が高い。一般の精神的健康問題を抱える比率は5%であるが，一時居所利用の単身ホームレス生活者は28%，デイ・センター（36%）や炊き出し（40%）利用の野宿者では40%程度に上昇する。多くのホームレス生活者が精神的健康問題を抱えていることは，精神病院の入院経験にも示されている。一時居所の単身ホームレス生活者の8分の

1，デイ・センター利用の野宿者の5分の1，炊き出し利用の野宿者の6分の1が精神病院入院の経験をもつ［ibid., p.139］。

精神的健康問題と並んでアルコールやドラッグなどの依存症も問題である。一般のアルコール依存症の比率は9％であるが，一時居所の単身ホームレス生活者の13％，野宿者は3分の1を占める［ibid., p.142］。アルコールやその他の薬物依存症の問題は，入所できないか制限があるホステルが多く［ibid., p.142］，居所が限定されてしまうこと，過剰な飲酒癖があると複数の問題を抱えるケースが多く問題の解決を困難にすることである。飲酒癖以外に2つ以上の健康問題を抱える比率は，一時居所の単身ホームレス生活者の72％，デイ・センター利用野宿者の74％，炊き出し利用野宿者の83％に及ぶ［ibid., p.143］。

（6）現在の住居と居住歴

ホームレス状態の体験者には，借家居住が多い。ホームレス生活者向けの制度であるために「公営住宅」（11.0％）や「住宅協会」（16.3％）にホームレス状態の体験者が多いが，「民間賃貸住宅」（8.6％）にも多くのホームレス状態体験者がいる。

ホームレス状態を申請した者の特徴的な居住歴は，4割（38％）が「個人として独立した居所に住んだことがない」ことである。この傾向は若いほど高く，若年齢で親の家を出てホームレス生活者になったことを推察させる。最も多い住居の所有形態は「借家」（42％）で，「借家」と「持ち家」の両方を経験している13％を加えると過半数（55％）になる。この傾向は申請時点でも変わらないが，一時的居所に滞在する世帯（23％）や野宿（2％）など厳しい居住状態が発生する。

単身ホームレス生活者の特徴的な居住歴は，施設経験が多いことである。一時居所に滞在している単身ホームレス生活者の47％が，野宿者では7割（デイ・センター利用者が73％，炊き出し利用者が68％）が，施設利用経験をもっている。さらに軍隊経験者が一時居所の単身ホームレス生活者の20％，野宿者の3割程度（デイ・センター利用者の28％，炊き出し利用者の30％）を占める。軍隊経験と施設経験を合計すると野宿者のほぼ全員となり，野宿と施設問題が非常に密接な関

図表II-2-7　単身ホームレス生活者生活者の施設経験　　（単位：%）

	一時居所滞在者	デイセンター利用野宿者	炊き出し利用野宿者
養育院	15	24	24
里親	10	9	12
3カ月を超える一般病院入院	10	22	20
精神病院など	12	20	17
アルコール施設	7	18	14
ドラッグ施設	3	4	4
若年犯罪者施設	9	18	21
刑務所など	25	49	46
上記のひとつ以上	47	73	68
軍隊経験	20	28	30
母数（人）	1267	345	152

注：回答が複数なので合計は，100％にならない。
資料：[Anderson, Kemp and Quilgars, 1993, p.23] より著者が作成。

図表II-2-8　現在の野宿期間
（イングランド，1991年）
（単位：%）

1週間未満	8.9
1カ月未満	20.1
半年未満	26.6
1年未満	11.1
1年以上	32.3
不詳	1.7
母数（人）	421
合計	100.0

資料：[Anderson, Kemp and Quilgars, 1993, p. 44] より著者が作成。

図表II-2-9　直前住居　（単位：%）

住居の形態	一時居所滞在者	野宿者
住居	31	37.2
家族・友人宅	39	28.8
職場と一体化した住居	2	1.6
短期宿泊施設	20	12.0
病院・社会施設など	1	3.3
その他	2	4.3
不法占拠	1	4.2
住居に住んだことが無い	2	7.5
不明等	2	2.3
母数（人）	1278	507

資料：[Anderson, Kemp and Quilgars, 1993, p.58] より著者が作成。

係にあることを示している。直前住居は「同居」（親の住宅27％，養育者の家1％，友人や親戚の家11％）が38％，「自宅」が31％，「現在の居所」が13％である。男性に「自宅」（男性34％，女性21％），女性に「親の家」（女性33％，男性25％）が多い。人種別では白人に「自宅」（白人34％，マイノリティ23％），マイノリティに「親の家」（白人23％，マイノリティ39％）が多い。一時居所の単身ホームレス生

活者の直前住居は，性別や人種による社会的な自立度の違いを反映している。

　野宿者の3分の2（66.0%）は野宿直前に住居に住んでいた――「自宅」（37.2%），「同居」（28.8%）――が，その半面，「住居に住んだことがない」（7.5%）や「不法占拠」（4.2%）など慣習的でない居住経験も多い。16～24歳の一時居所の単身ホームレス生活者と野宿者の直前住居は，まだ自立していないため「親の家」が最も多く，25歳以上になると独立して「自宅」が最も多くなる。イギリスの現在野宿期間は，日本（1年未満は38.8%）と比べて短く，66.7%が1年未満である。

(7) ホームレス状態に陥る理由

　ホームレス状態に陥る理由はさまざまある。また，ひとつの出来事が他の出来事を引き起こし，事態が止めどころもなく悪くなり，ホームレス状態にいたることはよく知られている。そのためホームレスに陥った要因をひとつに絞ることは困難であるが，統計によると「両親，親戚，友人と住めなくなった」や「パートナーとの関係崩壊」など同居者との問題が過半を占め，「居所の喪失」は30%に満たない。前述したホームレス生活者の属性の地域的違いと同様，ホームレス状態に陥る理由は地域的に異なり，ウェールズでは「居所の喪失」に「ローン破綻」および「家賃滞納」を含めた居所にかかわる問題が38.4%と多い。イングランドは居所にかかわる比率が少ない半面，「その他」（17%）が多

図表II-2-10　ホームレスの理由（2000年）　　　　（単位：%）

理　由	イングランド	ウェールズ
両親，親戚，友人と住めなくなった	30	24.5
パートナーとの関係崩壊	23	28.4
居所の喪失（含：職場と一体化した住居）	23	29.8
ローン破綻	3	5.3
家賃滞納	3	3.3
その他	17	8.7

注：合計は四捨五入のため合計しても100%にならない。
　　ウェールズは，「2000-2001年」の値。
　　ウェールズの「その他」には「施設やケア」を含む。
資料：[Wilcox, 2001, Table 86; *Welsh Housing Statistics 2001*（2000-2001）] より著者が作成。

図表II-2-11　住居を失った理由　　　　　　　　　　（単位：％）

	一時居所滞在者	野宿者
家族/人間関係の問題	29	31.8
居所に関する問題	20	22.4
就労に関する問題	12	12.9
施設に関する問題	4	4.2
その他特別な問題	21	18.0
その他	14	11.8
不　明	1	2.0
母　数（人）	1031	442

資料：[Anderson, Kemp and Quilgars, 1993, p.71] より著者が作成。

く，問題が複雑に広がっている。借家制度の問題として，イングランドの「居所の喪失」に近年増加している「定期借家権の期限終了」(15%)が含まれることに注目すべきである。

　ホームレス状態申請世帯が居所を失った理由を区分すると，「居所の問題」(51%)，「家族関係の問題」(21%)，「家族形成や拡張の問題」(17%)，「すべての人間関係の問題」(17%)，「その他の問題」(25%)　となり，居所の問題が半分を占める。しかし，一時居所の単身ホームレス生活者の場合「家族や人間関係の問題」(29%)が最も多く，家賃や住宅扶助の問題・追い出しの問題を含む「居所に関する問題」(20%)は，嫌がらせや飲酒問題などを含んでいる「その他特別な問題」(21%)と同程度である。野宿者も一時居所の単身ホームレス生活者と同様の傾向を示している。居所を失う理由は，ホームレス状態が厳しくなるほど住宅問題以外のさまざまな問題が増え，問題解決の困難が推察される。

2　ホームレス状態の原因

　ホームレス状態の原因は，一般的に「経済の変化」「人口構造の変化」「政策の変化」「個人的問題」などの要因が絡み合っているとされる。たとえば，ホームレス状態の基本となる居所を安定的に確保できない状態は，住宅市場の低所得者が無理なく取得できる価格帯で住宅を提供できないという特徴に起因す

るが，それは経済の問題であるとともに政策の問題でもある。このようにホームレス状態を招致する要因は絡み合っている。

　個々の要因を概観しよう。

　「経済の変化」は，失業の増大または長期化によって居住者の家計を困窮状態に陥れることを意味する。産業構造の高度化によって基幹産業が鉄鋼・石炭から機械へ，そして教育・情報・金融・サービス業へと移行した。かつての基幹産業に従事していた就労者がすべて次代の基幹産業に移行できるわけではない。技術水準や知識水準が高度になればなるほど給与水準は上昇するが，必要な就業者数は減少し，余剰労働力が発生する。また産業構造の転換によって補填される就労口は，販売やサービス業が多く，かつての基幹産業を担っていた男性労働者の求人は増えない。その結果，高い技術水準や知識水準をもち合わせていない若年男子労働者の失業が増大する。さらに労働力および資本の移動が容易になったことが企業間競争を激しくし，企業経営の効率化の追求から臨時雇用やパート雇用など不安定就労が増加する。このような経済環境の変化が，教育水準の低い若年男性を貧困な生活に導く。

　「人口構造の変化」は，伝統的な家族形態の崩壊を意味する。離婚の増大がよく指摘されるが，近年の4割という婚外子比率の増大がそれを最も如実に物語っている。この統計数値の解釈として結婚届を出さないことが挙げられているが，そのこと自身が伝統的家族の崩壊を意味している。子どもが思春期から完全に独立するまでの期間に多くの問題が生じるが，「家族の崩壊」がこの時期のサポートをむずかしくし，後述するように多くの問題を子どもに負わせる。また，これまで伝統的な家族を対象に住宅が供給されてきたため，単身世帯に合う住宅が物理的に少なく，単身世帯の住宅不足も起こった。

　「政策の変化」は，主に保守党政権下（1979～1996年）の政策転換をさす。公的住宅の払い下げ（the Right to Buy），社会保障・福祉的予算の削減，ホステルなどの閉鎖，1室家賃補助制度 single room rent[7]の導入などを実施し，小さな政府を作った。また，さまざまな規制緩和や公共部門の民営化を行い，経済活動の活性化を促進した。こうした一連の政策変更は，資本が世界中を自由に移動し，経済のグローバル化が進展するなかでロンドンおよびイギリスの世界

経済における地位を維持しようとした政策であった。ところが，市場は活性化したが貧富の差も拡大した。従来の福祉施策があれば貧困者の生活を支えることができたが，そのセイフティネットが小さくなったため深刻なホームレス問題が引き起こされた。

最後の「個人的問題」は，精神疾患・アルコールや薬物の依存症・施設経験者（養育施設や刑務所など）などがホームレス生活者に多いために，これらが原因ではないかと議論されてきた。また，離婚や死別など人生における困難な出来事とホームレス状態とが連続するため，それらが直接的な原因になるのではないかと議論されてきたが，これらは後述する「引き金」のひとつと考えられている。

ホームレス生活者がさまざまな問題を抱えている状況をみれば，いずれの要因もホームレス状態の発生にかかわっている。ホームレス状態が特定集団に集中している理由について，フォレスト［Forrest, 1999, pp.17-36］は，弱い者に社会構造変化のリスクが集中するから，と説明している。事実，これまでみてきたようにホームレス生活者全体をみれば，マイノリティ・女性・パート就労者・若者・低所得者（ローン破綻）・高齢者などの比率が多い。若者が独立する過程に注目したクラファンらは，その最も不安定になった時期になんらかの問題が起こり，それが引き金になってホームレス状態に陥るという「人生の道筋」と「ホームレス状態を引き起こす問題」のメカニズムを指摘している［Fitzpatrick and Clapham, 1999, pp.173-190］。多くの研究者もさまざまな要因が重なり合ってホームレス状態が引き起こされるという見方であり，この見方で若年ホームレス生活者の発生メカニズムの大半は説明される。

ところで，ホームレス状態の原因をめぐる論争においては必ず「個人責任論」と「社会構造（福祉制度と労働市場の変化）論」が議論される。「個人責任論」の立場に立つと，ホームレス問題の解決には個人が責任を果たすように条件を整えることだけでよい。「社会構造論」の立場に立つと，政府がすべてのホームレス生活者を無条件に助けなければならない。イギリスのホームレス生活者支援制度は，この両論の間でさまざまな思想や施策資源の制約を受け，施策対象者が定められた［Jacobs, Kemeny and Manzi, 1999, pp.11-28］。そのため，制度に

よる問題や解決できない多くの課題がある。

3 政策上の課題

1）制度の課題

イギリスのホームレス生活者支援制度は適格性の基準を厳密に定め，「優先条件」と「恣意性」という基準によって対象者を限定する。そのため基準に合わない者が支援されないホームレス生活者として残され，新たな問題を生む。

制度の運用を，ホームレス状態の申請者がどの程度ホームレス支援制度の終点である恒久的な住居に到達しているかで確認してみよう（『ホームレス状態申請者の研究』）。ホームレス状態を申請するプロセスは何段階にも分かれ，「優先条件を備えているかどうか」「恣意性がないかどうか」を入念に審査する。そのために時間がかかる。図表Ⅱ-2-12に示すように，「待機」が補足インタビュー段階，居所提案段階，居所提案後の3段階の合計で8％発生している。これは1992年の8月から1994年3月間にホームレス状態申請者の処遇が決定しなかった数である。それだけ処遇決定に時間がかかる制度である。また，第1段階の地方自治体インタビューを受けられる者は申請者の79％であり，約20％がインタビューを受ける前に不適格として審査を拒否された。第2段階の補足インタビューは申請者の約3分の2（65％），インタビュー後に「支援すべきホームレス生活者」として承認された者は申請者の約半数（47％）で，この段階で17％が拒否された。補足インタビュー後の自治体の決定で拒絶される申請者はほとんどいないが，居所が提案されて再定住にいたる者は申請者の3割（31％）である。約1年半のホームレス状態申請者の最終的な処遇は，「恒久住宅への再定住」(31%)，「他の自治体への紹介」（1％），拒否（36％），「取り下げ」（19％），「決定待ち」（8％），「不明」（5％）である。申請プロセスの結果は，自治体の立地による差が顕著で，ロンドンでは「恒久住宅への再定住」が少なく（23%），「拒否」（46%）や「決定待ち」（15%）が多い。大都市圏外では「恒久住宅への再定住」（38%）とともに「拒否」（46%）が多い。「拒否」は，ほとんどが「単身」や「優先条件を備えていないこと」で，申請プロセスの最初の段

図表II-2-12　ホームレス状態申請者の流れ

```
コーホート (1,497/100%)
    ↓   地方自治体インタビュー
インタビュー (1,179/79%) 撤回 (20/1%) 拒絶 (289/19%) 不明 (10/1%)
    ↓   補足インタビュー
決定 (968/65%) 撤回 (148/10%) 待機 (31/2%) 不明 (31/2%)
    ↓   地方自治体の決定
承認 (697/47%) 67項紹介 (15/1%) 拒絶 (252/17%) 不明 (4/*%)
    ↓   居所提案
居所の提案 (535/36%) 撤回 (56/4%) 待機 (78/5%) 拒絶 (4/*%)
    ↓   提案の結果
再定住 (460/31%) 撤回 (57/4%) 待機 (17/1%) 不明 (1/*%)
```

注：「67項紹介」は，申請した地方自治体につながりがなかったので他の自治体に紹介されたもの。
*% ; 0.5%未満を示す。
出所：[O'Callaghan et al, 1996, p.49]

階に発生する。「拒否」の53％がインタビュー前，インタビュー後が47％である [O'Callaghan et al, 1996, pp.48-51]。こうしたプロセス前半での拒否は，職員の負荷を減らすためでもあるという [Evans, 1999, p.136]。

　以上のようにホームレス生活者支援制度によって恒久住宅を提供されるホームレス状態の申請者は，たかだか3割であり，さらに支援制度が家族のホームレス生活者に対する支援を目的として設立されたため，単身のホームレス生活者は支援を受けられない。従来，家族の中で養育されていた若年者が，家族の変化を背景に自立前に家族から離れるケースが増えた。従前，職業につけた若者が，産業構造の高度化により，高度な技能や知識をもっていないと就業できなくなった。ところが，社会全体の制度はそうした若者への支援を想定していなかったため，若年で単身のホームレス生活者を増やした。

　他の制度が引き起こす問題もある。精神的健康問題が議論される場合に引き合いに出されるのが「非施設主義」である。患者の生活を尊重し，施設よりも地域で支援を受けて人間らしく生活するべきであるという考えである。そのため病院や社会施設が縮小あるいは廃止された。ところが，施設から出された人々を地域で受け入れるコミュニティ・ケアが十分に整備されていなかったため，行き場を失った施設入所者がホームレス生活者になったとされる。それが

ため，既述したようにとくに野宿者に施設経験者が多い。

ホームレス生活者の支援制度が逆に他に下駄を預けているのが難民問題である。ホームレス生活者に関連する法制度では難民の取り扱いをとくに決めず，他にその責を譲っている。

2）住宅政策の課題

ホームレス問題にかかわる住宅問題としては，「住宅不足」，「アフォーダビリティの問題」「住宅立地の問題」「住宅の質にかかわる問題」がある。

ホームレス生活者支援の制度は「住宅不足」をきっかけに構築されたが，時間の経過とともに住宅事情が変化した。その最も大きな変化は，住宅戸数の充足と公営住宅の減少である。世帯数が住宅戸数を上回るという住宅不足は，住居に住めないホームレス生活者を生み出すが，住宅戸数が世帯数を上回っても，ホームレス生活者は存在する。そこで「アフォーダビリティの問題」がクローズアップされる。住宅戸数が十分でも価格が高ければ住宅に住めない。市場で住宅を取得できない低所得者などに居所を提供する社会的住宅が必要となる。イギリスでは，第2次世界大戦以降の住宅不足を主に公営住宅建設によって賄い，公営住宅を主とする社会的住宅が市場で住宅を取得できない人々に住宅を提供してきた。しかし，1980年以降の公的住宅払い下げにより公営住宅のストックは減少した。そうした状況下でロンドンおよびロンドン近郊に内外からの人口が集中し，住宅不足と住宅価格の高騰が進行した。また，住宅価格の変動が問題を引き起こした。1980年代は好景気で住宅価格が上昇したが，1990年代に入り価格が下落し，取得した住宅価格が取得価格を下回るというネガティブ・イクウィティが発生し，ローン破綻も発生した。[8] ホームレス状態の原因に占めるこれらの比率は少ないが，住宅市場の変動は，市場重視の施策を展開するかぎり，重要な影響をおよぼす。以上のような状況変化を背景にして，ホームレス生活者は減少することなく，社会的住宅にホームレス生活者が集中した。民間借家が社会的住宅の減少を補完するよう期待されているが，1980年代以降，民間借家のストックに占める比率は10％程度で増えておらず，公営住宅の機能補完は困難である。

図表II-2-13　一時的居所に滞在するホームレス世帯数

地　域	England	Scotland	Wales	Grate Britain
B&B	9,860	483	78	10,421
ホステル	10,320	1,309	151	11,780
民間借家	25,390	—	136	25,526
その他	26,870	71	8	26,949
登録社会的家主など	—	—	115	115
地方自治体の住居	—	2,143	325	2,468
自宅待機	11,050	—	266	11,316
合　計	83,490	4,006	1,079	88,575

注：England は，2000年，ホステルに女性避難所を含む。
　　Scotland は，2001年3月，「その他」に住宅協会や民間借家を含む。
　　Wales は，2000～2001年，「登録社会的家主など」に民間借家を地方自治体や登録社会的家主が借り上げたものを含む。「ホステル」に女性避難所を含む。
資料：[Wilcox, 2001, Table 85; *Scottish Executive Statistical Bulletin HSG/2001/6 Housing Trends in Scotland*: Quarter Ending 30 June 2001 (1999-2000); *Welsh Housing Statistics 2001* (2000-2001)] より著者が作成。

　ロンドンなどにおけるアフォーダブルな社会的住宅の欠乏は深刻で，ホステルや B&B など一時的な居所に待機しているホームレス生活者がこれまでの最高を記録している。B&B に滞在しているホームレス世帯数は，1997年の4630世帯から2001年の1万2290世帯に増加した [DTLR, 2002, p.29]。図表II-2-13に示されるように，待機しているホームレス世帯数はイングランドに集中している。政府は2001年10月に BB 局 (Bed and Breakfast Unit) を設置し，2004年までに B&B などに滞在している子どものいる世帯をなくすという目標を掲げ[9]，この問題に対処している。同時に，B&B など一時的居所に住む人々の健康問題や子どもの学習・発達に与える影響も指摘されており，「住宅の質にかかわる問題」への対応も迫られている。一方，ミッドランドのかつての工業都市などを中心に衰退地域が形成され，立地のよくない公営住宅に空家が発生するという「住宅立地の問題」が発生している。このように住宅問題は，全国一律ではなく，地域によってその性格を異にしている。

　さらに問題は，住宅固有の問題だけではない。ロンドンおよびその周辺地域以外では住宅不足および住宅価格高騰はそれほど深刻でなく，「衰退地区で仕事がない」，「安心して住めない」，「便利なところに居所がない」といった問題

や，農村地域で「ホームレス支援施設がない」などが問題となる。農村地域では，人口密度が低いため森林などで暮らしていても誰にも気づかれないこと，各地にあるホームレス支援施設を巡回するホームレス生活者がいることなどから [Cloke, Milbourne and Widdowfield, 1999, p.73]，その実態を正確に把握できない。また，夏の行楽シーズンには多くの人が移動住居でバカンスを楽しむが，そうした人々と移動住居に住むホームレス生活者との見分けの問題，行楽シーズン以外には労働機会が急減するという問題を抱える。こうした問題に対しては住宅供給だけではなく，地域の産業や雇用・福祉などとの協同の取り組みが不可欠である。

3）居住にかかわるさまざまな課題

　以下に掲げるホームレス問題も，さまざまな居住支援策との連携がなければ解決できない。ホームレス生活者は健康を害している人々が多いが，居住環境の問題とともに保健・医療の利用困難による問題も大きい。また，ドラッグ[10]やアルコール問題のせいで居所確保や問題解決が困難なケースが多く，住宅・保健・医療・ソーシャルワークの連携が不可欠である。

　子どもの問題は，深刻である。16歳までに9人に1人（毎年10万人）の子どもが1晩は家出しているという。子どもとの人間関係が悪くなるほど家出の比率は高くなる（図表II-2-14参照）が，その比率は子どもの出身世帯の家族型によって異なる。養育家族の22％，片親家族の14％，2親家族の7％で家出を経験している。大半の家出は一時的であるが，その4分の1は野宿にいたっている [Rees and Rutherford, 2001]。また学校教育からのドロップアウトも問題であり，[11]適正な学力がなければ社会的にふさわしい生活水準を維持できない。さらに10代の妊娠がEU諸国の中で最も高いという問題もある。10代の妊娠は多くの問題をともなっている。養育能力が欠如している，障害をもって生まれる比率が高い，その子どもがさらに若く妊娠する可能性が高い，などである。いずれにしても，こうした子どもたちが社会水準にふさわしい生活を送るには，単に住宅の提供だけでなくさまざまな支援が必要である。また，こうした状況を招かないように予防する教育や家族・社会の働きかけが必要である。

図表II-2-14　家族関係（子どもからみた）別家族タイプの家出の比率

家族関係	二親家族	片親家族	養育家族	合計	母数（人）
とても悪い	36%	61%	62%	49%	96
悪い	24%	38%	42%	30%	582
普通	11%	17%	23%	14%	1189
良い	5%	10%	15%	7%	3690
とても良い	3%	9%	14%	5%	1671

出所：[Rees and Rutherford, 2001, p.7]

　ホームレス生活者が安定した生活を営むには，その達成が困難であるが，再定住支援が最も必要である。再定住を成立させるには次の4つのニーズを満足させなければならない。まず，適正な水準で，アフォーダブルで，安定し，そして肉体的能力に合った住宅。第2に，医療，個人的ケア，料理・身だしなみ・洗濯などの日常生活の支援。第3に，日常生活を営む技術の習得，住居や日常生活の管理，料理方法などである。第4に，資金問題が挙げられる。ホームレス生活者は貧困な場合が多いため，生活水準を維持するための給付金の申請などを助ける必要がある。そのうえで近隣社会や職場などへの再参入を支援し，円滑な生活が送れるよう助けなければならない［Pleace, 1997, p.162］。

4　現在のホームレス生活者支援政策

　2002年に HOMELESSNESS ACT が制定されたが，現在のホームレス生活者支援政策の基本は，1996年住居法とそのもとで工夫されてきたホームレス生活者支援制度にある。ただし，ロンドンを中心にイングランド，スコットランドではラフ・スリーパーズ・イニシアティブ（RSI: Rough Sleepers Initiative）という事業が展開されている。この詳細については第3章で紹介する。

　1996年住居法の導入に際しては，ホームレス生活者の住居に対する権利を縮小することで多くの反対があった。1996年住居法導入の理由［Lowe, 1997, pp.27-28］は第1に，社会的住宅がホームレス生活者のみに配分された（1994～95年のロンドン）ことにあった。これは，公的住宅の払い下げ（The Right to Buy）によって自治体が政策的に利用できる住宅ストックが減少し，社会的住宅配分の

優先権をもつホームレス生活者に社会的住宅が配分された結果である。制度と自治体の抱える資源とのアンバランスがその原因であった。第2に，ホームレス生活者が住宅配分において優先されてきたことである。社会的住宅のストックが少なくなり，申請者の待機期間が長期化したにもかかわらず，後から申請したホームレス生活者が先に社会的住居に入居してしまう。そこで，ホームレス生活者支援制度に対して「近道 fast track」や「列飛ばし queue jumping」といった批判が浴びせられた。そのうえ，社会的住宅を申請したホームレス生活者の60%がすでにウェイティング・リスト Waiting list に登録しており，社会的住宅に短期間で入居するためにホームレス生活者支援制度を利用した，とみられた。第3に，「ホームレス生活者」すなわち「野宿者」ではない，という点である。1991年センサスで野宿者は2700人であり，ホームレス生活者が即「住宅のない者」を意味しているわけではない。野宿者の数も減少しているので，ホームレス生活者に社会的住宅配分の優先権を設けなくてもよい，というわけである。

こうした議論の結果，改正された1996年住居法は主に次の3つの制度を導入した。第1に，ホームレス生活者に対して2年までの一時的居所の提供（恒久的な居所の提供を廃止）を規定した。これは，1977年法で定められた自治体のホームレス生活者への恒久的な居所の提供が1996年12月31日で終了することを意味する [Lowe, 1997, p.32]。第2に，ホームレス生活者を含めたすべての住宅を必要とする人々を対象に社会的住宅への登録制度を設立させた。その結果，ホームレス生活者が社会的住宅に居住するためには，この登録制度に登録し，配分を待たなければならなくなった。第3に，自治体にホームレス生活者へ情報・アドバイスを提供することを義務づけた。

第1および第2のポイントは，社会的住宅への入居がホームレス生活者で占められる，ホームレス生活者がウェイティング・リストを飛び越えてしまう，などの不平等感・不満に対処した。第3点は，ホームレス状態を事前に防止する予防的な措置に力点をおくとともに，相談業務を通してホームレス生活者のニーズを的確に把握し，適正な施策展開を図ろうというものである。しかしながら，優先的にホームレス生活者に社会的住宅を配分できるだけのストックを

もち合わせていない自治体の状況への現実的な対処だとも考えられる。

　以上のように1996年住居法は，自治体のホームレス問題に対する責任を軽減し，ホームレス生活者の住居に対する権利を縮小した。

　ここで少し具体的に，恣意性の明確な判断基準がないことによる問題を述べておこう。他に適切な居所の確保が地域で可能であると自治体が判断すると，自治体はホームレス状態の申請者に対してアドバイスおよびヘルプを提供するだけでよい。また，ホームレス状態の申請者が，自治体から提示された居所での居住（登録制度からの配分）を断ると恣意的なホームレス生活者とみなされ，以後ホームレス生活者支援制度の適用がなされないということが起こりうる［Lowe, 1997, p.31］。

　ホームレス生活者支援制度が設立された1977年以降の主要な状況変化と支援制度の対応を3つ述べよう。第1に，ホームレス生活者向けに提供できる社会的住宅が公的住宅の払い下げによって減少した。そのため地方自治体は，恒久住宅をホームレス生活者に提供する直接供給から，一時居所の提供，民間の住宅や登録された社会的家主の住宅の紹介，そして住宅の供給が促進されるよう市場を活性化させる「イネブラー enabler の役割」を担うようになった。地方自治体が直接供給しない住居の居住水準を維持する基準の制定，サービス供給者との密接な協力関係の樹立（情報の交換や相互の関係形成のためにマルティ・エージェンシー・フォーラムなどが設置されている），需要に見合ったサービスを誘導するための補助事業（これについての批判は後述）などが行われている。

　第2に，ホームレス生活者の抱える問題が，単純な住宅不足の問題から複合した問題に移行した。制度が設立された当時は，「住宅がないこと」が中心問題であったが，多くのホームレス生活者の抱える問題は単に「住宅がないこと」だけではなく，その背景に家族問題・健康問題・生活技術の欠如・職業能力の問題・薬物依存症などさまざまな問題があり，複数の問題を抱えてホームレス状態にいたっている。ホームレス問題の責任は住宅部局にあるが，ホームレス問題は住宅提供だけでは解決せず，住宅にさまざまなサービスが連携して初めて解決に向かうことがいくつかの調査で示された。そこで，社会サービス・医療・教育・労働などさまざまな部局やさまざまな機関・セクターが協力

してホームレス問題に取り組む「連携」が必要となった。これは、第1に自治体内における複数の部署の連携、第2に自治体と「他のセクター」との連携、第3に以上のすべてのセクターを含んだ連携である。第1の「連携」の例としては、ホームレス問題にかかわりのあるさまざまな部署から職員が集まるカーディフ市のシティ・センター・チーム The City Centre Team が挙げられる。シティ・センター・チームは、街路や困難な住宅環境で暮らす「住宅環境への適応力の低下した人々」を支援する複合専門分野のチームであり、ボランティアや公的な機関とも連携を保っている [Cardiff County Council]。他の組織的な連携の方法として、ホームレス生活者の情報をデータ・ベース化する「登録制度」やカルテなどにまとめる「評価フォーム」などの作成も試みられている。ホームレス状態申請者の情報を共有することによって無駄なインタビューの繰り返しや重要な情報の見落としを防ぎ、適切な資源の活用や施策の対応を図ろうとしている。第2の連携の例として、カーディフ市とスラマウ（Llamau）住宅協会の連携による若年ホームレス生活者の防止事業 [Cardiff County Council] などがある。また、自治体群とホームレス支援組織のユニークな連携として、「野宿問題解決のための協同事業 Joint up Solution to Rough Sleeping (Newport)」がある。この事業は、自治体群[12]とホームレス生活者支援組織群[13]が連携し、事務局をホームレス支援団体である NASH (Newport Action for the Single Homeless) においている [Newport, (a)]。第3の連携として、ウェールズ政府のガイドライン提案書にマルティ・エージェンシー・フォーラムが提案され、いくつかの自治体で実施されている。マルティ・エージェンシー・フォーラムの構成員としては、「住宅部局」、「社会サービス部局」、「健康部局」、「機関（警察や保護観察、RSL、ボランティア団体、当事者）」など戦略作りにかかわりのあるすべての人が例示されている。さらにウェールズ政府のガイドライン提案書 (p.157) は、さまざまな連携をスムーズにするため、連携の核として自治体住宅局の職員を指定している。

　第3に、当初想定した以上にホームレス問題が解決困難な問題であることが明らかになった。当初、政府はホームレス問題を短期で一時的なものと想定し、制度を構築した [Jacobs, Kemeny and Manzi, 1999, p.21]。しかし、問題は長期化

し，しかも少数者の問題ではなかった。政策環境の変更がホームレス生活者支援策の資源である社会的住宅を減少させ，B&Bなど一時的居所に滞在するホームレス生活者世帯を増大させた。さらに，ホームレス生活者はドラッグやアルコールなどの依存症のように解決困難な問題を抱えている。このため，事後処理的な対策には限界があり，予防的対策・戦略的対策がとられるようになった。予防的対策は，人々がホームレス状態に陥らないよう事前に「相談」や「アドバイス」を提供する，「賃借権を維持するための家賃や保証金を保証する」などである。戦略的対策は，効果的にホームレス状態の原因を取り除くよう戦略や計画を立案するとともに，施策の効果を評価し，より効果的な制度を構築することである。

5　ホームレス生活者支援制度の構造

1）階層構造

　イギリスのホームレス生活者支援制度はいくつかの階層によって構成されていることと地方による独自性という特徴をもっている。

　法制度は法（Act），ガイダンス，戦略，計画，事業で構成される。1996年法で定められた枠組みが，ガイダンスで詳細に規定される[14]。さらに，地方政府が戦略や計画を立案する。それと平行して，地方自治体も地域の条件を考慮して戦略や計画を立案する。とくに住宅部門がホームレス問題に責任を負っているため，住宅グリーン・ペーパー［Department of Environment, Transport and Regions and Department of Social Security, 2000］や各自治体が作成する「住宅戦略・運営計画 Housing Strategy & Operational Plan」においてホームレス生活者支援策がレビューされる。また，中央政府や地方政府がさまざまなレポートを提出し，施策の方向を提示する。それらに合わせて単年度あるいは数年にわたる事業が政府や自治体などに提案され，採択された事業が随時実施される。

　地理的階層構造は，UK―イングランド・スコットランド・ウェールズなどの地方政府域―各自治体という具合に，全体から地域へ政策が波及していくように構成される。中央政府の社会的排除対策室や野宿対策室などは基本的に

イングランドをその施策対象領域としている。また，ロンドン全体については各ボロに加えて大ロンドン局 Greater London Authority が2000年7月より責任を負っている。

　施策実施機構も基本的には中央政府から各地方自治体までの階層構造を形成している。RSIなどのように中央政府が直接関与する事業もあるが，施策の実施は，基本的に地方自治体の住宅部局が担っている。前述のように住宅以外に福祉・教育・労働・健康・医療などさまざまな部局の協力が必要であるし，自治体部局以外の各種チャリティ団体やボランティアの協力も必要である。既述のように自治体が直接すべてのサービスを提供するわけではないため，各種チャリティ団体などに資金を提供して事業を展開している。チャリティ団体や自治体各部署は予算を獲得するために提案書を地方政府などに提出する。(地方)政府は，資金の流れを制御することによって事業を選別し，目標を達成するよう施策の展開を誘導している。当初は，政府施策の及ばない領域で活動しているチャリティ団体などの活動を支援するための政府からの資金提供であったが，団体の規模が大きくなると組織を維持するために一定の資金の流れが必要になる。そのために，ホームレス生活者自身のニーズに正確に応えるよりも政府に認められやすい事業提案を行い資金を確保する傾向が出てくる。非常に多くのチャリティ団体がホームレス支援領域で活動しているため，「ホームレス産業」という批判もある。

　以上のようにホームレス生活者支援の制度は，施策を実施する地方自治体の部署がさまざまな階層・分野から影響を受けることで機能している。そのうえ，地方の自治権限が強いためにイギリスのホームレス生活者支援策は地域ごとに異なる。

2) ホームレス生活者支援策の構成

　イギリスのホームレス生活者支援策は，住宅提供をベースにさまざまな支援策を複合的に絡ませている。野宿など最も厳しいホームレス状態には施設入所で対処しているが，施設は小規模化・住宅化している。単に建物としての住宅を提供するだけでなく，その住宅にホームレス生活者の生活を支援するサービ

スを連携させている。

　施策は，最も厳しい状態の野宿者に対する炊き出しやアウトリーチ，緊急宿泊所の提供から始まり，一時的な居所としてのホステルやB&Bなどの提供，恒久的な住宅の提供，ホームレス生活者の発生を未然に防ぐための相談や情報の提供まである。一時的な居所から恒久的な居所に移るまでの間，ホームレス生活者に欠けている能力を育成し，抱えている問題を解決する支援を行う。

　より具体的にホームレス生活者支援策を理解するために，事例を紹介しよう。いずれの地域を取り上げてもイギリス全体を代表する普遍性には欠けるが，特殊性のない基本として筆者が長期にわたり滞在した南ウェールズの都市を例示として取り上げる。

3）ホームレス生活者支援策の概要
（1）予防施策

　ホームレス生活者を減らすには，ホームレス生活者を支援し，ホームレス状態からの脱却を図るとともに，新たなホームレス生活者を生み出さない予防が必要である。その意味でホームレス状態の予防措置に重点のひとつがおかれている。ホームレス状態の予防措置は，情報の提供・相談，家賃・敷金保障などの経済的支援や居住権維持支援を意味する。

　「相談業務」は，ホームレス生活者のニーズを把握し，既存施策とのマッチングを試みることで既存施策とホームレス生活者のニーズとのギャップを明らかにできるという意味で重要である。こうした情報が後述の「施策の点検」を通して施策の改善に貢献すれば，ホームレス問題の解決につながる。情報の提供・相談は，1996年住居法で義務づけられ，市民窓口などでの対応も可能であるが，カーディフ，スウォンジー，ニューポート，ロンダ・カノン・タフでは，住宅相談所を設置している。立地が相談業務の成否を左右するが，上記4自治体の住宅相談所はアクセスしやすい市街地の中心に立地している。週に800人以上が，カーディフのハウジング・ヘルプ・センター The Housing Help Centre を訪れている。その建物内に，「カーディフ敷金保証委員会 Cardiff Bond Board」，「16・17歳のハウジング・オプション事業 Housing Option project for 16/17 year olds」,「サポーティッド住居企画 supported accommodation scheme」,「家庭内暴力やその恐れのあるマイノリティや黒人女性のためのサービス a service for women from Black and visibly ethnic minority women who are in receipt or under threat of domestic violence」,「ボランティア局 a volunteer bureau」が立地し [Cardiff County Council], 居住支援の核になっている。ニューポートの住宅相談所は, ナッシュ・ムーブ NASH MOVE と呼ばれ, 自治体が事務所のスペースと機器を提供し, ホームレス生活者支援団体のナッシュ (NASH) が運営している [Newport, (a)]。ロンダ・カノン・タフは, ワンストップ・ショップをめざしハウジング・アドバイス・センター Housing Advice Centre を1999年8月にオープンさせた。センター内に法律相談 (Legal Advice service surgeries：2週間に1回, アウトリーチもあり), 家賃・敷金保証会議が設置され, ソーシャルワーカーの紹介も行っている。センターを訪れることができない者にはアウトリーチ・サービスを提供している [Rhonda Cynon Taff]。ウェールズ全体の住宅相談サービスとしてシェルター・カムリのシェルター・ラインという24時間の電話による住宅に関する情報提供・相談業務がある。

　ホームレス状態を予防する具体的な事業として, 家賃・敷金保証や居住権支援事業がある。経済的問題が生じる前に賃貸借権を維持させる家賃・敷金保証 Bond scheme は, 新たなホームレス生活者を生み出さないという意味で重要である。住宅相談所がその利用窓口となり, 大家に敷金や家賃の保証を行いホームレス生活者の民間賃貸住宅への居住を助ける [Newport strategy, p.21]。ウェールズ政府もホームレス状態の予防に大きな役割を果たすと認識し, 導入を勧めている。しかし, 家賃滞納などを起こした人々に適用されないという問題がある [Bevan, 2000, p.15]。ニューポートには, 居住権維持が危険にさらされた場合に居住権の確保を支援する「居住権支援企画」というサービスもある [Newport (b), p.18]。

（2）居所の提供
　公営住宅, 住宅協会住宅, 登録された社会的家主 (RSL: Registered Social

Landlord) の住宅が，ホームレス生活者に恒久的な住宅として提供される。一時的な居所として B&B やホステルなどが利用されるが，これらはプライバシーなどの面で問題が多く，コストもかかる。これら「モノ」としての居所の提供は従来型の施策であり，これだけではホームレス問題の解消にはならないので，個々のホームレス生活者のニーズに対応する施策が付け加えられなければならない。

(3) 支援策の提供

多くのホームレス生活者は住宅の提供を受けるだけでは生活できず，なんらかの支援が必要である。これらの施策は，ホームレス生活者を一時的なホステルなどの居所から安定した恒久的な住居に移行させるための生活技術の指導やフローティング・サービス（後述）などである。特別な配慮の対象者は，高齢者・障害者・学習障害者・精神的な不健康・薬物中毒など多様である。支援ニーズは人により異なるので，支援の程度に幅をもたせた企画が必要である。たとえば，一般的な住居から始まり「経済的保障を加えたもの」，「身体的・精神的生涯に配慮したもの」，「子ども（妊娠を含む）や老人に配慮したもの」，「生活技術などを支援するもの」，「シェア住宅」などが考えられる［Swansea (C), pp. 11, 14］。

施設に近い居所として「フォイヤー」や「サポーティッド住居」がある。「フォイヤー」は，ホームレスの人々に居所とともに職業訓練を提供し，自立する機会を提供するプロジェクトである。1991年にシェルターがフランスのシステムをイギリスに紹介し，徐々に広がっている［Quilgards and Anderson, 1997, pp.216-228］。「サポーティッド住居」は，ホステル（食事や調理機器を提供する居住スキーム）よりもプライバシーが保障される居所である。居住者の入居は，自治体を通して計画的になされる。通常，犯罪歴をもつ者，精神健康に問題を抱える者，学習障害者，薬物やアルコールにかかわる問題を抱える者などを対象としている［Newport (b), p.27］。施設的な居所は収容人数が多いとスティグマなどが生じやすいので，できるだけ小規模なものが好ましく，サポーティッド住居も数戸程度のものが多い。

居住開始時のサービスとして「再居住サービス」や「家具企画」がある。「再居住サービス」は，ホームレス生活者の居住生活を確立させるさまざまな援助である。たとえば，「居所を探す」，「家具や器具を手に入れる」，「居所を見る」，「適切な賃貸や給付金の書類を書きあげる」，「電気・ガス・水道などを供給させる」，「落ち着くまでのしばらくの間，援助する」などのサービスである［Newport(b), p.16］。「家具企画」は，ホームレス生活者が居所を確保した際に家具や家庭用品の購入を助ける。ホームレス生活者は低収入の場合が多いが，必ずしもすべての住宅が家具付きというわけではなく，家具の購入が生活を始める障害になる。そうした困難を解消するための企画である［Newport(b), p.31］。

居住支援の例に「フローティング・サービス」がある。これは，建物よりも人に付随するサービスで，サービス受給者が転居しても同じワーカーからサービスを受けられる制度である。受給者の賃借権を維持するのに有効なサービスである［Newport(b), p.18］。また効率的な資源利用や迅速なマッチングを進めるために障害者に適した居所を登録することも行われている。

（4）緊急施策の提供

野宿者や野宿の恐れがある者は，野宿状態の回避やそこから脱出するために情報や緊急的な居所を必要とする。

野宿者やホームレス生活者一般への支援情報提供は，相談拠点に情報を蓄積する方法と野宿者やホームレス生活者に情報を取り出す手がかりを与える方法がある。前者には，「資源一覧 Directory of resources」の住宅相談所などへの設置がある。「資源一覧」は，ホームレス生活者支援のために利用可能な地域の資源を冊子にまとめたもので，必要なサービスの利用を助ける。また，冊子の利用や作成を通してホームレス支援団体相互の連携をつくる環境が形成される。後者には「アウトリーチ」や情報をカードにまとめてホームレス生活者に渡す方法がある。「アウトリーチ」は，路上で生活している人々に社会サービスの機会を提供するため，路上に出向いて野宿者の状況を把握し，情報を提供することである。スウォンジーやニューポートでは，「スマート・カード」

というキャッシュ・カード程度の大きさのカードに緊急時の連絡先や資源などの必要最小限の情報をまとめ，野宿者に渡して最後のセーフティネットを構築しようとしている。また，最近インターネットを使った情報の提供も試みられている。駅などにアクセスポイントを設置する方法であるが，ホームレス生活者がいかに利用方法を修得するかなど解決すべき問題がある。

「緊急居所」は，人々が住む場所を失った際，24時間・年間を通した利用が可能な居所である。たとえば，野宿者が自治体の窓口を通さず直接ホステルに出向いて入所契約ができるダイレクト・アクセス・ホステル [Newport(b), p.14] などである。「デイ・センター」は，支援拠点としてホームレス生活者に衣服・食事・洗濯機だけでなく，訓練・教育そしてレジャーなどの機会を提供し，ホームレス生活者を既存コミュニティに溶け込ませ，意味ある日常活動を見いだせるよう働きかける役割を担う [Newport(b), p.23]。

(5) 施策の点検：イノベーション

最後に，これまで述べてきた施策が効率的に働いているかどうか，改善すべき点がないかどうか，施策を点検する作業がある。ホームレス生活者の状態を正確に把握しなければ，必要な施策がわからない。定期的な監査によって施策がうまく機能しているかどうかを把握し，数年に1度は，戦略自身も現状と合っているかどうかレビューしなければならない。

第3章　野宿者の現状と野宿者支援策

　本章では，住宅法のホームレス生活者規定から漏れがちな単身のホームレス生活者 Single Homeless のひとつの形態と捉えられている野宿者 Rough Sleeper の現状とそれに対する政府の支援策に焦点を当てて考察する。

　前章で明らかにされたように，住宅法により優先的ニーズをもつ者として認められたホームレス生活者の大多数は，扶養すべき子どもをもつ世帯あるいは妊婦のいる世帯であり，大部分の単身のホームレス生活者は，一時的な宿泊施設にさえ入所する資格がなかった。住宅法で認められた法定ホームレス生活者に対して，住宅法による住宅保障を享受できないホームレス生活者を総称する概念として単身ホームレス生活者がある。これは，単に単身のホームレス生活者のみをさすだけではなく，カップルのホームレス生活者などもこの用語で表現されている。

　この単身ホームレス生活者の問題は，野宿者問題とともに1990年代前半から大きな社会問題となってきた。単身のホームレス生活者といわれている者の範囲には，以下の者が含まれている。第1は，野宿という極限状態にある人々である。路上，戸口，公園や居住をそもそも予定していないバス停や駐車場などを寝床とする者である［Alexander, 1998, p.10］。第2は，ホステルやナイト・シェルターで生活している者である。第3に，B&B（簡易ホテル）で暮らしている者である。2001年現在で，B&Bで暮らしている子どものいる世帯はおよそ6500世帯である。第4に，他の世帯と暮らしている者などの「隠されたホームレス生活者」と呼ばれる者である。その存在のありようから実態を把握することはきわめて困難である。第5に，不法占拠者である。第6は，家賃や住宅ローンの滞納により，家を失う危機にさらされている者である。第7は，きわめて過密な居住環境にある者などが該当する［ibid., pp.3-4; Fitzpatrick/Kemp/Klinker, 2000, pp.8-10］。

このように野宿者は単身ホームレス生活者のひとつの形態であり，最も過酷な状態にあるものと捉えられている。そして近年では社会的排除 Social Exclusion の最も先端に位置しているものとも捉えられている [Social Exclusion Unit, 1998]。

1　野宿者の具体的様相

野宿者の具体的様相に焦点を当ててみよう。

イギリスにおいて野宿者数を数量的に正確に把握することは，日本のようにテントを張って定住型の生活を営んでいるわけではないのできわめて困難である。昼間はホステルや B&B の居住者等のようなホームレス生活者と見分けがつけにくく，また夜間は雨露や寒さ，さらには危険を避けるために，ビルの間など比較的人目につかない場所に身を隠しているためである。野宿者数の把握には当然限界があり，それはあくまで一時的瞬間的なものでしかない。そこで，路上で数える数値以外に，野宿経験をもつ者に注目する必要性を指摘する見解もある [Fitzpatrick/Kemp/Klinker, 2000, p.11]。ここでは，路上でカウントされた野宿者数の動向をみておこう。

図表 II-3-1，II-3-2 は，後述する野宿者対策室 Rough Sleepers Unit (RSU) の野宿者支援戦略が展開した1998年から2001年12月までのイングランドとロンドンにおける野宿者数の推移をみたものである。イングランド全体の野宿者数は，1998年の1985人から2001年12月に公表された数値で532人にまで減少している。ロンドンにおいても621人から264人へ減少している。ロンドンでは，中心部のウエストミンスターに集中している。そしてどの地域でも確実に減少している。ロンドンのウェスト・エンド West End，ビィクトリア Victoria，ウォータールー Waterloo，そして南カムデン South Camden といった野宿者集中地区における野宿者数の変化をもう少し長い期間でみると，1992年3月で440人であったものが，95年には275人にまで減少したが，それ以降98年まで約280人で推移している。1990年代前半の減少は野宿者優先プログラム Rough Sleepers Initiative (RSI) による政策的効果と考えられる。1998年

図表Ⅱ-3-1　イングランドとロンドンにおける野宿者数の推移(推計)（単位：人）

	1998	1999	2000	2001	2001.12
イングランド	1985	1633	1180	703	532
ロンドン	621	635	546	357	264

出所：[Department for Transport, Local Government and the Regions, 2001] の数値に，2001年12月3日公表の数値を入れて作成。

図表Ⅱ-3-2　イングランドにおける野宿者数の変化(2001年12月3日)（単位：人）

	1998	2001		1998	2001
Bath	12	4	London	621	264
Birmingham	56	2	Manchester	31	14
Blackpool	15	4	Northampton	13	6
Bournemouth	44	7	Nottingham	14	3
Brighton	44	6	Oxford	39	9
Bristol	42	7	Plymouth	13	7
Cambridge	30	19	Portsmouth	21	1
Canterbury	11	7	Reading	13	7
Chester	21	5	Sheffield	15	1
Exeter	27	7	Slough	12	1
Gloucester	16	5	Southampton	22	6
Guildford	8	1	Stoke on Trent	20	0
Leeds	8	8	Swindon	17	3
Leicester	20	9	Worcester	20	6
Liverpool	17	19	York	12	8

出所：[Department for Transport, Local Government and the Regions] の12月3日発表の数値である。
　　数値は，http://www.dtlr.gov.uk/housing/rsu/pn/rsu19.htm より入手。

以降の減少は，RSU の成果と捉えられよう。

　この野宿者の特徴に関して，旧環境省の1991年調査の調査結果［Anderson/ Kemp/Quilgars, 1993; Burrows/Pleace/Quilgars, 1997, pp.69-87］が総合的な姿を示している。同調査は，イングランドの10の地方自治体におけるホステル居住者1261人と野宿をしていたデイ・センター（野宿者等に主に朝食の提供を行っており，散髪・洗濯・シャワー・衣服の提供やホステルなどの紹介サービスを行っているセンターもある）とスープ・ラン（食事を路上で野宿者に配布するサービス）利用者の約500人に対して聞き取りした大規模な調査である。ここでは，野宿にかかわる部分だけを紹介する。野宿者（図表Ⅱ-3-3）は圧倒的に男性であり，女性はデイ・センター利用者の7％，スープ・ラン利用者の13％と少ない。年齢別では，25〜44

図表II-3-3　野宿者の性別年齢別分布　　　　　　　　（単位：％）

	デイ・センター利用者			スープ・ラン利用者		
	男性	女性	合計	男性	女性	合計
16-17歳	2.0	8.0	2.0	1.0	15.0	3.0
18-24歳	11.0	36.0	13.0	13.0	30.0	16.0
25-44歳	47.0	40.0	47.0	49.0	30.0	46.0
45-59歳	29.0	12.0	28.0	30.0	15.0	28.0
60歳以上	10.0	4.0	10.0	7.0	10.0	7.0
DK	1.0	—	1.0	1.0	—	1.0
合　計	100.0	100.0	100.0	100.0	100.0	100.0
回答者(人)	322	25	347	134	20	154

出所：[Department of Environment, 1993]

図表II-3-4　ロンドンにおける野宿者の人種構成(1998年調査)

	人数(人)	構成比(％)
その他白人（詳細不明）	28	18.2
イングランド系	75	48.7
スコットランド系	21	13.6
アイルランド系	10	6.0
ヨーロッパ系	4	2.6
その他黒人（詳細不明）	9	5.8
アジア系	2	1.3
アフリカ系黒人	3	1.9
その他	2	1.3
合　計	154	100.0

出所：[Alexander, 1998/99; CRISIS, 1998]

歳が男女とも5割弱を占めている。45～59歳が3割弱，60歳以上は男性が10％，女性が7％と少ない。高齢者層は傷つきやすい者として法的に認められうる年齢なので，若年者より住宅が得られる可能性は高いものの少数とはいえ存在している。このような年齢別性別特徴は，5年後に実施されたスコットランド調査でも同様の傾向を示している[Alexander, 1998, p.17]。

　人種別構成では，1991年調査では99％が白人であり，白人以外はほとんどみられない。98年時点でのロンドンの人種構成をみると（図表II-3-4），最も多いのはイングランド人（48.7％）で，白人以外は約1割とやはり少ない[ibid., p.

図表II-3-5　野宿者の雇用状況（1991年度調査）（単位：％）

	構成比
就労中	7
失業し，求職中	47
失業し，求職は行わず	25
病気，もしくは障害あり	14
引　退	3
その他	5
サンプル数（人）	499

注：端数処理しているために，合計が100％を超えている。
出所：[Kemp, 1997]

図表II-3-6　野宿者の収入源（複数回答：1991年度調査）　（単位：％）

	デイ・センター利用者	スープ・ラン利用者
賃金	7	5
失業給付（Unemployment Benefit）	5	12
所得補助（Income Support）	40	39
他の給付サービス	17	12
物乞い	21	19
大道芸	3	3
その他	7	6
収入なし	20	22
サンプル数（人）	346	153

注：失業給付は求職者手当（Jobseekers Allowance）に変わっている。
出所：前表に同じ。

21]。

　過去1年間の野宿期間については，6カ月以上が64％であり，野宿期間は長い。また，野宿者の雇用状況に関しては（**図表II-3-5**），就労中の者は7％にすぎず，求職中が約50％，求職をしていない者が25％で約70％が失業中である。
　野宿者の所得の源泉（過去7日以上）は，**図表II-3-6**にみるように所得補助 Income Support の受給者が約40％，物乞いが19〜21％，失業給付5〜12％，収入なしが約20％となっている。所得補助などの給付は，一度受給ができれば，規則的な収入となる可能性が高い。だが，物乞い Begging による収入は不安定なうえ，浮浪者取締法 the 1824 Vagrancy Act により警察に逮捕されたり，

起訴されたりする可能性があるなど，リスクのある収入源である［Kemp, 1997, p.79］。

社会的排除対策室 Social Exclusion Unit（以下，SEU と略記）の野宿者に関する報告書［Social Exclusion Unit, 1998］から，もう少し野宿者像をみておこう。

年齢別では，18歳以下の野宿者は少なく，およそ25％が18～25歳で，60歳以上は6％と少ない。しかし，高齢であっても，野宿者が存在することは注目される。1991年調査結果と比べると若年者の割合が高い。性別ではやはり90％は男性である。野宿者の少数民族比率は5％以下となっている。教育程度では，学校を長期欠席していた者や退学している者が多く，若年ホームレス生活者の支援団体であるセンター・ポイントによる調査では4分の3が長期欠席か退学となっている。またなんらかの教育資格をもっている者も少ない。

野宿の直接的契機は，両親やパートナーとの関係の崩壊といったことにある。年配者でも，単身暮らしや結婚生活の破綻などの家族関係の崩壊が直接的な契機となっている。野宿者の形成の原因については前章で触れているように，社会経済的要因を背景とした複合的な原因を見過ごすことはできない［伊藤, 2001a, 11-14頁］。

また，生活歴における特徴としては，過去になんらかの施設経験者が多いことである。4分の1から3分の1の者が地方自治体によるケアの経験があり，既定年齢以前にケアから離れた若者もいる。また約半分の者が刑務所等の経験をもっている。さらに，野宿者の20～25％が軍隊経験をもっており，再定住時に適切なアドバイスを受けることなく除隊・退役している。

野宿者の健康状態は深刻である。彼らの30～50％が精神的健康問題を，50％の野宿者がアルコール問題を，20％が麻薬問題を抱えている。また，健康問題の発生率は通常人々の2倍から3倍である。さらに結核問題も同様に深刻な状態にあり，結核の陰性反応を示した割合は全国数値の200倍といった状態にある。45～64歳の死亡率は一般住民の25倍，自然死以外の死亡は平均の4倍となっている。一般の人がイギリスの医療制度 NHS（National Health Service）を利用するためには，GP（開業家庭医）にあらかじめ登録しておくことがその前提条件となるが，サイモン・コミュニティーの95年調査によれば，野宿者を登録

した開業家庭医はその4分の1にすぎない[中山・嵯峨, 1997, 38-39頁]。このような基本的な医療サービスへのアクセス障害があるため,結果として利用する医療サービスは緊急健康サービスに偏ることになる。

野宿者の特徴として,上で指摘した物乞いの問題がある。そもそも野宿と物乞いとはそれ自体別の行動であるが,両者は密接な関係にある。クライシスの調査[Danczuk, 2000]によれば,物乞いの80％がホームレス生活者であり,物乞いをしている者の59％が野宿しており,野宿者の74％は1年以上物乞いを行っている。だが,ホームレス状態であることが理由で物乞いを始めた者はわずか6％であり,この問題の深刻さを示している。そして,物乞いと薬物濫用や精神的健康問題との間に密接な関係がある。同調査によれば,45％が麻薬常用癖問題をもっており,4分の3が5年を超えている。ドラッグやアルコール代の捻出のために物乞いを始めている者が多い。物乞いの66％が所得補助を,23％が求職者手当を受給している。しかし,受給している社会保障給付だけでは,高価な薬物を取得することができないため,物乞いを始める大きな原因のひとつとなっている。さらに多くの者が暴力を受けるなどの経験をもつことや過去になんらかのケア施設にいた者が47％に及ぶことが報告されている。また,野宿と物乞い,路上新聞 Big Issue 販売との関係を調べた調査[Fitzpatrick/Kennedy, 2000]によれば,これらの3者の間には密接な関係があり,物乞いや路上新聞の販売目的のひとつはアルコールや麻薬の購入が存在していることが明らかとなった。したがって,野宿者に対して適切な住居の提供や仕事の機会に対する支援だけでなく,アルコール・薬物問題を克服していく支援の重要性を強調している。

政府は,物乞いに対する市民による金銭授与は本当の解決にならないという「生活を変えよう Change a Life」キャンペーンを2000年11月に開始した[Rough Sleepers Unit, 2000b]。市民の個人的選択にかかわる内容だけに,歓迎の意向を示す救世軍などの主要な野宿者支援組織がある一方で,別の団体からは多かれ少なかれ批判があり論議をよんだ。

以上の野宿者の具体的様相から浮き彫りになる野宿者のキーグループは,アルコールや薬物常用者,精神的問題を抱えている者や自治体によるケアを離れ

た者，軍隊・刑務所から退役・退所した者たちである。前者のグループは，保守党時代の野宿者優先プログラム（RSI）では十分な支援がなされなかったグループである。また後者は，予防策の対象者として焦点化されたグループである。

2　ホームレス生活者に対する社会保障と就労支援

1）ホームレス生活者と社会保障給付

　前節でみたように，所得補助などの社会保障給付を受けている野宿者は少なからず存在している。ホームレス生活者に対する施策は住宅法の他に，一般施策として所得保障政策がある。しかし，制度活用の知識がないため各種給付へのアクセスができないことや制度の運用に問題があるため，諸給付から漏れるホームレス生活者や野宿者も少なくない。後述する野宿者支援施策のひとつは，制度に関する情報提供や社会保障給付の運用の改善などである。そこで，ここでは所得保障とホームレス問題に関する制度的対応を確認しておく。

　イギリスの社会保障制度の重要な柱は，拠出制にもとづく国民保険法と無拠出の所得補助制度などである。従来，失業給付を1年間受給した者や学生の失業者のように国民保険料の拠出要件を満たさない者は，所得補助によって所得が維持されていたが，就労インセンティブを阻害するということで，1996年に求職者法 Jobseekers Act が制定され，真に求職活動を行う者に対して求職者手当 Jobseekers Allowance が支給され，労働能力のない者や就労の意志のない者は所得補助の対象となった。つまり，失業者を所得補助から切り離したのである。

　この求職者手当には，国民保険料要件を満たす者に対する最初6カ月間資産調査なしで拠出制求職者手当 Contribution-based JSA を支給するものと，6カ月を超えて失業が継続した保険料の拠出要件を満たさない者に対して資産調査付き求職者手当 Income-based JSA の2つがある。求職者手当は，失業者に積極的な求職活動を求めていることから制裁措置があり，2週間あるいは4週間支給停止される場合がある［武川・塩野谷，1999, 153-154頁］。

求職者手当は，住居のないホームレス生活者でも受給できるものとして取り扱われている。ホームレス状態にあって住居がなかったとしても，すぐに連絡がとれ，仕事に即時的に従事することが可能で，かつその意志があるという要件を満たすことができるならば，仕事へ就く可能性があるものと捉えられている。したがって，住居がなくてもJSAを受給することは可能である。ただ，ジョブ・センターに毎日通いこの要件を満たす必要がある。ガイダンスにおいては，住所がないホームレス状態にあるため住居を探す時間が必要であることや雇用主に対して書類を書くことなどについて考慮することが指摘されている[Kirk, 2000, pp.35-36]。だが，実際上は，通常の申請者と異なり連絡がとれにくいことなどによるさまざまな困難がともなう。

　所得補助は，最低生活の基準に達しない人々に最低所得を保障する制度で，国民保険料を納めていなくても受給可能である。ただし，上で指摘したように失業者に対しては求職者手当としてまとめられたため，その主な受給者は，労働能力のない者などとなっている。この制度は，世帯人員とその年齢で構成される基本的部分である個人手当と世帯のもつ特別のニーズに対する割増，それに住宅費からなる。そして，所得補助では対応できない，突発的な，一時的なニーズを支出金や貸付金の形態で埋め合わせる制度として社会基金Social Fundがある［武川・塩野谷，1999，199-216頁］。

　この所得補助は，住所がない人も申請できる［Kirk, 2000, pp.300-306; CPAG, 2000, pp. 782-783; 小林，1991，118-129頁］。給付エージェンシーは，住所のない者を次の2つに大別して運用している。第1は，固定した住所がなく，友人の家に宿泊している者，不法占拠している者，定住する住居ではない夜間シェルター，ホステル，そしてB&Bなどに住んでいる者である。固定した住所のない者No Fixed Addressとされている。第2は，座ったり寝たりできる空間，暖房設備や調理が可能で食事ができる設備など整った継続的に居住するのに適している居住施設のない者Persons Without Accommodationである。前者は野宿者を除くいわゆる単身のホームレス生活者が，後者は野宿者が該当しよう。所得補助は，すでにみたように1週間単位で基本的生活支出をカバーする個人手当，割増金，住宅費用からなっているが，前者の場合には，年齢や環境によ

って，たとえば，長期の疾病や傷害のある60歳以上の高齢者については，割増金受給の資格がある。しかし，後者の場合，割増金受給の資格はなく，基本的生活支出をカバーする個人手当しか受給できない。ただし，カップルの場合は，別々にシングルとして請求することが可能であるため，実際受け取る金額は増加する。

　所得補助の申請は給付エージェンシーで，求職者手当の申請は雇用サービス職業センターで行う。ただし，ロンドンとグラスゴーには，大規模なホステルなどで生活している者や住所のない者を扱う特別の給付エージェンシーがある。また，ブリストルでは「ハブ」(ワン・ストップ施設)で手続きができる。そして，住所が定まっていない者の場合，身元確認に関して，国民保険番号や過去の居住を証明する書類が用いられる。紛失している場合，給付エージェンシーにおいて調査が行われる。このように，所得補助は単身のホームレス生活者や野宿者に対しても適用される。しかし，制度に関する知識の欠落や精神問題を抱えていることなどの理由により申請を行わないといった問題がある。また，物乞いの箇所でみたように，所得補助の給付金をアルコールや高価なドラッグ代にあててしまうため，野宿状態を脱却できないといった問題もある。

　家賃などの補助を目的とする資産調査のある住宅給付がある。住宅給付は，低所得の世帯に家賃など補助する制度で，所得補助や資産調査のある求職者手当 Income-based JSA を受給している世帯は，通常，住宅給付と地方税給付 Council Tax Benefit を受給できる。地方税給付は，低所得者を対象に地方税を減免する制度である。

　単身のホームレス生活者向けのホステルや B&B などに居住している者の住宅給付は，ホステル等の責任者に対して直接支払われる。地方自治体は，住宅給付を野宿者の抱える諸問題を考慮するようにとの指導を受けている。ガイダンスにおいては自治体が単身のホームレス生活者を受け入れる施設の最新のリストを用意しておくことや B&B 居住者などに対応するための部署の設置と専門的スタッフの配置などが指摘されている ［Kirk, 2000, pp.163-164］。しかし，申請から14日以内に住宅給付の支払いを行うよう定めた法的規定があるものの，現実には行われていないため，ホステルの利用が遅れたり，永久住宅の借り入

れが無効になったりする場合もある。さらに，住宅給付の支払いは住居が確定した後になるため，住宅を借りる際通常必要とされる1カ月分の敷金などの資金のない者は，住宅を確保できないといった問題も生じている。ボランタリー組織による家賃貸付けの再定住プログラムを利用することは可能であるが，しかし，その金額にも制限があり，野宿状態からの脱却には困難をともなう〔伊藤，2001a，36頁〕。

2）ホームレス生活者と就労支援

　上で述べた求職者手当と関連して，若年者などに対する就労にかかわる支援プログラムとして，1998年6月に開始された「ニューディール」プログラムがある。当初は，18～24歳向けのプログラムであったものが，2年以上失業している25歳以上向け，ひとり親向け，障害者向け，失業している配偶者向け，50歳以上の高齢者向けと拡大している。この制度はブレア政権のウェルフェア・ツゥ・ワーク welfare to work 政策の性格を端的に示している。ここでは，重要な位置を占めている18～24歳のニューディール・プログラムとホームレス生活者に対する取り扱いについてみる。

　18～24歳の求職者手当申請者は，「ゲートウェイ」というプログラムへの参加を強制されている。この期間は4カ月である。このプログラムに参加している間，個人アドバイザー Personal Advisor が助言や指導を行う。この助言・指導の内容は，助成のない仕事を見つけるためのインテンシブな支援，仕事を見つけるための方法に対する助言と指導，後で述べるニューディール・オプションへの準備に対する助言と指導（基礎的な訓練やオプション提供者との議論を含む），ホームレス問題やドラッグ，アルコール依存など特別な問題をもつ者に対しては，専門家による支援があり，このプログラムに参加している間継続される。さらに，ボランタリーに指導や助言を行う者からの支援やニューディールのオプションの紹介・推薦がある。このプログラムにいる間に仕事が見つけることがなかなかできない場合，第1章でみたように，4つの就労支援プログラム（オプション）がある。このプログラムへの参加者には，理由のないインタビューへの欠席や無断の病欠，違反行為でオプションをやめる場合，支給制限

などのさまざまな制裁措置などが設けられている。

　仕事を見つけることが困難な特別なニーズをもつグループについては，6カ月の求職者手当を申請する前にこのプログラムに参加することできる。ただ，JSAの請求は必要である。この特別のニーズをもつ者は，野宿者やホームレス生活者，薬物，アルコール問題をもっている労働市場において著しく不利な状態にある人々，健康問題や障害をもつ者，除隊者や元犯罪者，読み書きなどの基本的能力に支援を必要とする者，第1言語が英語でない者，ひとり親などであり，注目すべきは野宿者も対象として挙げられていることである［CPAG, 2000, pp.259-303］。

　この最後の特別のグループの中で，野宿者用ホステルに居住している者も施策対象としているため，上で指摘した個人アドバイザーがホステルに出向くことや，さらにはこのプログラムで見落とされがちな野宿者やドラッグやアルコール依存者などに対応するため，路上に出かける可能性が指摘されている。だが，実際上，同プログラムへの加入を許可されるかどうかは，個人アドバイザーの裁量によって決まる。野宿と密接な関係にある路上新聞ビッグ・イシューの販売者の中には，収入が多すぎるか労働時間が長すぎるという理由でJSAの申請が認められないためニューディールにアクセスしない者もある。また，労働市場において不利な立場にある野宿者を就労させようとする以前にドラッグ問題や彼らの抱えている問題を解決することが重要であり，したがって，ニューディール・プログラムに彼らを強要することは必ずしも適切ではないといった懸念も表明された［Guardian, 26/11/2000］。その後ドラッグ問題を抱えている者に対する試験的な計画が2000年3月以来実施されている［ibid., 13/2/2002］。また再定住への第一歩として位置づけられているホステルには，食事時間や施設の開設時間など施設固有のルールがあり，そこを生活の拠点として仕事をするには不利な面があることは否めない。

　この若年者向けニューディールへの参加者は2001年4月までで64万1600人で，54万6800人が終了し，2001年4月現在の参加者は9万4700人である。上述したオプションの内訳は，9万6000人（41%）がフルタイムの教育およびトレーニングに，雇用オプションへ4万4900人（20%），任意のセクター・オプションへ

4万7700人（20%）が，そして環境保全団体が4万5100人（19%）となっている。上の特別なニーズをもつグループの内訳は不明であるが，参加者約64万人のうち6万6000人で約10%を占めている［Department for Work and Pensions, 28/6/2001, pp.1-2］。これら就職困難層の中にホームレス生活者や野宿者がどの程度含まれているのか，また就労効果はどうなのかなど十分明らかになっていないものの注目されよう。

このほかに，ホームレス生活者や野宿者に対する就労支援を主な目的としたボランティア組織の存在やホームレス生活者支援組織によって実施されている就労支援プログラムがある。前者については，フランス発祥のフォイヤー（Foyer）やエマウス（EMMAUS）といったボランタリー組織がよく知られている。後者には，すでに第1章で触れられているセントマンゴスなどの就労支援プログラムなどがある。

上でみたように，所得保障制度は，ホームレス生活者や野宿者に対しても，適用されるものとして扱われている。また，JSA の受給についても同様である。

3　政府の野宿者支援策

1）野宿者優先プログラムの支援策とその評価

1980年代後半ロンドン中心部で野宿者の増大が顕著になり，保守党は一連の野宿者支援策を打ち出した。野宿者優先プログラム Rough Sleepers Initiative（以下，RSI と略記）と呼称された再定住化施策を中心とした支援策がそれである［Fitzpatrick/Kemp/Klinker, 2000, pp.5-6］。

この RSI は旧環境省による財政的裏づけをもつ総合的なプログラムであり，野宿者に対する施策の画期をなすものであった［Crane, 1999, pp.150-152］。1990年最初にセントラル・ロンドンで実施され，99年までに全国36地域に拡大された。96年にはイングランドの他の地域で実施された。スコットランドでの実施は1997年であった。目的は，セントラル・ロンドンにおいて野宿を不必要にさせることにあり，①野宿者に対するアウトリーチと彼らを再定住に導く活動，

②ホステルの提供，③冬季に開設される夜間避難所 Night Shelter，④民間のフラットや住宅協会の恒久住宅の提供などからなっている。これを担うプロジェクトに資金提供がなされた。その額は，最初のフェーズ1（1990年1月〜92年3月）で9600万ポンド，フェーズ2（1993年4月〜95年6月）で8600万ポンド，99年には7300万ポンドである［DOE, 1996, pp.1-5; Crane, 1999, p.150］。アウトリーチや再定住に対する支援活動はボランティア組織によって実施された。

この野宿者の再定住プログラム［Alexander/Ruggieri, p.16］の最初の段階は，アウトリーチである。アウトリーチ・ワーカーが路上やデイ・センターでアウトリーチを行う。セントラル・ロンドンではRSIのもと約40人のアウトリーチ・ワーカーが活動した。彼らが野宿者の信頼を獲得するのに6カ月以上かかる場合もある。そして，RSIによって提供されているホステルや夜間シェルターが，野宿者の最初の居住施設となる。この時点から再定住ワーカーによる適切な居住施設探しが始まり，それを維持するための生活技術などを習得するための支援プログラムが開始される。そして最終的には，住宅協会などが提供している恒久的な住宅につなげていくというものである。ロンドンで，このプログラムが開始されてから約4000の恒久的な施設が提供された［Social Exclusion Unit, 1998］。

野宿者に対するさまざまな支援は，このRSIにもとづくもの以外にも多くのボランティア組織によって実施されたが，ここではRSIの再定住を主要な柱とする施策に関する評価との関連で触れることにしたい。

（1）路上での支援

まず，路上にいる野宿者に対するサービスとしては，公的な市民相談窓口（**写真④**〔本編の扉裏〕参照）やシェルターによる無料の電話相談などが全国的規模で実施されている。これらは，ホステルなどに彼らを振り分ける機能を果たしている。また，警察が野宿者と援助の間で主導権をもつ場合もある。物乞いなどについて取り締まる権限が与えられている。すでに触れたように，1824年の浮浪者取締法により，路上で寝ることや物乞いは違法とされており，起訴される場合もある。ロンドンでは，野宿者の集中している地区を管轄しているキ

ングスクロス警察に野宿者に対応した部署が設置されており，アウトリーチ・ワーカーと連携して活動している。そして，野宿者に対して街頭で食事の提供を行うスープ・ランや衣服の提供を行うクロージング・ランといったサービスもある。この野宿者に対するサービスは地域的偏りがあるといった問題だけでなく，これらの無償の支援サービスが野宿者のホステルへの移行を妨げているといった批判も存在する。

　また，野宿者向けのデイ・センターが多数存在している。野宿者支援の中で重要な役割を果たしている。ロンドンにおけるデイ・センター数は2002年現在で54カ所である［Homeless London, 2002］。利用者用のキッチンやシャワー設備などを完備しており，無料の食事や衣服，さらに靴などの提供が行われている。デイ・センターの中には，緊急ベッドや個室の宿泊設備をもっていたり，定期的に医療サービスや生活相談を実施しているセンターもある。また，住宅に関する助言を提供するだけでなく，たとえば，ライフ・スキルの習得のための教育・訓練プログラムや，自分で仕事や居住施設を見つけることができるための生活技術に対する支援を提供しているセンターもある。また，無料の食事サービスの食材は個人などの寄付によるもの以外に大手スーパー「マークス・アンド・スペンサー」などからの提供によるものも少なくない。

（2）ホステルやナイト・シェルターなどの居住施設の提供

　野宿者が寝泊りでき，一時的に生活できる施設としてホステルがある。申請手続きなしに野宿者が直接利用可能なダイレクト・アクセス・ホステルの部屋数は1998年段階でロンドンでは約2700室であった。しかし，実際の空ベッド数は少なく平均10～50ベッドぐらいで，野宿者がある晩利用しようとしても空いているベッドは限られていた。その結果，アウトリーチ・ワーカーが新規の野宿者に空いているホステルを見つけることはきわめて困難であった。また，地域によってホステルのベッド数のアンバランスも存在した。したがって，野宿者がその気になれば，ベッドがあるというのは必ずしも真実ではない。実際に利用可能な空ベッド数の少なさだけでなく，ホステルは野宿者に必ずしも人気があるわけではなかった。RSIのフェーズ2の評価によれば［Randall/Brown,

1996, pp.19-27]，その理由は，第1に安全でない，第2に居住者がドラッグを使用したり，またアルコール依存であったりする，第3に個室でないためプライバシーが欠如している，第4にその多くが古く貧弱な設備しかない，第5にホステルの入居に関する細かくうるさい規則（カップルの入所拒否，犬などのペットの持ち込み禁止，飲酒の禁止）がある等である。さらに，精神疾患のある者や複合的問題を抱えている野宿者の場合，受け入れ可能なホステルはほとんどなかった。

このほか，季節的な宿泊施設として，10月から3月まで冬季シェルターが開設された。ロンドン市内で約500カ所設置された。この施設は，弾力的に運営されているため，規則はホステルより緩やかであり，長期間に野宿している者や精神障害者などが利用する傾向があった。このシェルターは，野宿者には比較的利用しやすい施設であった。しかし，彼らを再定住に導くためにはこの段階からより積極的なアプローチを必要とした。後にこの施設は，後述する野宿者対策室の施策によりその形態を変えた。

（3）再定住過程

RSIの野宿者支援の最終過程は恒久的な住宅への再定住である。RSIのもとで，約4500人の野宿者が再定住した。恒久的な住宅は，地方自治体による割り当てや住宅協会によって提供される公営住宅が多い。ただ，再定住先として民間の賃貸住宅も利用できるものの頭金などの調達が問題であった。多くの恒久的な住宅への再定住は，再定住ワーカーによるさまざまな支援なしには成功しない。ホステルの段階から，単に住居の提供問題だけでなく，雇用やドラッグ，精神的健康など彼らが抱えている問題へのさまざまなサポートがあって初めて再定住が成功する。野宿しているときには食料と暖かさの確保が最重要課題であるのに対し，定住するということは，各種社会保障給付金の申請や家具の調達，家賃・税金，電気・ガスなどの支払いなどの金銭管理等に関する生活スキルが必要とされるからである。前述のRSIのフェーズ2の評価によれば，野宿者の多くが家具の調達や各種社会保障給付の申請といった現実的支援だけでなく，鬱病や神経症，不安などに対するケアを必要としていたが，この支援が

十分ではなく，野宿者の賃借権の解除率が高いことが判明した［ibid., pp.49-51］。

このようなRSIの野宿者支援策に関して，SEUは，以下のような評価を行った。第1に，野宿者数の減少に貢献した。第2に，野宿者自身が利用したいと思うホステルは十分にはなく，ベッド数が数のうえでは充足されていても，利用状況を把握する管理者がいないなどの組織・運営上の問題が存在した。第3に，手続きの遅れなどの各種給付金を受給するうえでの問題や賃借権を維持し続けるための支援体制が不備であるため，再定住が失敗しやすかった。第4に，絶対にホステルに入ろうとしない野宿者が一部存在した。第5に，上の点と関連して野宿者自身がホステルに入りたがらないし，仮に利用したとしてもホステルや再定住先を出たり入ったりして問題が解決しないという悪循環の結果を生み出した。

このような問題が生じた原因を，SEUは組織上の問題にあるとした。つまり，上の主要プログラムを3つの省庁で管理しており，マイナスとなる施策やサービス不足を調整し，野宿者問題全体を統括し判断する省庁がないことにあるとした。その結果SEUは，政策決定と実践レベルでの統合の重要性を強調し，野宿者をゼロに限りなく近づけるために，包括的な施策の必要性を提起した［Social Exclusion Unit, 1998］。その内容は，第1に，野宿者のあるグループに施策対象を焦点化し，それらの野宿者に支援政策上の優先順位を与えるというものであった。具体的には刑務所や軍隊，さらに地方自治体におけるケア施設にいた人々の野宿への流出を防ぐということ。第2に，地域でのサービス提供を調整すること。第3に，野宿者に対するサービスは，彼らを教育・訓練し職業に就かせ，独立した生活に戻すこと。第4に，ボランティア組織だけでなく，実業界や個人などが問題解決のための支援にかかわること。そして第5に，旧DETRに健康・訓練・雇用・給付金の利用などの野宿者支援策全体を調整する権限を与えることなどである。

このような施策方針のもとに設立されたのが，野宿者対策室Rough Sleepers Unit（以下，RSUと略記）である（**写真②**〔本編の扉裏〕参照）。

2) 野宿者対策室の野宿者支援戦略

　RSIの支援策を是正し，野宿者問題の解決にあたる統括的組織である野宿者対策室は，1999年4月に設立された。この組織の野宿者支援の戦略は「寒い路上から屋内へ *Coming in from the Cold*」[Rough Sleepers Unit, 2000a, 2001b]である。

　この組織の戦略目標は，2002年3月までにイングランドの野宿者の数を限りなくゼロに近くすること，少なくとも3分の1以下にすることにあった。ボランティア組織とそのプロジェクトを含む予算総額は2億ポンドである。同組織が設立された99年の野宿者数は，イングランド全体で約1600人であった。そして結論的にいえば，2001年8月4日，予定より早く戦略目標を達成し，同時に追加予算950万ポンドも発表した。

　この戦略は，第1に，現在野宿している者が路上から脱出するのをどのように支援するか，第2に，以前野宿者だった者の生活をどう再構築していくか，そして第3に，将来の野宿者を防止する，という3つの施策課題を設定した。この対策室の組織上の役割は，今まで異なった部局ごとによって実施されていた野宿者対策をこの組織が責任を担い，それぞれの部局との調整や相互協力で野宿者問題の解決を図ることである。この戦略が力点をおいたのは，現在野宿している薬常用者，アルコール中毒，または精神障害者などである。彼らが路上から離れ，就職，教育，訓練を通して，社会の一員としての生活へ移行するための新しい支援サービスを各地で計画・実施した。また，新たな野宿者予防策の対象として重視したのは，ケア施設や軍隊，さらには刑務所などを退所する者である。

　この戦略で注目されるのは，RSIの評価を踏まえ，第1に，単にホステル数を増加させるだけでは問題の現実的な解決にならないとして，野宿者支援の手法を変えることを強調したことである。つまり，従来の野宿者支援サービスの中には，スープ・ランやクロージング・ランのように結果として路上の生活スタイルを維持させるものもあったし，ホステルやデイ・センター，さらには恒久的な住宅も必ずしも野宿者に焦点を当てたものではなかったため十分その役割を果たしていなかったからである。そこで，第2に，野宿者支援で用いら

れているアウトリーチ手法を，専門家をチームに加えることによって，より効果的なものにしたことである。第3に，支援策の対象を上に挙げたある意味で特定のグループなどに焦点化したことである。

この戦略にそって，上の3つの施策課題を担うボランティア組織の実施する野宿者支援プロジェクトに資金が提供された。紙幅の関係で，第1の施策課題について以下詳しく述べる。

第1の施策課題は現在野宿している者に対する支援であるが，それは次の諸施策からなる［中山・高橋, 2000; 中山・伊藤・垣田, 2002, Rough Sleepers Unit, 2001b］。

① 居住施設の充実策としては，野宿者が利用できるベッド数を増やすことや恒久的な住宅の確保，そしてローリング・シェルターという4カ月ごとに変わっていくシェルターの設立がある。どのような支援が必要かなどの判断を行うダイレクト・アクセス・ホステルや利用者の年齢を考慮したシェルター，特別な複合的支援の必要な人のためのホステル，さらに支援により住居の賃貸が維持できるようになった元野宿者のための居住施設に大別し，その量的確保を図った。450のホステルが用意したベッド数は1万9600ベッドにおよんだ。また，アルコール，ドラッグ，精神的健康問題に対応できるベッドも整備した。そして，野宿者が恒久的住宅に入居した際に，その賃借権を維持させ，再び路上に戻らないようサポートを行う賃借権維持チーム Tenancy Sustainment Teams と協力関係にある恒久的な住宅の目標は4500ベッドであった。

② ローリング・シェルターは，建設業界によって設立された単身のホームレス生活者のためのボランタリー組織であるクラッシュの協力によって，ロンドン近辺の空きビルを活用して，4カ月単位で移動するシェルターである。スタッフも4カ月で再募集する。冬季のシェルターに代わるものとされた。このシェルターは，野宿者が最初に屋内に入る第一歩として重要視された。このシェルターに7泊以上した者の74％が，次のステップに移り長期的支援を受けた。

③ 新しい支援アプローチの担う組織として，CATs (Contact and Assessment Teams) と呼ばれる専門家を含んだアウトリーチ・チームを立ち上げた。

2000年4月から3つのチームがロンドンで活動を開始した。野宿者の集中していない地域ではデイ・センターがこの新しいアプローチを担った。その後，全国で22のチームが活動した。ロンドン内の7つのCATsは，稼働後1年間で1600人の野宿者を居住施設にいれる支援を行った。その結果，野宿者の約15％が何年もの間野宿をしている長期野宿者であることが判明した。そして，この長期野宿者の半分程度が居住施設に移動し，ドラッグやアルコール，精神的健康問題に対する専門家の支援が与えられた。また，ロンドンの郊外の15の地域でもこのチームが創られ，路上から約1500人の野宿者の支援を行った。

④ 高齢の野宿者や若年野宿者向けの，対象を明確にした緊急宿泊施設を設置した。前者はナイト・センター Night Centre である。このシェルターは，長期間の野宿の結果屋内に入ることを忌避している高齢者向けのシェルターで，2000年9月から実施された。ロンドン・ナイト・センター開設以来（2000年8月），300人以上の高齢野宿者を支援した。後者は，若年野宿者のために家族との連絡を仲介するプログラムをもつ緊急の宿泊施設で，セイフ・ストップ Safe Stop と呼称された。2000年9月から稼動している。このセイフ・ストップは，ロンドンとマンチェスターで稼働した。ロンドンのそれは，9月の開設以来260人以上の若年者を支援し，そのうち約66％は，帰宅か，家族・友達のもとへ戻るか，あるいはホステルに入所したかなどで野宿生活から脱却した。

⑤ ホステルの空き情報と長期野宿者のデータベースである「アウトリーチ・ダイレクトリー」とを連結させた情報システムモニターを開発した。移動している野宿者のデータベースを作成し，自治体の支援を受けていたかどうか，あるいは当該地域に慣れているかどうかなどをモニターすることができるシステムで，支援サービスの重複を避けることができるツールである。サザンプトン・シティ・カウンシルなどでこの情報システムは開発された。

⑥ スープ・ランやクロージン・ランなどの伝統的な路上サービスが効果的かどうかを勘案しそれらを調整した。100程度のグループの調整やロンドンの中心部に入りサービスを提供する代わりに当該地域のホステルなどでサービ

ス提供を行うといった調整がそれである。また，上で指摘したチェンジ・ア・ライフキャンペーンもこの支援サービスの調整に該当する。
⑦ 野宿者の重要な属性であるアルコールやドラッグ問題に対応するため，上のCATsにみられるようなアルコール・薬物・精神障害の専門的知識をもつワーカー50人の採用と精神的健康問題を抱えている野宿者に対する特別チーム Special Response Team を設置した。ロンドンをはじめ9つの都市で取り組みがなされた。
⑧ 住宅給付の手続きの簡素化を図るため個人の証明，所得証明の仕組みを改善し，同制度へのアクセスを容易にした。アウトリーチ・チームがシェルターやホステル，さらには刑務所に出向き，給付の請求が可能となるよう指導するなどアウトリーチ・サービスを実施した。また，RSU は雇用年金省 Department for Work and Pensions の協力でホームレス生活者用のニューディールと社会福祉給付に関するガイドブックを作成した。
⑨ 野宿者が医療を敏速に受けることが可能となる基本的医療サービスの確立のため，野宿者が集中している地区で活動する医療チーム Special Needs Response Team に対する追加資金提供や精神的問題を抱えた野宿者のためのボランティア組織で働くスタッフを訓練する組織を設立した。後者は，スタッフに対して精神病に関する知識や接し方など，専門的な教育・訓練を内容としている。

　第2の施策課題は，元野宿者の生活を再構築し，再び野宿者へ戻らないようにしていくことである。野宿者が野宿状態から屋根のある住居に移行しても，元野宿者の状態に即したさまざまな支援の継続がなければ再び野宿に戻ってしまう可能性があるからである。そのため，アルコールや健康問題の専門家を含む住宅の賃借権を維持させるチームを発足させ，元野宿者が再び野宿生活に戻らないような支援を継続している。ロンドンに6つの賃借権維持チームが設立された。このチームの役割は，仕事や教育・訓練機会を提供することで賃貸契約が維持されるように支援することである。生活を再構築していくためには，この賃借権の維持だけでなく，さらに自尊心の回復を図り，社会の一員であるということを認識することが必要である。そこで，社会的に意味のある仕事に

従事するなどの就労に関する支援計画が実施された。たとえば、リサイクルやデイ・センター、高齢者などへの食料品配達により地域に貢献する仕事などの多様な就労に関する試みがそれである。仕事を開始することが不可能な者に対しては、社会に再統合されるよう自信を回復させるための支援策としてビッグ・イシュー販売人が教育・訓練を経て雇用へ移行するためプログラムや家具の修繕、ガーデニングなどの社会参加型の就労プログラムへ資金提供がなされた。また、すでに就労支援で述べたように、25歳以下に対しては、ニューディールへの参加があるが、このプログラムに対する正確な情報提供や手続きの改善、産業界との協力で常勤雇用への移行を図る職場の供給などのサービスが実施された。

　第3の施策課題は、新たな野宿者の発生を防ぐことである。野宿者削減が成功裡に進展したことを背景に政府の野宿者支援戦略は、この予防策に重点がおかれ始めている。たとえば、RSUの「将来の野宿者を予防する―事例ハンドブック」［中山・伊藤・垣田, 2002］では、地方自治体が新たな野宿者の発生を予防するための施策を開発する重要性を強調し、自治体で比較的容易に実施可能な各地で実施されたプロジェクト例を多数紹介している。

　野宿への予防策の焦点となったのは、施設退所・退役後野宿者化しやすい以下の3つのグループである。

　第1のグループであるケアを離れた若者に対する支援としては、優先的に住宅を必要とする人々のグループを拡大するといった内容をもつとされるホームレス法制の強化である。ここでは、ホームレス法（2002年7月施行）、児童（ケアから離れていく）法（2001年10月施行）として現実化しつつある。ホームレス法では、優先的ニーズの対象に若年者を入れるなどの改善が図られている。また、上で指摘した若年野宿者向けシェルターの設置などの事後的支援策だけでなく、元野宿者が学校に出かけ直接自分の体験を語るプログラムや自治体のケアにある者に対するピア教育プロジェクトの導入などの事前予防支援策を実施した。その結果、野宿をしているケアを離れた者は減少した。

　第2のグループである犯罪歴のある者に対する支援策としては、関連省庁と協同して、刑務所からの出所に際して、野宿者や薬物あるいはアルコールに依

存した生活に陥らないよう住宅給付，所得補助，JSAなどの各種給付の申請，さらには雇用・住宅に関するアドバイスなどの予防的プログラムが実施された。

　最後のグループは，基本的訓練を終了する前に軍隊を辞めた者あるいは指揮官によって解雇された軍隊経験のある者，さらには長年軍隊生活をおくり，市民生活に適応できず，また人間関係の崩壊により野宿者にいたった者である。彼らに対して退役にいたる段階ごとに，情報と助言を提供するなどの支援策が実施された。まず除隊以前に，市民生活に戻るために必要な住居や各種給付に関する面接の実施と2000年に刊行した再定住や各種給付，年金，医療サービスなど有益なアドバイスが掲載されている福祉ガイドブックの配布がなされた。そして，除隊する時点では，無料電話相談を通じて連絡をとり続けることができるプログラムが，除隊後も，退役軍人のための慈善団体や英国軍人会と協力して居住施設を確保するプログラムなどが実施された。

　このような3つの課題に対する各種施策プログラムの実施の結果，RSUは2001年8月には当初の計画より早く野宿者を3分の2削減する目標が達成されたことを発表した。一連の報告書をみる限り，RSUの野宿者に対する戦略は成功したようにもみえる。しかし，RSUの野宿者数のカウントの仕方に対する疑問［Guardian, 24/11/2001］やRSUの支援施策は野宿者の減少には貢献したが，B&Bなどで生活をしているホームレス生活者の問題の解決にはいたってはいないという議論［Homeless Link, 15/8/2001］，さらには，高齢野宿者に対する目配りが不十分であるといった議論［Crane, M. 1999, p.152］があることもまた事実である。

　イギリスにおける野宿者支援策の特徴として，少なくとも以下の点が指摘できよう。第1に，なによりも特別対策として実施したこと。第2に，野宿を前提とした，あるいは野宿を固定化させる支援を避け，居住生活へ移行させるために多様な支援プログラムを実施したこと。第3に，支援対象を焦点化したこと。第4に，発生している野宿者に対する事後的な支援だけでなく，野宿から脱却した後の継続的な支援や，さらには予防的施策をも視野に入れたものであること。第5に，野宿者戦略を担うパートナーとしてのボランタリー組織の存在とこれらが企画するプロジェクトへの資金提供が挙げられる。救世軍，セン

トマンゴス,センターポイントなどがそれである。上の野宿を含むホームレス生活者支援団体はここ10年間で500団体から2000団体に増加し,ホームレス生活者支援の「産業化」への懸念もわれわれの聞き取りでは指摘された。最後に,これらの戦略が社会的排除から社会的包含(インクルージョン)をめざして実施されたことである。

政府は,RSUの野宿者削減の成果を踏まえ,2001年B&Bに居住する扶養児童をもつ家族の問題を解消させるための新対策室(B&B Unit)を設立した。また,ホームレス法(2002年)により,優先ニーズの範囲や自治体に対する新しい義務などが変更された。これらの新たな動きが,野宿者や単身ホームレス生活者が直面している問題の解決にどのように寄与していくのか,法定ホームレス生活者の動向を含めて注視していく必要があろう。

第4章 社会への再参入のための「ナショナル・アクション・プラン」

加盟国内の貧困と社会的排除に対処するために欧州レベルで協力することが，2000年3月のリスボンにおけるEUサミットで，欧州統合の歴史において初めて決議された。これまで加盟国の主権のもとにあるとみなされてきた貧困への対応策が，これからはEUのレベルでも検討の対象となるのである。2000年12月のニースにおけるEUサミットでは，貧困と社会的排除に各国が対処するに際して追求されるべき4つの目標が，以下のように決定された。

1．雇用への参加を促し，資源・権利・財・サービスに対する万人のアクセスを促進する
2．排除のリスクを防止する
3．最も弱い人々を支援する
4．すべての関係者を動員する

ニース・サミットの結果，加盟国の政府はこれら4つの目標にそって，むこう2年間（2001年7月から2003年6月まで）の「貧困ならびに社会的排除と闘うためのナショナル・アクション・プラン」（以下，NAPと略記）を2001年6月までに欧州委員会へ提出することになった。

本章は，イギリスのNAPの概要を紹介する。「社会的排除問題」は前章までで述べてきたホームレス問題より大きな問題である。「社会的排除問題」は，現在イギリスの重要な政策課題のひとつとして位置づけられており，NAPにおいてもそのことが述べられている。したがって施策実施にあたり，資金配分などに優先条件が与えられている。

NAPの特徴として「地方における独自性」「さまざまな組織・分野の協力」「事実に基づく計画」の3点が挙げられる。「地方における独自性」とはイギ

リスがイングランド，スコットランド，ウェールズ，北アイルランドの4地方に大きく分かれ，各地方で地方の特性にあった施策が展開されるということを意味する。これはすでにホームレス施策の構造において説明したとおりである。したがって，「イギリスの施策はこうです」とは一言で表せず，各地方で少しずつ異なっている。第2の「さまざまな組織・分野の協力」とは，NAPが経済政策と社会政策の融合にあるのと同様，さまざまな分野および組織の協力のもとに成り立っていることを意味している。この施策の展開は，イングランドでは中心にSEUが位置づけられ，それを核に他の公的機関・部署，ボランティアや民間の団体，コミュニティや個人がかかわることを基本とし，戦略的に進められる。したがって地区の資源やアクティビティに合わせて施策が展開されるため，第1の特徴である「地方における独自性」も形成される。また，多くの組織や個人が施策の展開にかかわるために施策立案段階への参加への窓口が広く開けられている。第3の「事実に基づく計画」とは多くの組織や個人の参加とかかわるが，「結果をわかりやすく知らせる」ということを意味する。施策の効果を測定可能にし，それにもとづいて施策を展開することを意味する。そのため施策を測定する指標が設定されている。

　基本的にNAPはすべての人々を対象としているが，「社会的排除を受けている（可能性のある）人」と「衰退地域」に焦点を当てている。前者は，子ども（学校教育から排除された者や仕事・職業訓練などから排除された若者，10代の妊娠など），仕事をもてない人々，野宿者，年金生活者の貧困，ドラッグやアルコール依存症，障害者，マイノリティなど社会的不利益をこうむっている人々などを意味する。後者はこうしたさまざまな問題が重なり社会的排除から脱することが困難な地区を意味し，集中的な施策の展開が必要であることを意味する。

　本計画のフレームは，「社会的排除の予防」「社会への再編入」「基本的権利の保障」（すべての人々の生活が最低限の基準をクリアできるように）からなっている。そして政策の構成もほぼそれにならって次の3つの柱で構成されている。

　第1の柱は，「就労およびそれを支えるさまざまな資源やサービスの利用促進」である。この柱は，リスボン会議の結論である就労が社会的排除を予防するのに最も効果的であるという認識にもとづいている。そして，適正な就労を

維持するためには実り豊かな市民生活が営まれなくてはならない。さらにそのために教育や保健サービスが利用できなくてはならない。したがって，この部門で「就労支援」「教育」「障害者・高齢者サービス」「健康」「住宅」「資金」などの施策が紹介されている。興味深い施策として就労へのインセンティブを高めるための「タックス・クレジット」導入（最低収入の保障），女性（単身および片親世帯）の就労を高めるための保育，情報社会で不利益をこうむらないように ICT（Information and Communication Technology）の利用サポートなどを挙げることができる。

第2の柱は「社会的排除の危険性を取り除くこと」で，とくに貧困や社会的排除への下降スパイラルを断ち切ること，子どもへの世代間継承を防ぐことを目標としている。したがってこの部門では，「子どもと家庭への支援」「教育の改革」「労働年齢層のケア受給者」「高齢者」（年金改革）に焦点を当てている。とくに，乳幼児からの子どもの教育サポートや教育問題が，その後の収入と学力に相関がみられるため注目されている。「人種による学習達成度（GCSE A-C の比率）の差」，「家族や居所の立地による学習達成度の違い」などを考慮して，さまざまな施策の協同を試みている。とくに幼い子どもの受ける影響が大きいため，4歳以下の子どもや家庭への支援にも力を入れている。

第3の柱は，「適応能力が低下した人々を助ける」施策である。簡単な「貧困」の定義がないため，ライフサイクル・アプローチにより重大な状況をピック・アップし施策を展開している。それらは「ケアを受けていたり，ケアから離れた子どもなどの適応能力の低下した子ども」「精神的な健康問題や薬物問題を抱えている人々や野宿者などの勤労年齢の適応能力が低下した者」「適応能力の低下した高齢者」を意味している。ここでも子どもの問題は大きく，ケアを離れた子どもをいかに支えるか，また西ヨーロッパで最も高いと言われている10代の妊娠をいかに減少させるかが中心課題となっている。勤労年齢の問題は，ドラッグ，ホームレス，精神的健康問題が中心で，その最たるものは野宿である。高齢者の問題は，年金など収入の問題（最低収入の保障），健康や社会サービスの問題（燃料の保障；貧困による燃料不足や断熱効果不良のため，毎冬1万人以上が寒さのために亡くなっている），居住地域から犯罪や犯罪の恐れをなくすこ

とである。

　NAP の最後に他の地域や国の参考に供するため，うまくいっている実践例が紹介されている。

---

1) 野宿者は「ラフ・スリーパー」以外にも「ルーフレス roofless」「ストリート・ホームレス street homeless」などと呼ばれているが，行政上は「ラフ・スリーパー」という語を一般的に使っている。
2) Department of Transport, Local Government and Regions, *Housing Statistics 2001*（2000）．
3) *Scottish Executive Statistical Bulletin HSG/2001/6 Housing Trends in Scotland*: Quarter Ending 30 June 2001（1999-2000）．
4) *Welsh Housing Statistics 2001*（2000-2001）．
5) 申請者の過半数の内訳は，44％が子どもを含む家族（そのうちの6割が片親世帯）であり，10％が妊婦を含む世帯（そのうちの半数が単身）である。
6) *Social Trends*, No.31, p.146.
7) 1996年以降，単身25歳以下で民間賃貸住宅に住んでいる者に対する家賃補助の算定が，1室で居設備を共用とする住居を基準とするようになった。この点については，Joseph Rowntree Foundation のホームページ（http://www.jrf.org.uk/knowledge/findings/housing/hr098.asp）を参照せよ。
8) ローン破綻は，最も多かった1991年で7万5540件であり，これは全ローン保有者の0.77％に相当した（*Housing Finance Review*, 1994/95）。
9) *The Guardian*, 13/03/2002.
10) EU のドラッグ・モニタリング・エイジェンシーによると，15～16歳の若者の違法ドラッグ使用率が EU の中で最も高いのはイギリスであった（*The Guardian*, 12/10/2000）。
11) イングランドでは年間1万人以上が登校していない（*The Guardian*, 06/02/2002）。
12) この事業に参加している自治体群は，Carephilly County Borough Council, Monmouthsire County Council, ならびに Newport である。
13) この事業に参加しているホームレス生活者支援組織としては，Charter, Gwerin, United Welsh Housing Association, そして Newport Action for the Single Homeless が挙げられる。
14) ガイダンスは，イングランドでは［Department of Environment, Transport and Regions, 1999］，ウェールズでは［The National Assembly for Wales, 2000］，そしてスコットランドでは別の法律によって定められている。

【参考文献】

伊藤泰三　2001a：「イギリスのホームレス―現状と施策―」大阪府立大学社会福祉学研究科修士論文。
伊藤泰三　2001b：「イギリスのホームレス対策の現状」日本福祉学会報告。
伊藤泰三　2002：「イギリスにおける『ホームレス』への住宅保障施策」大阪府立大学社会福祉学部編『社会問題研究』52巻1号。
石畑良太郎　2001：「現代イギリスにおけるホームレス研究」大阪府立大学社会福祉学部編『日本の福祉』以文社。
一番ヶ瀬康子・中村優一編　1999：『世界の福祉　イギリス』旬報社。
岡本祥浩　2001：「社会経済の変化とホームレス支援策―ウェールズを例に―」『中京商学論叢』Vol.48.No.1.
小玉徹　1999：「イギリスの住宅政策」小玉ほか『欧米の住宅政策』ミネルヴァ書房。
小林迪夫　1991：『イギリスの公的扶助制度』財団法人社会福祉振興・試験センター。
駒井康平　1999：「マクロ経済と雇用政策」武川正吾・塩野谷祐一編『先進諸国の社会保障　イギリス』東京大学出版会。
〈笹島〉問題を考える会　1999：「1999名古屋野宿者聞き取り報告書（速報版）」。
中山徹・嵯峨嘉子　1997：「イギリスのホームレス問題」『労働総研クォータリー』27号。
中山徹・高橋美和　2000：「環境・交通・地域省『寒い路上から屋内へ』―ラフスリーパーズ・ユニット（Rough Sleepers Unit）」大阪府立大学社会福祉学部編『社会問題研究』50巻2号。
中山徹　2002：「イギリスにおけるホームレス問題と『野宿者』（Rough Sleeper）対策」大阪市立大学経済学会『経済学雑誌』102巻3・4号。
中山徹・伊藤泰三・垣田祐介　2002：「資料紹介　交通・地方政府・地域省『将来の野宿者を予防する　事例ハンドブック』（その1）」大阪府立大学社会福祉学部編『社会問題研究』52巻1号。
武川正吾・塩野谷祐一（編）　1999：『先進諸国の社会保障　イギリス』東京大学出版会。
藤森克彦　2000：「英国ブレア労働党政権の第三の道と社会保障改革」『富士総研論集』4号。
藤森克彦　2001：『英国のニューディール政策』産業研究所講演会配布資料。
藤森克彦　2002：『構造改革ブレア流』TBSブリタニカ。

Alexander, K. 1998 : Homelessness factfile 1998/99, CRISIS
Alexander, K. and Ruggieri, S. 1998 : changing lives, CRISIS
Anderson, I.,Kemp, P. and Quilgars, D. 1993 : Single Homeless People, HMSO
Andrew Arden QC and Caroline Hunter 1997 : Homelessness and allocations a guide to the Housing Act 1996 part Ⅵ and Ⅶ, Legal Action Group
Arimura, S. Translated by Meyerson, N. D. 1991 : The comic book diary of Kamayan: the life of a daylaborer in Kamagasaki, in : *Society and Space,* Vol.9
Bevan, P. 2000 : Pilot Outreach Service to People Sleeping Rough in Newport September-November 2000
Bines, W. 1997 : The health of single homeless people, in : Burrows, R., Pleace, N. and Quilgars, D. (eds.), *Homelessness and Social Policy,* Routledge
Burrows, R., Pleace, N. and Quilgars, D. (eds.) 1997: *Homelessness and Social Policy,* Routledge
Cardiff County Council, Housing Strategy & Operational Plan 2001/2002-2003/2004
Clapham, D., Kemp, P. and Smith, J. S. 1990 : *Housing and Social Policy,* Macmillan
Cloke, P., Milbourne, P. and Widdowfield, R. 1999 : Homelessness in rural area : an invisible issue?, in : Kennet, P. and Marsh, A. (eds), *Homelessness Exploring the new terrain,* the Policy Press
Crane, M. 1999 : *Understanding older homeless people,* The open university press
Curwen, P. 1997 : Employment and Unemployment in : Curwen P. (ed.), *Understanding the UK Economy,* London, Macmillan
Daly, G. 1996 : *Homeless,* Routledge
Danczuk, S.S. 2000 : *Walk on by Begging, street drinking and the giving age,* CRISIS
Department for Transport, Local Government and the Regions 2001 : *A Future Card boad Boxe.*
Department for Work and Pensions 28/6/2001 : Nations/Statistics
Department of Environment 1993: *Single Homeless People*
Department of Environment 1996: *From Street to Home an evaluation of Phase 2 of the Rough Sleepers Initiative,* The Stationer Office

Department of Environment, Transport and Regions 1999: *Code of Guidance for Local Authorities on the allocation and Homelessness*
Department of Environment, Transport and Regions and Department of Social Security 2000: *The Housing green Paper Quality and Choice; A decent home for all*
Donnison, D. and Ungerson, C. 1982：*Housing Policy*, Penguin Books Ltd.(大和田健太郎訳　1984：『あすの住宅政策―すまいの平等化へ』ドメス出版)
DTLR 2002: *More than a roof-A report into tackling homelessness*
Edgar, B., Doherty, J. and Mina-Coull, A. 1999：*Service for homeless people*, The Policy Press
Edgar, B., Doherty, J. and Mina-Coull, A. 2000：*Support and housing in Europe*, The Policy Press
Edgar, B. and Doherty, J. 2001：*Women and homelessness in Europe*, The Policy Press
Evans,A. 1999: Rationing device or passport to social housing? The operation of the homelessness legislation in Britain in the 1990s, in: Huston, S. and Clapham, D. (eds.), *Homelessness Public Policies and Private Troubles*, Cassell
Fitzpatrik, S. and Clapham, D. 1999：Homelessness and young people, in: Hutson, S. and Clapham, D. (eds.), *Homelessness Public Policies and Private Troubles*, Cassell
Fitzpatrick, S., Kemp, P. and Klinker, S. 2000：*Single homelessness An overview of research in Britain*, The Policy Press
Fitzpatrick, S. and Kennedy, C. 2000: *Getting by: Begging, rough sleeping and The Big Issue in Glasgow and Edinburgh*, The Policy Press
Fooks, G. and Pantazis, C. 1999：The criminalisation of homeless, begging and street living, in：Kennet, P. and Marsh, A. (eds), *Homelessness Exploring the new terrain*, The Policy Press
Foord, M., Palmer, J. and Simpson, D. 1998：*Bricks without Mortar: 30 Years of Single Homelessness*, London, CRISIS
Forrest, R. and Murie, A. 1988：*Selling the Welfare State*, London, Routledge
Forrest, R. 1999：The new landscape of precariousness, in：Kennet, P. and Marsh, A. (eds.), *Homelessness Exploring the new terrain*, The Policy Press
George, C. et al, 2000：welfare benefits handbook 2000/2001, Child Poverty

Action Group
Giddens, A. 1998: *The Third Way,* The Policy Press (佐和隆光訳 1999:『第三の道―効率と公正の新たな同盟』日本経済評論社)
Greater London Authority 2001: homelessnes
Guardian 12/10/2000: UK young cannabis users top EU league
Guardian 26/11/2000: New Deal to scour streets and set homeless to work
Guardian 14/11/2001: Rooms for doubt
Guardian 24/11/2001: Rough sleeper's unit 'is fixing figures'
Guardian 13/03/2002: Ministers set ambitious targets for housing families
Guardian 13/2/2002: Work it out
Harrison, M. 1999: Theorising homelessness and 'race', in: Kennet, P. and Marsh, A.(eds.), *Homelessness Exploring the new terrain,* The Policy Press
Hills, J. 1997: Housing, in: Howard, G. and Hills J. (eds.), *The state of welfare: the economics of social spending,* Oxford University Press
Homeless Link 15/8/2001: http://www.homeless.org.uk
Hutson, S. and Clapham, D. (eds.) 1999: *Homelessness Public Policies and Private Troubles,* Cassell
Jacobs, K., Kemeny, J. and Manzi, T. 1999: The struggle to define homelessness: A constructivinist approach, in: Hutson, S. and Clapham, D. (eds.), *Homelessness Public Policies and Private Troubles,* Cassell
Joseph Rowntree Foundation, The impact of housing benefit restrictions on young single people living in privately rented accommodation, http://www.jrf.org.uk/knowledge/findings/housing/hr098.asp
Kemeny, J. and Lowe, S. 1998: School of Comparative Housing Research: From Convergence to Divergence, in: *Housing Studies,* Vol.13, No.2
Kemp, P. 1997: The characteristics of single homeless people in England, in: Burrows, R., Pleace, N., and Quilgars, D. (eds), *Homelessness and Social Policy,* Routlege
Kennet, P. 1999: Homelessness, citizenship and social exclusion, in: Kennet, P. and Marsh, A. (eds), *Homelessness Exploring the new terrain,* The Policy Press
Kirk, N. 2000: *The benefits guide 2000/2001,* National homeless alliance
Klinker, S. and Fitzpatrick,S. 2000: *A bibliography of single homelessness research,* The Policy Press

Klinker, S., Fitzpatrick, S., Mitchell, F., Dean, J. and Burns, N. 2000：A review of single homelessness research, The Policy Press

Lowe, S. 1997：Homelessness and the law, in：Burrows, R., Pleace, N. and Quilgars, D. (eds.), Homelessness and Social Policy, Routledge

Moore, J., Canter, D., Stockley, D.and Dranke, M. 1995：The Faces of Homelessness in London, Dartmouth

Malpass, P. and Aughton, H. 1999：Housing Finance : a basic guid, London：Shelter

Malpass, P. and Murie, A. 1999 : Housing Policy and Practice, Macmillian

Neale, J. 1997：Theorising homelessness Contemporary Sociological and feminist perspective, in：Burrows, R., Pleace, N., and Quilgars, D. (eds.), Homelessness and Social Policy, Routlege

Newport County Borough (a)：Housing Strategy & Operational Plan 2000/2001 to 2002/2003

Newport County Borough (b)：Newport Single Homeless Strategy (Draft) 2000/2003

O'Callaghan, B., Dominian, L., Evans, A., Dix, J., Smith, R., Williams, P. and Zimmeck, M. 1996・Study of Homeless Applicants, HMSO

Okamoto, Y. 2000：A study on the character of homelessness in Nagoya, Japan, Paper presented at the ENHR 2000 conference in Gävle 26-30 June 2000

Pleace, N., Burrows, R. and Quilgars, D. 1997：Homelessness in contemporary Britain Conceptualisation and measurement, in：Burrows, R., Pleace, N., and Quilgars, D. (eds.), Homelessness and Social Policy, Routlege

Randall G. 2001：Housing Rights Guide, London: Shelter

Rees, G. and Rutherford, C. 2001：Home Run Families and Young Runaways, Briefing paper, The Children's Society

Rhondda Cynon Taff, Housing Strategy & Operational Plan Putting Communities First 2000/2003

Richards, J. 1992: A sense of duty, in：Grant, C. (ed.), Built To LAST: Reflections of housing policy, London: Shelter

Rough Sleepers Unit 2000a：Coming in from the Cold Progress Report on the Government's Strategy on Rough Sleeping

Rough Sleepers Unit 2000b：The Fact of Change A life

Rough Sleepers Unit 03/12/2001 : *Government meets target on reducing rough sleeping*
Rough Sleepers Unit 2001a : *Prevention tomorrow's rough sleepers*
Rough Sleepers Unit 2001b : *Coming in from the Cold Progress Report on the Government's Strategy on Rough Sleeping*
Rough Sleepers Unit 2002 : *More than a Roof*
Social trends : Homelessness in temporary accommodation
The City and County of Swansea (a), A Single Homelessness Strategy for the City and County of Swansea
The City and County of Swansea (b), Housing Strategy & Operational Plan 2000/01
The City and County of Swansea (c), Youth Homelessness Strategy, April 2000 to April 2003
The National Assembly for Wales 2000a : Code of Guidance for Local Authority on Allocation of Accommodation and Homelessness Part Ⅵ & Ⅶ of Housing Act 1996 Draft consultation
The National Assembly for Wales 2000b : Rough Sleeping in Wales
The National Assembly for Wales 2000c : Tackling Homelessness and Rough Sleeping in Wales; A Consultation Papers
The National Assembly for Wales 2000d : Better Homes for People in Wales, The National Assembly for Wales' proposal for a National Housing Strategy
The Social Exclusion Unit 1998 : *Rough Sleeping Report by the Social Exclusion Unit*
Watson, S. 1999 : A home is where the heart is : engendering notions of homelessness, in : Kennet, P. and Marsh, A. (eds.), *Homelessness Exploring the new terrain,* The Policy Press
Wilcox, S. 1999 : *Housing Finance Review,* York : Joseph Rowntree Foundation
Wilcox, S. 2001 : *Housing Finance Review 2001/2002,* Published for the Joseph Rowntree Foundation by the Chartered Institute of Housing and the Council of Mortgage Lenders

第III編
ド イ ツ

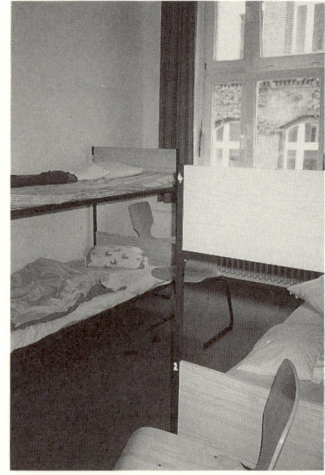

① プロテスタント教会の教区が運営するベルリンのホームレス生活者向け日中滞在施設「ヴァルマー・オットー Warmer Otto」の内部。左の2人は，ここで勤務するソーシャルワーカー。165頁参照。
② プロテスタント系の民間福祉団体である「ベルリン都市ミッション Berliner Stadt Mission」が運営しているホームレス生活者向けの就労支援施設。家具や衣類などのリサイクリング事業に取り組んでいる。
③ 「ベルリン都市ミッション」が運営する，1年間滞在可能な「過渡的住居」の個室。143, 155頁参照。
④ ベルリンのフランクリン通り Franklinstraße にある臨時宿泊所。143, 155, 165頁参照。

　　　　　　はじめに
——公的扶助をベースに，NPOと自治体による多方面の支援システムを展開するドイツ——

　本編では，19世紀以来，長い伝統のなかで形成され変遷してきたドイツのホームレス生活者支援の経験と対策・制度および政策理念と，今日までの成果について紹介する。詳細は以下の諸章で明らかにされるが，はじめに，ドイツの特色について素描したい。

1）ドイツにおける社会扶助法（公的扶助制度）の役割

　ドイツのホームレス生活者に対する支援のシステムにおいて中心的な役割を演じているのが，日本の生活保護法に相当する連邦社会扶助法（BSHG）である。社会扶助法の実施主体である自治体Gemeinde[1]は，貧困に対して生存権的ナショナル・ミニマム保障の役割を果たすことに責任を感じており，わが国とは異なり，ホームレス生活者支援の前提条件として国のセイフティネットは機能しているとみてよい。

　オイルショック以後，失業の増大する1980年代から90年代にかけて，日本の生活保護に相当する生活扶助の受給者がドイツでは顕著に増大した。この10年間（1985～94年）に，日本では生活保護受給者が逆に約50万人減少している。しかもドイツでは，受給者増の原因の第1に，失業を原因とする扶助受給者の急増が指摘されている。日本の場合のように，稼働能力があるという理由のみで扶助の支給が拒否されることはない。

　社会扶助法はホームレス生活者に対する予防的役割を果たすという点でも先進的で，予防的役割の重視は，全国的にホームレス生活者対策の重点課題になりつつあるとみてよい。ドイツのホームレス生活者支援の担当者は，社会扶助法15a条により，家を失うおそれのある人の情報をキャッチし，ホームレス状態に陥る前に，滞納された家賃を立て替えて予防する。15a条は借家人協会や立ち退きの決定を出す裁判所などに対して，その情報を福祉事務所に通報することを義務づけている。自治体のホームレス生活者支援の担当者は，家賃を立

て替えて住居を失うのを防ぐだけでなく，なぜ家賃を払えなくなったか，その原因を調べて，その家族に必要な援助・指導をするためにも努力している。

さらに社会扶助法72条「特別な社会的困難を克服するための扶助」によって，自治体はホームレス生活者への援助計画（Gesamtplan, Hilfeplan）を関係機関と連携して立てる。NPOも専門職のソーシャルワーカーSozialarbeiterを擁して，必要な人に濃密なケアを行うが，72条はそのサービス費用を負担するなど，広がりのあるネットワークと連続的・重層的な援助を展開している。自治体における支援のための組織は，中央専門部，総合相談窓口（公安局，福祉事務所，不動産登記所，住宅局の諸機能を活用する権限をもつ）というかたちで，複合的で横断的な機能をもって弾力的に活動している（15a条，72条の活用については，本編第4章2節を参照されたい）。

2）雇用政策と公的扶助の交錯

失業対策としては，労働行政における失業手当，失業扶助，雇用促進措置，および社会扶助法18条以下の就労扶助が，連続的・重層的に運用されている点に特色がある。たとえば，失業手当による1〜3年間の給付が終わっても，なお仕事につけない場合には，要扶助性調査のうえ全額公費の失業扶助が給付される。失業扶助は給付額が低いので，要保護状態になる人にはさらに社会扶助の申請も可能になる。

2002年冬にドイツでわれわれが行ったヒヤリング調査では，社会扶助法18a条による就労支援のための労働行政と福祉行政の協働，すなわち窓口一本化のプロジェクトに，連邦政府や州の補助金がついて，各自治体が多様な試みを展開し始めていることがわかった。

3）貧困ならびに社会的排除と闘うためのナショナル・アクション・プラン

2000年12月のEUサミットの結果，各国はむこう2年間にわたる「貧困ならびに社会的排除に抗するナショナル・アクション・プラン（NAP）」を欧州委員会に提出することになった。ドイツ政府は，その前作業として，「ドイツにおける生活状態」という戦後初めての「貧富報告書」を作成したが，それには

全ドイツから約20の NPO と30名の専門研究者が助言者として関与した。

　2001年以来，ドイツでは再び失業が増大しており，政府の失業対策の効率性に関して厳しい批判が出ている。通常の労働市場への参入が困難な要扶助層への雇用促進措置の運用規準は，厳しくなりつつある。しかしドイツのホームレス対策としては，広域主体である州・自治体と民間の社会福祉事業団や NPO が，現場での支援を日常的にきめ細かく展開しており，われわれとしてはその実践の蓄積と発言力がこれからの動向を左右するとみて注目している。

第1章 ホームレス状態をめぐるいくつかの概念

1 ホームレス生活者 Wohnungslose

　ドイツ語で「ホームレス」に相当する言葉のひとつに，「家なし wohnungslos」がある。しかし，ドイツの「家なし」は，日本の「野宿生活者」のようにいかなる宿所ももたずに路上で生活している人（ドイツ語では「路上生活者 Auf der Straeße lebende Menschen」）だけでなく，知人や親戚の住居に泊まっている人，安い宿に自己負担で宿泊している人，ならびに秩序法や社会扶助法にもとづいてなんらかの一時的滞在施設に入所している人をも含む広い概念である。要するに，ドイツにおいてホームレス生活者を支援する諸組織の連合体である「ホームレス生活者扶助連邦協議体 Bundesarbeitsgemeinschaft Wohnungslosenhilfe」の定義によれば，「家なし人 Wohnungslose」とは，「賃貸借契約によって保証された住居をもたない人」であり，通常の住宅市場において自分で賃貸借契約を結んで住居を確保することができない人のことをさしている。
　このように，ドイツ語の wohnungslos は日本の「野宿生活者」よりも広い範囲の人々を含んでいるのだが，本書ではそうした外延の広さに考慮を払ったうえで，wohnungslos に「ホームレス」という訳語をあてることにする。したがって，ドイツに関する以下の叙述の中で「ホームレス」という語が使われるとき，それは常に上記のような広い外延をともなう概念として用いられていることに留意されたい。

2 住宅難 Wohnungsnotfälle

　さて，「ホームレス wohnungslos」は，より広い概念である「住宅難 Wohnungsnotfälle」のひとつのケースとみなされている。「住宅難」とは，1987年

図表Ⅲ-1-1 「住宅難」の諸ケース

1. 現にホームレス状態にある人
    1.1. 住居をもたず, 施設にも制度的に収容されていない人
        1.1.1. いかなる宿所をももたない人
        1.1.2. 宿所を得てはいるが, そこへ制度的に収容されているのではない人
        1.1.3. 友人, 知人, 親戚の住居に一時的に宿泊している人
        1.1.4. 商業的な宿泊施設(ホテルや下宿)に自己負担で一時的に滞在している人
        1.1.5. 住宅の不足のせいで, (退所時期の限定されていない)扶助システムの施設に必要以上に長く収容されている人
    1.2. 住居をもたないが, 施設に制度的に収容されている人
        1.2.1. 入所割り当てや入所指示などの無宿者監督措置を通して施設に収容されている人(秩序法にもとづいて施設に収容された住宅難のケース)
        1.2.2. 連邦社会扶助法11条以下, あるいは同法72条にもとづいて, 一時的に(賃貸借契約なしで)ホテルや臨時宿泊所等の社会的施設に収容されている人(社会扶助法によって支援を受ける住宅難のケース)
2. ホームレス状態が間近に迫っている人
    2.1. 家主による解約告知, 住居明け渡しの訴え, あるいは強制立退のゆえに, 現在の住居を喪失することが間近に迫っている人
    2.2. 刑務所からの出所が間近に迫っており(4週間以内), しかも出所してからの住居がない人
    2.3. 扶助施設からの退所が間近に迫っており(4週間以内), しかも退所してからの住居がない人
    2.4. 上記以外のやむをえない理由(社会的コンフリクトの高まり, 住居の取り壊し等)から, 現在の住居を喪失することが間近に迫っている人
3. 耐えがたい, あるいは不適切な居住環境におかれている人
    3.1. 異常に狭い(あるいは入居者の数が超過した)住居に住んでいる人
    3.2. きわめて不十分な設備しか備えていない住居に住んでいる人
    3.3. 構造からみて不適切な, あるいは健康に害を与える住居に住んでいる人
    3.4. 所得水準が低いにもかかわらず家賃負担が限度を超えている人
    3.5. 健康面で, あるいは社会的な面で苦境にある人
    3.6. コンフリクトをともなう居住環境にある人
4. 引揚者 Aussiedler としての地位を得て, 引揚者向け宿泊所に収容されている人
5. 庇護申請者

出所：Bundesarbeitsgemeinschaft Wohnungslosenhilfe から入手した表 (Wohnungsnotfälle in der Abgrenzung der Projektgruppe: Machbarkeitsstudie zur statistischen Erfassung von Wohnungslosigkeit)。

に開かれたドイツ都市会議において定式化され普及した概念であり, これには, ①現にホームレス状態にある人または世帯, ②ホームレス状態が間近に迫っている人または世帯, ③不適切な居住環境におかれている人または世帯, が含まれる [Deutscher Städtetag, 1987, S.14]。

ドイツの連邦統計局は, こうした諸概念をまとめて 図表Ⅲ-1-1 のように整理している。[2]

以上のような「住宅難」に加えて，ドイツ都市会議は「潜在的には無宿状態 Obdachlosigkeit が迫っている人」という概念も提案している。これは，「ホームレス状態が間近に迫ってはいないが，不十分な所得と居住環境のせいでホームレス状態が相対的に高い蓋然性でもって生じるであろう」人をさしている。こうした人はしばしば，都市の中でも「社会的燃焼点 sozialer Brennpunkt」と呼ばれているような，社会的諸問題の集中する地区に多くみられるという [Deutscher Städtetag, 1987, S.15]。

　このように「住宅難」や「潜在的には無宿状態が迫っている人」といった広い概念を採用して，それをさらに細かく区分する用語法が行政とアカデミズムの双方において普及するようになった背景には，ホームレス問題に関する次のようなコンセンサスが存在する。すなわち，ホームレス問題は，路上生活者を一時的に施設に収容すればすむような問題ではなく，ホームレス状態が発生する原因や過程の全体を視野に入れつつ対処しなければならないという共通認識である。「住宅難」という概念に当てはめて言えば，図表III-1-1における3と2との境界線，2と1との境界線は実際には流動的であり，3の状態から2の状態へ，あるいは2の状態から1の状態へと陥る危険性は不断に存在する。いったんは住居を得たけれども，数カ月後には再びホームレス状態に戻るというケースもまれではない。実際，「ホームレス生活者扶助連邦協議体」がまとめた統計報告書によれば，1998年の段階では，現にホームレス状態におかれている人の50.8％がホームレス状態を2回以上にわたって経験している [BAG-WH, 2000b, S.23]。したがって，現にホームレス状態にある人の住宅取得を支援するのみならず，ホームレス状態の発生を予防するための措置が同時にとられなければならないことになるし，現にそうした措置がとられている。

　加えて，単身のホームレス生活者や路上生活者の中には，麻薬中毒，アルコール依存症，心理的疾患，読み書き能力の問題を抱えている人も少なくない。1988年にミュンヘン市で行われた調査によれば，調査の対象となったホームレス男性の46％がアルコール依存またはアルコール中毒の状態にあったし，これとは別の推計によれば，路上生活者の約90％はアルコール問題を抱えているという。また，マインツ市で行われた調査では，調査対象となったホームレス男.

性の30％に，恒常的な薬物の服用がみられた［Brender, 1999, S.121］。さらに，男性のパートナーの住居に住まわせられていた女性の場合であれば，しばしば男性による性的虐待の問題もかかわっている。つまり，ドイツにおけるホームレス問題は，単に住宅問題や雇用の問題であるにとどまらず，労働社会や近隣コミュニティでの生活に参加する能力や条件を奪われていること（社会的排除）の問題でもある。その意味で，ドイツのホームレス問題は複合的，あるいは多次元的である。したがって，施設への収容や住居の斡旋だけでなく，長期にわたって自分の住居に住む能力や生活態度を養うための助言やケアが行われている。

3 無宿者 Obdachlose

ところで，1970年代頃までは，「ホームレス生活者 Wohnungslose」の代わりに「無宿者 Obdachlose」という概念が司法や行政の場で広く用いられていた。Obdach とは，その語源に即して言えば，保護してくれる「屋根」を備えた滞在場所のことをさしているので，Obdachlose とは雨露をしのぐ「屋根」さえない場所に滞在する人のことをさしていた。1950年代にいくつかの行政裁判所で出された判決も，こうした語源に即した用法を示しており，そこでは「無宿者」とは，「自分の頭上に屋根を欠いたまま昼夜を問わず屋外で過ごさなければならない人」と定義されていた。この定義にしたがえば，頭上に屋根はあるけれども著しく不健康な環境に住んでいるような人は「無宿者」とはみなされないことになる。

ところが1960年代になると，住宅市場が逼迫するという条件のもとで，現在の住居が「人間の尊厳」にかなうような水準を満たしていない人をも「無宿者」とみなすような裁判所の判決が出るようになった。さらに1970年代には，ヘッセン州をはじめとするいくつかの州政府が，「無宿者」問題へのより効果的な対策をとろうとして広い定義を採用するようになった。たとえばヘッセン州の規則によれば，「無宿者」には，いかなる宿舎ももたない人ばかりでなく，現在の滞在施設からの退去が間近に迫っている人や，現在の滞在場所が人間の尊厳にかなうような水準に達していない人が含まれていた。こうなると，語源

からみれば「無宿者」とは言えない人々（たとえば，自治体の無宿者向け滞在施設に収容されている人）まで「無宿者」の範疇に数え入れられてしまう。あるいは，これとは逆に，賃貸借契約を結んだうえで無宿者向け施設に入居した人は「無宿者」の範疇から除外するという行政上の規則があり，そのせいで自治体の公式統計による無宿者の数が見かけ上は減少するという事態も起きた。

結局，1983年にG・シューラーとH・ザオッターが行政による扶助措置のための「無宿者」に関する広い定義を提案し [Schuler/Sautter, 1983, S.39ff.]，これがヘッセン州当局などによって採用されるにいたった。シューラーとザオッターは「無宿者」を，現に無宿状態にある人（一時的な宿泊施設に入居している人を含む），無宿状態が間近に迫っている人，（低所得の等の理由により）無宿状態に陥る潜在的な危険を抱えている人という3つの範疇に区分した [Steinmeier, 1992, S.11ff.]。この区分は，先に紹介した「住宅難 Wohnungsnotfälle」における区分に似ている。

ともあれ，「無宿者」という概念はドイツの行政とアカデミックな研究の場で依然として用いられており，のちに第4章の第1節で紹介する秩序法ないし警察法にもとづく措置においては，もっぱらこの「無宿者」という概念が使われている。しかも日常的な用語法においては，Obdachlose という語の語源とのつながりを保持しつつ，路上生活者のことを「無宿者」と呼ぶ場合も多々みられる。このように，「無宿者」という語が経てきた意味の変遷とそれゆえの多義性とを考慮して，先に述べたように本書では，とくに断らないかぎり主として「ホームレス生活者 Wohnungslose」という概念を使うことにする。

4　非定住者 Nichtseßhafte

また，「ホームレス生活者」や「無宿者」に近い表現として「非定住者 Nichtseßhafte」が使われることがある。たとえば，連邦社会扶助法72条のための旧施行規則（Verordnung zur Durchführung des §72 des Bundessozialhilfegesetzes, §4）には「非定住者」という概念が使われていて，そこでは，「確実な経済生活上の基礎をもたずに放浪する人，あるいはコミュニティでの生活への参

加の準備のために，もしくは持続的な人的ケアを受けるために非定住者向けの施設に滞在している人」という定義が施されていた。ところが，「非定住者」という概念はもともとナチス時代に広がったものであり，定住所をもたないことを個人的な性癖の問題に還元するような含蓄とスティグマとをともなっているので，1980年代以降の専門的な議論においては「単身のホームレス生活者」という概念へと置き換えられるようになった。にもかかわらず，連邦社会扶助法72条の施行規則は依然としてこの表現を用いていたため，「ホームレス生活者扶助連邦協議体」をはじめとするNPOは長年にわたってこの表現の削除を求め続けてきた。そして，1998年9月の連邦議会選挙で成立した社会民主党と緑の党との連立政権は，「非定住者」という言葉を削除した新施行規則の案を提出し，これが2001年8月1日から発効することになった。[3]

第2章　ホームレス生活者支援策の歴史

　ここでは，第2次世界大戦後から今日にいたるまでの㈱ドイツにおけるホームレス生活者支援策の歴史的変遷をたどることにしよう。

1　1945〜60年：戦前からの連続性

　1882年にビーレフェルト市で最初のホームレス生活者および失業者向けのキリスト教系勤労・滞在施設（労働者コロニー：Arbeiterkolonie）が作られて以来，ドイツではこの種の労働者コロニーやプロテスタント系の簡易宿泊所 Herberge zur Heimat が数多く存在していたが，第2次世界大戦はこれらの施設の多くをも破壊してしまった。戦前には57を数えていた労働者コロニーは戦後に32にまで減少し（このうちの23が西ドイツに所在），1930年には328カ所あった簡易宿泊所も戦後にはほとんど利用できない状態になっていた［Treuberg, 1990, S. 125］。

　戦後の時代にこうした施設に収容されていた人は，実に多彩であった。そこには，東欧の旧ドイツ領や東ドイツ地域から流れてきた青少年・難民・亡命者，除隊した軍人や傷痍軍人，刑余者，失業者などが収容されていた。そして，施設に収容されているこうした人々に加えて，当時は「都市放浪者 Stadtstreicher」と呼ばれた集団が大都市に見られた。「都市放浪者」は，防空壕や廃屋などに寝泊りしながら都市を渡り歩く人々の集団であった。

　このようにきわめて多様な人々が住居のない状態に陥っていたのだが，当時のドイツではこれらの人々をいわば十把一絡げにして，ナチス時代に広く使われていた「非定住者 Nichtseßhaften」という呼称のもとに包摂したのであった［ebd., S.132ff.］。1954年から55年にかけて，ノルトライン-ヴェストファーレン州は，施設に収容されている人を含む「非定住者」の数を計算した。これに

もとづいて西ドイツ全体の「非定住者」の数を推計すると、その数は約30万人に達したという［ebd., S.134］。

収容施設を提供していた（多くはキリスト教系の）団体の側では、「非定住者」を2つのカテゴリーに分類する傾向がみられた。たとえば、戦前にビーレフェルト市でドイツ最初のキリスト教系労働者コロニーを設立したフリードリッヒ・フォン・ボーデルシュビングは、戦後においても次のように述べている。

「さまざまな理由からもはや定住できなくなった人々は、A）おのれの意思に反して非定住者となった人と、B）たえまなく放浪する人という2つの集団に大別されうる。A）の集団は、新しい仕事、住居、収入源を探すうえで本当に困難を抱えているような、ひたむきに努力する人々を含んでいる。B）の集団は、その人のなんらかの内面的な欠陥のせいで時代の必要性に対応できず、当てのない徘徊のなかに自らの救済を探し求めている。A）の集団に属する人々はしばしば、長くて無益な放浪生活のなかで、無定見なB）の集団へと移行する。」［Bodelschwingh, 1954, S.369］

ここには、「非定住者」における放浪生活の根拠を個人の性癖の問題に還元してしまう視線だけでなく、一定の価値判断を読み取ることができる。一定の価値判断とはすなわち、労働意欲、家族や近隣とのつながり、市民的・宗教的な価値の尊重といった、キリスト教的な「正しい生活」あるいは「ノーマルな生活」の規範に照らして、放浪生活をそこからの逸脱とみなすような判断である。こうして、「非定住者」は一方では「街道にいる兄弟」としてキリスト教的隣人愛の対象となりながら、他方では彼らの生活態度は道徳的に非難されるべきものとみなされたのである［Treuberg, 1990, S.135ff.］。

ここから、政策面においては2つの帰結が生じてくる。すなわち、第1に、定住生活に慣れさせるための施設への（強制をともなう）収容であり、第2に、「労働の美徳 Arbeitstugend」を身につけるための公益労働従事義務である。実際、「非定住者」という概念からも導き出されるこうした帰結は、次に述べるように、戦後のドイツにおけるホームレス生活者支援制度にも反映されていた。

ドイツの敗戦から，1961年に西ドイツで連邦社会扶助法が制定されるまでの間，西ドイツにおけるホームレス生活者支援の制度としては，ワイマール共和制時代の1924年に制定された「ライヒ保護義務令 Reichsfürsorgepflichtverordnung」と「公的保護の要件，種類および程度に関するライヒ原則 Reichsgrundsätze über Voraussetzung, Art und Maß der öffentlichen Fürsorge」が，ナチス政権によって人種差別的に改悪された部分を除去・改正したうえで，引き続き適用されていた［庄谷，2000, 169頁］。この「義務令」および「原則」によれば，扶助の最終的な責任を負っているのは，扶助を受ける人が滞在している管区 Bezirk（戦後は自治体 Gemeinde）であり，管区は，申請の有無にかかわらず扶助の必要が生じたときには扶助を提供することを義務づけられていた（「ライヒ原則」2条）。他方，扶助を必要とする人が扶助を請求する権利に関しては，「義務令」と「ライヒ原則」には明示的な定めがなかったが，1954年6月の連邦行政裁判所判決によって，訴求可能な法的請求権が認められることとなった［田中，1999, 151頁］。

　また，「義務令」の19条には，「適切な場合には」，施設での宿泊やケアの見返りとして，扶助の受給者をして施設内でなんらかの労働に従事させることができるというふうに規定されていた。つまり，この規定は具体的なケースに応じて適用されうる任意規定 Kann-Bestimmung にとどまっていた。ところが，この「義務令」の施行のあり方を統一的に定めるべく1956年に締結された「非定住者保護の施行に関する州間協定 Ländervereinbarung über die Durchführung der Nichtseßhaftenfürsorge」においては，「義務令」にはみられた「適切な場合には」という条件が削除されるとともに，任意規定から当為規定 Soll-Bestimmung への変更がなされた。すなわち，施設に収容された者には原則として労働義務が課せられることになったのである［Treuberg, 1990, S.45, 142］。

　「義務令」と「ライヒ原則」の運用過程で，路上で生活している人をしばしば本人の意思に反して施設へ強制的に収容したことも問題であった。このため，次に述べる刑法典361条とも相まって，ホームレス生活者対策は（狭義の）治安対策としての側面を色濃く残していたのだった。

政権掌握直後の1933年9月にナチス政権が物乞い人や放浪者を一斉かつ大量に検挙するために使った刑法典361条は，戦後の1974年まで改正されないまま通用していた。この361条によれば，物乞い，放浪，無宿状態 Obdachlosigkeit は刑法に違反する行為として罰することができた。このため，ホームレス生活者への扶助の負担を回避しようとする自治体は――時には民間の福祉団体まで加わって――，上述の「ライヒ原則」に定められた扶助の義務に反して，警察の手を借りながら路上生活者をおのれの管轄区域から排除することもあったという [ebd., S.183ff.]。

ところで，戦前・戦中には国家の指揮と権限のもとに服属していた民間の福祉団体は，戦争の終結とともに自らの目標を自由に追求できるようになったが，他方でこれらの民間福祉団体は，政府に要求を汲みとらせるための交渉力をも必要としていた。そこで，これらの団体は1954年10月に，「非定住者保護連邦協議体 Bundesarbeitsgemeinschaft für Nichtseßhaftenfürsorge」を結成した [ebd., S.139]。これは，第1章で紹介した「ホームレス生活者扶助連邦協議体」の前身である。

1950年代を通して西ドイツは経済復興を遂げ，1950年代の終わりには完全雇用の状態になり，労働力の不足を南欧からの外国人労働者の受け入れで緩和するという状態にまでなっていた。加えて，1952年には連邦労働紹介・失業保険庁 Bundesanstalt für Arberitsvermittlung und Arbeitslosenversicherung が設立された。これにともない，労働紹介や失業保険の給付といったサービスを受けるためには定住所が必要になった。さらには，この中央官庁が設置されたおかげで，仕事を紹介してもらうためにドイツ各地を渡り歩く必要性は，(季節労働者や農業労働者は別にして) 大幅に薄れた。これらの事情が重なることで，ホームレス生活者向けの施設に収容されている人の数も減少していった。しかし，そうであるがゆえにかえって，仕事を見つけることが容易であるにもかかわらず施設に滞在し続けている人は本人の生活態度に問題があるのだ，という個人主義的なホームレス観がむしろ強められた [ebd., S.127ff.]。1950年には公的扶助の52.2％が戦争に原因のある給付で占められていたのだが，これが1961年には12％にまで減少し，貧困がもはや「国民的な貧困」とはみなされなくな

ったことも，個人に原因を帰属せしめる貧困観を強める方向に働いた［プールほか，1994，86頁］。

　総じて，この時代におけるホームレス生活者支援策は，ワイマール共和制時代からの連続性によって特徴づけられうる。非定住者への扶助にかかわる人々は，戦後になって当然にも，ナチス時代より以前の伝統に回帰しようとしたからである。しかしながら，それはしばしば上述のようなネガティブな側面をもともなっていた。

2　1960年代：過渡期

　一般に「経済の奇跡」と呼ばれる1960年代の西ドイツにおける輸出主導型の高度経済成長を通して，失業率は——1966～67年の景気後退期を除けば——低い水準にとどまった。国民の生活水準が向上するにともなって，公的扶助の役割も，従来の一般の貧困状態に対応するための生活扶助から，障害，医療，介護など，特別な生活上の困難を抱えた人々に対する援助の必要性に重点が移っていった。こうして1961年には，旧来の「義務令」や「ライヒ原則」に代えて連邦社会扶助法が公布された。その際，「扶助」の名称も，従来の慈恵的な響きをもつ「公的保護 öffentliche Fürsorge」から「社会扶助 Sozialhilfe」へと改められた［田中，1999，151頁以下］。この法律の制定によって，ホームレス生活者への扶助は一般的な社会扶助の体系の中に組み入れられ，かつて有していた選別性はかなり薄らいだ。

　連邦社会扶助法の条項の中で「義務令」や「ライヒ原則」に対応しているのは，72～74条の「非行者扶助 Hilfe für Gefährdete」である。72条は「非行者」を，「18歳以上であり，内面の安定が欠如しているためにコミュニティでの秩序正しい生活を送ることができない者」と規定し，こうした人々に対する扶助の支給を当為規定によって定めた。「内面の安定の欠如」という規定には，扶助を要する人々が抱える問題をもっぱら本人の気質に還元するような視点が依然として含まれている。ちなみに，「非定住者」は「非行者」のサブ・カテゴリーとして位置づけられた。

また，同法の73条は，「非行者」を施設へと強制的に収容しうる可能性について，次のように規定していた。

「非行者が…（中略）…提供された扶助〔施設への収容：引用者〕を拒んだ場合，裁判所は当該者に対して，適切な営造物，適切な宿泊所，あるいはその他の同様の施設に滞在することを命令することができる。」

　第1節で述べたように，路上生活者が本人の意思に反して強制的に施設へ収容されることは，連邦社会扶助法の制定以前にもかなりみられたが，それはこの73条によって初めて法的な根拠を得ることになった［Teuberg, 1990, S.128, 141］。
　しかし，連邦憲法裁判所は早くも1967年に，扶助を目的として「非行者」を施設へ強制的に収容することは違憲であるとの判決を出した。これによって，連邦社会扶助法を大幅に改正するきっかけが与えられた。いずれにせよ，「非行者」はこの1967年の判決によって初めて，いわば「完全な法人格 Rechtsperson」としての承認を得ることになった［BAG-WH, 2000c, S.4］。
　このほか，自治体の福祉事務所や民間福祉団体などは，俗に「移動扶助 Mobilitätshilfe」と呼ばれるような，長期のサービスをともなわない扶助を提供していた。すなわち，せいぜい3日間の滞在に限定された臨時宿泊所，古着や電車の切符の支給，ひいてはなんらかの施設を利用するためのチケット（まれには現金）の支給などである。これらは期間が限定されているうえ，1回限りの支給でもあったので，クライエントはしばしば居場所を変えることでこうした支給に継続的に与ろうとした。こうした扶助は，クライエントをおのれの担当区域から追い出そうとする扶助実施主体（自治体）の意図を背景にしているという点で，連邦社会扶助法に合致していなかった。それはまた，結果的にはクライエントに恒常的な移動を強制しているがゆえに，「非定住者扶助連邦協議体」などから「駆逐を目的とする扶助 vertreibende Hilfe」だとして批判されることになった［BAG-NH, 1981］。

3 1970年代以降：収容から「社会への再参入」へ

1970年代の初頭には，外国人労働者，障害者，精神病患者，余刑者らとともにホームレス生活者もまた，「縁辺グループ」のひとつとしてメディアや政治の注目を集めた［ブールほか，1994，71頁以下］。そして，それまでの非定住者扶助の効果が疑問視されるようになった。「非定住者扶助連邦協議体」による当時の推計によれば，失業率が低かったにもかかわらず，西ドイツでは約7万人の人々が路上で生活していたのに対し，130ヵ所の施設に収容されていたのは1万3000人にとどまった。すなわち，多くの「非定住者」は短い期間を施設で過ごしたあと，路上に戻ったり，別の施設に出向いたり，あるいは元の施設へ戻ってきたりしていた。「定住」する住居を見いだす人はほんのわずかであった［Treuberg, 1990, S.185］。

加えて，ソーシャルワーカーの資質や能力も不十分であったため，扶助を要する人々が抱えている精神的・肉体的な病や障害をそれとして認知することができず，適切な措置がとられないケースもみられた［ebd., S.187］。

こうして1970年代の初頭には，社会学的な研究などを参照しながら，旧来のクライエント観や扶助の実践を見直そうという気運が高まっていた。

すでに述べたように，これまで支配的であったのは，いわば個人主義的-病理学的なクライエント観であった。この見方は，市民的な価値観を暗黙の前提にしつつ望ましい「ノーマルな生活」の基準を設定したうえで，ホームレス状態をこうした基準からの逸脱現象とみなし，それを道徳的にも許されざる本人の態度のせいにしてきた。

こうした見方は，2つの新しいアプローチによって批判をこうむり疑問視されるようになった。第1のアプローチはプロテスタント系の民間福祉団体であるディアコニー等によって提唱されたものであり，E.v.トロイベルクはこれをセラピー的アプローチと呼んでいる［ebd., S.195］。このアプローチは，クライエントが示す「非定住性」といった兆候を「ノーマルな生活」からの逸脱だとして十把一絡げに断定するのではなく，そうした兆候を生み出している各人ご

とに特殊な肉体的・精神的・心理的な要因を探り出そうとする。そうした要因は人によって異なるのであるから，セラピーもまた専門分化する必要が生じる。

　第2のアプローチは，「非定住者扶助連邦協議体」等が発展させたものであり，社会政策的なアプローチと呼ぶことができる [ebd., S.196]。このアプローチにおいては，「非定住性」という現象を誘発する社会的な問題状況が強調される。社会的な問題状況とはすなわち，クライエントにおける住居や職業や生計手段の欠如であり，社会保障システムの有する欠陥である。中でもとりわけ住居の欠如が誘因として重視され，自立した生活を営むための住居の提供こそが主要な扶助手段とみなされる。したがって，これまでのような施設収容型の扶助はクライエントの現実と要求に合致していないとして批判される。[6] 施設への収容に代わって，住居や仕事を相談所 Beratungsstelle において紹介するような，施設収容をともなわない扶助 ambulante Hilfe に重点を移すことが提唱された。あるいは，これまで定住所がないという理由でホームレス生活者に対してはしばしば拒絶されてきた住居の仲介や職業紹介の重要性が指摘されるようになった。

　ホームレス生活者に対する眼差しと扶助の構想をめぐる以上のような転換を受けて，扶助の制度とそれを支える実践の両面で変化が生じた。

　制度面での変化として第1に挙げられるのは，1974年における連邦社会扶助法の改正である。これにともない，旧法において「非行者扶助」を定めていた72条が改められるとともに，それに対応する72条の施行規則 Durchführungs-verordnung が1976年に公布された。この改正によって，以下のような重要な変更がもたらされた。

① 「内面の安定の欠如」という差別的な規定をともなう「非行者」というカテゴリーに代えて，「特別な生活状態のため社会的な困難を抱えている者」という概念が設定された。

② 旧72条では扶助の支給は当為規定にとどまっていたが，新72条では強行規定 Muss-Bestimmung に変えられた。

③ 施行規則の4条において，「非定住者」が独自の集団として定義されることになった。すなわち，「確実な経済生活上の基礎をもたずに放浪する

者，あるいはコミュニティでの生活への参加の準備のために，もしくは持続的な人的ケアを受けるために非定住者向けの施設に滞在している者」という定義である［ebd., S.182ff.］。

　上に引用した施行規則4条の定義は，「非定住者扶助連邦協議体」が連邦政府に対して提案してきた定義をほぼ踏襲したものだと言われているが［Uebelhoer, 1976, S.15］，この定義には，「非定住者」とは「非定住者向けの施設に滞在している者」であるという奇妙な同語反復が含まれている。実は，この同語反復によって，これまで「非定住者」を受け入れてきた民間の施設はその存在を法的に認知されるとともに，政府から財政的な支援を受けるための法律上の根拠をも獲得することになったのである［Treuberg, 1990, S.281; Holtmannspötter, 1996, S.5］。

　しかし，この定義は同時に，ナチス時代の「非定住者」という概念を継承しているだけでなく，該当者を「放浪する者」と特徴づけることで，こうした人々のための最も適切な措置は施設への収容であるという広く行き渡った観念を追認し補強することになった［Treuberg, 1990, S.182］。

　制度面での第2の変化は，1974年になされた刑法典361条の廃止である。これにより，「物乞い」や「定まった住居もなく放浪すること」がもはや犯罪とはみなされなくなった。

　次に，制度を支える民間福祉団体の実践における変化をみておこう。ここでも，変化は1970年代の半ばから始まったと言われている。先に，扶助への新しいアプローチとしてセラピー的アプローチと社会政策的アプローチを紹介しておいたが，以下ではこの区分に沿って実践面での変化を整理しておこう［ebd., S.197ff.; BAG-WH, 2001b, S.7ff.］。

　まずはセラピー的アプローチの方であるが，このアプローチにおいてはクライエント個々人の状態にマッチした扶助を提供することが追求されるわけであるから，扶助の内容が次のような領域で分化していくことになる。

　① ケアの密度：助言，ケア，施設収容をともなわないセラピー，施設収容をともなう再社会化のためのケア，継続的な介護
　② 居住の形態：住居喪失が差し迫っている場合，ホームレス状態，施設へ

収容されている状態，住居共同体での居住，自分で賃貸契約を結んだ住居での居住
③　問題の重点：中毒の問題，青少年，高齢者，女性，都市放浪者，就労不能者あるいは稼働能力に制約がある者，職業資格をもたない者

　このような区分に対応して，民間福祉団体は，路上で生活している状態から住居や仕事の獲得にまでいたるような，段階を踏んだ扶助のプログラムを個々のクライエントに応じて提供するようになっていく。たとえば，住居の(再)獲得を段階的に支援するシステムとして，ベルリンには，路上生活者がとりあえずの宿所として匿名で利用することのできる「臨時宿泊所 Notübernachtungsheim」（写真④〔本編の扉裏〕参照）から始まって，通常は1年間の利用契約をもって個室で居住することになる「過渡的住居 Übergangshaus」（写真③〔本編の扉裏〕参照）や定期的なセラピー付きの「住居プロジェクト Wohnprojekt」を経て，最終的に社会住宅や通常の民間賃貸住宅にいたることを想定した，一連の施設が存在する。こうした段階を踏んだ扶助のプログラムは，個々人の実情に即したきめ細かい支援を提供できるという点ですぐれている。しかし，それは，通常の民間賃貸住宅を得るにいたるまでの中間段階があまりにも長すぎたり，生活態度に改善がみられないとみなされた人をランクのより低い扶助プログラムや住居に押し戻したりするような扶助の実践をともなうならば，通常の住宅よりも住人の権利や自由に制限の多い「第2住宅市場」[Busch-Geertsema, 2001a, S.375]を生み出す危険性をはらんでいることにも留意しなければならない。[7]

　他方で，これらの民間福祉団体はまた，（たとえば，アルコール依存症の人や高齢者など）特定の集団に特化したプログラムや施設を提供するとともに，対象者に応じて教育学的・心理学的な療法を活用するようになる。ただし，専門的なセラピーを実施する施設はクライエントから敬遠される傾向にあり，社会政策的アプローチを重視する民間福祉団体の側から批判が加えられている［たとえば，BAG-NH, 1981を見よ］。

　また，ワイマール共和制時代の「義務令」や「ライヒ原則」以来の伝統である施設内での就労義務という原理は，労働生活へ再参入するための扶助という

理念へと転換していく。ここから，職業訓練や資格取得のためのコースが設けられることになる。

次に，社会政策的なアプローチを概観しておこう。ここでは，施設収容をともなわない扶助システムの構築 Ambulantisierung des Hilfesystems が重視される [Treuberg, 1990, S.198]。

第1に，第1章で述べたように，1987年にドイツ都市会議が公刊した文書において，ホームレス状態が発生する社会的原因や過程をも射程に入れた「住宅難」という広い概念が定式化されたことが挙げられる。これにともない，自治体レベルでのホームレス生活者対策は，秩序法ないし警察法にもとづくアプローチから，社会保障政策と住宅政策を重視するアプローチへと重心を移動させた。とはいえ，そうした重心移動は主として家族を有するホームレス生活者について生じたのであって，単身のホームレス生活者に対しては依然として秩序法ないし警察法にもとづく施設への収容措置がとられ続けた [BAG-WH, 2001b, S.11]。

第2は，相談所の増設である。相談所においては，クライエントが必要とする給付や施設の紹介，緊急を要する扶助の提供，同伴ケア，扶助プラン作成のためのクライエントの扶助要求の記録などが行われる。1985年段階では，西ドイツ全体で収容施設が185ヵ所存在したのに対し，相談所は64ヵ所しかなかったので，とりわけ「非定住者扶助連邦協議体」によって相談所の増設が提案された [BAG-NH, 1986, S.14ff.]。

第3に，民間福祉団体によって「法の実現 Rechtsverwirklichung」という合い言葉のもとに推し進められた試みがある。これは，現に提供されている扶助の形態や内容を連邦社会扶助法をはじめとする法規範に合致するように改善していく試みである。社会扶助の実施主体である自治体は，連邦社会扶助法に則るならば，おのれの管轄区域内に存在するホームレス生活者に対して必要な扶助を支給する法的な義務を負っているにもかかわらず，実際には——第2節で紹介した「駆除を目的とする扶助」にみられるように——この法的義務に反するような実践がかなりみられたのだった。法と実践とのこの乖離を解消すべく，自治体の行政と民間福祉団体とが協力する試みがなされた。また，「非定

住者」は定住所を有していないという理由でしばしば職業安定所での職業紹介を受けられなかったが、「非定住者扶助連邦協議体」等の努力によって、1984年の末以来、連絡のための住所を相談所においているのであれば「非定住者」も雇用促進法（AFG）でいう失業者とみなされうるようになった［Treuberg, 1990, S.199］。

第4に、自分で賃貸借契約を結んで住居を獲得することを促すという面では、滞納家賃の肩代わり支給の可能性を定めた連邦社会扶助法15a条の活用が注目された。すなわち、15a条にもとづいて自治体がこれまで家賃の肩代わりをしてきたのは、主として、住居喪失の危険に直面している家族であり、単身者はこの制度の適用を受けてこなかったのである。そこで、住居喪失の危険が差し迫っている単身者にも15a条を適用する試みが始まり、ホームレス状態への予防策として大きな効果をあげていくことになる。[9]

これと同様のことは、社会住宅への入居に関してもあてはまる。社会住宅とは、借家人、家賃水準および居住面積に関して一定の拘束を課すことを条件にして無（低）利子で公的な助成金を受けつつ建設された、低所得者向けの住宅をさす［大場, 1999, 113頁］。自治体の住宅局Wohnungsamtはしかし、単身のホームレス生活者を社会住宅へ応募する資格をもつものとはみなさず、彼らを非定住者のための施設へと振り向けるか、あるいは、応募資格を認めたとしても、他の応募者との競争を通してしか社会住宅に入居させなかった。そこで、単身のホームレス生活者を社会住宅への応募者の中の「緊急リスト」に載せ、彼らに優先的に社会住宅を提供することが試みられるようになった。[10]

さらに、複数の部屋を備えた住宅を（連邦社会扶助法にもとづく支給を得ながら）借り、そこに何人かのホームレス生活者が共同で居住するという「住居共同体Wohngemeinschaft」や部分的なケア付きの「グループホームWohngruppe」も、この頃から民間福祉団体によって創設されるようになった［Treuberg, 1990, S.200］。

第5に、就労支援策の面では、雇用促進法にもとづく雇用創出措置（ABM）と自治体の財政からの支出とを組み合せることで、主として「第2労働市場」（通常の労働市場とは違って、公的な雇用助成金によって成り立っているような就労セクタ

ー)[11] での仕事をホームレス生活者に提供する試みも始まった [ebd., S. 201]。

以上のような新しいアプローチはしかし，全体として見れば十分な成果をあげたとは言いがたい。なによりも，これらの施策を実施するにはコストがかかるため，いくつかのプロジェクトは短命に終わった [ebd., S.202ff.]。折しも，1982年のコール政権成立以降，新保守主義的な政策傾向のもとで社会保障への財政支出は抑え込まれていった。また，1970年代半ば以来の高失業率のもとで，長期失業者の数も増えていった。マクロな社会経済情勢そのものが，ホームレス問題の解決にとって不利な条件を課していた。

とはいえ，この時代において試みられた新しいアプローチはその後，いくつかの都市の行政と民間福祉団体とによる革新的な支援策の体系へ継承されていったといえる。

4 まとめ

連邦社会扶助法はその後，ホームレス生活者支援策に関連して1996年に2点の改正をみた。第1は，72条2項に「職業教育や職場の獲得・確保のための扶助」が挿入されたことである。第2は，15a条に規定された「特別な場合の生活扶助」に当為規定が導入されたことである。これにより，住居を失う恐れのある人に対し，滞納された家賃を肩代わりする意味で支給される生活扶助は，住居喪失を回避するための有効な道具となった [BAG-WH, 2000c, S.6]。

また，スティグマをともなう「非定住者」という概念を含んでいるがゆえに民間福祉団体から改正を要求されていた72条の施行規則も，2001年に改正された。新施行規則の内容については，第4章の第2節を参照されたい。

本章での叙述を要約しよう。ドイツにおけるホームレス生活者対策は，1960年代までは，施設への長期収容やそこでの労働義務を重視する隔離訓練型のアプローチと，かつての刑法典361条の適用にみられたような（狭義の）治安対策とが支配的であった。しかし，1970年代の初頭からホームレス生活者に対する見方，制度，扶助の実践の面で転換が始まり，ホームレス生活者の抱えている具体的な問題とそれをもたらす社会状況の双方を視野に入れた新しいアプロー

チが登場し、施設への収容に限定されることなくホームレス生活者の「再社会化」を目標とする諸施策が展開された。かくして、「非定住者扶助はホームレス生活者扶助へと転換した」のである［BAG-WH, 2001b, S.8］。

　実際、施設収容をともなわない社会サービスの数は、1980年にはほとんどなきに等しかったが、1999年にはドイツ全土で約350を数えるにいたった。滞在型の施設の方も、クライエントの性質に応じてさまざまな種類のメニューを提供するようになり、設備の質も改善された。クライエントが抱える問題に対応してケアサービスが専門分化していったこともあって、ドイツ全土における社会サービスと施設の総数は、1985年の約400から1999年の約640へと増加した。また、精神医学、中毒者へのケア、保健システム、住宅会社等とホームレス生活者扶助システムとの協力関係も、各地でみられるようになった。そして、ホームレス生活者自身による運営を重視する団体や、ホームレス生活者自身がホームレス生活者を支援する自助組織が増えていることも、近年の特徴である［ebd., S.8］。

第3章 ホームレス生活者の現状

　連邦政府はドイツ全体のホームレス生活者に関する統計を作成していない。そこで,「ホームレス生活者扶助連邦協議体」は1992年以来ドイツ全体のホームレス生活者の推計値を発表し続けている (図表Ⅲ-3-1, Ⅲ-3-2参照)。推計値の根拠として利用されているのは, 州や自治体のレベルでのホームレス生活者の統計, 住宅市場と労働市場における変化, 移住民の数の変化, 社会扶助受給者の数の変化などである。

　図表Ⅲ-3-1の中の「引き揚げ者 Aussiedler」とは, 第2次世界大戦後にドイツが失った領土内にかつて住んでいたが敗戦後に立退をさせられたドイツ人で, 再び現在のドイツに戻ってきた人をさす。

　2000年の数値でいえば, ホームレス生活者の内訳 (引き揚げ者を含まない) は, 成人男性が55％, 成人女性が23％, 青少年が22％を占めている。また, 同年に

図表Ⅲ-3-1　1994-2000年のホームレス生活者の推計値　　(単位：人)

世帯構造	1994	1995	1996	1997	1998	1999	2000
多人数世帯	37万	39万	38万	37万	33万	26万	22万
単身世帯	18万	19万	21万	22万	20万	18万	17万
引き揚げ者	33万	34万	34万	27万	15万	11万	11万
合　計	88万	92万	93万	86万	68万	55万	50万

注：上記の数値はすべて,（+）(−)10％の誤差をともなっている。
出所：Bundesarbeitsgemeinschaft Wohnungslosenhilfe, Zahl der Wohnungslosen in Deutschland, 31.01.2002.

図表Ⅲ-3-2　東西ドイツのホームレス生活者の推計値　　(単位：人)

	1995	1997	1998	1999	2000
西ドイツ	52万	52万	46万	39万	34万
東ドイツ	6万6千	6万7千	7万6千	5万	5万

注：上記の数値には引き揚げ者は含まれていない。
資料：Bundesarbeitsgemeinschaft Wohnungslosenhilfe, *Pressemitteilung* の各年度版より著者が作成。

おける単身のホームレス生活者の14%にあたる約2万4000人が，いかなる宿舎をももたない路上生活者であり，そのうちの2000〜2500人が女性であると見積もられている。ちなみに，1998年時点でのドイツの総人口は8204万人である。

2万4000人という路上生活者の数は，日本の野宿生活者の数に匹敵する。ところが，ドイツの大都市を歩いていても日本ほどには路上生活者の存在が目立つことはない。これには，日本の路上生活者が特定の公園や地域に集まっているのに対し，ドイツの路上生活者は都市の中でかなり広域にわたって分散しかつ移動していること，そしてドイツの路上生活者は日中ないし夜間の一時的滞在施設を気軽に利用しうること等の事情が関係しているように思われる。

図表III-3-2から読み取れるように，旧西ドイツの諸州においてはホームレス生活者が減少を示したのに対し，旧東ドイツの諸州ではそれが増大するという東西の分裂傾向が，1998年まではみられた。しかし，1999年になると東ドイツにおいてもホームレス生活者が減少し，1997年以来の連邦全体における減少傾向に拍車がかけられている。連邦全体でみれば，1996年に93万人というピークに達したホームレス生活者の数は4年間で着実に減少し，2000年には50万人にまで減っている。顕著な変化であると言わねばならない。

連邦全体におけるホームレス生活者の減少の要因としては，①東欧からの引き揚げ者の波が峠を越したこと，②西ドイツのみならず東ドイツにおいても新築の住居や改装された住居が完成し，住宅市場における需給逼迫が緩和されたこと，[12]③地方自治体による滞納家賃の肩代わりや，民間福祉団体によるケアサービスを通して，住居喪失が未然に防止されたことなどが挙げられる。

このようにホームレス生活者の数は減少してきたとはいえ，ホームレス生活者の路上死や彼らへの暴力は減少しているとは言いがたい。とくに，なんらかの極右のイデオロギーを動機にした青年によるホームレス生活者への暴力は，ドイツ社会に影を落とす深刻な問題のひとつになっている。「ホームレス生活者扶助連邦協議体」の推計によれば，1989年から2000年にかけて少なくとも107人のホームレス生活者が殺害されており，203人が重傷を負っている。また，1991年から2000年にかけては少なくとも189人のホームレス生活者が路上で凍死したという［BAG-WH 2001a］。ミュンヘン市で行われた調査によれば，ホー

ムレス女性の56%は持ち物を強奪され，34%は肉体的に痛めつけられ，3分の2は性的な虐待を受け，3分の1は強姦された経験をもつという［Bundesregierung, 2001b, S.172］。

また，西ドイツにおいては将来的にもホームレス生活者の数のさらなる減少傾向が予想されており，その数は2001年には31万人（2000年は34万人）にまで減ると推計されているのに対し，東ドイツならびに（西ドイツを含む）一部の大都市では——推計値が出揃っていないため確たることは言えないが——減少傾向の停滞もしくは数の増大が懸念されている。というのも，長期失業者の数が減っていないという事情に加えて，目下のところ2100万戸が提供されている低所得者向けの社会住宅の多くが，2003年には通常の民間賃貸住宅に転換されるからである。連邦政府は，社会住宅の供給量は十分であるから，これからは社会住宅の建設よりも現存する住宅の改良に予算を割いた方がよいとの認識にもとづいて，社会住宅向けの予算を削減する方針を掲げている。しかし，これがはたして妥当な認識であるかどうかは疑問の残るところである［BAG-WH, 2001c］。

「ホームレス生活者扶助連邦協議体」がまとめた『統計報告書1997-1998年』[13]を参照しながら，どのような人々がホームレス状態に陥っているかをもう少し詳しくみてみよう。まずは，ホームレス生活者の国籍である。1998年の段階ではドイツ国籍を有する人が89.2%，ドイツ以外のEU加盟国の国籍を有する人が3.0%，EU加盟国以外の国籍を有する人が7.6%，国籍をもたない人が0.2%であった。男性のホームレス生活者だけをみれば，EU加盟国以外の国籍を有する男性の比率は1995年段階では5.6%であったのが，1998年では6.8%へと上昇している。また，同じく男性のホームレス生活者のうち，ドイツ以外のEU加盟国の国籍を有する男性の比率は，1995年の1.8%から2.5%へと高まっている。この統計報告書が依拠しているデータ採集システムは，そもそも外国人のホームレス生活者の数が反映されにくい仕組みになっているので[14]，ホームレス生活者に占める外国人の比率は，実際には上記のものよりもっと高いはずである。たとえば，2002年の上半期にベルリンのホームレス生活者向け諸施設を利用した人々のなかで移民の占める割合は，約25%に達したという［BAG-

図表Ⅲ-3-3　1998年におけるホームレス生活者の男女別年令構成

年齢層	男性		女性		合計	
	人数	%	人数	%	人数	%
18-19歳	263	1.5	134	4.6	397	1.9
20-29歳	2853	16.1	922	31.4	3757	18.3
30-39歳	5062	28.7	812	27.7	5874	28.5
40-49歳	4913	27.8	621	21.2	5534	26.9
50-59歳	2857	16.2	313	10.7	3170	15.4
60-69歳	1445	8.2	98	3.3	1543	7.5
70歳以上	268	1.5	33	1.1	301	1.5
計	17643	100	2933	100	20576	100

出所：[BAG-WH, 2000b, S.11]

WH, 2002b］。いずれにせよ，ホームレス生活者に占める外国人の比率が漸増傾向にあることは確認できる［BAG-WH, 2000b, S.10］。

図表Ⅲ-3-3 は，ホームレス生活者の年齢構成を示している。男性に関しては30～40歳代にかけての働き盛りの年齢層にホームレス生活者が多くみられるのに対し，女性の場合は30歳以下の若いホームレス生活者が多い。この数値は，路上生活者よりも広いホームレス生活者に関するものなので，日本の野宿生活者との単純な比較はできないが，それでも日本に比べると比較的若い年齢層が住居を失っているということは言える。

また，ホームレス生活者全体に占める女性の比率が1990年代を通して高まっていることも統計面で確認されている。1990年には，ホームレス生活者全体の中で女性の占める割合はなお6.9%にとどまっていた（男性は93.1%）が，これがほぼ毎年漸増していき，1998年には14.4%に達したのである［ebd., S.9］。「ホームレス生活者扶助連邦協議体」の推測によれば，ホームレス生活者に占める女性の比率のこうした増大には離婚率の増大が関連しているという。そして，離婚率の増大にはまた，一般に「情報社会」や「知識社会」と呼ばれるような目下の社会発展のトレンドが関連しているように思われる。すなわち，「情報社会」に見合うような技能や資格が就労の必要条件になっていることが，家計支持者への社会的・心理的適応圧力を生み出しているのである［BAG-WH 2001b, S.9］。

図表Ⅲ-3-4　1998年におけるホームレス生活者の男女別世帯構成

世帯構成	男性		女性	
	人数	%	人数	%
子供をもたない単身者	12223	93.5	1436	64.5
子供をもたない夫婦	482	3.7	319	14.3
1人の子供をもつ単身者	78	0.6	205	9.2
2人の子供をもつ単身者	20	0.2	82	3.7
3人以上の子供をもつ単身者	24	0.2	57	2.6
子供をもつ夫婦	241	1.8	127	5.7
計	13068	100	2226	100

出所：[BAG-WH, 2000b, S.13]

図表Ⅲ-3-5　最終的に通学した教育機関　　　　　(1998年)

教育機関	男性		女性		合計	
	人数	%	人数	%	人数	%
養護学校	996	9.6	168	9.9	1164	9.7
義務教育本課程	7383	71.5	1018	59.8	8401	69.9
ギムナジウムまたは実科学校	1721	16.7	447	26.2	2168	18.0
大学または高等専門学校	223	2.2	70	4.1	293	2.4
計	10323	100	1703	100	12026	100

出所：[BAG-WH, 2000b, S.15]

　図表Ⅲ-3-4は，ホームレス生活者の世帯構成を示したものであるが，男性と女性の間に大きな違いを見て取ることができる。すなわち，男性に関しては子供をもたない単身のホームレス生活者が大多数 (93.5%) を占めているのに対し，女性のホームレス生活者のうち子供をもつ人の比率は約21%に達していることである。

　図表Ⅲ-3-5は，ホームレス状態に陥った人々が最終的に通学した教育機関を示している（必ずしも最終的に修了した教育機関を意味してはいない）。この表の中で，「義務教育本課程 Hauptschule」とは，義務教育基礎課程 Grundschule を修了したあとに通う学校である。ギムナジウムと実科学校 Realschule は，いずれも義務教育基礎課程を修了したあとに進学する中等教育機関であるが，ギムナジウムは大学進学者のための学校であり，実科学校は中級管理職や一定の

図表Ⅲ-3-6　最後に住居を喪失する以前の職種　　　　　　　　(1998年)

職　種	男　性		女　性		合　計	
	人数	%	人数	%	人数	%
見習い生，生徒，学生	598	5.5	262	14.9	860	6.8
従業員または公務員	360	3.3	120	6.8	480	3.8
非熟練労働者	1585	14.7	207	11.7	1792	14.3
熟練労働者	2227	20.6	214	12.1	2441	19.4
特殊技能工	1979	18.3	72	4.1	2051	16.3
マイスター	54	0.5	1	0.1	55	0.4
自営業者	341	3.2	38	2.2	379	3.0
家族の仕事の手伝い	20	0.2	27	1.5	47	0.4
年金生活者	259	2.4	56	3.2	315	2.5
就労せず	2947	27.3	662	37.5	3609	28.7
その他	442	4.1	104	5.9	546	4.3
計	10812	100	1763	100	12575	100

出所：[BAG-WH, 2000b, S.18]

専門職につく者のための学校である。

　ここでも，男女の間に違いが見いだされる。すなわち，ギムナジウムまたは実科学校に通った人の比率にせよ，大学または高等専門学校に通った人の比率にせよ，女性の方が男性よりも高いのである。女性のホームレス生活者において高学歴者の比率が高いというこの結果は，生活の危機に直面したときにホームレス状態に陥る危険は，女性の方が男性よりも大きいことを意味している。

　図表Ⅲ-3-6からは，最後に住居を喪失する以前の職種において，「就労せず」という回答が最も多く，しかもその比率は男性よりも女性の方が高いことがわかる。また，非熟練労働者，熟練労働者，特殊技能工といった職種も――雇用の不安定性を反映しているのであろうか――多くみられる。ちなみに，扶助を受け始めたときに失業していたホームレス生活者は，1998年では回答者全体の86.0％に達していた[BAG-WH, 2000b, S.18]。また，同じく1998年の段階で，1年以上失業していると回答した人は70.0％であり，4年以上失業していると回答した人は40.9％であった[ebd., S.19]。ホームレス生活者の多くが長期の失業者である。このことは就労支援措置の重要性を物語っている。

図表Ⅲ-3-7　1998年における男女別のホームレス状態持続期間

期間	男性		女性		合計	
	人数	%	人数	%	人数	%
2ヵ月未満	3014	27.6	598	39.6	3612	29.1
2ヵ月以上6ヵ月未満	1766	16.2	287	19.0	2053	16.5
6ヵ月以上12ヵ月未満	1152	10.6	201	13.3	1353	10.9
1年以上3年未満	1768	16.2	220	14.6	1988	16.0
3年以上5年未満	994	9.1	96	6.4	1090	8.8
5年以上	2207	20.2	109	7.2	2316	18.7
計	10901	100	1511	100	12412	100

出所：[BAG-WH, 2000b, S.23]

　さて，ホームレス状態に陥った原因に関しては，ザクセン州政府が行った調査が参考になる。それによれば，人口約458万人の同州における1999年のホームレス生活者の人数は2193人であったが，ホームレス状態に陥った原因としては，50.6％の人が家賃の滞納を，14.7％の人が中毒問題を，8.9％の人が住宅の賃貸借契約に反する自分自身の振る舞いを，7.8％の人が失業を，そして5.3％の人が離婚を挙げている [Bundesregierung 2001c, S.196]。最大の原因が家賃の滞納であるという事実は，[15]——本編第4章の第2節で詳述する——連邦社会扶助法15a条にもとづく自治体による滞納家賃の一時的肩代わりをもっと積極的に活用すれば，ホームレス状態の発生をかなりの程度予防できることを示唆している。また，2番目に多い原因が（アルコールまたは薬物の）中毒問題であるという点には，ドイツにおけるホームレス問題の複合性，多次元性の一端が現れている。他方でしかし，失業を原因として挙げる当事者が7.8％しかいないという意外な現実は，失業がただちにホームレス状態へ直結することを防ぐような，ドイツにおけるセイフティネットの健在ぶりを暗示しているように思われる。セイフティネットとはすなわち，失業保険給付が途切れたのちも租税を財源としつつ無期限に支給される「失業扶助 Arbeitslosenhilfe」であり，社会保険料を納入していない困難世帯にもきめ細かく支給される「社会扶助 Sozialhilfe」である。[16]

　ホームレス状態が続いている期間については，図表Ⅲ-3-7を参照されたい。

図表III-3-8　扶助が開始された時点での居住状況　　　　（1998年）

居住状況	男性		女性		合計	
	人数	%	人数	%	人数	%
路上	4116	25.1	287	10.5	4403	23.0
旅館／民宿／ホテル	426	2.6	75	2.7	501	2.6
友人や知人の住居	3619	22.1	841	30.8	4460	23.3
会社の宿舎	65	0.4	2	0.1	67	0.3
臨時宿泊所[1]	1760	10.7	184	6.7	1944	10.2
無宿者向け宿泊所（緊急宿泊施設）[2]	665	4.1	112	4.1	777	4.1
連邦社会扶助法72条にもとづく施設[3]	778	4.7	45	1.6	823	4.3
病院	198	1.2	18	0.7	216	1.1
精神病院／中毒患者のための施設／施療院	196	1.2	19	0.7	215	1.1
刑務所 JVAS	420	2.6	24	0.9	444	2.3
老人ホーム／介護施設	32	0.2	6	0.2	38	0.2
恒久的な住居 Dauerwohnplatz	53	0.3	3	0.1	56	0.3
家具付きの部屋	385	2.3	35	1.3	420	2.2
住宅 Wohnung	2555	15.6	811	29.7	3366	17.6
グループホーム	106	0.6	16	0.6	122	0.6
過渡的住居[4]	85	0.5	28	1.0	113	0.6
不確かな代用宿舎 Ersatzunterkunft	289	1.8	48	1.8	337	1.8
出身家族またはパートナーの住居	661	4.0	180	6.0	841	4.4
計	16409	100	2734	100	19143	100

注：1）「臨時宿泊所 Übernachtung」とは，特別な申請をすることなく無料で宿泊できるホームレス生活者向けの施設である。これは，住居を失った人が最初に利用する滞在施設として位置づけられ，1泊単位の利用を基本にしている（すなわち，夕方に入所して，翌朝にいったんは施設を去らなければならない）。
　　2）「無宿者向け宿泊所」（緊急宿泊施設）とは，秩序法ないし警察法にもとづいて自治体がホームレス生活者を収容するための施設である。警察法ないし秩序法にもとづくホームレス生活者対策については，本編第4章の第1節で述べる。
　　3）「連邦社会扶助法72条にもとづく施設」とは，日本の生活保護法に相当する連邦社会扶助法の72条（「特別な社会的困難を克服するための扶助」）にもとづく給付によって民間福祉団体等が運営するホームレス生活者向けの宿泊施設である。こうした施設においては，ホームレス生活者へのケアを行うことが今日では標準になっている。連邦社会扶助法によるホームレス生活者支援策について，詳細は本編第4章の第2節を参照されたい。
　　4）「過渡的住居」とは，上の1），2），3）で紹介した諸施設から通常の民間賃貸住宅や社会住宅へと移り住んでいくあいだの過渡期に居住する住居のことをさす。ホームレス生活者は1～2年間を限度として安い家賃でここに滞在し，家事に慣れ，将来の自立した生活のための準備をする（**写真③**〔本編の扉裏〕参照）。
出所：[BAG-WH, 2000b, S.24]

男性の場合，2カ月未満のケースが最も多いが，それに次いで5年以上ホームレス状態にある人の多いことがわかる。後者のように長期にわたってホームレ

ス状態にある人にとって，自治体や民間福祉団体が提供する過渡的な滞在施設は，もはや「過渡的な」滞在場所ではなく半恒久的な住まいになっている場合が多い。実際，シュタインマイヤー［Steinmeier 1992, S.31］は，ドイツにおけるいくつかの経験的な調査を参照しつつ，「無宿者 Obdachlose」の20%近くが5〜10年間も過渡的な滞在施設に「住んで」いると推定している。これに対して，女性の場合は，ホームレス女性の数の増加が近年の現象であるという事情もあって，ホームレス状態が続いている期間が2カ月以下である人が多い。

「ホームレス状態 Wohnungslosigkeit」という概念の広さは，図表Ⅲ-3-8を見ることで具体的に明らかになるだろう。男女の合計でいえば，連邦社会扶助法等による扶助が開始された時点において路上で生活していた人は，ホームレス生活者全体の23.0%だけであり，それ以外の人は，友人や知人の住居を筆頭にしてなんらかの宿所に滞在している。また，ホームレス生活者全体の約20%は，ホームレス生活者向けに提供されているなんらかの施設に入所していることも，この表から読み取れる（図表Ⅲ-3-8の中の「臨時宿泊所」「無宿者向け宿泊所（緊急宿泊施設）」「連邦社会扶助法72条にもとづく施設」「グループホーム」「過渡的住居」が，ホームレス生活者向けに提供されている施設である）。

ただし，ここでも男女間の相違が現れている。女性のホームレス生活者のうち10.5%だけが路上で生活しているが，この数値は男性になると25.1%に上昇する。その代わり，女性のホームレス生活者は，その30.8%までが友人や知人の住居に滞在させてもらっている。

第4章　今日のホームレス生活者支援の諸制度

　本章では，ドイツにおけるホームレス生活者支援のための制度的枠組みを概観する。
　ドイツにおけるホームレス生活者支援のシステムは，①秩序法 Ordnungsrecht ないしは警察法 Polizeirecht にもとづく措置と，②連邦社会扶助法に代表されるような社会法 Sozialrecht にもとづく措置とに大別される。そこで，本章ではまず秩序法ないし警察法にもとづく措置から叙述を始めることにしたが，このことは，秩序法ないし警察法にもとづく措置が今日のドイツにおけるホームレス生活者支援システムの中で有力な地位を占めていることを意味しはしない。支援システムにおいて最も重要な役割を演じているのは，むしろ本章の第2節で紹介する連邦社会扶助法である。連邦社会扶助法にもとづく自治体からの給付金に依拠しながら，民間の福祉団体がそれぞれの地域の実情に応じた個性的なホームレス生活者支援プログラムを発展させてきたことが，ドイツのホームレス生活者支援システムの大きな特徴をなしている。
　第3節では，住宅政策のうちでもホームレス生活者にとって重要な社会住宅をはじめとするいくつかの制度を紹介し，最後に第4節では，欧州統合との関連で最近の変化が著しい就労支援策をみていくことにする。

1　秩序法ないし警察法にもとづくホームレス生活者対策

　秩序法ないしは警察法にもとづくホームレス生活者対策[18]についてみる場合，まずは，ドイツにおいて「警察 Polizei」という語が非常に広い意味で理解されてきたという点に留意する必要がある。ドイツにおける警察法の発展に大きな影響をおよぼしたとされるのが，1794年のプロイセン一般ラント法における警察概念であるが，それによれば，警察が対象としたのは，国防，財政，外交

などを除く市民の社会生活全般であり，経済秩序，居住環境，保健衛生などの監督規制も警察の任務に含まれていた［大西，1984，185頁以下］。この意味において，もともと Polizei という語は今日の狭義における「警察」というよりは，「内務行政」という概念に近かったといえる。

　今日のドイツでも，「警察」という語にはこうしたニュアンスが多少は残っていることに注意しなければならない。今日でも警察の任務には，制服を着た保安警察ないし私服の刑事警察が担当する「執行的業務」とは別に，パスポートや住民登録，道路交通，保健衛生，建築監督および消防などの，自治体によって担われる「行政的業務」も数え入れられる。ホームレス生活者対策の多くは，言うまでもなく後者の「行政的業務」に含まれる［大西，1984，188頁以下］。

　さらに；連邦制をとるドイツでは，警察業務に関してもその権限が原則的には州に委ねられている点を考慮に入れなければならない。すなわち，16の州にはそれぞれ内務省がおかれ，その下に警察組織が設けられている。これに対して連邦は，連邦国境警備隊と連邦刑事庁を管轄するにとどまる。このため，各州はそれぞれ独自の警察法において警察の任務と組織を定めており，連邦警察法なるものは存在しない。したがって，警察法にもとづくホームレス生活者対策も，ドイツ全土において決して一様ではない。以下で紹介する警察法によるホームレス生活者対策も，ドイツ全体でほぼ標準的だとみなされているものであり，州ごとの偏差を考慮に入れたものではない。

　第2章で述べておいたように，1974年における刑法典361条の廃止にともない，「物乞い」や「放浪」はもはや犯罪とはみなされなくなっている。むろん，ホームレス生活者がなんらかの犯罪を犯し，しかも本人に責任能力が認められない場合には，警察は収容命令にもとづいてそのホームレス生活者を精神病院やその他の治療施設に収容することがある［Brühl, 1998, S.138］。しかし，警察法上のホームレス生活者対策として今日しばしば用いられるのは，こうした「犯罪追及策 Straftatenverfolgung」ではなく，むしろ「危険予防 Gefahrenabwehr」と呼ばれている警察上の措置である。

　多くの州の警察法または秩序法には，警察の義務として，「公共の安全（ならびに秩序）への危険を予防する」ことが掲げられている。この場合，「公共の

安全」とは，国家と法秩序の保護のみならず，生命・健康・自由・名誉・財産に対する個々人の権利の保護をも意味している [ebd., S.110]。したがって，なるほどホームレス生活者は時に「公共の安全」の「妨害者 Störer」とみなされるのであるが，注意しなければならないのは，その際に妨害されているとみなされるもの，したがって警察によって保護されなければならないものは，たとえばホームレス生活者が滞在している街路や駅といった公共の建造物をさしているのではもはやないという点である。妨害し侵害されているとみなされるのはむしろ，当のホームレス生活者自身の権利である。すなわち，ホームレス状態は，ドイツ基本法（憲法）で謳われている「人間の尊厳」（1条），あるいは「自己の人格を自由に発展させる権利」や「生命への権利および身体を害されない権利」（2条）が脅かされている状態なのであり，この意味において公共の安全が危険にさらされている状態なのである [Hammel, 1995, S.8; Brühl, 1998, SS. 133-134]。このような場合，警察法におけるホームレス生活者は犯罪の容疑者とみなされているのではなく，権利を侵害されている市民とみなされている。

たしかに，州や自治体によっては，旧市街地の路上での寝泊りやアルコール飲料の摂取を道路条例によって禁止したり（ミュンヘン市），「攻撃的な物乞い行為」や子供を連れた物乞いを州法によって禁止したり（ブレーメン州），公道や公共の施設などを徘徊する行為に対して罰金を課したりする（バーデンバーデン市）ケースがみられるが，これらの「危険予防措置」はいずれも憲法違反の疑いが指摘されている [Brühl, 1998, SS.113-118]。警察法上の措置としては，これらの措置よりも，自治体が運営する緊急宿泊施設へのホームレス生活者の収容の方が主流をなしている。たとえば，ノルトライン-ヴェストファーレン州においては，ホームレス状態にある人はさしあたって独力で自分の宿所を探す義務があるとみなされているが，当事者が独力で宿所を見つけられない場合，自治体の警察当局は，同州の警察法3条にもとづいて，人間の尊厳にかなう最低限の要求を満足させるような施設へ当事者を一時的に収容する義務を負っている [Hammel, 1995, S.9, 64]。ちなみに，自治体によって運営されるこうした緊急宿泊施設は，ホームレス生活者のみならず災害によって一時的に住居を失った人等が収容されることになっている。

このような理解は，ノルトライン-ヴェストファーレン州だけでなく連邦レベルでも定着しているようだ。たとえば，1954年6月24日の連邦行政裁判所判決によれば，ホームレス状態に陥っている人は自治体の警察当局に対し適切な最低限の宿所を請求する権利を有している［Hammel, 1995, S.11］。他方で，ホームレス生活者を本人の意思に反して強制的に施設へ収容することはできない。そのような強制が行われた場合，当事者には異議申し立ての権利が認められている［Brühl, 1998, S.134］。

　しかしながら，警察法にもとづく緊急宿泊施設への収容は，あくまでも短期的な措置であり，ホームレス生活者への長期的な宿舎の提供やケアは，やはり連邦社会扶助法に則って社会扶助の担当部局が遂行しなければならない課題だとみなされている［Hammel, 1995, S.27］。あるいは，ドイツ公私扶助事業協会 Deutscher Verein für öffentliche und private Fürsorge の見解によれば，「警察官庁ないし秩序官庁は，社会扶助による手段が不十分な場合にのみ，出現した無宿状態 Obdachlosigkeit を除去する権限を与えられる」［NDV, 1991, S.203］。

　警察と社会扶助とのこうした分業関係は，ホームレス生活者対策の現場においてネガティブな帰結をともなう場合がある。たとえば，ホームレス生活者の家族や子供をもつホームレス生活者は社会扶助法にもとづくケア付きで長期滞在型の宿舎に入居させてもらえるが，単身で成人のホームレス生活者は独力で住居を探すべきだという理由から，しばしば警察法にもとづく緊急宿泊施設にしか入れてもらえないのである。[21]

　今日でも，警察法に則ってホームレス生活者を緊急宿泊施設へ収容することは依然として続いてはいる。しかし，1987年にドイツ都市会議が「住宅難」という広い概念を提唱したこと[22]をきっかけとして，研究者や民間福祉団体等の間では，ホームレス生活者を警察法にもとづく措置に委ねるのではなく，できるかぎり社会法に則って支援する方向へ向かうべきだという気運が高まっている［Hammel, 1995, S.29; BAG-WH, 2001b, S.11］。

2　社会扶助法によるホームレス生活者支援策

1）連邦社会扶助法 Bundessozialhilfegesetz の概要
(1)　連邦社会扶助法の基本原理

　ドイツ連邦社会扶助法（BSHG）は，1961年6月30日に公布され，1962年6月1日より施行されている。それまでは，戦後も引き続き，1924年「ライヒ保護義務令」と同年12月の「公的保護の要件，種類および程度に関するライヒ原則」にもとづいて公的扶助が実施されてきた。しかし，請求権が明記されていなかったことなどから，新たな公的扶助制度の確立が必要とされ，現行法の成立にいたった。

　連邦社会扶助法は，全152条から成り立っており，金銭給付を中心とする「生活扶助 Hilfe zum Lebensunterhalt（HLU）」と日本の福祉サービス法にあたる「特別扶助 Hilfe in besonderen Lebenslagen（HbL）」の2種類の給付体系を用意している。この「特別扶助」は，「介護扶助」「障害者統合扶助」など11種類の扶助を含み，ホームレス生活者などのための「特別な社会的困難を克服するための扶助」（72条）もこのひとつに含まれる。

　社会扶助法の目的は，1条2項において，「扶助受給者が人間の尊厳にふさわしい生活を営むことができるようにする」，「扶助受給者ができるだけ扶助に依存しないで生活する能力を身につけさせるようにつとめるものとするが，その際，受給者もその能力に応じて協力しなければならない」と規定されている。社会扶助法の主な基本原理としては，「社会扶助は，自分の生活は自分でやっていける者や必要な援助を他の者，特に家族員や他の社会給付の実施主体から受ける者に対しては給付されない」とする社会扶助の後位性（2条）がまず挙げられる。第2に，「個別性の原則」として「社会扶助の種類，方法および程度は，個々の特性，とくに扶助受給者の一身上の状況，その者の需要の性質および地域の事情に応じて定められる」ことを挙げている（3条）。また，3a条は，居宅扶助の優先として，「必要な扶助は，できるかぎり，営造物，ホームまたは同種の施設以外の場所で行われなければならない」と規定している。

さらに，特筆すべきことは，社会扶助実施主体と民間福祉団体との関係について明文化していることである。10条において，「民間福祉との関係」と題し，「社会扶助実施主体は，社会扶助の領域での民間福祉団体の活動に適切な援助を行うこと」(10条3項)，「民間福祉が扶助を行っているケースについては，社会扶助実施主体はその権限に属する措置の実施を控えることを要する」(10条4項) ことが定められている。

その他，社会扶助実施主体の就労援助義務を定めた「就労扶助 Hilfe zur Arbeit」は，日本の生活保護制度のみならず失業保障政策にとっても，学ぶべき点が多い。社会扶助法は，失業者に対して金銭給付を行うと同時に，「就労扶助」によって雇用そのものを失業者に提供している（「就労扶助」については本章の第4節で詳述する）。

(2) 社会扶助受給者の動向

1998年時点の生活扶助受給者は287万9322人，生活扶助受給率は3.5％（施設入所者除く）である [Bundesregierung, 2001c, S.130]。生活扶助のみの受給率をみても，日本の保護率の約4倍である。いうまでもなく，日独における保護率の違いは，貧困量の違いではなく，制度が貧困層をどれだけカバーしているかという捕捉率の違いに起因している。生活扶助受給者数は，1994年の亡命申請者給付法実施による減少があったものの，1991年対比で約1.4倍増となっている。武田によると，増加の原因としては，失業を理由とするケースの増大（1980年の10％から93年の30％に上昇）が挙げられる [武田, 1999, 136頁]。

受給者の年齢構成は，「40歳未満」が71.8％，「40〜65歳」22.1％，「65歳以上」6.1％となっている [Bundesregierung, 2001c, S.130]。

特別扶助全体の受給者数は，137万8267人である。主な扶助を挙げると，「障害者統合扶助」49万4925人，「介護扶助」28万9299人となっている [ebd., 2001c, S.129]。

1980年代より増加の一途をたどっていた社会扶助費は，1996年に初めて低下している。これは，先にも触れた亡命申請者給付法や介護保険実施との関連，そして，就労扶助をはじめとする自治体の経費削減政策の結果とみられている

［武田，2002，186頁以下］。

2）家賃肩代わり措置による予防施策：「特別な場合の生活扶助」(15a条)

　近年，ドイツでは，現にホームレス状態におかれている人々のための施策だけではなく，住居の喪失を未然に防ぐ施策に重点がおかれている。予防的措置として代表的な施策が，自治体による滞納家賃の肩代わり措置である。これは，社会扶助法の「特別な場合の生活扶助」(15a条)[23]によって実施されている。「特別な場合の生活扶助」は，「前条までの規定では，生活扶助ができない場合でも，住居を確保し，または相当の窮状を除去するため妥当なときには，生活扶助を行うことができる」(15a条1項1文)。これは，任意給付Kann-Leistungであるが，1996年社会扶助改正法によって挿入された1項2文「それが妥当かつ必要であり，生活扶助を行わなければ住居を失うおそれがあるときは，生活扶助を行うものとする」が当為規定Soll-Vorschriftであることから，これが満たされる場合，社会扶助実施主体は，通例，給付を拒否できないとの解釈がなされている［Schellhorn, 1997, Rz. 4 zu §15a］。

　2項においては，住居の明渡しに関する訴えが裁判所に係属した場合，裁判所が管轄地域の社会扶助実施主体に通報することが明記されている。

　給付の内容としては，現在滞納している家賃だけでなく，将来の住宅費用(敷金や持ち家の分割支払い，修繕費用)やエネルギー供給にかかわる費用(ガス，水道，電気)も肩代わりの対象となる［ebd., Rz. 8 zu §15a］。現金給付は，手当として，あるいは貸し付けとして，支給されうる。

　この「特別な場合の生活扶助」15a条を活用した予防的措置のプロセスを，フレンスブルク市[24]の取り組みから具体的にみてみる。

　まず予防の第1段階は，通知Mitteilungenに始まる。市ホームレス専門部局に対し，住宅を失う恐れがあるかもしれないという通知が，本人から，あるいは民間の住宅建築事業団Wohnungsbaugesellschaftからなされる。

　この通知によって，まず市専門部局が行うことは，当事者が滞納する家賃を分割で払えるように家主との関係をとりもつことである。また当事者の一部には，アルコール依存症，薬物依存症等の問題を抱え，経済的に金銭管理ができ

ない人がいるため，社会保険等の支払いや家賃の支払い等を直接振り込むかたちをとることもある。

　最初の段階で，緊急とされている住宅状況を解決し，それが落ち着いたところで，ソーシャルワーク上の問題に対処していくという措置に移る。この時点でソーシャルワーカーが家主と交渉し，家主が滞納家賃の分割払いを承諾すればいいが，家主が拒否した場合には，15a条にもとづいて市専門部局が家賃を肩代わりする。

　次の段階は，立ち退き訴訟が始まり，裁判所から通知がある場合である。滞納金および裁判の経費，弁護士の経費等として，5000～1万マルクの経費がかかる。この時点での専門部局の役割は，たとえば，判決が下される前に滞納家賃や訴訟の経費等を支払うなどの措置である。残念ながら，立ち退きの決定に従わざるをえない場合は，過渡的住居 Übergangswohnung に入所したのち，一定の住居を斡旋していくというプロセスを経る。

　フレンスブルク市の年次報告書 "*Fachstelle für Wohnungslose—Zahlen Daten Fakten—*"（2000年）によると，最初の通知 Mitteilungen は901件にのぼったが，先にみたような福祉事務所のさまざまな介入によって，立ち退き訴訟の段階は234件，強制明け渡しの決定 angesetzte Zwangsräumungen は106件，そして実際に執行された明け渡し tatsächlich durchgeführte Zwangsräumungen は54件にまで減少した。つまり，住宅喪失の恐れのある人の9割について，その危険を回避することに成功したことになる。

　これらをみると，住宅喪失を未然に防ぐシステムが社会扶助法15a条をもとに，家主，市専門部局，裁判所の連携のもとに構築されていることがわかる。15a条の活用は他都市でも積極的に行われており，ベルリン州では1999年段階で，6614世帯に対し1846万マルクが支払われている（2000年9月のインタビューによる）。

3）現に住宅を失っている人のための諸施策：敷居の低い扶助

　次に，現に住居を失っている人のための施策を紹介したい。ドイツの各都市では，ホームレス生活者が福祉サービスにアクセスしやすいよう，事前の申請

書類提出を必要とせず,匿名で利用できる工夫をこらした「敷居の低い扶助」を用意している。ここでは,主にベルリン州の取り組みをみることにする。

　まず,日中滞在する施設がある。たとえば,ヴァルマー・オットー(プロテスタント教会の教区が運営主体)は,1週間のうち4日間は午後のみ,2日間は午前中開いている。週3回の昼食,週1回の自炊,週1回の朝食が無料で提供される。トイレ,シャワー,洗濯機が自由に使える。タイプライター,電話,ファックスをおき,区役所との連絡がとれるようにしている。また,職安等を利用する際に必要となる郵便住所も提供している。ソーシャルワーカーが5人おり,何気ない会話やゲームをしながら,相談に応じるようにしている(**写真①**〔本編の扉裏〕参照)。

　ホームレス生活者向けの医療サービスとしては,移動医師 Arztmobil がある。これは,医師1名,看護婦1名,ソーシャルワーカー1名が,月曜日から金曜日まで公園や教会の周辺など,市内12カ所をキャンピングカーで訪問するサービスである。医療扶助の申請により無料で受けられる。

　臨時宿泊所 Notübernachtungsheim は,ベルリン州に2カ所存在する。著者らが2000年に訪問した宿泊所(カリタスと「ベルリン都市ミッション」が共同運営)は,ケア(食事,宿泊場所,週2回の健康診断)とソーシャルワーカー1名による助言を無料で提供している。73ベッドがあり,入所者は,毎日午後3時に受付を済ませて入所し,翌朝9時には宿泊所を出て行く。1日だけ宿泊する人もいれば,2～3カ月滞在する人もいる。受付で,より長期的な住宅への移行の希望意思を確認している(**写真④**〔本編の扉裏〕参照)。

　その他,「路上への社会扶助」として,住宅があるかないかにかかわらず,社会扶助の基準額 Regelsatz の支給もなされている。路上生活者への生活扶助支給は,他の自治体においても実施されている。たとえば,Ruhstrat が実施したホームレス生活者の収入源の調査によると,340人中,「規則的な収入なし」と回答した人は76人(22.4%),「規則的な収入あり」は264人(77.6%)となっている。「規則的な収入あり」と回答した人の内訳は,「社会扶助」140人(41.2%),「失業扶助」75人(22.1%),「労働収入」24人(7.0%),「年金」12人(3.5%),「失業保険」6人(1.8%),「その他」7人(2.0%)となっており,社

会扶助が彼らの主な収入源になっていることがわかる［Ruhstrat, 1991, S.78］。

いうまでもなく，住宅保障を欠落させたままでの現金支給や「敷居の低い扶助」については，彼らを路上生活に押しとどめ，問題の根本的な解決になっていないのではないかという批判が当然ありうる。しかし，ホームレス生活者の生活状態をより悪化させないという視点，そして，彼らが利用しうる「多様な選択肢」を用意していることが重要であり，彼らがこうした行政サービスを利用する過程で，福祉行政機関や民間福祉団体との信頼関係を構築し，通常の扶助システムにつながる可能性を内包している点において評価される。なによりも，ホームレス状態からの脱却の意思を示し，社会扶助申請をすれば，住宅獲得と生活保障の途が開かれている点は，日本と大きく異なることを強調しておきたい。

4）住宅獲得後のソーシャルワーク援助

路上生活からの脱却の意思を示した人については，社会扶助法による生活保障によって，社会住宅や賃貸住宅に住むことになる。しかし，支援はこの段階で終了ではない。住宅を確保しても，さまざまな生活問題により再び路上生活に戻ってしまうケースが少なくないからである。ベルリン州のホームレス生活者支援に関する「ガイドライン」によれば，「ホームレス状態とホームレス状態に陥る危険は，自分の住居に入居するか，あるいは自分で賃貸契約を結び，かつその住居が同伴措置により長期にわたって確保されるとき，初めて終了したとみなすことができる」とされている。長期にわたって住み続けるために，「アフターケアであると同時に予防策でもあるソーシャルワーカーによる同伴措置が必要」であることが認識されている［中村, 2001］。ベルリン州では，家主から住居を出て行くように言われた人，家賃を滞納している人，近隣から苦情を受けた人などに対して，相談を行っている。

同様のサービスは，フレンスブルク市でも行われている。住居をたびたび喪失している人たちを対象に，ソーシャルワーカーが在宅訪問による同伴援助 begleitete Betreuung を実施している。1999年2月時点で，10ケースに対し実施されている。この事業は，民間福祉団体に委託されており，ソーシャルワー

カーの人件費が社会扶助法より支出されている。利用者1人あたり，1000マルク（月）になる。訪問援助の具体的内容は，毎日起床しているかどうかの確認や，治療や服薬，洗濯など身の回りのことができているかをチェックしている。

5）「特別な社会的困難を克服するための扶助」(72条)

先にみた「敷居の低い」サービスや在宅での訪問型相談援助活動の主な財政的根拠となっているのが，社会扶助法の特別扶助のひとつである「特別な社会的困難を克服するための扶助 Hilfe zur Überwindung besonderer sozialer Schwierigkeiten」である。72条による給付は，一般の扶助では不十分な場合に，「補足的な給付」として提供されている。

措置の内容としては，「この扶助は，諸種の困難を回避し，除去し，緩和し，またはその悪化を防止するために必要な一切の措置，とりわけ扶助を求める者とその家族に対する助言と人的支援，職業教育や職場の獲得・維持のための援助ならびに住居の維持や調達にあたっての諸措置」(72条2項)が含まれる。72条2項2文において，総合計画 Gesamtplan の策定が義務づけられ，4項で，社会扶助実施主体は，同種の任務を目的とする諸団体やその他の関係官署と協力して活動し，かつ，社会扶助実施主体とこれらの団体，官署の活動とが効果的に相補うものとすることが明記されている。

72条給付には，金銭給付や現物給付も含まれているが，とくに，「助言と人的支援 Beratung und persönliche Unterstützung」というソーシャルワークの部分に力点がおかれているのが特徴である。また，給付の方法として，第三者がこの人的支援を実施し，社会扶助給付主体がそれを補助するということも想定されている [Schellhorn, 1997, Rz. 35 zu §72]。

1998年時点で，72条の受給者数は，年間のべ2万6003人，うち在宅が7638人，施設が1万8677人となっている [田中，1999，156頁]。ただし，この数字には，日中滞在する施設や相談所などを利用する者が含まれていないため，72条を根拠とするサービスの利用者全体が表されているわけではない。

2001年8月1日，新72条施行規則 Verordnung zur Durchführung des §72 が発効した。長年，ドイツ公私扶助事業協会やホームレス生活者扶助連邦協議

体などの諸団体によって，旧施行規則の改正が要求されていた。その理由は，旧施行規則が，適用対象の例示として，①十分な住居のない人々 Personen ohne ausreichende Unterkunft，②放浪者 Landfahrer，③非定住者 Nichtseßhafte，④刑余者 aus Freiheitsentziehung Entlassene，⑤非行青少年 verhaltens gestörte junge Menschen を挙げていたことによる（旧施行規則1条2項）。とくに，③の非定住者という用語が，ホームレス状態を本人の自由意志によるものとする，ナチス時代からの差別的な意味を含んでいることから，長年，批判されてきた。さらにこれらの例示は，今日では，72条による扶助を求める者の50%までが分類されず，今日的な問題状況に合致しなくなっていた［Bundes ministerium für Arbeit und Sozialordnung, 2000］。

　新たな施行規則は，全部で7カ条からなる。ここで内容を紹介する。

　1条「人的要件」では，上述のようなカテゴリー化が廃止された。それに代わって，住居の欠如，劣悪な住宅，不安定な経済状態，暴力をともなう生活状況，閉鎖的な geschlossen 施設からの解放という局面において，特別な生活状況が認められるなど，当事者の個人的な属性や性癖ではなく，当事者がおかれている具体的な生活状況の方に焦点が当てられている。

　2条「措置の種類と範囲」では，1項で，この措置は，「自助を可能にする，社会生活への参加を可能にする，そして人間の尊厳に値する生活の保持を送ることを保障する」という目的を実現するよう，その種類と範囲が定められる。2項において，措置は，特別な社会的困難を後々まで回避し，除去し，軽減あるいはその悪化を防止するために必要な，サービス給付，金銭給付，現物給付を含むが，とくに，助言と人的支援のサービス給付は，自助への援助として，以下の場合に優先される。すなわち，住宅の維持と入手の際，職業教育の斡旋の際，職場の獲得と維持の際，ならびに社会的な諸関係の構築と保持そして日常生活の形成の際に，優先することが明記されている。また，3項では，総合計画の作成および改訂の際に，扶助を求める者が参加することが明記され，これによって自己参加と自己責任の強化が規定されている。そして，総合計画は，扶助が目的にしたがって調整されているかどうか，再検査されなければならない。

5項では，施設扶助に対する居宅扶助の優先が初めて規定された。施設扶助は，在宅扶助や通所では扶助が不十分な場合，期限を設けて認められる。その場合の女性保護施設は，避難所という特別な性格からこの規定に該当しない。

3条「助言と人的支援」においては，ニーズを調査すること，特別な生活状況と社会的困難の原因を確かめること，特別な生活状況と社会的困難の克服に関して考慮される措置や適した扶助，および適切な支援の実施と支援組織について情報を与え，必要な場合には，これらを紹介・斡旋し，それらの利用を促進し，効果を高めることが含まれる。また，支援は，必要な限りで，本人だけではなく，その家族にもおよび，グループを単位としても実施されうるのも特徴的である。

4条「住宅の維持と入手」では，とくに，助言と人的支援が必要であることが確認される。

5条「職業教育ならびに職場の獲得と維持」では，規則的な職業活動に従事し，稼働収入から自分と家族の生計費を負担するように，本人の能力を発展させることが明記されている。

6条「社会関係の構築と保持ならびに日常生活の形成に関する援助」では，他人との交際や日常生活の積極的な形成を支援する措置などが挙げられている。[25]

ドイツにおけるホームレス生活者対策は，予防施策，路上におけるさまざまな「敷居の低い扶助」から，住居獲得後のソーシャルワークまで，連続的に実施されているといえる。その多くは，社会扶助法により財政支援を受けた民間支援団体によって担われている。そして自治体による家賃肩代わり施策とあわせて，その成果は，確実に，近年におけるホームレス生活者数の減少に結びついている。

3 住宅政策

ドイツにおける住宅政策は，社会住宅と住宅手当を主な柱として成り立っている。ここでは，その2つの制度について検討する。

まず，社会住宅 Sozialwohnung とは，「借家人，家賃水準及び居住面積に関して一定の「拘束」を条件に無（低）利子で公的資金を提供する住宅建設促進制度」にのっとって，「建設主体を問わず，この公的助成資金が未返済状態にある住宅」のことをさす［大場, 1999, 113頁］。

　民間の「社会住宅」家主が公的借入金を全額返済すれば，その住宅は，さらに一定の拘束期間を経て，一般の民間賃貸住宅として民間市場で賃貸されることとなる［大場, 1999, 113頁］。社会住宅は，その性格から「対物促進」とも呼ばれており，「第1助成」方式から「第3助成」方式まで分類される。「第1助成」方式は，第1次住宅建設法（1956年以降は，第2次住宅建設法）により設けられ，公的助成により建設された住宅の家賃上限は法により規定され，その実額は個々の州により地域の実状や補助金の支出状況を考慮して決定された［大場, 1999, 114頁］。「第2助成」方式では，社会住宅入居資格に対する所得上限が40％アップされ，この結果国民の4分の3が助成の対象となった［大場, 1999, 121頁］。「第3助成」方式は，1989年に導入され，短い拘束期間（通常10年未満），自治体と投資者の協議による家賃のフレキシブルな設定など，柔軟な規定をもつ助成制度である。このねらいは，短い拘束期間の設定により民間資本の追加投資を開拓することにあった［大場, 1999, 133頁］。

　社会住宅は，これまで「広範な階層」に対する助成制度として行われてきた。しかし，2001年9月13日，住宅建設法規改正法 Gesetz zur Reform des Wohnungsbaurechts 実施にともなって，住宅促進法 Wohnraumförderungsgesetz は，社会賃貸住宅の目的集団として，「低所得世帯，子供がいる世帯，単身世帯，妊婦がいる世帯，高齢者，障害者，ホームレス生活者とその他援助を必要とする人々」を位置づけた（住宅促進法1条2項1）。

　これに対し，ホームレス生活者扶助連邦協議体は，ホームレス生活者および他の低所得世帯が目的集団として明確に取り上げられたことに肯定的な評価をしているが，社会住宅に対する連邦予算の削減に対しては懸念を示している［BAG-WH 2001c］。2003年まで，現在ある210万戸の大部分が社会住宅の「拘束」が切れるにもかかわらず，社会住宅予算をみると，1997年から99年の3年間で170億1600万ユーロから109億7600万ユーロに削減されている［Statistisches

Budesamt, 2002]。

　近年では，特定の集団に対する空家ストック活用施策が実施されている。たとえば，旧公益セクターと自治体とが協定を締結し，住宅企業は一定数の空家ストックを自治体に対して「問題」集団居住用として提供する代わりに，自治体が家賃滞納時の保証，修繕費の負担を行う制度［大場，1999，144-145頁］である。

　ホームレス生活者との関連でいえば，ベルリンの社会住宅制度として，「保護された部分市場」というシステムがある。「保護された部分市場」の場合は州政府が住宅建設会社と契約を結んで，ホームレス状態に陥りそうな人，ないしは現にホームレス状態にある人のために社会住宅の特別入居枠を提供するものである。

　連邦政府は，社会住宅建設から住宅手当制度に重点を移行しようとしているが，だからといって，住宅手当の全体額がそれに見合って増加しているようにはみえないとの指摘もある［水原，2000，283頁］。

　対人促進としての住宅手当 Wohngeld は，家賃，世帯収入，家族規模，居住地などに基準を設け，それを満たす世帯は老人ホーム居住者であろうと学生であろうと誰でも請求権をもち，外国人にも基本的に支給される［水原，2000，282頁］。受給者数は，1998年段階で，旧西ドイツで214万4962人，旧東ドイツで68万9821人となっている［Bundesregierung, 2001b, S.164］。連邦全体で，約70億マルクかかっている［Bundesregierung, 2001a, S.23］。水原によると，家賃上昇傾向のために，以前にはかなりあった住宅手当による負担軽減効果も最近は弱くなっているという［水原，2000，289頁］。ドイツは，他の欧州諸国に比べ，私的賃貸住宅の比率がかなり高く，持ち家の比率が最も低い［Busch-Geertsema, 2001a, S.375］。このことは，ドイツにおいてとりわけ住宅手当制度が重要な位置を占めていることを示している。

　近年問題にされてきたのが，旧西ドイツと東との住宅費用負担における格差の問題である。とくに，旧西ドイツにおいて，住宅手当受給後の家賃負担軽減率が低いことが問題とされてきた［Bundesregierung, 2001b, S.169］。そこで，両地域における格差を是正するために，住宅手当法 Wohngeldgesetz が2001年1

月1日改正されている。改正の結果，旧西ドイツにおいて，手当額が50%以上引き上げられ，平均83マルク（1カ月）となった。とくに世帯員が多い世帯は，120マルクとなった。これによる財源の増大は，約14億マルクとなっている［Bundesregierung, 2001a, S.23］。

連邦政府は，ドイツにおける住宅供給は1990年代半ば以降，十分な量に達していると評価し［Bundesregierung, 2001b, S.174］，新たに社会住宅の建設をするよりも，現存するストックの質の改善を図る方向に転換している。

住宅促進法では，社会住宅の目的集団としてホームレス生活者や低所得世帯が位置づけられたものの，政府予算の削減によって，今後どのような影響をおよぼすのか注視する必要があろう。

4　就労支援策

ホームレス状態にある人が自分の住居を（再）獲得するだけでなく，その住居を長期にわたって確保し，かつコミュニティでの生活のなかに自らの居場所を見いだすとき，ホームレス状態あるいは社会的排除は初めて克服されたとみなすことができる。就労は，恒常的な所得によって住居の安定的な確保を可能にするだけでなく，社会への参加とアイデンティティの獲得をも促すがゆえに，ホームレス状態を克服するうえで重要な役割を演じるはずである。北ドイツのヴィルヘルムスハーフェン市でホームレス生活者向けの就労支援施設を運営しているディアコニーの担当者によれば，ホームレス生活者が自立した生活を送るにあたっては「住居」「パートナー」そして「就労」という3つの支えがなければならないという。

最初に断っておかなければならないが，ドイツにはもっぱらホームレス生活者だけを対象にした就労支援のシステムは存在しない。以下で紹介する就労支援システムは，それを支える法制度という面からみれば，いずれも（長期）失業者一般を対象にしたものである。しかし，民間福祉団体が実施している個々の就労支援プロジェクトによっては，失業者向けの法制度を利用して主にホームレス生活者を対象にしたプログラムを提供する場合がある。

失業者に対する政策としては，失業したあとに事後的に所得を保証する「消極的な」雇用政策としての失業保険給付や失業扶助と，失業者に雇用機会を提供して自立を支援する「積極的」労働市場政策とが存在するが，ここでは前者の「消極的な」雇用政策の紹介は割愛し，後者の「積極的」労働市場政策のみを紹介する。

　近年，欧州統合の深化にともなって，ドイツにおける（長期）失業者向けの就労支援制度も大きな再編の波にさらされている。EUが1998年から毎年策定している「加盟国の雇用政策のためのガイドライン」と，それに則ったドイツ政府の「雇用政策に関するナショナル・アクション・プラン」とを反映して，ドイツの就労支援策は，いわゆる「第2労働市場」での助成金付き就労をできるかぎり小さくして，「第1労働市場」での就労を支援する方に重点を移しつつある。これは，オランダやデンマークといったEU加盟国がパートタイム労働の拡大や職業訓練の強化（および職業訓練を拒否する失業者への扶助のカット）によって失業者数を減らしているのに対し，ドイツでは失業者数が400万人に近い水準で停滞したままであるという事実を背景にして，ドイツの連邦政府が新しいアプローチを採用した結果である。このアプローチはしかし，結果としては「第2労働市場」の縮小をもたらすがゆえに，「第1労働市場」での就労がきわめて困難であるホームレス生活者にとっては厳しい結果をともなわざるをえないであろう。

　以下では，これまでホームレス生活者にも適用されてきた就労支援策を紹介するが，これらの中には，上述のような変化によって適用が滞りつつあるものも存在することに留意されたい。

1）就労支援策を支える法制度

　ドイツでは，多くの地方自治体や民間福祉団体がホームレス生活者への就労支援策を展開している。そうした支援策を財政面で支えている主な法制度は，第1に社会法典第3編「雇用促進」の260条以下で規定されている「雇用創出措置 Arbeitsbeschaffungsmaßnahmen」，第2に連邦社会扶助法18条以下の「就労扶助 Hilfe zur Arbeit」，第3に連邦社会扶助法72条のための新施行規

則5条に記されている「職業教育ならびに職場の獲得と確保のための扶助 Hilfe zur Ausbildung sowie Erlangung und Sicherung eines Arbeitsplatzes」，そして第4にEUの「欧州社会基金 (ESF)」である。「雇用創出措置」は，失業保険を財源にして連邦が担う労働行政に属する措置であり，「就労扶助」と「職業教育ならびに職場の獲得と確保のための扶助」は，自治体が担う公的扶助行政に属する措置である。しかし，実際には就労扶助による就労期間を終えた失業者が引き続き雇用創出措置を受けるというような連携がみられるし［布川, 2001, 55頁］，公的扶助の資金と欧州社会基金からの資金とを併用して就労支援プロジェクトを実施している民間福祉団体も存在する。

また，前3者の措置の間には，適用における優先順位がある。すなわち，まずは失業保険給付等を受ける権利をもつ失業者に適用される「雇用創出措置」の適用可能性が探られ，これに該当しない人に対しては「就労扶助」が適用され，それでもなおホームレス状態のようななんらかの「特別な社会的困難」のせいで雇用を確保できない人に対しては「職業教育ならびに職場の獲得と確保のための扶助」が適用されるというのが，一般的な順序になっているようである［BAG-WH, 2000d］。

先にも述べたように，就労支援を目的とするこれらの公的資金が投入されることで雇用が成り立っているような就労セクターのことを，ドイツでは「第2労働市場 zweiter Arbeitsmarkt」と呼び，そうした公的資金を受けていない通常の就労セクターである「第1労働市場 erster Arbeitsmarkt」から区別している。

欧州社会基金についてはすでに本書の第1編（補遺）で説明しておいたので，以下では，雇用創出措置，就労扶助，そして「職業教育ならびに職場の獲得と確保のための扶助」の概要を見ていくことにする。

(1) 雇用創出措置

雇用創出措置は，被雇用者に対する労働報酬の30〜100％に相当する助成金または貸付を雇用者（自治体，民間企業，民間福祉団体など）に支給することで，長期の失業者に雇用機会を創出することを目的にしている。雇用創出措置によ

る雇用の対象となりうるのは，原則として，失業保険給付等の賃金補償を受ける権利のある失業者である（社会法典3編263条1項）。ただし，そうした権利をもたない失業者であっても，当該会計年度において雇用創出措置によって就労する者の総数の10％以下であれば，雇用創出措置の適用対象となりうる（263条2項）。いずれにせよ，助成金や貸付の対象となる雇用は，いわゆる「第1労働市場」での仕事と競合しないという意味において「追加的」で，かつ「公共の利害に合致」したものでなければならない（261条1項）。また，以下のような雇用には，雇用創出措置が優先的に適用される（260条2項）：

① 継続的な雇用創出のための前提条件を大きく改善するもの，
② 労働紹介に際して特別な困難を抱えている被雇用者に対して雇用機会を提供するもの，
③ 社会的インフラストラクチャーを改善したり，環境保護に貢献したりするもの。

1999年には，ドイツ全体で約78億マルク（およそ4680億円）が雇用創出措置のために支出され，これによって23万4073人（旧西ドイツで約6万6000人，旧東ドイツで約16万8000人）がなんらかの就労機会を得た［Arbeitsamt online, 2000, S.8］が，そのうちの87％は長期失業者であった［苧谷，2001，229頁］。

雇用創出措置の対象となる被雇用者の条件として，かつては，長期の失業者であるか，あるいは過去12カ月間において少なくとも6カ月間は職業安定所において失業者として登録されていることが規定されていた（社会法典3編の旧263条1項）が，2002年1月1日に発効した改正法[27]においてはこうした制限がなくなった。その結果，失業者がただちに雇用創出措置を受けることも可能になった。なお，雇用者である自治体，民間企業，民間福祉団体と被雇用者との雇用関係には，労働法令が適用される。

被雇用者への労働報酬として用いられる助成金は，労働報酬の少なくとも30％に達していなければならないし，しかも通常は同報酬の75％を越えてはならない。しかし，当該失業者がとくに就労を必要としている場合や雇用者が労働報酬を支払うのが困難である場合には，労働報酬の90％に相当する助成金を支給することができるし，上で述べたような優先的な雇用創出措置（260条2項）

の場合には,労働報酬の100％に相当する助成金を支給することができる(264条)。

　雇用創出措置の継続期間は,通常は12カ月であるが,優先的な雇用創出措置の場合にはもう12カ月延長することができる。また,この優先的な雇用創出措置に関しては,雇用者がのちに被雇用者に対して継続的な雇用を提供する義務を引き受ける場合には,全体として36カ月まで雇用創出措置の適用を受けることも可能である(267条)。

　ホームレス生活者への就労支援との関連において,2002年発効の改正法の中で最も問題をはらんでいるのは,雇用創出措置を終えた者は原則としてその後3年間待機しなければ新たに雇用創出措置を受けることができないという点である(269条1a項)。連邦政府としては,雇用創出措置に依存したままいつまでたっても「第1労働市場」で就労しようとしない受給者をこの改正によって減らそうと意図しているのであろう。しかし,この改正のせいで,雇用創出措置から閉め出されてもっぱら社会扶助に頼る失業者やホームレス生活者が将来的に増大していくことが懸念される。それは,――たとえ「第2労働市場」での就労であったとしても――就労を通した自立への道をかえって閉ざしてしまうことになりかねない。

(2) 就労扶助

　連邦社会扶助法に則った就労扶助に関しては,[布川,2002]が周到な調査・研究にもとづいてその全体像を明らかにしているので,ここではその成果に依拠して制度の概要を紹介する。

　就労扶助には6つの形態があり,図表Ⅲ-4-1に見られるように,対象者の就労可能性に応じて重層的な構造を形成している。すなわち,この図表の最上段(18条4項)は「第1労働市場」での就労可能性が高い人への扶助であるのに対し,最下段(20条)はそうした就労が困難な人を対象とすることになる。

　まず,民間企業をはじめとして「第1労働市場」で就職するのに十分な労働能力を有する社会扶助受給者を対象とするのが,1996年の連邦社会扶助法改正によって挿入された18条4項ならびに同条5項である。18条4項は,社会扶助

第4章　今日のホームレス生活者支援の諸制度　177

図表III-4-1　就労扶助の諸形態

社会扶助法	内　　容	就　労　先
18条4項	・事業主への補助金 ・第1労働市場における雇用の促進	第1労働市場
18条5項	・第1労働市場で就労した生活扶助受給者への補助金(期限付き)	第1労働市場
19条1項	・特に若年者に対して社会保険加入義務のある就労を提供する	雇用機会の創出
19条2項1文 第1選択肢	・社会保険加入義務のある労働関係 ・地域一般の賃金水準	公益的かつ追加的な臨時労働（一定の資格・能力が必要）
19条2項1文 第2選択肢	・公法的関係 ・就労にともなう支出を生活扶助に加算	公益的かつ追加的な臨時労働（屋外の単純作業など・短期）
20条	・受給者の実情に合わせる ・就労に伴う支出を生活扶助に加算	

出所：［布川，2002，83頁］　ただし，用語には若干の変更が加えられている。

の受給者を雇用する企業への補助金 Zuschuß の支給を定めている。これに対して同条5項は，一般企業に就職し賃金を得るようになった受給者本人に，「世帯主通常基準額の半額を限度として，かつ12カ月を限度として，補助金を支給することができる」と定めている。いずれの場合でも就労先の多くは一般企業であるから，労働条件や社会保険関係はそこで働く労働者と同じものが保障される。しかし，18条5項にもとづく就労扶助は，これまでのところほとんど実施されていない［布川，2002，84頁，92頁］。

　先述したように，ホームレス生活者が「第1労働市場」での仕事に就くことは実際にはきわめて困難である。そこで，連邦社会扶助法19条1項によれば，「第1労働市場」で仕事を見つけられない人（とくに若年者）に対し，地方自治体が民間企業や民間の福祉団体と協力して臨時労働 Arbeitsgelegenheit を提供することになっている。臨時労働は，扶助を求める人が労働生活に入るまでの過渡的な期間（通常は1年）に限定され，かつその人の労働生活への参入をより良好にするものでなければならない。

　次に位置するのが，19条2項に定められた「公益的かつ追加的な臨時労働」である。「公益的な臨時労働」とは，私的な営業目的にではなく，公共の利益に貢献するような労働をいう。たとえば，病院や老人ホームや動物園での仕事，

図書館での本の整理,遊技場や緑地の維持管理,墓地や幼稚園や街路などの公共施設の掃除が挙げられる。他方,「追加的な臨時労働」とは,第1労働市場で就労しようとする人の仕事と競合しないような労働のことである [Brühl, 1998, S.266]。「公益的かつ追加的な臨時労働」は,公的な施設が提供することもあれば,民間の福祉団体が提供する場合もある。

「公益的かつ追加的な臨時労働」は2つのタイプに区分される。第1に,通常は1年間,最長で2年間というふうに期間が限定されているとはいえ,それぞれの地域に適用される労働協約で定められた賃金額に準じて労働報酬 Arbeitsentgelt が支払われ,就労期間中は社会保険加入義務が生じる就労形態がある(19条2項1文第1選択肢)。これは,環境,福祉,教育などの職種を中心に,実習を兼ねた労働を提供することで,「第1労働市場」での就労を可能にするような労働能力を身につけることをも目的としている。実際の就職先は,NPO などの非営利団体が中心であるという。とはいえ,この形態の就労扶助に1年間従事すれば失業保険(さらには失業扶助)の受給権が生じるため,対象者が社会扶助の受給から脱却する道を準備するものでもある。第2に,行われた労働への補償金(俗に「報奨金 Prämie」とも呼ばれる)を加えた生活扶助 Hilfe zum Lebensunterhalt が支給される就労形態がある(19条2項1文第2選択肢)。緑地の維持管理や街路の掃除など,短時間の屋外単純作業が提供される。なされた作業への「報奨金」は1時間あたり2～3マルク(およそ120～180円)であり,1週間につき20時間までの支給が可能である。このタイプの仕事は社会保険の適用対象とはなっておらず,社会保険への加入義務をともなう第1選択肢による就労への過渡的形態として位置づけられているようである [布川, 2001, 54-55頁; Röhrig, 1997, S.33]。とはいえ,就労扶助の実際の運用においてこの就労形態が果たしている役割はかなり大きい。というのも,2000年の段階では,ドイツ都市会議に加盟している180都市で就労扶助によって就労している人のうちの約46％が19条2項1文第2選択肢によって就労しており [布川, 2002, 86頁の図3-1],しかも,ブレーメンにある「革新的社会研究・社会計画研究所」(GISS)のフォルカー・ブッシュ゠ゲーアトゥゼマ氏 Herr Volker Busch-Geertsema によれば,ホームレス生活者が就労扶助によって得ている就労機

会の大多数はこの形態によるものだと推測されているからである。[28]

　最後に，就労が最もむずかしい人を対象とする20条は，いまだかつて稼得活動をしたことがないか，すでに長期間失業状態にある社会扶助受給者を対象としている。したがって，これは，対象者が規則正しい労働に慣れること，労働への準備をすることを目的としており，対象者個々人に応じたソーシャルワークとセラピーの実施をしばしばともなう［布川，2002，82頁］。

　こうした就労扶助のために自治体が支出する額は年々増加しており，ドイツ全体で1999年には1994年の2倍以上の額である約20億マルク（およそ1200億円）が支払われた［Bundesregierung, 2001a, S.6］。また，ドイツ都市会議の推計によれば，2000年にはドイツ全体で約40万3000人が，19条と20条にもとづいて就労扶助を受けたという［布川，2002，86頁］。

　さて，多くの自治体は，生活扶助担当の部署とは別に独立の就労扶助担当機関を設立し，そこにソーシャルワーカーを配置している。就労可能な申請者や受給者は，そこでの面談を通して，職業能力や適性の確認と職業生活の方向づけを受ける。それをもとに就労先が紹介され，適切な場合には自立のための「総合プラン」（19条4項）が扶助申請者の参加のもとで策定される［布川，2001，55頁］。

　なお，「職業安定所と社会扶助実施主体との協力を改善する法律 Gesetz zur Verbesserung der Zusammenarbeit von Arbeitsämtern und Trägern der Sozialhilfe」（2000年12月1日発効）にともない，連邦社会扶助法18条に18a条が2004年12月31日までの期限付きで挿入された。これは，これまで行政組織としてそれぞれ別系統に属してきた職業安定所と福祉事務所との間の協力関係を改善することで，失業者と社会扶助受給者をより効果的に労働市場へ再参入させようとする試みである。具体的には，職業安定所と福祉事務所の窓口を一本化したり，職業安定所に社会扶助を支給する権限を与えたり——逆に福祉事務所にも労働市場政策上の権限を与えたり——する自治体レベルのモデル・プロジェクトに対して，連邦政府が補助金を支給することになっている。2種類の行政組織の協力それ自体は，失業者や社会扶助受給者にとっては手続きの迅速化と簡素化にもつながるので好ましいことではある。しかし，将来的にはこの試

みが，オランダの先例に沿って職業安定所と福祉事務所との統廃合に帰結し，これまで地方分権的であった公的扶助行政が中央集権的な労働行政へと実質的に吸収されることにつながるのかどうかは，まだ予断を許さない。

（3） 職業教育ならびに職場の獲得と確保のための扶助

先に述べたように，連邦社会扶助法72条（「特別な社会的困難を克服するための扶助」）のための新施行規則5条には，なんらかの「特別な社会的困難」を抱えているために雇用創出措置や就労扶助によっては仕事を確保できない人に適用される「職業教育ならびに職場の獲得と確保のための扶助」が規定されている。すなわち，単に失業しているだけでなく，基礎的な学歴や労働能力の不足，労働生活への不安，労働意欲の減退，規則正しい生活への不慣れ，薬物の服用といった困難のせいで，特別な支援がなければ「第1労働市場」にアクセスできないような人のみが，この扶助の対象になる［BAG-WH, 2000d］。

したがって，ここでは，「規則的な生業に従事し自分自身と家族のための必要生活費をまかなうための能力，技能ならびに気構えを獲得し発展させるための措置」が重視されることになっている（新施行規則5条1項）。具体的には，新施行規則5条2項に以下のような措置が列挙されている。

1．職業教育の場や職場の喪失を阻止するための措置
2．学校の卒業資格を得たり，「第1労働市場」での労働のために必要な能力と技能を獲得したりすることへの支援
3．適した職業に就くための職業訓練
4．適した仕事の獲得と確保のために，あるいはそれ以外の適切な活動のために役立つ措置
5．社会保険への加入義務をともなう雇用契約を結ぶことを可能にしたり，独自の活動によって生活の基礎を確立することを促すような措置

2）民間のホームレス生活者支援施設による就労支援策

上で述べたような諸制度を，ドイツの民間福祉団体はどのように活用しているのだろうか。幸いにして，ヴィースバーデン専門単科大学を中心とする研究

図表Ⅲ-4-2　社会保険への加入義務をともなう雇用の財源

財　　源	施設の数	%
連邦社会扶助法の「就労扶助」や「特別な社会的困難を克服するための扶助」にもとづく地方自治体のプログラム	70	62.5
社会法典3編の雇用創出措置など	58	51.8
州のプログラム	29	25.9
欧州社会基金(ESF)	8	7.1
独自の財源や売り上げ金	6	5.4
(疾病保険による)入院への給付金	4	3.6
その他	8	7.1
合　　計	112	100.0

出所：[Simon/Hermann, 1996, S.73, Tabelle 20] ただし，財源項目の表記の仕方に若干の変更を加えた。

グループが，1995年にドイツ全土のホームレス生活者支援施設と職業安定所に対して行ったアンケート調査があり，その調査結果［Simon/Hermann, 1996］から，民間のホームレス生活者支援施設が雇用創出措置や就労扶助などを活用している仕方を垣間見ることができる。[29]

　調査結果からは，まず，社会保険への加入義務をともなう雇用を提供したり紹介したりする活動が1990年代にかなり前進していることが示された。そうした雇用の提供や紹介は，数年前までは例外的な活動であったのだが，この調査においては回答を寄せた225の民間ホームレス生活者支援施設のうち116の施設（51.6％）が，「要求があれば，社会保険への加入義務をともなう雇用へとクライエントを紹介することができるか」という問いに対して「イエス」と答えている。その際，ホームレス生活者支援施設自身がホームレス生活者に（「第2労働市場」での）雇用を提供する場合もあれば，地方自治体などが創出した雇用にホームレス生活者を紹介するだけの場合もある。また，上と同様の問いに対して，回答を寄せた168の職業安定所のうちの97ヵ所（57.7％）が「イエス」と答えている［ebd., S.72］。

　回答を寄せた225のホームレス生活者支援施設のうち112の施設は，ホームレス生活者向け雇用の提供を支える財源についても回答している（**図表Ⅲ-4-2**）。

　図表Ⅲ-4-2から読み取れるように，民間のホームレス生活者支援施設による就労支援策は，財源の面で連邦社会扶助法と社会法典3編に大きく依拠して

図表Ⅲ-4-3　社会保険への加入義務をともなうホームレス生活者向け雇用の期間

雇用期間	施設の数	％
12カ月未満	3	2.8
12カ月	61	57.0
12カ月だが延長可能	11	10.3
18カ月	4	3.7
18〜24カ月	7	6.5
24カ月を越え，しかも期間の限定がない	18	16.8
施設での滞在期間と同じ	3	2.8
合　　計	107	100.0

出所：[Simon/Hermann, 1996, S.74, Tabelle 21]

いる。と同時に，欧州社会基金も資金源としてかなり重要な役割を演じていることがわかる。実際，ニーダーザクセン州においては，欧州社会基金を活用したホームレス生活者向けの就労支援プロジェクトを民間福祉団体から募集しており [MFAS, 2001]，同州のいくつかの民間支援施設は連邦社会扶助法の給付金と欧州社会基金とを併用したプロジェクトを実施している。

　また，Simon と Hermann によれば，これらの施設のほとんどは，地方自治体による就労プログラムへとホームレス生活者を紹介するだけでなく，自らが独自に雇用を提供しているという。

　こうした雇用のほとんどは，――それらが社会保険への加入義務と労働協約をともなうかぎりは――期間が限定されており，しかも12カ月までのものが6割を占めている（図表Ⅲ-4-3）。

3）就労支援策が抱える問題点

　ホームレス生活者への就労支援策は顕著な前進を遂げたとはいえ，若干の問題を抱えている。

　第1に，就労扶助や雇用創出措置を終えたホームレス生活者が「第1労働市場」において就労先を見いだすのはきわめて困難であるという点である。就労扶助や雇用創出措置を通して提供される雇用には職業訓練的な性格をもったものが含まれてはいるが，これも正式の職業資格を付与するものではないので，

「第1労働市場」での就労を促すには不十分である［Schenk, 1998, S.5］。しかも，ホームレス生活者の中で就労扶助を受けている人の大部分が就労している，連邦社会扶助法19条2項1文第2選択肢の場合，職業訓練との関連性がきわめて乏しい［布川，2002，97頁］。

だとすれば，ライムント・クリンカートが唱えているように［Klinkert, 1995, SS.185-186］，公的な助成金によって成り立っている「第2労働市場」を「社会的に必要な労働」が提供されている場として認知し，ホームレス生活者をはじめとする就労困難層を雇用する場としてより積極的に位置づけるべきなのかもしれない。ひいては，「第1労働市場」においても——農業補助金にみられるように——公的な助成金によって成り立っているセクターが存在するのであるから，「第1労働市場」と「第2労働市場」との区別それ自体を問い直すべき時期にきていると言ってよいであろう。ことに，情報技術の活用の進展と経済のグローバリゼーションのもとで大量失業が恒常的な現象となっている時代においては，公的な助成を受けた労働市場に雇用創出の場としての独自の意義を認める必要がある。

第2に，多くの施設が提供・紹介している12カ月間という雇用期間は，ホームレス生活者にとってはあまりにも短い。すでにいくつかのケースで試みられているように，就労扶助と雇用創出措置などを組み合せることで長期の雇用を保証することがさしあたっては必要である［Schenk, 1998, S.6］。ただし，民間のホームレス生活者支援施設が複数の財源をミックスして雇用を提供しようとする場合には，財政がどうしても不安定になることは否めない［Simon/Hermann, 1996, S.73］。

第3に，滞在型の，あるいは部分滞在型の民間施設で提供されている労働の多くは，労働従事者に対して「報奨金」を支払うというシステム（連邦社会扶助法19条2項1文第2選択肢による就労扶助）を依然としてとっているようである［ebd., S.73］が，報奨金の額は，先に述べたように1時間あたり2～3マルクというふうにわずかであるため，勤労へのインセンティブを与えられない場合が多いという［Schenk, 1998, S.6］。[30]

第5章 「ナショナル・アクション・プラン」と
　　　　ホームレス生活者支援策の将来

　ドイツ政府は2001年6月,他のEU加盟国と同様に,欧州委員会に対して「貧困ならびに社会的排除と闘うためのナショナル・アクション・プラン」(以下,NAPと略記)を提出した。また,ドイツ政府はNAPの作成と平行して,戦後初めての「貧富報告書」[Bundesregierung, 2001b]——正式名称は「ドイツにおける生活状態」——をまとめた。この「貧富報告書」の執筆過程には,——本書にもしばしば登場してきたホームレス生活者扶助連邦協議体を含む——約20のNPOと30名の研究者が助言者として関与している。そして,ドイツ政府のNAPは,手続きの面からみれば一応,この「貧富報告書」にもとづいている。

　ドイツでは,労働行政は連邦雇用庁 Bundesanstalt für Arbeit のもとで中央集権的に運営されているが,連邦社会扶助法による社会福祉行政の実施主体は基本的には自治体である。したがって,連邦政府がNAPを作成したとしても,その内容はしばしば州や自治体のレベルで取り組まれている先進的な実例を紹介したり,それを補助金によって側面支援したりするといった次元にとどまらざるをえない場合が多い。とはいえ,ドイツのNAPにおいても,法律の改正を含む重要な制度改正が表明されている箇所がみられる。

　以下では,ドイツのNAPについて,とくにホームレス生活者への支援にかかわる部分に焦点を絞りつつ紹介し,検討する。

1　全般的な戦略

　まずは,ドイツのNAPが掲げる「全般的な戦略」を簡単に紹介しよう。
ドイツがめざす目標として掲げられているのは,「経済的・社会的な出来事

への市民たちの積極的な関与を可能にすること」である。ここには，欧州委員会によっても盛んに提唱されている政策の方向性が表れている。すなわち，すでに発生してしまった貧困に対して社会保険や公的扶助によって事後的に対処するよりは，社会の変化への適応能力を人々に与えることで，人々ができるかぎり独力で経済社会へ参入していけるように支援するという方向性である。NAPはこうした方向性を，「〔市民を〕活性化させ，同時に将来のための備えをする社会国家 ein aktivierender und zugleich vorsorgender Sozialstaat」と表現している［Bundesregierung, 2001a, S.1］。

したがって，「貧困と社会的排除は，可能なかぎり予防的な政策によって阻止されなければならない」。その際，予防的な政策としてNAPが重視しているのは，第1に，「知識社会」と呼ばれるような経済と社会の急速な変化のなかで生じるチャンスを市民が享受することを保証するような教育政策と雇用政策であり，第2に，今日の社会の要求に応えるための人々の備えを高めるような社会的保護のシステムを構築することである。そうした社会の側からの新しい要求に独力では応えられない人々に対しても，自立できるような支援が提供されるべきであるという［ebd., S.1］。

かくして，NAPの重点的な対処領域としては次の4つが挙げられる。
1．労働市場への統合と資格の付与
2．職業と家庭との両立（とくに，女性においては子育てと就労との両立）
3．「特別に危険にさらされているグループ」（長期の社会扶助受給者，十分な職業資格をもたない人，重度の障害者，移民など）への扶助
4．「扶助の効果と合目的性の改善」［ebd., S.2］

以上のような「全般的な戦略」からもすでに読み取れるように，社会的排除に対抗するためのドイツ政府のアプローチは「第1労働市場」への統合に重点をおいている。そのことは，「社会的な認知と人格としての自尊心は，われわれの社会においては労働生活への統合に左右される」［ebd., S.2］という一文に表れている。「貧困のサイクルを絶対に生じさせてはならない」［ebd., S.1］という強い言明も，公的扶助に依存する人々を「第1労働市場」への統合によって自立させなければならないというふうに読み替えられよう。

2 ホームレス生活者への言及

　NAPの中で明確にホームレス生活者への言及がみられる箇所は，第2章「排除のリスクを予防する」のb-2「住居の喪失」，ならびに第3章「社会的弱者のために行動する」のa-3「特別な社会的困難を抱える人々」の2箇所である。

　まず前者の第2章においては，「住居の喪失」へいたる原因として，家賃の滞納と——主に女性にかかわることであるが——離婚のみが挙げられている。家賃の滞納への新たな対応策としては，2001年7月から施行された賃貸住宅法の改正 Mietrechtsreform が言及されている。これによって，家主が起こした立退訴訟の法的手続きが開始されたとしても，2カ月以内に滞納家賃を払いさえすればそのまま現在の住居に住むことができるようになった。福祉事務所はこの改正で，連邦社会扶助法15a条にもとづく滞納家賃の肩代わりをより効果的に実施することができるという。

　また，女性や子供に対する男性の家庭内暴力に対しては，2002年1月に発効した「対暴力保護のための民事裁判法 zivilgerichtliches Gewaltschutzgesetz」を通して，暴力を加えた男性を住居から強制的に遠ざけ，暴力にあった女性と子供がそのまま現在の住居にとどまることができるような制度改正がなされた［ebd., S.31］。

　ところで，本編の第3章でもみておいたように，ホームレス状態に陥った直接的な原因として「家賃の滞納」を挙げる当事者が最も多いことは事実である。しかし，いくつかの調査が指摘しているように，家賃の滞納以外にも中毒の問題や生活習慣の問題がホームレス状態を誘発していることは明らかである。にもかかわらず，NAPはそうした複雑な問題圏には一切触れていない。

　次にNAPの第3章でも，「特別な社会的困難」のひとつのケースとしてホームレス状態への言及がなされているが，政府の新しい措置としては，すでに本編第4章の第2節で述べておいたような連邦社会扶助法72条のための新施行規則が紹介されているにとどまる。そして，新施行規則の目的として，「扶助

申請者のより強い関与とより大きな自己責任，ならびに施設への収容をともなわないサービスの強化」が強調されている［ebd., S.37］。

3 ホームレス生活者にかかわるその他の措置

　むろん，NAPの中には，もっぱらホームレス生活者にのみかかわるわけではないにしても，ホームレス生活者にも影響を与えるような，若干の新しいアプローチが提案されている。

　第1に，本編第4章の第4節で紹介したような自治体レベルでの福祉事務所と職業安定所との連携強化を連邦政府としても支援するために，さしあたっては2001年から02年までの期限付き助成金として，「職業安定所と社会扶助実施主体との共同作業を改善するための革新的なモデル計画」（MoZArT）が実施されている。このMoZArTのもとで，年間3000万マルク（およそ18億円）の助成金を予定している。これによって，福祉事務所と職業安定所がそれぞれの手持ちの支援措置をより素早くかつ柔軟に実施できるようにしようというわけである［ebd., S.6］。

　第2に，2002年1月に発効した「ジョブ・ローテーション Jobrotation」のための雇用促進法の改正を挙げなければならない。これは，職業上の再教育を受けるために一時的に休職する被雇用者に代わって失業者を雇おうとする企業に対し，助成金を支給するものである。言うまでもなく，再教育による就労能力の改善と失業の縮減とを同時に進めようという措置である［ebd., S.16］。

　第3に，――これも就労支援策に関連する措置であるが――シュレーダー首相の提案にもとづいて政府・労働組合・使用者団体が参加しつつ行われている「雇用，職業教育，競争力のための同盟」において合意をみた，「職業資格が乏しい被雇用者と長期失業者の就労能力を発展させるためのモデル・プロジェクト」を挙げることができる。2005年まで試行されることになっているこのプロジェクトには2つのモデルがある。第1のそれは，マインツ市で先行的に実施されているため「マインツ・モデル」と呼ばれている。それは，失業者などが賃金の低い仕事やパートタイム労働に就くのを促進するために，被雇用者の

社会保険料負担を軽減するというモデルである。これに加えて，家族や子供のいる被雇用者に対しては育児手当てへの割増金も支給される。第2のモデルは，ザールブリュッケン市で広がっているため「ザールブリュッケン・モデル」と呼ばれているが，これは，資格に乏しい人や長期失業者を雇った雇用主に対して，社会保険料への補助金を支給しようとするものである［ebd., S.20］。ただし，このような措置には低賃金労働を促進する危険がともなっていることに留意しなければならない。

第4に，住宅市場の動向に関して，NAPは次の通りかなり楽観的な見方をしている。

「1990年代の半ば以来，ドイツの住宅事情は，住民の広範な階層が良好な住宅，あるいはきわめて良好な住宅を確保している状態に達した。所得水準の低い世帯も，居住コストの負担が高くなったとはいえ，全体としては良好な住宅を確保している。」［ebd., S.21］

したがって，新たな住宅政策に関しては，本編第4章の第3節ですでに紹介したような住宅手当の改善と住宅建設法の改正とが述べられているにとどまる。ところが，ホームレス生活者扶助連邦協議体のようなNPOの認識は，上記のようなNAPのそれとはすこぶる異なっている。改正された住宅建設法の基本方針は，「社会住宅の建設から社会的な居住空間の促進へ」であり，つまりは，すでに十分に提供されたとみなされている社会住宅建設への連邦政府の予算を減らし，既存の住宅の質の改善をめざすことである。これに対して，ホームレス生活者扶助連邦協議体によれば，社会住宅の量は十分であるどころか，現存する210万戸の社会住宅のうちの多くが2003年までに通常の民間賃貸住宅に転換するため，手ごろな家賃の住宅が著しく不足する事態が近い将来に生じるという。このため，現在のところ年間にして4億6000万マルク（およそ280億円）の政府予算のみが社会住宅建設のために使われているが，ホームレス生活者扶助連邦協議体の試算によれば，本来なら約15億マルク（およそ900億円）が必要である［BAG-WH, 2001c］。

4 言及されざる人々

　最初に述べておいたように，全体としてみるなら，ドイツのNAPは「第1労働市場」への統合を通して社会的排除を克服するという戦略をとっている。このため，NAPには長期失業者一般を念頭においた「積極的な」労働市場政策の新機軸が多く列挙されている。しかも，そうした措置にはしばしば，その効果を事後的に検証しうるような具体性が備わっている。その意味で，NAPは長期失業の克服を重点的な政策目標に掲げるシュレーダー政権の意欲を十分に示していると言えよう。

　これに対して，「特別な困難を抱える人々」への対策に関しては，NAPは抽象的な目標を語るだけで終わっている。ドイツのホームレス生活者が直面している中毒の問題，読み書き能力の問題，精神的な疾患の問題など，「第1労働市場」への統合の前に克服されなければならない一連の複雑な諸問題が，NAPにおいてはほとんど無視されている。そうした視野の限定のもとで「第1労働市場」への統合を強調することは，「第1労働市場」への就労がきわめて困難であるホームレス生活者や路上生活者にとってみれば，「社会への統合を第1労働市場への統合に切り詰めてしまう危険性」[Nationale Armutkonferenz, 2001]をはらんでいると言わざるをえない。

　布川日佐史らが強調しているように，「受動的・消極的・事後的雇用政策と呼ばれ，後回しにされ，軽視されがち」になっている生活保障のための金銭・サービス給付を充実することなくしては，「積極的」労働市場政策それ自体も実は十分な効果を発揮しえないであろう[布川, 2002, iv頁]。なぜなら，貧困状態に陥ることを防ぐセイフティネットが充実してこそ，自立的な労働生活への（再）参入を可能にする条件がようやく整うからであり，そのようなセイフティネットが縮小していくならば，労働社会への（再）参加が可能な層と，そのための条件がそもそも欠落したまま「自立」を強いられ続ける層に社会が分断されかねないからである。「積極的」労働市場政策や「第1労働市場」への就労促進策は，そもそも「社会的排除」の克服策として考案されたものである

にもかかわらず，それらが生活扶助や就労扶助への代替案として一面的に強調されることで，本来の意図に反して「社会的排除」を促進する恐れがある。「積極的」労働市場政策と「消極的」生活保障措置，つまり「トランポリン」と「セイフティネット」は，両者が揃うことで効果を発揮するのであって，後者の一面的な強調は，公的扶助に依存したままそこから脱出できない階層を生み，前者の一面的な強調は，客観的な条件が欠落しているにもかかわらず就労を強要し，それが不可能な人々を社会から排除するという危険性をはらんでいる。ドイツ全体でいまだに2万4000人がいると推定され，「第1労働市場」への就労がさしあたっては困難な路上生活者への言及が，NAPにおいて欠落しているのは，象徴的な意味をもっているように思われる。

　むろん，ホームレス生活者扶助の主たる担い手は連邦政府ではなく，自治体と民間福祉団体である。したがって，NAPに示されているような連邦政府の方針がただちにホームレス生活者扶助の実践に具体化されるなどということはありえない。とはいえ，2001年にシュレーダー首相が「ドイツには働こうとしない怠け者がいる」という趣旨の発言をしたことは，ホームレス生活者扶助の担い手たちに大きな社会的圧力を加えることになった。本編の第2章で述べておいたように，第2次世界大戦直後の西ドイツでは，「あてのない徘徊」を繰り返す「非定住者」に対して公益労働への従事義務を課すアプローチがホームレス生活者支援のNPOにおいても主流をなしていたが，シュレーダー発言はまさに，時代精神を60年前の水準にまで引き戻すものである。もし仮にシュレーダー首相があからさまに語ったような認識がNAPの根底におかれているとするならば，NAPの実行は，ホームレス生活者や路上生活者に対して「働こうとせずに公的扶助に依存する怠け者」というレッテルを貼るような社会の側からの眼差しを助長する効果を有しかねない。NAPやEUの方針がこれからどのような変化をドイツのホームレス生活者扶助にもたらすことになるのか，注意深く見守っていかなければならない。

---

1) 社会扶助の実施主体である「自治体 Gemeinde」とは，特別市（郡に属さない都市）および郡をさす。本編において「自治体」という語が使われる場合，それはすべて特別

市と郡をさしている。
2）図表Ⅲ-1-1の出典である Machbarkeitsstudie zur statistischen Erfassung von Wohnungslosigkeit は，連邦レベルでの公式のホームレス統計を作成せよという NPO からの催促に促されて，連邦統計局が作成したレポートである。このレポートは，連邦レベルで公式のホームレス統計を作成することは技術的に可能であるとの結論を出したが，統計はいまだに作成されていない。
3）新施行規則の内容について，詳しくは本編第4章の第2節を参照されたい。
4）本文中で，「治安対策」という語の前に「（狭義の）」という限定をつけたのは，第4章の第1節で述べるように，ホームレス生活者対策には州ごとに定められた警察法にもとづくものがあり，この警察法にもとづく措置を刑法典にもとづく措置から区別するためである。なるほど，警察法にもとづくホームレス生活者対策においても，ホームレス状態は「公共の安全ないし秩序」を「妨害」するとみなされている。しかし，警察法においてホームレス状態は犯罪視されるのではなく，むしろ当のホームレス生活者がおのれの権利を脅かされている状態とみなされる。詳しくは，本編第4章の第1節を参照されたい。
5）ドイツにおける民間で非営利の福祉団体として代表的なものは，労働者の自助組織である労働者福祉団，カトリック系のドイツ・カリタス，プロテスタント系のディアコニー事業，無宗派・無党派のパリテーティッシュ福祉事業団，ドイツ赤十字，そしてユダヤ人中央福祉所の6団体である。
6）1970年代末から80年代初頭にかけて行われたいくつかの調査から，多くのクライエントにとって施設での長期滞在は不要であり，むしろ住居と仕事さえあれば社会への再参入が可能であるという結論が導き出されていた。たとえば，いかなる種類の扶助が必要とされているかを調査した結果をまとめた以下の図表を参照されたい。

図表Ⅲ-2-1　必要とされる扶助の種類に関するいくつかの調査の結果　　（単位：人）

調査の実施者	必要な扶助の種類		
	自分の住居	期間限定の施設収容	長期の施設収容
Strunk	56	36	7
ZBS Stuttgart	57	36	7
Weeber	29	50	16

出所：[Treuberg, 1990, S.285]

　Strunk が挙げている数値は，シュトゥットガルトにおける市営の施設に新たに入所してきた人への調査から得られたものである [Strunk, 1979, S.34]。ZBS Stuttgart の数値は，シュトゥットガルト中央相談所が自らのクライエントのファイルから作成したものである [ZBS Stuttgart, 1981, S.48ff.]。Weeber の数値は，いくつかの施設に収容されている人のニーズをソーシャルワーカーが評価して得られたものである [Weeber/Partner, 1982, S.50]。いずれの調査結果からも，長期の施設収容を要する人の数が意外に少ないことがわかる。

7）段階を踏んだ住居（再）獲得支援のシステムが潜在的に有しているこうした危険性については，フォルカー・ブッシュ=ゲーアトゥゼマ氏がスウェーデンの事例を参考にしながら注意を促している。この問題を調査したスウェーデンの社会学者 Ingrid Sahlin によれば，同国における段階を踏んだ住居システムは，当初の目標とは反対に，より質の高い過渡的住居からより質の低い過渡的住居への「落伍」を生じさせる場合がかなりみられるという。すなわち，そうした過渡的住居を管理する福祉事務所のソーシャルワーカーたちは，住居の規則に適応しようとしない住人への制裁として，より質の低い住居への差し戻し措置をとっていた。また，質や条件の異なる住居は，それぞれ特定の集団のための住居に特化してしまっている。たとえば，自治体が運営する臨時宿泊所はアルコール問題を抱える単身の男性に，訓練付き住居は中毒問題をすでに克服したホームレス生活者に，そして利用契約による通常の住居での居住は子供のいる家族にあてがわれている。このため，時を経るにつれて下の段から上の段に上昇していく動きがあまりみられなくなっているというわけである ［Sahlin, 1998, p.25ff.］。

　ブッシュ=ゲーアトゥゼマ氏は，このようなスウェーデンの経験から，ドイツの段階を踏んだシステムへの教訓を引き出している。同氏によれば，近年ではドイツでも「訓練付き住居 Trainingswohnungen」や「試験的住居 Probewohnen」といった新しい過渡的住居の形態が増えているが，これは通常の賃貸住宅への移行期間をいっそう長くしているだけでなく，態度に問題ありとみなされた住人への制裁措置として要求され機能している面があるという。したがって，同氏は，過渡的な居住形態が質の劣った「第2住宅市場」を形成しないようにするために，移行期間を短くし，通常の賃貸住宅の水準にできるかぎり接近した住人の権利と自由が保障されるべきだと提案している ［Busch-Geertsema, 2001b, S.237ff.］。

8）秩序法ないし警察法にもとづくホームレス生活者対策については，本編第4章の第1節を参照されたい。

9）連邦社会扶助法15a条による滞納家賃の肩代わり措置については，本編第4章の第2節で詳述する。

10）社会住宅をはじめとする住宅政策について，詳しくは本編第4章の第3節を参照されたい。

11）「第1労働市場 erster Arbeitsmarkt」と「第2労働市場 zweiter Arbeitsmarkt」というドイツに特有の区別は，アメリカの労働経済学者であるデリンジャーとピオーリが唱えた「第1次労働市場 primary labor market」と「第2次労働市場 secondary labor market」の対比とは異なっている。デリンジャーとピオーリは，雇用の安定，良好な労働条件，恵まれた昇進機会などによって特徴づけられる就労セクターを「第1次労働市場」と名づけ，そうした条件を享受することが困難なセクター（たとえば社会保険への加入義務や昇進・昇給のチャンスのないパートタイム労働など）を「第2次労働市場」と呼んだ。これに対して，ドイツにおける「第1労働市場」と「第2労働市場」との区別の指標は，それが「雇用創出措置（ABM）」や「就労扶助 Hilfe zur Arbeit」といった就労支援のための公的助成金によって成り立っているか否かにある。すなわち，公的助成金を受けずに成立している通常の就労セクターのことを「第1労働市場」と呼

び，それを受給することで初めて雇用が成り立っているセクターを「第2労働市場」というのである。ドイツ労働総同盟（DGB）の経済・社会科学研究所などは，①公的な助成金なしでは雇用が成り立たないが，通常の労働法や社会保険法の条件と賃金協約とが適用されること，②通常の労働市場と競合しないという意味において「追加的」な雇用であること，③雇用期間が限定されていること，④雇用の基準はもっぱら市場原理にのみ従うのではなく，労働市場政策や社会政策上の目的（長期失業者や雇用の確保が困難な人々への支援）を指向していることを，「第2労働市場」の指標として挙げている［Wagner, 1995, S.209ff.］。この指標に従えば，就労扶助の中でも通常の労働法や社会保険法が適用されない，連邦社会扶助法19条2項1文第2選択肢による就労形態は，「第2労働市場」には含まれず，「第3労働市場」に属することになる［ebd., S.208］。これは，「第2労働市場」をかなり狭く定義する理解であると思われる。詳細は，本編第4章の第4節を参照されたい。なお，ドイツにおける「第1労働市場」と「第2労働市場」の区別に関しては，静岡大学人文学部の布川日佐史教授より資料の提供を含めてご教示を賜った。記して感謝したい。

12) 西ドイツにおいては，1994年から99年にかけて多くの住居が完成したことや，ある地域では連合国の軍隊とその家族が引き上げたことで手ごろな価格の住宅が市場に出回るようになったことが，ホームレス生活者の減少の要因になっている。他方，東ドイツにおけるホームレス生活者の減少は，ドイツ統一後に私有化されたにもかかわらず所有関係がはっきりしなかった住宅が所有関係の確定によって市場に出回るようになったこと，東ドイツ内部での移住と東から西への移住によって地域によっては空き家が増大したことによるものであろう［BAG-WH 2000a］。

13) BAG-WH (Hg.), *Statistikbericht 1997-1998*, Bielefeld 2000. なお，この統計報告書に記載されている一連のデータは，「ホームレス生活者扶助連邦協議体」が中心となって組織している「単身のホームレス生活者記録システム」（DWAシステム）によって収集されたものであり，このシステムに協力しているドイツ全土のホームレス生活者支援諸施設から「ホームレス生活者扶助連邦協議体」へ送られてくるデータにもとづいている。ここに集められているデータは，連邦社会扶助法72条にもとづくホームレス生活者支援施設，相談所，あるいは日中滞在施設を当該暦年中（1～12月）に少なくとも1度は訪れたことのある，主として単身でかつドイツ人のホームレス生活者に関するものである。家族をもつホームレス生活者は，しばしば連邦社会扶助法72条にもとづく相談所やホームとは別のシステムによって支援を受けるので，この統計報告書のデータにはあまり反映されていない。また，外国人は連邦社会扶助法72条にもとづく扶助への法的請求権を認められていないので，DWAシステムではあまり捕捉されない。他方，DWAシステムには，住居喪失を阻止するための措置に頼った人，あるいは自分の住居を再獲得したあともケアを受け続けている人（すなわち，「ホームレス生活者」ではないが，「住宅難」の状態にある人）もわずかではあるが算入されている［Specht-Kittler 1998, S.39］。本文中のデータを見る際には，DWAシステムのもつ以上のような制約に留意されたい。

14) 上の注13)を参照されたい。

15) ホームレス状態に陥る原因としては家賃の滞納が最も多い原因であることは、1990年代の初頭に連邦国土計画・建築・都市建設省と連邦家庭・高齢者・婦人・青少年省によって行われた調査からも推測されうる。この調査によれば、家主が住居明け渡しの訴えを起こした原因のうちの実に67.9％は、借家人による家賃納入の遅延または不履行であった［Bundesregierung 2001b, S.172］。
16)「失業扶助」の制度とその運用については［布川 2002］の第1章を、「社会扶助」については本編第4章の第2節を参照されたい。
17)「無宿者」の概念については、本編の第1章を参照されたい。
18) 警察法の文脈では、「ホームレス状態 Wohnungslosigkeit」よりも「無宿状態 Obdachlosigkeit」という語の方が頻繁に使われる。したがって、本節における以下の叙述の中で「ホームレス」という語が用いられるとしても、それは、警察法の文脈で使われているかぎり、Obdachlosigkeit ないし Obdachlose をさしていることに留意されたい。なお、「無宿状態」ないし「無宿者」という概念については、本編の第1章を参照されたい。
19) 警察法にもとづく緊急宿泊施設は、原則的には自治体が運営することになっているが、自治体が民間福祉団体に施設の運営を委託する場合もある。たとえば、著者が見学した北ドイツのヴィルヘルムスハーフェン市における緊急宿泊施設は、同市がプロテスタント系の民間福祉団体であるディアコニーに運営を委託するというかたちをとっている。
20)「無宿状態」については、上の注18)を参照。
21) 子供をもつホームレス生活者と単身のホームレス生活者とに対するこうした対応の違いについては、2000年9月にビーレフェルトで行った「ホームレス生活者扶助連邦協議体」へのインタビューにおいて、同「協議体」のハインリッヒ・ホルトマンシュペッター氏 Herr Heinrich Holtmannspötter、ヴェレーナ・ローゼンケ女史 Frau Werena Rosenke、ならびにトーマス・シュペヒト＝キットラー氏 Herr Thomas Specht-Kittler から指摘を受けた。
22)「住宅難」という概念については、本編第1章の第2節を参照されたい。
23) 連邦社会扶助法15a条「特別な場合の生活扶助」の条文は、以下のとおりである。
「(1) 前条までの規定では生活扶助ができない場合でも、住居を確保しまたは相当の窮状を除去するために妥当なときには、生活扶助を行うことができる。それが妥当かつ必要であり、生活扶助を行わなければ住居を失う恐れがあるときは、生活扶助を行うことを要する。扶助を求めている者に扶助費を交付したのでは目的に合致した使用が保障されないときには、第1文による扶助費は賃貸人または他の受給資格者に支払うことを要する。この場合、金銭給付は手当てとして、または貸付として行うことができる。
(2) 民法典第554条による賃貸借関係の解約告知の場合で住居明け渡しを求める訴えが裁判所に係属しているときには、裁判所は、第1項で定める任務についての配慮を求めるため、遅滞なく管轄地域社会扶助実施者またはその任務を受けた機関に下記の事項について通報する。〔以下省略〕」（小川政亮訳『（資料）ドイツ連邦共和国連邦社会扶助法』総合社会福祉研究所、1999年。本文中で使用した条文

訳は，原則として，小川氏の訳に則った．）
24) ドイツ最北端の都市．人口8万8000人．ホームレス問題の専門部局を有しており，1970年代よりホームレス問題に対処してきた．フレンスブルクのホームレス対策は，［庄谷，2000］においても紹介されている．
25) 連邦参議院は，改訂された施行規則が掲げる新しい目的に賛同した．しかし，人的範囲が抽象的な記述になったことなどによって，予測可能性が低下しており，経費を従来よりも増やさないためには，場合によって訂正が必要だという立場をとっている．それらの理由から，連邦参議院は連邦政府に対し，2002年12月31日までに，新たな規則の実務上の効果，生じた費用効果とその原因に関する報告書を公表することを要請している［Bundesrat, 2001］．また，ノルトライン=ヴェストファーレン州の施行法は，今回の連邦社会扶助法施行規則の改正によって廃止された用語である「非定住者 Nichtseßhafte」をそのまま残している．同州政府の社会扶助担当者であるラルフ・ゾンマー氏 Herr Ralf Sommer は，その理由を，「差別的な用語ではあるが，支援の対象として法律に明記されていることの重要性を尊重している」と回答した（2002年2月の同氏へのインタビューによる）．
26) ドイツにおける失業保険と失業扶助の運用の実際については，［布川，2002］の第1章「ドイツにおける失業時生活保障給付システムとその効果」を参照されたい．
27) 改正法の正式名称は「労働市場政策の手段を改善するための法律 Gesetz zur Reform der arbeitsmarktpolitischen Instrumente」であるが，Job-AQTIV-Gesetz という略称でも呼ばれており，社会法典第3編のみならず雇用促進行政全体の再編成を意図した包括的な改正法となっている．これは，連立与党である社会民主党と緑の党によって提案された法律である．連邦労働・社会秩序省のベルント・ブーフハイトによれば，この改正法のねらいは，「これまで主として後追い指向であった現行の雇用促進法を，とりわけ雇用紹介と助言の領域において，しかしながらこれ以外の能動的な雇用促進サービスの面においても，より明確に〔失業の〕予防を指向するアプローチへと置き換え」，そのことを通して「長期の失業を縮小する，あるいは回避する」ことにある［Buchheit, 2002, S.5］．そのかぎりにおいて改正法は，「雇用確保力 employability」や「適応能力」の改善を打ち出した EU による「加盟国の雇用政策のためのガイドライン」に沿ったものとなっている．すでに発生した失業を失業保険や公的扶助によって事後的に救済するよりは，職業紹介や職業訓練を通して被雇用者の雇用確保力を高めるという——イギリスのブレア政権によって提唱され推進されている——こうしたアプローチは，一方では既存の事後的なセイフティネットを補完する意味合いをもちうると同時に，他方ではホームレス生活者のように就労がきわめて困難である人々への保護を縮小していく危険性をともなっている．なお，EU の「ガイドライン」に見いだされるこうした二面性について，詳しくは［中村，2002］を参照されたい．
28) 2002年2月にブレーメンにて，フォルカー・ブッシュ=ゲーアトゥゼマ氏 Herr Volker Busch-Geertsema に対して著者らが行ったインタビューより．
29) この調査では，ドイツ全土の439の民間のホームレス生活者支援組織に対してアンケート用紙を送付し，225の組織から回答を得た．また，ドイツ全土にある市と郡の400カ

所の職業安定所にもアンケート用紙を送付し，168カ所からの回答を得たという［Simon/Hermann, 1996, SS.57-58］。ただし，回答を寄せた225の民間支援組織のうちの76組織（約34％）は，ホームレス生活者支援策において先進的な取り組みをしているノルトライン-ヴェストファーレン州に立地している。このため，調査の結果はドイツ全体のホームレス生活者支援策の水準というよりは，どちらかといえば先進的な州の水準を反映しているとみた方がよいかもしれない。

30）ニーダーザクセン州のホームレス生活者支援の諸施設は，州政府の方針に沿って，「報奨金」による労働をできるかぎり廃止し，社会保険加入義務をともなう就労の機会を提供するべく努力してきた［Klinkert, 1995, S.180］。しかし，同州のオルデンブルク市においてホームレス生活者向けの就労支援施設を運営しているディアコニーのペーター・スチュンカ氏 Herr Peter Szynka によれば，最近では州政府によるホームレス生活者支援策の方針が変化して，社会保険への加入義務をともなう「第2労働市場」での就労よりも，「第1労働市場」での職業紹介の方を重視するようになっているという。同州では1991年から，女性・労働・社会問題省が所轄官庁となって，民間福祉団体によるホームレス生活者向けの職業資格取得プログラムへの助成が州の予算（連邦社会扶助法72条にもとづく支出）とEUの欧州社会基金とを活用しつつ行われてきた。ところが，2001年に同州の会計検査院は，この助成金が効率的に活用されていないという疑義を申し立てた。要するに，連邦社会扶助法72条にもとづいて，社会保険への加入義務をともなう「第2労働市場」での職業訓練的就労を提供することは，コスト面で不効率である，というのが会計検査院の意見のようである。

【参考文献】

大場茂明　1999：「ドイツの住宅政策」小玉徹・大場茂明ほか『欧米の住宅政策』ミネルヴァ書房。

大西健夫　1984：「警察法と警察組織」大西健夫編『現代のドイツ4―法と秩序』三修社。

小川政亮（訳）　1999：『(資料)ドイツ連邦共和国連邦社会扶助法』総合社会福祉研究所。

苧谷秀信　2001：『ドイツの労働』日本労働研究機構。

庄谷怜子　2000：「社会福祉の日独比較」阿部志郎・井岡勉編『社会福祉の国際比較』有斐閣。

武田公子　1999：「ドイツ自治体財政における社会扶助費問題」布川日佐史（研究代表者）『日独比較；雇用政策と生活保障政策の交錯―公的扶助における稼働能力活用を中心に―』科研費国際学術研究報告書。

武田公子　2002：「自治体扶助費問題と行政改革」布川日佐史編著『雇用政策と公的扶助の交錯―日独比較：公的扶助における稼働能力の活用を中心に』御茶の水書房。

田中耕太郎　1999：「社会扶助」古瀬徹・塩野谷祐一編『先進国の社会保障④ドイツ』東京大学出版会。
中村健吾　2001：「ドイツにおける『家なし人』の現状と支援策―ベルリン州を中心に」大阪市立大学経済学会編『経済学雑誌』102巻1号。
中村健吾　2002：「グローバリゼーションと地域統合の時代における社会政策の可能性」社会政策学会編『グローバリゼーションと社会政策』法律文化社。
布川日佐史　2000：「失業時生活保障システムと就労援助対策の改善課題」『総合社会福祉研究』16号。
布川日佐史　2001：「ドイツにおける就労扶助（Hilfe zur Arbeit）の展開」野宿者・人権資料センター編『Shelter-less』No.9。
布川日佐史（編著）　2002：『雇用政策と公的扶助の交錯―日独比較：公的扶助における稼働能力の活用を中心に』御茶の水書房。
プール、ペトラ／ライゼリング、ルッツ／ルートヴィッヒ、モニカ／ツヴィック、ミヒャエル　1994：ドイツ社会法研究会訳「40年間の貧困政策と社会扶助」大阪府立大学社会福祉学部編『社会問題研究』44巻1号。
水原渉　1999：「住宅政策・都市政策」古瀬徹・塩野谷祐一編『先進諸国の社会保障④ドイツ』東京大学出版会。
Arbeitsamt online　2000：Eingliederungsbilanz 1999 – Bundesweite Ergebnisse, in: http://www.arbeitsamt.de/hst/services/anba/jg_2000/ebilanz99/bericht.htm
BAG-NH（Bundesarbeitsgemeinschaft für Nichtseßhaftenhilfe）1981：Diskussionsvorlage von Vorstand und Beirat der BAG für Nichtseßhaftenhilfe e.V., in: *Gefährdetenhilfe* 23, Nr.2: Beilage
BAG-NH　1986：*Grundsatzprogramm für die Nichtseßhaftenhilfe und die Arbeit der BAG-NH*, Bielefeld
BAG-WH（Bundesarbeitsgemeinschaft Wohnungslosenhilfe）2000a：*Pressemitteilung*, 11.07.2000
BAG-WH（Hg.）　2000b：*Statistikbericht 1997-1998*, Bielefeld
BAG-WH　2000c：*Jahresbericht der Geschäftsstelle 1998/1999*, Bielefeld
BAG-WH　2000d：Verhältnis der Hilfe zur Überwindung besonderer sozialer Schwierigkeiten zur Hilfe zum Lebensunterhalt, Eingliederungshilfe, Hilfe zur Pflege und Hilfe zur Arbeit: Positionspapier der BAG W, Bielefeld
BAG-WH　2001a：Bilanz eines Jahrzehnts der direkten und strukturellen Gewalt gegen Wohnungslose, in: http://www.bag-wohnungslosenhilfe.de/

presse/1.phtml

BAG-WH 2001b : *Für eine bürger-und gemeindenahe Wohnungslosenhilfe: Grundsatzprogramm*, in: http://www.bag-wohnungslosenhilfe.de

BAG-WH 2001c : Reform des Wohnungsbaurechts, in: http://www.bag-wohnungslosenhilfe.de

BAG-WH 2002a : Zahl der Wohnungslosen in Deutschland, Bielefeld/Berlin

BAG-WH 2002b : Pressemitteilung : Europäische Konferenz „Migration und Wohnungslosigkeit" findet am 8. November 2002 in Berlin statt, in : http://www.bag-wohnungslosenhilfe.de

Bodelschwingh, Friedlich von 1954 : Wesen und Begriff der Nichtseßhaftenfürsorge, in: *Der Wanderer* 1954, Nr.7

Brender, Barbara 1999 : *Hilflos Wohnungslos*, Lage

Brühl, Albrecht 1998 : *Rechtsschutz für Wohnungslose*, Baden-Baden

Buchheit, Bernd 2002 : Job-AQTIV: Neue Impulse für die Arbeitsmarktpolitik, in: *Bundesarbeitsblatt*, 2/2002

Bundesministerium für Arbeit und Sozialordnung 2001 : Begründung (der neuen Verordnung zur Durchführung des §72 des Bundessozialhilfegesetzes), in: *Bundesrat Drucksache* 734/00

Bundesrat 2001 : Beschluss des Bundesrates: Verordnung zur Durchführung des §72 des Bundessozialhilfegesetzes, in: *Bundesrat Drucksache* 734/00 (Beschuluss)

Bundesregierung 2001a : *Nationaler Aktionsplan zur Bekämpfung von Armut und sozialer Ausgrenzung*, in: http://www.europa.eu.int/comm/employment_social/news/2001/jun/napsincl2001_en.html

Bundesregierung 2001b : *Lebenslagen in Deutschland: Der erste Armuts- und Reichtumsbericht der Bundesregierung*, in: http://www.bundesregierung.de

Bundesregierung 2001c : *Lebenslagen in Deutschland-Daten und Fakten-: Materialband zum ersten Armuts- und Reichtumsbericht der Bundesregierung*, in: http://www.bundesregierung.de

Busch-Geertsema, Volker 2001a : Beispielhafte Maßnahmen zur Bekämpfung der Wohnungslosigkeit in anderen Ländern der Europäischen Union, in: *NDV*, Heft 11/2001

Busch-Geertsema, Volker 2001b : *Wohnungslosenpolitik in anderen EU-Ländern: Übertragbarkeit von Konzepten und Maßnahmen auf Deutschland*,

Bielefeld

Deutscher Städtetag 1987 : *Sicherung der Wohnungsversorgung in Wohnungsnotfällen und Verbesserung der Lebensbedingungen in sozialen Brennpunkten: Empfehlungen und Hinweise, Reihe D, DST-Beiträge zur Sozialpolitik*, Heft 21

Hammel, Manfred 1995 : *Anspruch von Obdachlosen auf Erhaltung und Beschaffung von Wohnraum*, Bielefeld

Holtmannspötter, Heinrich 1996 : Von »Obdachlosen«, »Wohnungslosn« und »Nichtseßhaften«, in:http://www.psychiatrie.de/verlag/pdf/holtmann.pdf

Klinkert, Raimund 1995 : Hilfen zur Erlangung und Sicherung eines Platzes im Arbeitsleben im Rahmen der Hilfen in besonderen Lebenslagen, in: Ronald Rutz (Hg.), *Wohnungslose und ihre Helfer*, Bielefeld

MASSKS (Ministerium für Arbeit, Soziales und Stadtentwicklung, Kultur und Sport des Landes Nordrhein-Westfalen) 1999 : *Zentrale Fachstellen zur Hilfe in Wohnungsnotfällen: Ein Handbuch zur Umsetzung in den Kommunen*, Neuss

MFAS (Ministerium für Frauen, Arbeit und Soziales Niedersachsen) 2001 : Richtlinie über die Gewährung von Zuwendungen zur Förderung der Qualifizierung von Nichtseßhaften mit Mitteln des Landes und des Europäischen Sozialfonds, in: *Nds. MBl*, Nr. 25/2001

Nationale Armutkonferenz 2001 : Stellungnahme der Nationalen Armutkonferenz zum 1. Entwurf des Nationalen Aktionsplans "Soziale Integration", (Bundesarbeitsgemeinschaft Wohnungslosenhilfe より入手)

NDV (Nachrichtendienst des Deutschen Verein für öffentliche und private Fürsorge) 1991 : Gutachten vom 12. März 1991

Röhrig, Anne 1997 : Hilfe zur Arbeit als berufliche (Re-)Integrationsmöglichkeit für wohnungslose Frauen?, in: Werena Rosenke (Hg.), *Gratwanderungen: Ausbau der Hilfe für wohnungslose Frauen in Zeiten des Abbaus sozialer Leistungen*, Bielefeld

Ruhstrat, Ekke-Ulf 1991 : *Ohne Arbeit keine Wohnung, ohne Wohnung keine Arbeit*, Bielefeld.

Sahlin, Ingrid 1998 : The staircase of transition: National Report from Sweden, European Observatory on Homelessness 1997, Lund/Brussels (FEANTSA).

Schellhorn, Walter 1997：*Das Bundessozialhilfegesetz: Ein Kommentar für Ausbildung, Praxis und Wissenschaft*, 15. Aufl., Berlin

Schenk, Liane 1996：*Wohnungslose und von Wohnungslosigkeit Bedrohte in Berlin: Eine Planungsstudie zur Vorbereitung und Einschätzung von beruflichen (Re-)Integrationsmaßnahmen (Endbericht)*, Berlin: INTERSOFIA

Schuler, G/Sautter, H. 1983：*Obdachlosigkeit und soziale Brennpunkte in Hessen*, Darmstadt

Simon, Titus/Hermann, Petra 1996：Standards in der Wohnungslosenhilfe: Ergebnisse einer bundesweiten Untersuchung, in: Titus Simon (Hg.), *Standards in der Wohnungslosenhilfe*, Bielefeld

Specht-Kittler, Thomas 1998：*Statistikbericht 1996*, Bielefeld

Statistisches Bundesamt 2002：http://www.destatis.de/basis/d/bauwo/bauwotab2.htm

Steinmeier, Frank-Walter 1992：*Bürger ohne Obdach*, Bielefeld

Strunk, Andreas 1979：Wohnungspolitik für Nichtseßhafte, in: *Gefährdetenhilfe* 21, Nr.4

Treuberg, Eberhard von 1990：*Mythos Nichtseßhaftigkeit*, Bielefeld

Uebelhoer, Dieter 1976：Hilfen zur Überwindung sozialer Schwierigkeiten, in: *Gefährdetenhilfe* 18, Nr.3

Wagner, Alexandra 1995：Zweiter Arbeitsmarkt mit neuem Anspruch?, in: Hartmut Seifert (Hg.), *Reform der Arbeitsmarktpolitik*, Köln

Weeber/Partner 1982：*Hilfe für Gefährdete und Nichtseßhafte in Baden-Württemberg*, Stuttgart

ZBS Stuttgart (Die Zentrale Beratungsstelle Stuttgart) 1981：*Jahresbericht 1980*, Stuttgart

第Ⅳ編
フランス

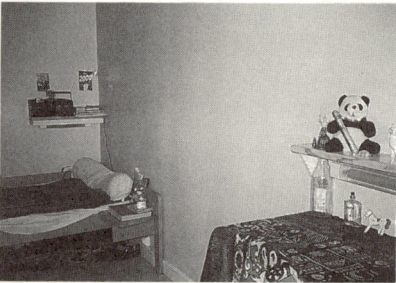

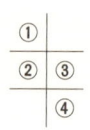

① パリ市のアウトリーチ活動の1つである社会福祉緊急援助SAMU-socialのワゴン車。看護婦とソーシャルワーカーが同乗し，365日，夜間（21時〜5時）にパリ市内を巡回し，路上で就寝している人を説得して宿泊施設へ誘導する。226頁参照。
② カトリック救済会のパリの社会扶助宿泊施設（CHRS）「シテ・ノートルダム」。男性単身者のみで定員140人。外観からは施設とはわからない。233頁と284頁参照。
③ パリに隣接するモントルイユ市にあるカトリック救済会の社会扶助宿泊施設（CHRS）「シテ・ミリアム」の男性単身者用個室。284頁参照。
④ 社会扶助宿泊施設（CHRS）「シテ・ミリアム」のレストラン。写真の果物はデザートとして各人が選択する。コックさんも元不定住者（SDF）で，今は国庫補助雇用（CES）として就労。242頁と284頁参照。

はじめに
——国家責任の社会諸施策を「公」と「民」の協同体制で実行——

　本編では，まず，第2次世界大戦後の「福祉国家」体制を中心に、ホームレス sans-abri または SDF 問題の推移と現状，およびホームレス対策が治安対策および特殊福祉援助から，どのようにして貧困および排除対策の一環として取り組まれるようになったかを叙述する。第2〜5章では緊急援助から宿泊施設での居住保障，所得保障と医療保障の社会保障政策，雇用確保への支援策，そして住宅政策の分野ごとに施策の内容と特徴，そして現状・成果，および課題を紹介する。最後の第6章ではフランス政府が以上の状況・課題を踏まえ，今後どのような見通しをもって問題解決に向かおうとしているのか，その具体的プランを紹介する。

　本文の前に，フランスのホームレス生活者支援策を概説する。

1）一般的貧困対策に位置づけられたホームレス支援策

　フランスのホームレス生活者に対する支援策は，1980年代の半ばまでは社会扶助法（カテゴリー別の社会福祉諸法に相当）の宿泊扶助が中心であった。住居を喪失した貧困者への宿泊施設のほとんどが貧困者支援アソシエーション（一般に人道的アソシエーションと呼称）の設置・運営によるものであるが，国の財政責任のもとで施設生活の改善が図られてきた。同時に従来宿泊施設滞在者への就労生活再開のための作業場などは，1980年代には他の長期失業者への支援企業へと発展するなど，一般施策へと展開していった。

　1980年代に入り，失業，とくに長期失業の拡大の中で現代的貧困は労働市場の悪化に起因すること，ホームレス状況も貧困化のいきつく先であることが確認されるようになると，ホームレス生活者を「市民社会を崩壊させる経済の犠牲者」とみて，市民権 citoyenneté を回復させ再び社会に参入 insertion させることが課題となった。ここから，緊急援助策だけでなく，所得保障，医療保障，雇用保障，住宅保障などの一般社会施策にホームレス支援策が組み込まれ

ていった。

　とくに，居住－住宅保障策は中心的な政策である。1970年代の福祉制度改革のなかでホームレス生活者への宿泊施設は質量ともに改善され，常態的な路上生活者は僅少となった。そして，彼らの一般住宅への入居をすすめる社会的（再）参入援助が追求されようになった。また失業者，そして拡大した不安定雇用労働者・家族の家賃滞納ゆえの住宅からの強制退去，また住宅最低限基準を満たせない不適切な民間借家に住み続けている住宅困窮世帯 mal-logés が多数のぼることが国勢調査などで明らかになった。そこで，「すべての人々の（適切な）住宅への権利」の保障が再確認され，具体策が実行されるようになった。住居喪失の予防策，ホームレス生活者の一般住宅への入居も一定効果を奏してきた。しかし，住宅政策の要である適切な社会住宅（建設などに公的補助のある住宅）の不足は慢性的な状況となっており，とくに単身者，青年の住宅のアクセスが困難となっている。

　なお，フランスのホームレス支援策を含む貧困対策は，ドイツなどに比べれば「中央集権的」であり，自治体ごとの施策内容の格差は少ないようである。ただし，ホームレス生活者が最も集中しているのはパリであり（続いてマルセイユ，リヨンなどの大都市），大都市では施策が問題に追いつかず，施策の課題も増大している。

2）貧困者支援アソシエーションのイニシアティブ，そして「公」と「民」の協同

　フランスのホームレス生活者支援策も，他の EU 諸国と同様に，行政と民間団体との協同体制が確固としている。今日的ホームレス生活者など「新しい貧困」への援助活動は人道的アソシエーションがイニシアティブを握り，彼らのロビー活動や地域でのキャンペーン活動によって，貧困対策諸法が制定されるにいたった。諸法は公的な責任，とくに国家責任を明確にし，財政は国庫が引き受けるが，地域での実践においてはアソシエーションと福祉事務所など公私のソーシャルワーカーや援助者たちの協同体制が敷かれている。アウトリーチ・緊急援助活動，宿泊施設，さらに職業的参入をすすめるアソシエーションは，地域の公私協同の地域参入委員会などで情報交換をしながら，社会参入を

図っている。さらに居住・住宅保障策においても，公私のソーシャルワーカーなどの社会的同伴活動 accompagnement social は，住宅喪失の予防，社会住宅入居の手続きの支援，そして入居待機期間でも不可欠となり，そして住宅に住み続けるための援助も展開されている。

3）「反排除法」そしてナショナル・アクション・プラン

　1998年に制定された「反排除法」は，ホームレス生活者支援策ではないが，ホームレス問題を含む貧困そして排除対策をグローバルに見直したものである。同時に，国民監視機関（ONPES）などを設置し，国そして公共団体の財政を含む責任も再度明確にしていった。

　また2001年7月には，ギグー連帯雇用相（厚生労働相－当時）は「反排除法」などを引き継ぐ，新たなナショナル・アクション・プラン「貧困および社会的排除への予防と闘いのための2カ年計画」をEU・欧州委員会に提出した。

　フランスでは1996年末以降の好況，そして労働時間週35時間制や新たな国庫補助雇用が拡大するなかで，失業者は100万人近く減少したが，長期失業者の減少はわずかであり，学歴のない人，そして移民・外国人など雇用確保力 employabilité の低い人々は相変わらず失業状況にある。また，社会住宅の不足，そして民間主導の住宅市場の活況は貧困者・家族の住宅問題を再燃させ，ホームレス生活者の一般住居への入居をさらに困難としている。加えて，東欧やアジア，サハラ以南のアフリカからの政治，経済難民家族の流入など新たなホームレス問題が加わっている。こうした事態に対し，アクション・プランでは，青年失業者や長期失業者などの困難層の雇用対策，住宅対策では空き家接収や不良住宅の解消，宿泊施設における子持ち家族や若いカップルの専用部屋の増設，さらには多様な給付を一括して申請できる地域での「連帯の家 maison de la solidarité」の設置，ソーシャルワーカー養成の強化策などが盛り込まれた。

　問題は山積みであり，政治的には若干の揺れもあると思うが，貧困および排除との闘いは放棄されないであろう。そして，このグローバルな闘いの一環に，ホームレス対策も位置づけられ，諸施策が実行されていくだろう。

〈本編を読んでいただくにあたって〉

　最後に本編の叙述に関していくつかのお断りをしておきたい。
　まず「ホームレス」概念であるが，本書で叙述されている他の諸国と同様にフランスでもさまざまな名称があり，概してどれも非常に広いカテゴリーの人々を含意している。公式のカテゴリーはなく，行政担当者，マスメディア，そして研究者においても，同じ名称を使用する際でも指す人々は異なっている場合，他方で同じようなカテゴリーでも他の呼称を使用するなど，統一的な定義はできない状況である。これは住宅問題に直面している人々の状況・事態が流動的であり，明確な線引きができないことも一因である。そこで本編ではホームレス生活者という場合には基本的には住宅困窮者を含む広い概念とし，そうではなく特定の人々を指すとき，そして関連名称を用いる際には，その具体的な状況を示しながら叙述することにした。
　本編は2人の執筆者によるが，「筆者たちの調査」と記した現地調査は，福原宏幸（大阪市立大学），檜谷美恵子（同大学），都留民子（県立広島女子大学）の3人で行ったものである。共同研究ではあるが，執筆者2人の視座や視点の違い，そして見解が統一していないところもある。諸施策が立案され実現されていくプロセス，とくに実行をすすめる（すすめた）ベクトル・力の捉え方に差異があることに気づかれると思う。また，用語の訳も統一するように努力をしたが，それぞれが属する専門領域（社会福祉・社会保障と住宅政策）での通例の訳語，あるいは双方がこだわりのある訳語はそのまま残した。その際には，その内容がどのようなもの・状況であるかを具体的に記すことにし，フランス語も付記している。
　また，ホームレス生活者，失業者，貧困世帯などの数値が随所に出てくるが，その際フランスの人口は海外県も含め2000年現在およそ5900万人余りであり，わが国の2分の1程度であることを念頭においていただきたい。

第1章　ホームレス生活者支援策の歴史と現状

　フランス政府直属の「『恵まれない者』[1]の住宅に関する高等委員会 Haut comité pour le logement des personnes défavorisées」第5次レポートは，1996年の国立統計経済研究所（INSEE）による住宅調査や国立人口問題研究所による1995年のホームレス sans-domicile 調査にもとづき，「短期間で自治的な生活を可能にする住居にアクセスできる展望のない人々」は73万人と推定している。その内訳は〈宿泊センターや受け入れセンター滞在者3万5000人，ホテル・家具付き部屋などの居住者55万人（子ども5万人），第三者宅での居候のうちで住居アクセスの手段をもたない，余儀なくされた同居・宿泊が10万人，ロマ人などキャンピングカーや一時しのぎ住宅居住者は4万5000人〉と推計した［HCLPD, 1999, p.22］。このように，フランスの「住宅喪失」問題は野宿・路上生活者問題に限定されていない。実際，長期の常態的な路上生活者は僅少であり，それは問題が拡大する前にいち早く対策が講じられてきたためである。そして，対策を緩めればホームレスに通じる貧困化のメカニズムが認識されている。高等委員会が，自治的な住居の喪失，あるいは一般的な住宅へのアクセスを阻害している要因を「過少収入という貧困化」，「医療やケアからの排除」，「家族崩壊」，そして「継承された貧困・排除」とみるように，貧困が今日のホームレス問題の背景であることは確認されている［ibid., pp.24-25］。こうした意味でホームレス問題が社会全体の問題となっているのであり，路上生活者のみに的を絞ったわが国のホームレス問題，そしてホームレス研究とは大いに異なる。

　本章では，かつての浮浪者，または徘徊者問題が，今日のようにフランス社会を揺さぶる大衆的な貧困問題として把握されるようになった社会史を概観する。なお，フランスの第2次世界大戦後における貧困の推移は［都留, 2000］を参照していただきたい。

1　前　史

　フランスの社会史をひもとくと，ホームレス問題とその公権力によるその対策の着手は14世紀の封建制の解体期にまで遡ることができる。14世紀半ばの「放浪 vagabondage」「物乞い mendicité」禁止・刑罰，そして17～18世紀のアンシャン・レジーム期には貧民のカテゴリー化と選別処遇の諸規則が体系化されるなかで，労働能力の欠如した貧民には病院や「物乞いの収容所 dépôt de mendicité」における慈善または公的な扶助，他方労働能力ある浮浪者には強制労働が実行されるようになった。大革命期には労働能力ある貧民を対象とする国立作業所などの設置計画もあったが，ナポレオン1世の時代になると刑法において「放浪」を「一定の住居も，生存手段もなく，習慣的に仕事をもたない者の状況」と定義して，治安対策として収監する方向が敷かれた［Castel, 1989, pp.9-16］。

　19世紀半ばの産業革命期以降，賃労働者の貧困化が社会問題となるなかで，「徘徊者 errant」問題も再燃したが（徘徊は労働者階級の問題なのか否かという論議など），結局，19世紀末には第2次世界大戦後にまで続く「徘徊者」・「浮浪者 clochard」対策が確定した。まず，雇用剥奪が一時的な状況であり，つまり「失業者」とみなせる稼働能力者は貧民と区分し，救貧行政から分離して労働行政—職業紹介行政に移した。救貧行政は疾病・障害者，高齢者，児童などの労働能力のない者に対象を限定し，そして労働能力はあるが就労の意思とその可能性のない，すなわち労働者・失業者とは認められない住所不定の者は，刑法にもとづく懲罰・収監の対象とすることが再確認された［Baruch-Gourden, 1985, pp.5-11］。懲罰政策のもとで収監された浮浪者の数は1890年代で年間延べ数3万人，1901年から10年までは2万人強，以降はさらに減少し1918年4320人という。その後は1930年代の大不況期に2万8000人にまで増加したが，他の時期では1万人弱であった［Damon, 1998, p.30］。

　以上の社会政策とは別に，19世紀半ば以降，社会的カトリシズムの影響を受けた修道会などの民間福祉 bienfaisance privé が慈善施設を設立・運営するよ

うになったことも見落とせない。民間福祉は自治体（コミューン）と協定を結び財政援助も受け，19世紀の半ばには宗教団体運営の慈善施設は約1800にものぼったという（施設で受け入れられた浮浪者たちの数は不明）。この慈善施設が，後に

ホームレスと関連用語について

　ホームレスを意味する使用言語の流れをみると，今日でも使われる「浮浪者 clochard」（必ずしも蔑称ではない）について，グラン・ロベール事典では「住所をもたず，目的もなく徘徊し，そして物乞い mendicité 以外の他の収入をもたない社会的に不適応状況にある人々」と解説し，この用語と定義は19世紀末に採用されたという。語源をたどれば，clochard は「clocher：うまくいかない」，あるいは「boiter：ギクシャク歩く，ちぐはぐである」という言葉に由来している。なお，clochard の前では中世時代からの「物乞い mendiant」あるいは「放浪者 vagabond」という用語が使われていた。英語で訳される場合には homeless とされる sans-abri は1929年からグラン・ロベール事典で採用された最近の用語であり，それ以前では19世紀末からの，やはり「家なし」を意味する sans-logis が使用されていた。なお sans-abri の abri については避難所，シェルターなどの邦訳もあるが，「安心できる場所」というのが元々の意味であり，ここでは広く住宅 logement をさす。

　さて，極限的なホームレス生活者，すなわち宿泊施設間，あるいは宿泊施設と路上を往来する「住所または住居不定者」の意である personne sans domicile fixe：SDF という用語は，メディアやソーシャルワーカーによって普及し1980年代末に市民権を得た社会的使用語であるが，元来19世紀末の警察用語であった。さらに，ホームレスの類語としての「地帯の人々 zonard」はパリを取り囲んでいた城壁周辺の居住者で廃品回収業などに従事していた人々への名称を語源とするが，1960年代には都会で目的もなく徘徊する人をさすようになり，田舎での徘徊者である「道の人 chemineau」，「放浪者 vagabond」，そして「ヒッチハイカー routard」などと区別する用語とされる［CNAF, 1994, pp.27-28］。ただし，以上の用語・定義はいずれも法的な，つまり公式のカテゴリーではなく，厳密な定義は示されていない。「家なし」をさす公的カテゴリーとしては，宿泊施設を規定している「家族および社会扶助法典 Code de la famille et l'aide sociale」では3ヵ月間の居住証明のできない「救済地のない人 personne n'ayant pas le domicile de secours」，1988年の「参入最低限所得 RMI 法」では「安定した住居のない人々 personnes sans résidence stable」が記されている。しかし，一般的に頻繁に使用されるのは sans-abri，SDF，clochard，mendiant などである。

　広くホームレス問題について言及する場合には，すなわち広義のホームレス概念では安ホテル居住者や，余儀なくされた同居人，劣悪住居に住む人々 mal-logés（本稿では「住宅困窮者」等と記す）なども含む。また路上生活者は personne à la rue という表現もあるが，ほぼ SDF と同義で使用されていると思われる。

ホームレス生活者への社会扶助宿泊施設（CHRS）へと発展していったのである［Maurel, 1996, p.8］。

2 第2次世界大戦後・高度成長期（1945〜75年）のホームレス問題

1）「救済地」のない人々への宿泊社会扶助

　第2次世界大戦後の新しい「社会国家」または「福祉国家」体制のもとでも，ホームレス対策は旧態依然のままであった。それは，「貧困」そのものが「残余」であり，貧困者，そして「住宅問題を抱えた人々 personnes mal logées」は，近代文明に不適応で，産業発展が強制した基準に順応できない特殊な人々とみなされ，彼らの問題解決は一般的な社会政策の課題ではなかったからである。

　「貧困者」への社会扶助 Aide sociale 制度において，宿泊施設が規定されたのは1953年であったが，入所対象は「病院，看護およびリハビリテーション施設からの退院者，出獄者，売春の恐れのある人々」で，しかも「単身者」とした（1953年11月29日デクレ）。

　この宿泊社会扶助は他の扶助が3カ月間の定住＝「救済地 domicile de secours」証明を要件にしたことに対応する措置であり，「救済地」のない人々については原則6カ月間の施設滞在が定められ，そこで「再就職 reclassement」「社会復帰 réadaptation sociale」の準備義務が課せられた。1959年には宿泊施設の入所対象者に4番目のカテゴリーとして「放浪者 vagabonds」が加えられたが，彼らへの扶助認定のために特別委員会（県の放浪者扶助委員会）が設置されたように放浪者への扶助施設入所には独自の選定基準（とくに「労働の義務」が負えるか否か）が敷かれたのである［ibid, pp.10-11］。宿泊社会扶助は，国が財政を含めた権限・責任をもつ国家社会扶助ではあるが，その設立・運営主体のほとんどがカトリック教を中心とした宗教的救済団体，または市民的博愛をバックボーンにもつ慈善団体である。宿泊社会扶助受給者数については，1950年代の統計は不明だが，厚生省資料によると1969年では延べ人数で2万62人（刑期終了者または放浪者65％，売春の恐れのあるもの21％，病院など退院者14％），

1975年では3万5914人（それぞれ64%，14%，15%，そして1970年代初めに規定された母子寮入所者7%）と増加している［MSN. MS., 1980, p.130］。加えて無認可施設も多々あり，宿泊施設滞在者は少数ではなかった。

2）刑法による浮浪者対策

「浮浪者」対策のもうひとつは，前世紀から引き継がれた警察力（県警）による強制収監・収用である。前述の社会扶助宿泊施設への入所は強制ではなく「自らの申請においてのみ」，そして社会復帰，すなわち労働・（再）就職の可能性と意思が確認されて，入所認可となった。しかし，警察力による収用は刑法にもとづき半ば強制であった。大都市では，一般刑務所とは独立した「浮浪者の家 maison de clochards」などを設置し，警察が定期的に巡回して浮浪者，徘徊者を収用していた。この「浮浪者の家」で最も有名な施設がパリの西部郊外に現存し，映画の舞台にもなった「ナンテールの家 Maison de Nanterre」（1887年設置）である。パリの「浮浪者」たちから，その制服の色のせいで「ブルー」と呼ばれ恐れられていた警察隊は，浮浪者たちを「ナンテールの家」に毎夜トラックで運び収用し，そこではシャワーや健康診断・治療を強制していた［Liscia, 1985, pp.14-16］。「浮浪者の家」は社会治安上の施設であるとともに公衆衛生施設でもあった。浮浪者の強制収用は1950年代からは徐々に緩和され，合意にもとづく緊急の短期宿泊施設（緊急医療看護センター Centre d'hébergement d'urgence pour soins infirmière：CHUSなど）へとなっていったが，放浪を軽犯罪 infraction とする刑法規定は1994年2月末まで存続した。ただし，刑法違反として収用された人々の数は，1970年代は全国で毎年，延べ5000人，1980年代は2500人程度，1992年1401人，1993年1431人と減少していった［Damon, 1998, p.32］。

3）ビドンヴィルなどの極貧ホームレス家族

戦後，そして1950年代から1960年代の高度成長期を通じて，「救済地」をもたない単身者・宿泊施設入所者とともに，「住宅困窮家族 familles mal logées」の問題も「残存」していた。

パリをはじめマルセイユ、リヨンなどの大都会での、戦前からのあばら家 taudis、そして戦争被災者、外国人、さらに旧植民地からの引揚者などの不良住宅地域・ビドンヴィル（バラック仮住居地帯）の住民である。ビドンヴィルの居住家族は不就労、あるいは修理人・掃除夫・行商人・廃品回収・清掃人・屑鉄拾いなど雑業に従事した多子家族が典型とされ、彼らは1954年調査によるとパリ郊外だけでも35万世帯にのぼっていた［Paugam, 1995a, p.48］。1954年冬にはパリ郊外ノワジー＝ル＝グランのバラック小屋で幼い子どもとその母親が凍死し、この事件は世論を喚起し、ビドンヴィル問題が大きく取り上げられることとなった。そして、ビドンヴィルに住む住宅困窮家族がホームレス生活者 sans-logis とみなされていた。さて、ビドンヴィルは、高度成長期の大都市郊外における空港・高速道路・大学建設などの地域計画の障害物となっていき、その一掃は社会的そして経済的にも急務となった。大都市郊外では、社会住宅（HLM）――建設に公的補助をともなう低家賃の住宅――の建設がすすめられていったが、それでもビドンヴィル居住者は1966年調査において全国で少なくとも7万5000人（パリ郊外5万人、マルセイユ1万人など）と確認されている。さらに住宅省では、家具付きの安ホテル・貸し部屋、老朽家屋、さらに倉庫や洞穴での居住者は10万人を超えると推計していた［Lallaoui, 1993, pp.44-45］。

社会住宅の建設はすすめられていったが、ビドンヴィル居住家族の社会住宅への入居はすすまず、社会住宅の一隅に用意された「通過住宅団地 cité de transit」、「緊急住宅団地 cité d'urgence」などに一時入居とされていった。彼らは雑業によるわずかな現金収入と児童社会扶助手当（児童養育費）、そしてソーシャルワーカーの援助を受給して生活していたが、近隣の人々とのあつれきも生じていた。こうした極貧家族が幾世代にもわたって形成され、産業社会に不適応で扶助受給に慣れた第4階層の人々（カールモンド quart monde）、そして「排除された人々 Exclus」と命名されていたのである［都留，2000，11-13頁］。

「栄光の30年」（1945年～75年。高度成長期）の「住宅喪失」そして住宅困窮問題は「縁辺的貧困 pauvreté marginale」とされ、したがって社会・経済システム全体は問題視されず、社会問題とはみなされなかった［Paugam, 1996, pp. 396-399; 都留，2000，56-58頁］。

なお、フランス社会で忘れてはならないのは移民とその家族の問題であるが、彼らは「栄光の30年」では大きな社会問題にはならなかった。彼らは、当時の労働力不足を背景にした、北アフリカ旧植民地などから移住した人々であり、職業資格のないまま低賃金労働者の位置におかれるなど「差別」はあったが、法定最低賃金・社会保障などの諸制度によって労働者としての地位を確保できていたからである。移民家族は低賃金労働者家族向けの社会住宅（HLM）に入居していき、他方、家族をもたない単身の移民労働者の多くは公的助成のある専用の労働者寮や宿泊施設で暮らすようになっていた。しかし、単身者はいずれ故国に戻るものとみなされ、彼らの住居・生活状況が貧困問題として取り上げられることはなかった［Klanfer, 1995, p.35 ; Paugam, 1995a, p.52］。移民やその家族の貧困が社会問題となるのは、彼らが雇用剥奪・失業の最大の犠牲者となり、彼らが集中して居住するHLM、そしてHLMが密集する「郊外」が非行・犯罪の温床となり荒廃がすすむ、1980年代以降である［Pétonnet, 1982[2)]］。

3 「貧困の発見」とホームレス問題

長年「残余」と位置づけられていた「貧困」が、経済成長によっても解消されなかった大衆的な性格をもつ社会問題として登場したのは1970年代半ばであり、フランス人の10人に1人、または5人に1人が貧困に陥っていることが告発された［Lenoir, 1994 ; Storelu, 1994 ; 都留, 2000, 15-17頁］。しかし、この時期の貧困把握は、静態的・固定的状態としての貧困であり、生活が不安定化していくプロセス、すなわち状況が悪化・深化していくという貧困化 paupérisation の視点はなかった［Milano, 1982, p.42］。今日のように貧困論議で「住居保持から住居喪失にいたる」状況についての言及、住居喪失というリスクをともなう貧困化という指摘はみられなかった。しかし「貧困の発見」は従来の社会保護（わが国の社会保障に相当）施策の見直しも提起し[3)]、社会扶助においても今日に続く宿泊所社会扶助制度を規定した1974年11月19日法が制定された。本章の初めに、フランスではホームレス問題が浮上する以前にすでに対策が講じられていたために、路上生活の拡大は回避できたと記したが、それはこの1974年法によ

るところが大きい。

 1974年法は、従来の社会扶助宿泊施設が病院退院者、刑期終了者、売春の恐れのある者、そして放浪者で単身者だけの入所に限定していたのに対し、「家族および社会扶助法典」を改正し「家族」にも拡大した。そして入所・扶助要件を、刑期終了や放浪などの特殊事情ではなく、「不十分な資力……生活を営むことが困難であること、それが住居の欠如と結びついていること」(185条)というように住宅問題を抱えた低所得・貧困へと一般化したのである。同時に、施設内の福祉・保健サービス、社会復帰のための就労支援も規定した。さらに1975年にはCHRS職員の職業資格・専門職化、そして1979年には作業場 atelier や職業基礎教育センター centre de formation、就労生活適応センター（CAVA）もCHRSとして認可されていき（宿泊施設と同様に国庫補助が定式化）、入所者に「労働の権利」も付与されることなった［Maurel, 1995, pp.14-15］（詳細は第2章と第4章）。

 以上のように、宿泊所入所対象の拡大、そして施設処遇の改善はあったが、実際の入所・受給者はやはり、刑期終了者や放浪者など旧来型の貧困者であった（アルコール依存や精神的問題を抱える人々も多々みられる）［Houillion, 1996, pp.49-56］。1970年代では、ホームレス問題の解決策としては、単身ホームレス生活者の宿泊施設よりも、いかにしてカールモンド家族を社会住宅（HLM）へ入居させるかであった。そして、それまで入居を待機させられていたカールモンド家族も「通過団地」からHLMへの入居がすすみ、極貧問題、それと表裏一体であった住宅困窮問題も緩和に向かったと思われていたのである［Paugam, 1995a, p.53］。

4　大量失業時代のホームレス問題

1）1980年代の「新しい貧困」とホームレス問題

 1970年代末にジリジリと持続的に拡大していった失業率は、1980年代に入るとうなぎのぼりに上昇し1985年には250万人の失業者が記録され、失業率は10％の大台に乗った。そして、失業期間は長期化し長期失業者の窮状が明らかに

なると，社会の縁辺で生成した残余としての貧困ではなく，労働市場の悪化にもとづく「新しい貧困 nouvell pauvreté」が社会問題化していった。そして，失業だけでなく，安定雇用から不安定・非正規雇用の拡大を背景にして雇用不安―貧困化という貧困のプロセスが重視されるようになった。

1980年代の「貧困との闘い」のイニシアティブをとったのは民間の慈善・福祉アソシエーション（人道的アソシエーション）であったが，諸団体は失業者・「新しい貧困者」のための受け入れ相談所 accueil，サービス・チームを結成して，地域での救援活動を拡大させていった。[4] 多くのアソシエーションは社会扶助宿泊施設（CHRS）の運営にも携わっていたため，新たなサービス受給者が従来の施設入所者とは異なり失業手当の権利を費消した失業者・家族，または失業手当の権利のない失業青年であること，彼らは家賃滞納から住宅を追い出されるリスクをもち，あるいはすでに徘徊を余儀なくされていることに気づき，宿泊施設だけでは新しいホームレス問題の解決にはならないことを指摘していった。[5]

アソシエーションは地域活動だけでなくロビー活動も活発に展開していき，政府の審議会などで新しい貧困対策を求める一連の報告・勧告書を作成・提出させることに成功した。そこではホームレス問題も主要なテーマのひとつであった。その後の社会施策に大きな影響力をもった1987年の経済社会評議会（CES）のウレザンスキ・レポートは「パリの住宅のない人々は1万5000人」，「国家的な規模では，家のない人々または一時しのぎの住宅居住者は20万から40万人にのぼり，住宅への権利は現実には尊重されていない」[Rapport Wresinski, 1987, 邦訳225頁] と記した。そして，1982年の国勢調査にもとづき過密居住49万1000世帯，そのうちで住宅最低限基準を下回る2部屋以下の住居が40万7000世帯，仮住い住居2万620世帯，家具付き安ホテル宿泊者は12万700人にものぼると推計した。自治的な住居に住んでいないホームレス生活者の背後には多くの住宅問題を抱えた貧困者がいることを指摘したのである。加えて，家賃滞納を理由とする強制退去 expulsion の件数も急増しており，裁判所への退去執行の要請は1983年には2万9000件，1984年には3万3000件，退去措置の認可判定は2万5000件から2万9000件へと増加した。さらに宿泊施設入所者の社会

復帰も困難を極め，少なくない者が退所後に再び路上生活に回帰する状況も公にした。ウレザンスキ・レポートは，以上の現状から，ホームレス問題の解決のためには，宿泊施設・食糧配給などの緊急策だけでなく，劣悪住居を解消する住宅改築費，公的基金による家賃補助などの予防策，住宅入居の保証金貸与・給付，そして社会住宅（HLM）の建設促進とそこへの入居促進が必要であることを強調した［ibid., 233-235頁；都留，1998, 218-219頁］。

すでに，フランスでは「住居への権利 droit au habitat」が法明文化されていた（1982年6月22日キイヨ法）。そして住宅保障の要としての社会住宅（HLM）は，労働者・勤労者家族対象の住宅として普及していき，さらに1977年に創設された新しい住宅手当（APL）によって貧困家族の社会住宅への入居も容易になり，全世帯の15％が社会住宅居住世帯となっていた。しかし，1980年代半ばには，受け皿となるべきHLM自体が問題──居住世帯の貧困化──を抱えることとなった。失業世帯，母子世帯を中心にして家賃滞納が広がり，HLM全世帯における家賃滞納世帯率は1980年の2.5％から1984年には8％に上昇した。同時に，リヨン，パリなど大都市郊外のHLMでは失業青年たち（多くは移民）の非行・暴力行為が頻繁となり，HLMからの中所得家族の自主退出がすすみ，失業・貧困世帯が残されることとなった。HLM供給および管理者団体（株式会社から，アソシエーションが母体である公社まで多様な組織）は，貧困家族の入居による住環境の荒廃，そして住宅価値の低下を防ぐために，地区のソーシャルワーカーの紹介があっても貧困家族の新規入居をためらうようになった。さらに，HLM組織は住宅増設よりもストックの改善を図ったため，入居申請・待機数は膨れ上がったのである。

こうしたホームレス，そして住宅困窮問題解決の「ゆきどまり」に直面して，法によって「（すべての人々への）住宅への権利 droit au logement」を明確にする必要があった。この具体策が，1990年5月31日法（ベソン法）であり，同法では現に住宅困窮そして住居喪失という事態に陥っている人々の住宅入居手続きとその公的保障，そして住居喪失の予防策が明確にされたのである（ベソン法の詳しい内容と実際の展開については第5章を参照）。

ともあれ，1980年代後半からの貧困対策は，失業者への公的就労，失業扶助，

そして従来の扶助原理を改変した一般的最低限所得保障である参入最低限所得(RMI)の創設,「債務によって招かれる諸困難の予防と対策」のネイエルツ法[8],そしてベソン法による住宅保障など,法制度として大きな改善をみせていた(実際の効果は,制度によって大きな格差がある)。そして,以上の貧困対策において究極のホームレス生活者・不定住者(SDF)も排除せず,彼らへの受給権を確実にするために,支援団体での名目的な住所登録など新たな方策も採用されていったのである(第3章参照)。

2)「排除」とホームレス問題

1990年代の特徴は,拡充した貧困対策を凌駕する規模の貧困化の進行であり,ホームレス問題も新たな様相を加えながら,より社会問題化していった。まず失業者は1993年には300万人を超え,失業率は12%で固定化し,しかも1年以上の長期失業者は100万人近い数となった。同時に有期限雇用,派遣,パートなどの非定型雇用が顕著に増加し,被用者の2割を超えていった。また,RMIなどの無拠出最低限所得保障(社会的ミニマム)の受給者は1990年の500万人から1995年には590万人強,扶助受給者は全人口の1割を超えた。社会的ミニマム受給権者(世帯主)に占める稼働能力者(事実上の失業者)の比率は1990年37%,そして1995年には48%と半数近くまで高まり,失業と貧困が連鎖していることは明白となった[都留,2000,45-49頁]。さらに,情報・経済予測局(BIPE)では1990年の国勢調査にもとづき,最低基準に満たない住宅居住者など「住宅困窮者 mal-logés」は261万人,安ホテル滞在者30万人,不定住者(SDF)や施設滞在者など「住宅から排除された者」は15万人近く,彼らは全人口の5%を占めている,と推計した[都留,1999a,p.102]。

もはや,貧困は所得水準だけでなく,雇用,住宅,さらには健康問題,社会的孤立すなわち社会的紐帯 liens sociaux の弱化など人間生活全体の不安定化とみなされ,こうした拡大・深化した貧困については,それまでとは違った意味で「排除 Exclusion」問題として論議がすすめられるようになった。雇用不安—貧困—社会的紐帯の弱化の連鎖という新たな「排除」概念,そして今日の「排除された人々」とは誰なのかについては大きな論争もあるが[9],住宅から排

除されたホームレス生活者 sans-abri, そして宿泊施設を転々とする不定住者 (SDF) が, メディア, 政治および社会論議では「排除」の極限状況・人々とみなされていった。1980年代末からの貧困・排除に関する多くの公私の報告書では, 最も窮迫したホームレス生活者の数を推計した。報告書での数は20万人から70万人強と差異があり [Damon, 1994, p.23], これはホームレス生活者とそうではない人々の線引きの困難さ, 状況の流動性が高いことを物語っている。

多くの調査は極限的ホームレスである SDF の質を明らかにしていったが, その特徴は青年, そして35歳までの若年成人 jeunes adultes が中心であり, 彼らには住宅の保障ではなく宿泊施設しか用意されていない。[10]

ここで SDF の特徴を, 1995年に実行された国立人口問題研究所 (INED) のパリ調査結果 [Marpsat et Firdion, 2000] から概説する。調査対象はパリ市内の「最も狭義のホームレス生活者 sans domicile au sens restreint」[11]である。この調査は初の科学的調査と評判は高いが, 調査拒否が多く (約1000人中調査受諾のホームレス生活者は558人), しかも青年層の調査拒否が多いなど問題点がある。[12]しかし, 従来明らかにされてこなかった生育・生活歴が明らかにされており, SDF に陥るリスクの大きいのは誰なのかを明らかにした意味は大きい。以下, 調査結果を概観する。

・性別は, 男性が83％, 女性17％で, 単身が8割強である。年齢構成は男性では18歳から24歳が9％, 女性は17％, 25歳から34歳が24％と38％, 他方45歳以上は38％と19％である [ibid., p.258]。
・調査前1週間の宿泊場所は, 女性はほとんどが長期の社会扶助宿泊施設 (子ども連れの場合は母子・家族施設) であるが, 男性では同一の2週間程度の緊急施設 (シェルター) と長期宿泊施設・CHRS がそれぞれ30％, 10％が複数の施設か5日未満の同一施設, そして20％弱が施設外での空き家のスクワット (不法占拠), ホテル (40歳以上), あるいは友人宅などでの寄宿 (青年) である。公共の場で3日間以上すごした者は7％にすぎない [ibid., pp.197-199]。[13]
・男性の3割, そして女性の4割が, 就労による収入を確保し, その内容は失業対策・国庫補助雇用 (事務職, 建設・改築・保全職), そして宿泊施設や貧困者支援アソシエーションにおいて多様な雇用についている。後者では, 男性

が庭師，窓口業務，電話交換手，警備・夜警，調理師，給仕など，女性では洗濯職員，電話交換手が主たるものである［ibid., p.275］。なお国庫補助雇用，そしてアソシエーションでの雇用でも最低賃金，そして社会保険加入の権利が保障される。
・社会給付（RMI，失業手当，家族給付等）も男女とも半数が受給しており，さらに社会保障手帳（疾病保険証），そしてパリ市内で無料医療を受給できるパリ健康手帳も普及しており，それを不所持の者は17％にとどまる［ibid., p.326］。さらにソーシャルワーカーとの定期的な面接は，男性でも半数が保持しており，女性の3分の2では長期宿泊施設，または子どもへの援助センターのワーカーと強い関係を保持している［ibid., p.275］。
・社会施策によるカバーはすすんでいるが，日々の生活は不安定であり，とくに健康面で憂慮すべき状況がみられる。4割強がなんらかの疾病を抱え，精神的トラブルを訴える人が19％を占め（一般の人々では13％），リュウマチなどの運動障害10％（同2％），呼吸器系疾病7％（同5％）などである［ibid., p.329］。

　出生，そして生活歴は INED 調査で初めて明らかにされた。
・出生地が外国である人が男性の40％，女性の半数近く49％にものぼっている。これに対して，パリを含むイル゠ド゠フランス地方の全住民では前者は22％，後者20％である［ibid., p.267］。
・生育期の家族問題では，18歳前に親の死，離婚，さらに虐待などを経験している人が男性で20％，女性で22％も占める。そして16歳のときにすでに実の父母とは生活をともにしていなかった人が男性で24％，女性17％で，児童養護施設や里親のもとで暮らしていた人が前者10％，後者6％である。さらに，18歳後には自身の疾病，事故，犯罪―刑務所，アルコールまたは麻薬依存などの経験者もそれぞれ21％，26％を占めている［ibid., p.264］。
・16歳時で判断された出身階層をみると，男女とも49％が生産労働者（イル゠ド゠フランス住民の男性では32％，女性では31％），他方，管理・専門職層は前者7％，5％（同16％，18％）にすぎない［ibid., p.261］。本人の学歴は男女とも4割が学歴なしであり，一般労働市場への参入が非常に困難な人々である［ibid., p.

266]。

・住居を失った直接的な契機は，女性はほとんどが配偶者または家族との別離，男性では雇用喪失や社会給付の費消など経済問題と家族問題がそれぞれ4割である［ibid., p.264］。

このように生育・生活歴をみると，失業・貧困，そして住宅困窮の裾野は広いが，すべての人々が決定的な「住居喪失」・不定住者（SDF）に陥るリスクに直接さらされているわけではないことがわかる。移民（国籍にかかわりなく外国生まれの人々），成長期の家族問題―家族崩壊，雇用-失業問題，そして社会規範からの逸脱（脱社会化）をともない，最終的に住居喪失・SDF化していくのである。収入確保や疾病保険・医療保障など貧困・排除対策はかなり効を奏しているが，肝心の生活基盤，つまり住宅保障施策から取り落とされている人々が誰なのかもわかる。[14]

ともあれ住居喪失・ホームレス生活者の恒常的存在は，再度貧困・排除対策のグローバルな見直し（保障の「穴」の修復），さらに責任の所在を明確にする必要を喚起していき，1998年の「反排除基本法」の制定へとすすむのである［都留，1999b］。

3）好況期のホームレス問題

さて，フランスでは1996年末以来経済の活性期をむかえ，国内総生産は前年比で2％増を続け，失業者は100万人減少させ240万人となった。しかし，すべての者が恩恵に浴しているわけではなく，経済の好転はむしろ，長期失業に沈むリスク，そして不安定雇用・ワーキング・プアを拡大させている［Demazière, 1995, 邦訳183-189頁］。参入最低限所得（RMI）受給者は若干の減少をみせたが，それでも100万世帯，190万人近い受給者がおり，貧困は単なる「経済の失敗」ではないことが鮮明になっている［Liaisons Sociales, 2001, pp.15-31；La tribune du 22 mars 2001］。

なお，RMI受給者の9割は労働能力をもつ者（事実上の失業者）であり，また不安定労働者も広い意味での失業者と捉えられており，好況期といっても雇用危機は続いており，大量失業社会が変容したわけではない。

低所得・貧困世帯の住宅の保持，そして住居への新規入居もより厳しくなっている。経済成長のもとで住宅市場は活性化しているが（1998年以降の住宅建設ラッシュ，1999年には20万戸の新築住宅の購買，60万件の現存住宅への賃貸契約数），それは住宅価格と家賃を10％近く上昇させ，とくに住宅の質の改善をともなわない1部屋のみまたは2部屋の小アパートなどで家賃上昇が顕著となり（とくにパリ地域），青年の家族からの「自立」・住宅アクセスをますます困難にさせている［Fondation Abbé Pierre, 2000, pp.15-25］。青年の失業は顕著に減少したが，学歴・職業資格のない青年は失業に沈んだままである（学歴すなわち職業資格なしの25歳未満青年の失業率は17％，他方高等教育修了青年では7％）。学歴のない青年たちの親も同じく貧困であり，そして25歳未満の単身青年の RMI 受給権はいまだに付与されておらず，貧困にもとづく家族問題も悪化していった。多くの青年たちが宿泊を求めるフリー電話，そして緊急センター（シェルター）に殺到し，緊急センターへの援助を求めるホームレス生活者の3分の1が青年になったという［Fondation Abbé Pierre, 2001, pp.13-15］。

　単身青年だけでなく，失業者世帯，有期限雇用の労働者世帯も，収支のバランスをとることを最優先する社会住宅（HLM）への入居はさらに困難になり，老朽化した民間住宅，旧市街地の陋屋や屋根裏部屋に取り残されることとなった［Sauvayrea, 1999］。さらに，この低家賃民間借家が民間主導の都市再開発のもとで減少し，住宅喪失の予防策（ベソン法）にもかかわらず，強制立ち退き expulsion は相変わらずの数である。裁判所での借家明渡し決定は1997年8万8000件，1998年でも7万5000件なのである［ibid., pp.16-18］。

　住居を喪失した家族は放置されてはいないが，彼らは社会的レジデンスなどの「一時的住宅 logement temporaire」に滞留するようになっている。「一時的住宅」とは1990年代半ば以降の国の特別施策であり，受け入れられた人・家族は住宅手当，そしてソーシャルワーカーの同伴援助を受給しながら一般賃貸住居への入居の準備・待機をする，すなわち一般住宅入居へといたる第1段階の「住居」と位置づけた。長期にわたる社会参入援助による成功例も多々あるが，前述のような住宅市場のもとでは，一般住宅への入居は思うようにはすすまず，不安定・劣悪住居と「一時的住宅」との間の流動，あるいは規定滞在期

間を超えた滞留となっているのである。加えて,「一時的住宅」において,雇用や一般住宅入居などの準備(参入)計画が具体化できず,または実現の見通しのない者・家族は往々にして,宿泊施設や寮へ戻らざるをえない状況もある。[15]

以上の問題に加えて,新しいホームレス問題も顕在化している。

ひとつは,青年層の問題で,家族関係の悪化した失業青年の徘徊 (SDF) 化は,新たな問題も付け加えている。学業の失敗,家出癖 fugueurs, 徘徊傾向 nomadisme という成長期の性向 [Firdion, 1999],さらには家族そして社会からの拘束を嫌い自身の意思で徘徊,安ホテルや宿泊施設を渡り歩く青年,とくにロックコンサートその他のフェスティバルを追う「無職」青年の増加である。後者については「積極的な徘徊 errance active」と命名され,地域の安全・治安 sécurité から社会問題化している [MES, 1997 ; Chobeaux, 2001]。[16] 青年期でのホームレス化は一過的な状況であるが,住居喪失の影響はその後の生活周期全体および,さらに複数の世代にも影響をもたらす問題として重大視されている [FEANTSA, 1995, p.6]。

新しい第2の問題は,外国人難民,無国籍者の問題である [ASH n°2136, 1999 ; Le Monde du 18 octobre 2000]。政治不安,そして経済的理由で外国からパリに来る者はますます増加しており,難民施設 asile は満杯状況にある。「難民および無国籍者保護事務所 (OFORA)」や「難民施設申請者受け入れセンター (CADA)」への施設申請数は1995年の2万強から1999年には3万907件に増加した。[17] しかし,難民施設へ入所できた者は,1995年以降は5000人に満たず,1999年では申請数の15％にまで低下し,パリでは県保健福祉局 (DASS) が支援団体と協力してホテルを借り上げざるをえない状況となっている [Le Monde du 18 octobre, 2000 ; Fondation Abbé Pierre 2001, pp.19-28]。

徘徊青年への対応は困難であり,さらに難民問題には長期の援助活動,それも国籍問題の解決,フランス社会に参入するための言語,文化,習慣の習得など,特別な対策も不可欠である。しかし,特殊状況を理由にして,すべての人々に「適切で自治的な住居」を保障するというホームレス問題の根本解決を等閑に付すことには大きな批判がある。問題解決の最大の障害は,1990年代に

は社会住宅（HLM）への国庫助成が減少し，1980年代半ばの半分近くまで低下していること［Mairin, 2000］，さらには社会住宅の不足（とくに大都市）のために，前段階の「一時的住宅」そして宿泊施設の出口をふさがれて，単身青年や外国人・難民家族の問題への対処もさらに困難になっていることである。[18]

なお，国立統計経済研究所（INSEE）では，前述の国立人口問題研究所の調査方法を踏襲して，2001年1月に全国で宿泊施設，無料レストランそして食料配給センターなどの利用者（親族・知人宅の寄宿者含む）の大規模調査を行った。この調査結果から，最も厳しい状況におかれたホームレス生活者 sans domicile はフランス全土で8万6500人と推計された。[19]

4）最 後 に

フランスのホームレス問題は，国内の経済格差・不平等（貧困・排除）の拡大，生活共同体である社会の不安定化（社会的紐帯の弱化），加えて地球的規模での政治・経済矛盾から招かれた諸現象が重層化した問題となっている。以上の問題構造はフランス「福祉国家」では隠すことはできない。雇用・職業教育，社会保障の権利は憲法上の権利であり，住宅の権利も明確になっている。そして形式的権利だけでなく，権利を実行に移す諸施策，諸活動，諸機関も後退させられない数にのぼっている。さらに自国民にかぎらず，一定の条件はあるが外国人の受給権も拡大させている。新たな要因による問題が加わり，問題は多元的・多面的な状況にあり，解決には困難を極めるが，ホームレスそして貧困・排除問題の解決が「国民的責務であり，国の公的諸政策において再優先される」（「反排除法」第1条）課題であることは見直されることはないだろう。[20]

第2章　緊急施策
――アウトリーチ・緊急受け入れから宿泊施設

　本章では，住居を喪失し路上に出てしまった人々が，ホームレス状況から脱出するためにはどのような社会的援助があり，その援助をどの程度受給できているのか，すなわち緊急施策および支援活動の内容と実際・効果をみていく。ホームレス問題の解決策の根本は，自治的な生活を可能とする住居（一般的住宅）の確保であるが，そこにいたるまでの道すじを「居住の保障」の観点からみると図表Ⅳ-2-1 のとおりである。本章で叙述するのは社会扶助宿泊施設（CHRS）の出口までであり，以降の施策と状況について，そしてホームレス

図表Ⅳ-2-1　ホームレス生活者に対する居住保障援助の道すじ

```
                          家なし
                            ↓
        ・県の緊急施設情報網を活用した本人の住居ま
          たは宿泊施設の申請
        ・115番フリー電話によるSAMU-social（60都     国鉄，公営交通局などの連帯部局，福祉事務所，
          市で実施）等                              アソシエーション-以下（A）とする-，赤十字，
        ・国鉄駅，地下鉄での専門援助活動              病院

  病院
    ↘      ↓↑             ↓↑
  または  緊急施設  →  社会参入宿泊施設CHRS  →  社会的レジデンス  →  社会住宅
  94年～県責任      53年～国家社会扶助          94年～県責任         （A）が借り受け「準借家
  運営は（A）       運営9割が（A）で，他は       運営は（A）          人」
  2週間程度の宿泊   福祉事務所等                原則2年間            「すべりこみ契約 bail
  職員配置基準なし  原則6ヵ月～1年滞在           1万5千人居住         glissant」
                  2万6000人入所               住宅手当と同伴活動     住宅手当と同伴活動
                  ソーシャルワーカーの同伴       の受給                     ↓ ＊
                  活動                                             一般的権利の「借家人」
```

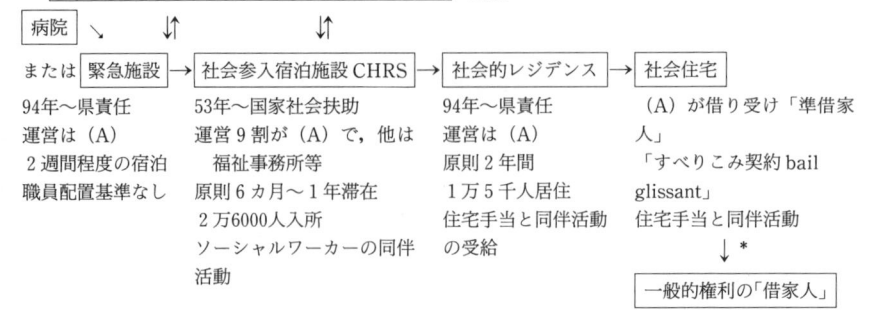

＊アソシエーションが賃貸契約の当事者であるが，アソシエーションがまた貸しをした居住者（準借家人）の状況が良好になったならば，その契約に居住者にすべりこませて，居住者が契約当事者，すなわち真の（一般的権利の）借家人となっていく。

化の予防策については第5章をあわせてお読みいただきたい。

1　アウトリーチ・緊急受け入れ

　宿泊施設を求める人々，その夜の宿泊場所が定かでない人々への福祉援助は主として民間福祉（慈善団体）によって担われ，民間の宿泊援助は19世紀以来長い歴史がある。行政援助は第1章で述べたように，まずは浮浪者対策であった。法定の福祉援助として取り組まれ始めたのは第2次世界大戦後，とくに法体系が整備された1950年代以降である。行政窓口としては，市町村（コミューン）の福祉事務所（社会扶助事務所 Bureau d'aide sociale : BAS，1986年以降はコミューン社会福祉センター Centre communal d'action sociale : CCAS）であり，そこから民間の宿泊施設，または少数ながら福祉事務所が運営している施設に誘導していた。

　今日のホームレス生活者への緊急援助は，1980年代半ばから公私協同活動として実行されてきたが，路上における組織的，かつ定期的なアウトリーチ活動が実行されるようになったのは1990年代に入ってからである。

　パリ交通公社（RATP）の3人の専任職員が駅とその周辺ですごす人々の数を計算し始めたのは，1991年冬であった。この活動が，現在のSDF援助専門委員会・「極限的排除と闘う委員会 Mission lutte contre la grande exclusion」に発展し，駅構内での相談所の設置，100人を超える訓練を受けた専任職員による週5日深夜の定期的なアウトリーチ，そして「ナンテールの家」（本書211頁参照）での宿泊の説得・誘導などを行っている。その結果，「地下鉄居住者」は，1991年の1125人から1999年ではおよそ3分の1の347人に減少［RATP, 2000, p.16］し，さらに著者たちが委員会の責任者から取得した追加資料によると，避寒のため最もその数が増加する2月の夜間の人数は，1999年が357人，2000年が307人，2001年で305人と確実に減少に向かっている。ちなみに2001年7月は117人である[21]。

　国鉄（SNCF）も，1993年11月に「利用者のために清潔で静かな駅を確保する」ために，職員の業務として「連帯委員会 Mission Solidarité」を創設した。委員会の活動は，各地域，そして駅にチームを結成し，地域住民に国鉄の意義

を知らせる啓蒙活動，非行少年への地域教育活動，失業者への直接的な雇用提供や求職活動への援助など多岐にわたるものであり，この活動の一環として不定住者（SDF）への宿泊の確保，施設・住宅の斡旋，さらには路上生活者への夜間の巡回サービス SAMU-social（次で述べる）への出向などがある。前述のパリ交通公社の「極限的排除と闘う委員会」では単独で組織的活動を展開しているが，国鉄のホームレス生活者援助は，地域の医療・保健，社会福祉，雇用の多様な貧困者支援アソシエーションとの協同体制のもとで，駅や車両の開放，食料・衣料支給，医療検診，駅から宿泊施設への誘導，就職斡旋を行っている。[22]

アウトリーチ活動で最も大規模なものは社会福祉緊急援助 SAMU-social（サミュ ソシアル）である。[23] 1993年11月にシラク・パリ市政下で，「国境なき医師団」の創設者であり「ナンテールの家」元責任者，そして後にジュペ保守内閣で人道活動相に就任したエマニュエリ X. Emmanuelli 医師によって創設されたが，現在では全国およそ60都市で実行されている。SAMU-social の活動は，まず看護婦とソーシャルワーカーが同乗したワゴン車での市内巡回であり，路上にいる SDF を説得のうえで宿泊施設に誘導している（**写真①**〔本編の扉裏〕参照）。これは連絡所となっている商店，喫茶店，レストラン，ホテル等からの通報にも応えている。巡回サービスだけでなく，1994年冬からはフリー電話（「緑の電話番号」115番）で，宿泊を求める SDF にその夜に空きのある宿泊施設を知らせるというサービスも加わった。パリ本部を訪れたところ，「緑の電話」に対応する数十人の電話交換手が配置され，さらに附設診療所では簡単な治療も行われていた。なお SAMU-social は公営ではなく1980年代半ば以降，貧困対策において築かれてきた公私協同運営の公共利益団体 Groupement d'intérêt public （GIP）であり，財源は自治体であるが，直接援助は公共体や公企業，そして貧困者支援アソシエーションからの出向者によって担われている。[24] 援助された人々は延べ数で，1997年2万1533人，1998年2万4344人，1999年2万7456人，2000年では2万9000人近くとなっている〔ONPES, 2000a, p.156〕。[25]

なお，緊急施設，および長期宿泊施設その他のサービスを紹介する無料電話受け入れ窓口 Permanence d'accueil téléphonique は SAMU-social 活動の枠を超えて1997年から各県で取り組まれることとなり，さらに1998年の「反排除．

法」の社会的覚醒施策 Veille sociale へ発展し、県はフリー電話サービス、そして宿泊所リストの作成とその夜に宿泊可能な施設情報を公共掲示する義務を課せられることとなった［ASH Supplément n°2158, 2000, pp16-18］。

　以上の公的、または準公的な緊急援助網とともに、貧困者支援アソシエーション（人道的アソシエーション）の日々の緊急受け入れ・相談所も忘れてはならない。まず、「日中の受け入れ accueil de jour」（「夜間の受け入れ accueil de nuit」、すなわち宿泊施設と対比した名称）であり、全国で約100カ所設置されている。有名なものとしては「ピエール神父財団」の「連帯ブティック boutique solidarité」があるが、相談活動とともに食事、シャワー・衛生、郵便箱、個人的な荷物預かりなどの当面のニーズに対処している。[26]

　民間の医療アウトリーチ活動としては「フランス赤十字」、そして「国境なき医師団」から分化した「世界の医師団 Médecins du Monde」による SDF 受け入れ検診・診療センター、そして巡回サービスによる無料診療活動が知られている。[27]

　以上のように、フランスでは路上に人々を放置することは法的にも、社会的にも許されておらず、実際、広範で分厚い公私の緊急援助体制が敷かれている。路上生活者も少数ながら存在するが、多くは援助受給を拒否した人々である。1998〜99年冬季の寒波の際には全国で17人の路上凍死が確認され、連日マスコミは行政・社会福祉サービスの責任を問い、「援助を拒否する者に職権で対処すべきか否か」との議論が沸騰した。[28]

2　宿泊施設 hébergement

1）多様な施設形態：長期滞在の社会扶助宿泊施設（CHRS）

　住宅問題を抱えた人々に対する宿泊施設はフランスではさまざまな形態、名称があり、それを規定・規制する法も単一ではなく、わかりにくい。一般的にホームレスの宿泊施設といえば、「家族および社会扶助法典 Code de la famille et l'aide sociale」による国家責任の法定社会扶助施設である CHRS（1998年の「反排除法」以前は宿泊・社会復帰センター Centre d'hébergement et de réadaptation sociale, 以降は宿泊・社会再参入センター Centre d'hébergement et de réinsertion sociale であるが両者とも略称は CHRS) をさしている。[29]また, 各種調査研究などでは, 宿泊施設としては緊急施設あるいは短期滞在施設, そして長期滞在施設というように分類して分析される場合が往々にあるが, 長期滞在施設のほとんどが CHRS とみて間違いない。したがって, ここでは, CHRS を中心にして宿泊施設の現状と課題を述べる。

　CHRS とは, 1人あたり面積, そして設備の最低基準をクリアし, さらに宿泊の保障だけでなく専門ソーシャルワーカー[30]による再就職 reclassement, 社会復帰 réadaptation sociale, 今日では社会再参入 réinsertion sociale の援助体制が敷かれている施設である。基本的には 6 カ月の滞在期間とされ（更新もできる), その期間内で住居への入居につなげるとされる。CHRS は, 県における国施策の責任者（いわゆる県知事）によって認可され, 毎年の (再) 参入計画をもって国家（県における国の出先機関である県保健社会福祉局：DDASS) との協定にもとづき, 国家社会扶助によって運営されている。再参入援助とは, ソーシャルワーカーの同伴活動, 健康の保持・回復, 職業オリエンテーション, 求職活動の支援, 職業資格の取得・(再) 就職, そして一般住宅への入居援助などである [Borgetto et al., 2000, p.460-462；FNARS, 2000, ch.Ⅳ, pp.45-70]。

　CHRS の前身は, 慈善団体や貧困者支援アソシエーションのイニシアティブによって設置・運営されてきた施設であり, したがって, その「外観」は非常に多様である。200〜300人の大規模な集団的施設から, 10〜30人の小規模施設, ホテル形式またはアパートの個々の部屋を借り上げた社会福祉ホテル hôtel social, 協同住宅 logement associatifs, ワーカーの社会教化援助をともなう寄宿舎・寮 internat, foyer de réadaptation sociale, 外国人難民のための臨時宿泊センター centre provisoire d'hébergement, そして単身者用（男性, 女性専用から男女混合施設）やひとり親世帯や家族向け施設——1960年代の貧困家族を対象とした通過住宅団地 cité de transit（212頁参照）から発展した家族向上住宅団地 cité de promotion familiale, さらには作業場（職業訓練施設）や, ホームレスを雇用する参入支援企業 entreprise d'insertion なども CHRS として認可されるようになっている。[31]また健康問題, とくにアルコールや薬物依存,

図表Ⅳ-2-2　施設数と入所者数 (1985年=10月31日，1994・98年=1月1日)

	施設数			入所者数		
	1985	1994	1998	1985	1994	1998
社会参入宿泊センター(CHRS)	707	762	772	28,288	29,074	26,021
母子施設（児童福祉[1])施設）	76	120	—[3]	2,767	4,156	3,871
社会扶助協定外の施設[2]	29	86	—	2,494	4,653	3,598
フランス全土	812	968	—	33,549	37,883	33,490

注：1) 児童社会扶助 aide sociale à l'enfance
　　2) 未認可施設
　　3) —は公表なし
資料：Annuaire des statistiques sanitaires et sociales 各年版

さらにHIV感染者などの専門（宿泊）施設もある［FNARS, 2000, pp.71-75］。

　宿泊・生活の質も施設によって大きく異なっている。大部屋雑居は解消され2～3人部屋が一般的になっているが，個室化をすすめる施設も見受けられ，私的空間（机・椅子や棚など），レストラン等の設備の内容にも大きなばらつきがある［FNARS, 1996］。

　さらに，ソーシャルワーカーの同伴活動・（再）参入援助も，施設内での相談にとどまるもの（参入が比較的容易なホームレスを選別入所している施設もあると思われる）[32]，他方では外部の職業教育・雇用，医療・保健，必要な場合には子育てを支援するアソシエーションなど多様な団体と連携プレーを行っている施設もある（多様なサービスを組織した施設では，国庫だけでは運営資金が不足するために，地域圏，県，さらには家族手当金庫CAF，疾病保険金庫CPAMなどの社会保障機関とも協定を締結し補助金を受給している）[33]。

　ともあれ，CHRSは雇用連帯省によれば1998年現在772カ所（その92％，714施設が民間アソシエーション運営），入所者数は2万6000人強である（**図表Ⅳ-2-2**参照）。

2) 緊急施設（シェルター）

　CHRSとは基本的には長期施設であると述べたが，現在では短期滞在の「緊急宿泊（施設）」もCHRS認可を受けるようになっている。これは，1990年代の新たな措置であり，緊急宿泊の運営の安定化を図り（国庫補助），量の確

保，質の向上を期すためである。前述の緊急援助・アウトリーチ活動によって，その夜の宿泊保障（ベッド確保）の必要な人々の予想以上の多さが明らかになるなかで，アソシエーションによる緊急施設（「夜のシェルターasile de nuit」）[34]が急速に拡大したのである。しかし，そこではベッドの提供，せいぜい簡単な検診，食事や衣料，シャワーの提供にとどまり，援助者もボランティアが中心であった。人員不足から夜間のみ，そして冬季のみに開設される施設も少なくなかった。受け入れられた人々は，昼間は荷物すべてをもち街を徘徊せざるをえない状況，通常は2週間という短期滞在（必要に追いつけないパリなどでは3日程度）では，参入援助につなげられないままに退所を余儀なくさせられ，施設を渡り歩かざるをえないという問題点が指摘されていたのである［Rapport Thierry, 1996］。こうした事態に対処するために1994年「住居法loi habitat」では，県での緊急受け入れ・宿泊の取り組みについての強化施策（財政，施設補助，さらには空き施設の公示）が義務づけられ，翌1995年には「緊急宿泊臨時プログラム」（6月25日省令）によってCHRS（長期施設）においても緊急宿泊をすすめる旨が盛り込まれることとなったのである［Perinet-Marquet, 1996, pp.62-67］。しかしそれでも，多くの緊急施設は法外施設にとどまり，上記の問題点は解決していない。

3）社会再参入宿泊施設（CHRS）の現状と課題

　長い歴史をもち，運営は安定しているCHRSにおいても，1990年代には新たな改善に取り組まなければならなくなった。第1は家族ホームレスへの対応であり，第2はこの数年で失業者は100万人近く減少したが，CHRS滞在者の4割近くが職業資格なし労働者，2割弱が職業経験なしの青年であり［Sénat, 1997］，彼らは相変わらず失業にとどめられていること，同時にCHRSから一般住居へのアクセスはますます困難になったこと，すなわちCHRSの最大目的である社会（再）参入援助がすすまない状況である。

　まず家族ホームレスへの援助であるが，なによりも家族生活を保持させる専用施設の不足が問題となっている。国責任の社会扶助受給の宿泊は，1970年代の半ばまでは単身者のみを対象としていたこと，以降増設されたCHRSも設

備や援助が相対的に容易な単身者施設であり（不定住者：SDFの多くは単身者という事情もある），家族は分離・分散して滞在せざるをえない状況が多々みられた。従来から母子の場合は，児童福祉 aide sociale à l'enfance の母子施設 établissement maternel で対応していたが，大家族用の施設は決定的に不足していった。とくに，1990年代に入りさらに増大した難民，彼らを含め外国人の場合は家族もちが多く，施設は彼らの母国の文化・習慣も尊重しなければならず二重の困難を抱えた。[35]そこで，1998年の「反排除法」ではCHRSにおける家族分離を禁止する規定を明記し，先進的な施設では家族用の施設の併設をすすめている。雇用連帯省の1998年調査によると，CHRSの成人入所者の67％が単身者であるが，ひとり親世帯の母親が18％，子どものいる家族の親たちが11％となっている［MES-DREES, 2000, p.382］。ちなみに，CHRSでは不法滞在の外国人であっても入所は認められており，警察の立ち入り調査などは禁止されている。

　ただし，家族援助の現在の方向性をみると，集団的施設での対処ではなく，一般住宅に近い「社会的レジデンス」（施設から一般住宅への入居が困難ななかで制度化された仲介的・一時的住宅。詳しくは第5章参照）への入居がすすめられているようである。[36]親たちの雇用確保だけではなく，子どもの養育，そして家族関係の調整などで，長期の援助体制が不可欠であり，6カ月のCHRSでは対処できないからである。

　第2の問題点は，社会（再）参入の困難さである。CHRS滞在者の状況をみてみよう。

　年齢は子どもを除いても30歳未満の人が半数近く，他方50代以上は1割にも満たない（**図表Ⅳ-2-3参照**）。[37]

　就労状況をみると，正規雇用（無期限労働契約かつフルタイマー）は5～6％にとどまるとはいえ，国庫補助雇用や参入就労（第4章参照），特殊型態雇用，さらには自営，職業養成（職業資格の確保）中も含むと4割の人々が職業的参入のプロセスを歩んでいることがわかる（**図表Ⅳ-2-4参照**）。彼らの職業経験，職業資格からみれば参入状況は良好であるといえるが，残された4割の失業者の「雇用確保力 employabilité」（雇用の可能性）は非常に低い。[38]

図表Ⅳ-2-3　CHRS滞在者（16歳以上）の年齢構成 (1998年1月1日現在)

年　齢	人数（人）	構成比（％）
一19歳	888	5.8
20—24	3,530	23.2
25—29	2,520	16.6
30—39	3,985	26.2
40—49	2,927	19.2
50—59	1,142	7.5
60歳以上	224	1.5
総　数	15,216	100.0

出所：MES-DREES, Annuaire des statistiques sanitaires et sociales, 2000, p.381

図表Ⅳ-2-4　CHRS滞在者（16歳以上）の就労状況

	1994.01.01		1998.01.01	
自営または家族従業者	72(人)	0.5(％)	75(人)	0.5(％)
無期限契約雇用(正規雇用)	902	6.1	845	5.7
有期限，派遣，季節雇用(特殊雇用)	934	6.3	1,255	8.4
国庫補助雇用(民間，自治体・公企業)	1,696	11.5	1,387	9.3
参入就労(CAVA，作業場，参入企業等)	1,345	9.1	1,270	8.5
職業養成・実習formation	1,416	9.5	1,100	7.4
登録失業者	4,834	32.7	5,420	36.3
未登録失業者	714	4.8	900	6.0
無業(学生，年金生活者，主婦)	2,868	19.4	2,675	17.9
総　数	14,781	100.0	14,927	100.0

注：無回答など不明除く
出所：MES-DREES, Annuaire des statistiques sanitaires et sociales, 1997, p.320; ibid., 2000, p.382

　もちろん，失業が認可されているフランスでは職業参入・雇用確保がなされなくとも所得保障，そして医療保障の体制は確固としているが（第3章参照），問題は住宅・居住，すなわち生活再建の土台の欠如，「家のない」状況が継続していることである。残念ながらCHRS退所時に住宅が確保されているかどうかがわかる全国的な統計資料は見あたらない。そこで，パリの単身男性のCHRSであるシテ・ノートルダム施設（140人規模）の記録から，1997年の退所者の予定された「居住」状況をみると，路上や緊急施設（シェルター）に戻らざるをえない人，そして他のCHRSに移る人はそれぞれ1.6％，7.8％，4.7％と入所直前の状況と比べれば顕著に減少している。他方，施設から直接的に自治

図表IV-2-5　パリ/ノートルダム施設（男性単身者施設）退所者の「居住」状況

(単位：％)

	1995年退所者		1997年退所者	
	入所直前	退所後	入所直前	退所後
個人的住居	6.1	13.8	3.9	10.9
家族宅	7.1	7.1	5.5	6.3
友人宅	19.6	10.3	13.3	14.8
給与住宅など	1.0	2.3	0	0.8
レジデンスなど	2.3	5.1	1.2	10.5
CHRS	5.7	12.9	10.2	4.7
緊急施設	25.1	3.5	40.6	7.8
家具付ホテル	13.8	6.4	9.8	7.2
不安定住居	1.0	1.9	0	2.7
病院・医療施設	6.4	6.4	3.9	3.5
エイズ治療アパート	0	0	0	0.8
その他	5.1	13.5	4.7	11.3
路上	5.8	2.3	7.0	1.6
不明	1.0	14.5	0	17.0
総計	100.0	100.0	100.0	100.0
	(311人)		(256人)	

出所：Cité Notre-Dame, Rapport d'activité 1997, p.26, p.31, より作成。

的な住宅（多くは社会住宅）に入居できた者は10.9％[39]，社会的レジデンスへは10.5％であり[40]，そして友人宅や家族の家に戻る人が21.1％，安ホテルなど不安定居住が9.9％など個人的な，かつ不安定な解決策にとどまっているのである（図表 IV-2-5，写真②〔本編の扉裏〕参照）。

第3章 社会福祉・社会保障政策——RMI(エレミー)と医療保障

　フランスのホームレス生活者対策では独自の特別法は制定されず，一般策での援助がめざされている。第2章で述べた緊急策は，一般策にのせるためのテコと位置づけられているのである。ここでは社会保護（社会福祉・社会保障）の一般策において，ホームレス生活者，とくに最も窮迫した不定住者 sans-dimicile-fixe：SDF（ただし常態的な路上生活者ではない）等への援助の方法と実際をみる。

1　参入最低限所得保障（RMI）制度

　社会保護の一般策で，ホームレス生活者の捕捉・保障の方法を定式化したのは，1988年12月に創設された無拠出の参入最低限所得 Revenu minimum d'insertion（RMI(エレミー)）制度である。[41]

　RMIは労働能力あるものは対象としないという従来の扶助原理を修正し，[42] 低所得であれば最低限所得手当の受給を認め，「安定した住居のない人々 personnes sans résidence stable」にもひとつの条件をもって受給権を付与した。条件とは，宿泊施設，ホテル，第三者宅だけでなく，福祉事務所（たとえばパリでは2ヵ所の不定住者：SDFだけを対象とする特別の福祉事務所があり，食事や衣類の提供，そして郵便物の受け取り場所になっている）や県認可のアソシエーションなどを住所として選定すること domiciliation であった。また宿泊施設，認可アソシエーションは申請書の受理，手当の（受給者の）代理受け取り機関としても認可された。これは行政機関に不信をもつホームレス生活者が申請をためらうことを防ぐためである。また，合法的に滞在している外国人も3年以上の滞在が確認されれば受給権を認めた。

　RMIの援助は2つある。ひとつは現金給付（手当）であり，もうひとつは参

入援助である。前者は，単身では法定最低賃金（SMIC）の約2分の1，子ども2人と夫婦・カップルでSMIC相当の最低限所得を保障する。手当支給に際してはミーンズテストではなくインカムテストのみ，扶養義務も夫婦間と未成年（実際は25歳未満の）子どもに対する親の義務だけである。また，就労へのインセンティブを高めるために就労再開後3カ月間は稼働収入が100％認定されず，その後の9カ月間も50％のみが認定されている。2番目の援助である参入援助は，わが国の生活保護制度の「自立助長」に相当するが，長年社会システムから排除されてきた人々には，ソーシャルワーカーの援助によって，身体の衛生や読み書き取得，疾病保険への加入，住宅への入居などの「社会的参入」，さらには職業養成，公的雇用，そして一般雇用の確保にいたる「職業的参入」をすすめるという援助である。参入援助は福祉事務所だけでなく，関連諸機関と参入支援アソシエーションとの協同体制で行われている。

　RMI受給者は現在若干減少しているが200万人弱で固定し，35歳までの受給者が半数を占める。ここでは，「安定した住居のない人々」（ここではSDFとする）の受給状況をみてみよう。

　SDFは，RMI以前では安ホテル，宿泊施設に入所し，多くは貧困者支援アソシエーションの食料配給などの援助や物乞いに頼る以外なかった。2年間パリの安ホテル居住などのSDFと交流・聞き取りをした民族学者によれば，RMI受給はSDFにとって「（自分の）部屋に住むこととともに希望のひとつ」となり，手当は「（物乞いという）事態を緩和し，または改善する補足的な収入になった」［Gaboriau, 1993, p.150］。同じくパリのSDFと数カ月寝食をともにしたジャーナリストのルポルタージュでも，SDFの間ではRMIはよく知られており，出会ったSDFの半数は受給していたという［Prolongeau, 1994］。また，1995年の冬季にパリの地下鉄S駅で受け入れられ宿泊した人々でも4割近くがRMI受給者であったという［van Oorschot, 1996, p.13］。第1章でみたように宿泊施設や各種サービスを受給しているSDFでは，RMIは普及しているのである（本書219頁参照）。

　RMI受給のSDF数は推計の域をでておらず，1992年のRMI国家評価委員会では，「安定した住居のない人々」は受給権者の5％から8％，その数は2

万5000人から4万人であり，SDF 10万人のうち25％から40％が受給しているとみた [Rapport Vanlerenberghe, 1992, pp.224-225]。厚生省では，1997年末現在スクワット（住居不法占拠および居住者）・車中生活者（ロマ人）・安ホテル滞在者そしてSDF（住所選定の人々）は受給権者の9％，9万人，SDFだけでは全体の2～4％を占めるとみた [MES, 1998, p.3]。同時に，評価委員会ではSDFの申請意欲の低さを指摘している。不安定な生活のなかでの住所選定，申請書作成など行政的手続きの煩雑さゆえのあきらめ，そして行政不信，とくに新しいSDFでは1人で事態を切り抜けてみせるという意思やプライド，さらに恥，レッテルを貼られることへの嫌悪などがみられると記している [Rapport Vanlerenberghe, 1992, pp.226-227]。

　申請後も，アソシエーションなどに住所選定していたならば，支給決定（または却下）を知るために選定先団体に日参しなければならない。団体から手当が渡される場合もそうである。さらに3カ月ごとの収入申告，さらに参入の手続きも，SDFにとっては大きな負担である。こうした結果，受給にいたっても短期，断続的な受給にとどまっているようである。SDF援助のワーカーも指摘するように，SDFなどのホームレス生活者に何よりも必要なのは安定した住居，居住の安定性であり，それが土台になって初めてRMIも他の援助も効果をあげるのである [Marie-Blandine, 1990, pp.174-176]。またRMIの問題点は，参入援助として住宅への入居があるにもかかわらず，受給者においても依然として，施設生活や一時的住宅での滞在などホームレス状態が継続している状況[44]，不安定居住が放置されているために，少数ではあるが，住居を喪失するRMI受給者も生まれている状況が指摘されている [Mairie de Paris, 2000][45]。

　RMI制度の第2の問題点は，25歳未満の単身青年の受給権を認めておらず，青年SDFが増加し，彼らの窮状がはなはだしいことである。貧困者支援アソシエーションの間でも，青年期より扶助生活に慣れさせるのはよくない，という見解もあり意見は異なっている。しかし，宿泊施設などの連合組織である「全国宿泊・社会参入施設アソシエーション連合会FNARS」は，施設利用の青年の窮状をかんがみて，1999年秋には25歳未満青年への受給権の付与は急務であると見解を変えている。

2 医療保障の措置

1)「個人保険」と医療扶助

　RMI制度の創設にともない，低所得者への医療保障のあり方も改善された。まず，RMI受給者とその世帯員は，強制疾病保険に未加入の場合には，医療扶助（県の責任，ホームレス生活者の場合は国の負担）の拠出による「個人保険 Assurance personnelle」（私保険ではなく社会保険のひとつ［都留，2000，78-82頁］）の加入措置がとられ，傷病手当などの現金給付を除いて一般被用者保険と同質の医療が享受できる。また，保険給付外の診療・薬剤・入院費用・入れ歯・眼鏡についても，自己負担分 ticket modérateur も医療扶助によって負担となる。同時に煩雑な医療扶助の申請―認定手続も大きく改善された。従来は，罹患後に福祉事務所へ申請し，社会扶助認定委員会の認定を経て（緊急の場合も，受診後に認定必要）無料の医療を享受していたが，新たな医療扶助では，RMI世帯は，あらかじめ医療扶助の受給者として認定され，県から「健康手帳 carte santé」などの医療証が交付されることとなった。「健康手帳」を所持していれば，即病院で完全無償の診療・治療などが受給できるのである。

　この医療保障の方式は，1992年7月以降，「家族および社会扶助法典」を改正してRMI世帯だけではなく，広く低所得世帯，そして25歳未満の単身青年にも拡大された。以上の措置は，RMI同様，外国人を含め不定住・SDFの人々にも，宿泊施設はもちろん福祉事務所や認可アソシエーションに住所を選定すれば適用されることとなり，大きな効果をあげることとなった［Ligneau, 1993］。

2) 普遍的疾病保障（CMU）制度

　さらに，2000年1月以降の現在では「普遍的疾病保障法 loi portant création d'une couverture maladie universelle (CMU)」（1999年7月）をもって「個人保険」が廃止され，16歳以上の個人でフランスでの居住証明があれば一定の所得要件のもとで，民間労働者制度である疾病保険「一般制度」（民間被用者制

度）への加入となった。単身ならば法定最低賃金のおよそ75％以下の所得ならば無拠出で疾病保険加入，さらに保険外の自己負担についても，疾病保険金庫（CNAM），共済組合 mutuelles，相互扶助組織または保険会社への加入を選択して，その組織によって肩代わり負担（補足カバー）される。この財源は，補足カバーする各組織の保険料その他，そして国庫（運営は県基金であり支弁は県であるが，後に国から県に償還）である。むろん，SDF などのホームレス生活者も RMI 方式の住所選定を前提にして受給権がある。CMU が導入された背景としては，「個人保険」には55万人が加入していたが「個人保険」ではスティグマがあったこと，さらには15万人（失業者そして扶養家族でもない25歳未満の青年，SDF，RMI からの退出者など）が疾病保険にも「個人保険」にも未加入であったことが指摘されている。さらに，1996年時点で900万人，全人口の17％の人々が各種保険によって自己負担金への補足的カバーを受けておらず，金銭的理由，すなわち自己負担があるために「7人に1人のフランス人が，医療を受けることを諦めていた」ことも CMU の導入を促した［HCSP, 1998, pp.100-105］。

また CMU 制度とともに，大病院には，従来医療から排除されていた人々もいつも診察が受けられる診療体制，そして町の一般医にもつなげる役割をもつ窓口でもある「診療アクセス事務所 Permanence d'accès aux soins de santé（PASS）」も併設されることとなり，1999年末には260の PASS が開設されている［Borgetto et al., 2000, pp.449-451］。さらに2001年から2カ年の第2次「貧困と社会的排除に対するナショナル・アクション・プラン」（第6章参照）によって，PASS は新たに100施設が増設される予定である。

2000年末の状況は，雇用連帯省によれば CMU による基本制度（疾病保険）加入者は112万7000人，補足カバー制度（自己負担免除）受給者497万7000人，両者の受給すなわち無拠出保険加入と自己負担なしで無償の医療を享受している人は96万1000人（再掲値）となっている（図表Ⅳ-3-1参照）。受給者平均年齢は27歳（「一般制度」では38歳），42％が20歳未満，女性が54％を占める［MES-DREES, 2001］。

ホームレス生活者・SDF の受給者数は不明であるが，公共機関，ならびに著者たちが調査で訪れた宿泊施設などではどこも CMU のキャンペーンポスタ

図表Ⅳ-3-1 普遍的疾病保障(CMU)受給者数 (2000年12月31日)

(単位：1000人)

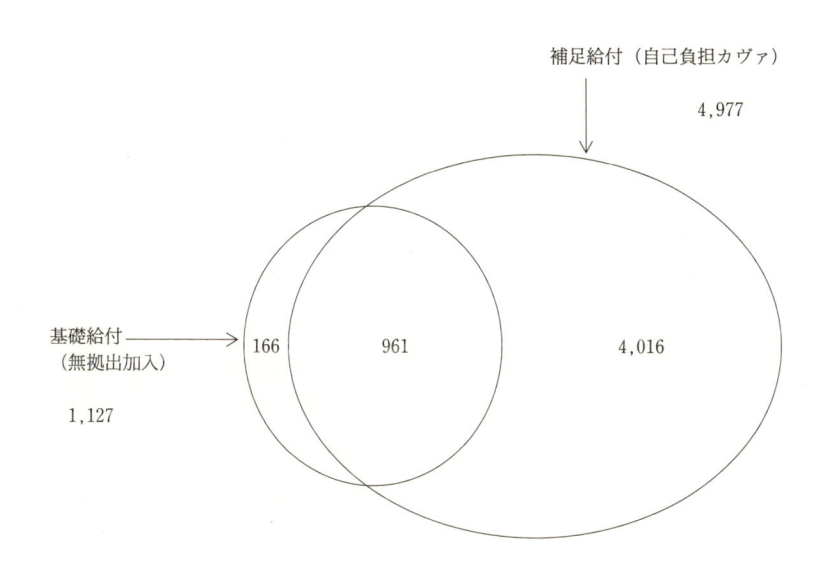

補足給付（自己負担カヴァ）
4,977

基礎給付
（無拠出加入）
1,127

166　961　4,016

出所：MES-DREES, Etude et Résultats n°107, 2001, P.2 より作成。

―が貼られていた。しかし，CMU についても，RMI など他の援助と同様に安定した居住が確保されなければ，その受給・保障が安定せず，医療へのアクセスが困難なことは想像に難くない。

第4章　雇用確保への支援策

雇用政策においても，ホームレス生活者に対する独自の就労支援施策はない。大量失業時代に入った1980年代半ば以降，積極的失業対策（職業養成，雇用維持および雇用創出策）において多くの諸施策が登場していき，ホームレス生活者も雇用確保（職業的参入）の困難な人々として，施策の対象とされていったからである。また，従来，宿泊施設滞在者などホームレス生活者に提供されていた職業訓練施策や求職活動の支援活動も，失業者への一般的雇用対策に融合，または再編成されていった。また，フランスの失業者対策は，単なる労働の実行（就労）ではなく，法定最低賃金や社会保障（社会保険）の保障，そして労働組合加入という被用者としての権利がある「雇用」の確保，そしてそのための支援（職業参入支援）である。したがって，ここでは今日の雇用対策を概観しながら，「職業参入」が困難な人々への支援の状況をみていく。

1　雇用政策の概要と特徴

フランスの積極的失業対策である雇用政策は，労働社会学者D.ドマジエールによると，大きく3つに分けられる。第1は，国，自治体の補助による職業養成および実習 formation professionnelle，第2に，民間企業において失業者への雇用創出を誘導するための補助金支給，社会保険事業主拠出の免除または税の免除，そして第3に，公的セクターや職業参入支援アソシエーション（「社会経済 économie sociale」）に対する直接的な賃金補助による補助雇用・雇用創出策である［Demazière, 1995, 邦訳95-97頁］。雇用連帯省の統計によると，1999年末現在，職業養成施策の「受給者」は64万人，民間企業での社会保険事業主拠出等免除策に関連する人々は65万5000人，民間企業での補助（金）雇用は29万5000人，そして公的機関・公企業，社会経済領域での補助雇用の「受給者」

は51万1000人にもなる［MES-DARES, 2000, p.12］[48]。ホームレス宿泊施設（CHRS）調査，そして SDF 調査でも，以上の3つの雇用施策領域において就労しているものが少なくないことは，218頁と232頁を参照していただきたい。

1）職業養成策

　職業養成は，まずは，最も高い失業率を示した青年を対象にして1970年代半ばから始まったが，幅広い職業養成のプログラムが実行されるようになったのは1980年代に入ってからである。各自治体では1980年代初めに，青年失業者のための「受け入れ・相談窓口」（大都市の「地域青年担当局 mission locale」，小規模コミューンでは「受け入れ・情報・オリエンテーション窓口（PAIO パイオ）」）を設置していき，それとともに職業養成が拡充されていった。職業養成は国庫（そして地域圏や県）補助による報酬をともない，単なる技能訓練ではなく，就職に不可欠・有用な職業資格（職業高校などで取得する「職業適性証（CAP）」など）を取得させる目的をもっている。当初は16歳から21歳までの年齢層であったが，その後は25歳まで，そして年齢にかかわらず1年以上の長期失業者も対象にするようになっていった[49]。失業者への職業養成は1984年からの地方分権化により国から自治体へと施策が移行したが，その「受給者」は1980年代初頭の4万〜5万人から前述のように急激に増加した。しかし，職業養成については，往々にして実習の繰り返し（実習という名の駐車場 stage-parking），または不安定な雇用への退出，そして失業への回帰といった問題点が指摘されていったのである。

2）民間企業での雇用誘導策

　失業者，そして職業養成実習を修了したが一般労働市場への参入の困難な青年たちへの臨時的な雇用（「雇用」という場合には必ず労働契約がある）を提供する役割は，まずは民間企業に託された。しかし，その内容は社会保険事業主拠出免除，そして雇用への報奨金支給などの雇用誘導策であった。そして企業は，現行ポストへの任命可能な即戦力ある者，雇用確保の容易な失業者（「雇用確保力 employabilité[50]」ある者）を選別する傾向が指摘されるようになった。また，補助金がなくとも企業は同量の雇用は創出したであろうとか，あるいはこうした[51]

雇用誘導策は現行労働者を，補助金のある，すなわち労働コストの低い者に置き換える策でしかなく，マクロ的にみれば失業者を減少させる雇用創出ではなかったといわれるようになった［Demazière, 1995, 邦訳115-116頁，118頁，181頁］。

3) 公的雇用

　前述のような民間企業での雇用誘導策の問題点を踏まえ登場したのが，公的セクター，非商品セクターでの補助雇用である。1984年に初めて自治体と公企業，そしてアソシエーションにおいて，国家の直接的な賃金保障による公的就労・「公共的有用労働（TUC）」が導入されることとなった。TUC は職業参入の困難な25歳未満の青年たちを対象にして，新たな職種・ポストを用意して現行雇用（労働者）数を減少させないなど，雇用創出策として大成功をおさめた。初年度には8万人強であった TUC 受給者は，1988年には20万人にも達した。ただし，TUC では法定最低賃金の保障と労働者としての社会保険はあったが，労働契約が結ばれることはなく受給者は正式な被用者ではなかった。そこで，参入最低限所得（RMI）の創設とともに（RMI が25歳未満の者に受給資格を与えなかった代償として），1990年に TUC は「連帯雇用契約（CES）」へと移行・再編された。CES では，原則週20時間，2年間の労働契約を上限とする半日労働契約 contrat de travail à mi-temps の締結が義務づけられ，受給者は名実ともに被用者の地位・権利を得た。また対象も青年だけでなく，RMI 受給者，1年以上の長期失業者に拡大され，受給者数は30万人を数えた。TUC，そして CES の成功をもって公的雇用は継続，安定した地歩を占めることとなった。[52]
公的雇用は，1995年の「長期雇用契約（CEC）」，そして1997年からの「青年-雇用 Emploi-jeune」によってさらに安定し，単に一時的な雇用ではなくなった。CEC は，CES を修了したが一般雇用を確保できなかった者への5年間の労働契約，週30時間労働，最低賃金の120％の賃金保障をその内容とした。なお，国庫の賃金補助率は，CES ではおよそ95％，CEC では80％である。
　「青年-雇用」プログラムは，35万人の雇用創出という目標を掲げ，それまで充足されなかった新しい社会的ニーズに応えて広範な職種を創出した点で，CEC よりもさらに規模の大きいプログラムである。対象は16歳から30歳の失

業者という資格のみであり，5年間という長期の労働契約，そしてパートタイムに限定せずフルタイム雇用も可能になった。「青年-雇用」の受給者（労働者）は1998年6月には6万1000人であったが，2001年5月に27万7000人まで拡大していき，青年の失業率の低下に寄与していった。雇用連帯省調査によると公的セクターでの雇用が70％（教育省，地方自治体の保健・福祉局や住宅・環境局，警察，そして国鉄などの公企業），他はアソシエーション（スポーツ・余暇・文化関連，保健・福祉領域）であり，職種は高水準の職業資格の必要なものから単純な作業まで，非常に多彩である（スポーツ・余暇・文化指導員，学校での学習および生活指導員，高齢者や家族援助員，警察などの安全補助員，公園環境整備員，住宅警備員，コンピューター情報職員，駅での情報・案内員など）。そしてフルタイムが56％，他方で週35時間未満のものは19％にすぎない。5年間の労働契約であるが，契約途中で一般雇用を確保して退出する青年も多い。施策は2002年末をもって終了する予定であったが，2008年末までの継続が決定され安定的な雇用となっている［Le Monde du 5 juin 2001］。[53]

4）「困難層」への補助雇用——「経済的活動による参入」支援策

　以上で述べた国庫補助雇用は，宿泊施設附設などのホームレス生活者の職業訓練，雇用確保・社会復帰支援などの作業場 Atelier，「就労生活適応センター Centre d'adaptation à la vie (CAVA)」から移行・発展した「参入支援企業 Entreprise d'insertion (EI；1985年〜)」，そして労働者派遣の「仲介的アソシエーション Association intermédiaire (AI；1987年〜)」においても適用されていった。EI そして AI，さらに AI から発展した「参入支援労働派遣企業 Entreprise de travail temporaire d'insertion (ETTI；1996年〜)」などは「経済的活動による参入 Insertion par l'activité économique」と命名され，最も雇用確保の困難な失業者を対象に労働（雇用および参入就労）を提供し，それを通じて一般雇用につなげる役割を課せられている。[54]

　1999年末の雇用連帯省調査によれば，EI の企業数は796（7割がアソシエーション），労働者数は1万8400人，その90％が国の出先機関である県福祉局（DDASS）による2年間の賃金補助・「参入契約 contrat d'insertion」，6％が

民間企業への補助雇用，4％が公的雇用（CES，CECなど）で就労している。業種は，公共事業を請け負う建築業，環境および緑地保全，自動車整備，清掃，廃品やゴミ回収・リサイクル事業，そして最近では惣菜屋，レストラン経営（学校，公的施設などへの出店）にまで拡大し，RMI受給者やホームレス生活者の就労，経営の成功がマスコミなどで取り上げられ，大きな注目を集めている。なお，企業規模は9人以下が54％，10〜19人が28％，他方50人以上は2％である［Céalis, 2000, pp.4-5］。資料はやや古いが，1993年調査によればEI施策からの「出発者」の43％は雇用を確保し（雇用形態は不明だが，一般労働市場への参入だけでなく他の補助雇用に移行した者も含まれていると思われる），15％が職業養成へとつながっている［Ballet, 1997, p.78］。

　AIを通した労働派遣先は1999年末で73％が個人の家庭で，家事労働，ベビーシッターが中心をなしている（ただし労働時間全体では40％）。商店・職人・農業などの自営業への派遣は8％（労働時間では13％），民間企業7％（同20％），アソシエーション6％（同10％），公的機関・施設3％（同12％）となっている。家事労働以外の労働内容は大工仕事（建物保全・改修），警備，清掃などである。AIの数は1047，年間就労延べ人数は20万7600人である［Céalis, 2000, p.2］。AIは設立時に国庫補助，運営への国と自治体補助を受けるが，制度創設当初は個々の就労者へ補助はなかった。しかし，ヤミの家事労働の解消を目標とする「家族雇用 Emploi familial」（1993年創設）の適用で，被用者としての最低賃金，そして社会保険加入（個人雇用主が社会保険拠出）の権利が確固とした。[55]ちなみに，著者らが訪問した宿泊施設，そして貧困者支援アソシエーションでは「家族雇用」の紹介や就労を促すポスターが張られ，また職業紹介の認可を受けたアソシエーションでは求人票も張られていた。

　ETTIは，AIよりも長時間の派遣を請け負うもので，派遣先も中心は民間企業である。したがって派遣される労働者も，抱える問題・諸困難が相対的に小さい人々である。1999年末数は220企業，労働者数3万4300人であり，労働者の補助雇用形態は，民間企業に対する補助雇用が64％，アソシエーションへの公的雇用（CES，CEC）として就労するものが36％である。派遣先の企業は建築業30％（全労働時間では24％），製造業（繊維，木材，化学など）15％（同24％），農

図表Ⅳ-4-1　「経済活動による参入」のアソシエーション等における「困難な被用者」の比率[1]

(1999年末)

	参入支援企業(EI)	仲介的アソシエーション(AI)	参入支援労働派遣企業(ETTI)
刑期終了，元麻薬依存など	9.4	0.8	3.1
社会扶助受給者[2]	12.2	5.1	7.5
RMI受給者	42.2	15.2	16.5
失業扶助受給者	9.2	6.3	7.2
障害者	7.7	2.5	3.5
非常に困難な状況にある青年	23.2	11.0	0
全体の実数(人)	18,400	207,606	34,300

注：1)複数回答
　　2)主に児童福祉サービス（18歳まで）の受給者で，家族問題を抱える青年，または保護施設出身者と思える（引用者注）
出所：雇用連帯省：MES-DARES, Premières synthèses n° 40-1, octobre 2000, p.5

業製品製造3％（11％），警備，清掃など13％（11％）となっている［ibid., p.4］。

　ETTIの労働者は相対的に「雇用確保力」の高い人々であるが，それでも「経済活動による参入」事業で働く人々は，参入最低限所得（RMI）と失業扶助の受給者（両者とも稼働収入と併給できる。図表Ⅳ-4-1参照），刑期終了者，元薬物・アルコール依存者，児童福祉（扶助）施設の出身者や現在も児童保護サービスを受給している者，障害者，さらになんの社会給付の権利もない25歳未満の青年たちの比率が高い（図表Ⅳ-4-1参照）。ここでは明らかにされていないが，パリのAIなどでの著者たちのヒアリング調査から判断すると，外国人の比率もきわめて高いことが推測される。したがって，参入就労の継続に際しても生活上の諸困難に対処しなければならず，個別（人）的な問題への援助体制は不可欠になっている（詳細は次で述べる）。[56]

2　個別的な援助体制

　雇用政策では，職業資格のない，または職業経験のない青年，そして長期失業者に的をしぼる施策を次々と登場させてきたが，肉体的・生理的な労働能力，そして職業資格等の問題にとどまらない状況も明らかになった。そこで採用されたものが，就労指導の個別化individualisationであり，そして個々人への

同伴 accompagnement，見守り suivi の活動である。

　民間での補助（金）雇用は，即戦力ある失業者を雇用する傾向にあるといったが，そこでも1980年代半ばに無資格青年への雇用提供の役割が課せられると（たとえば「職業資格獲得契約（CQ）」など），企業の労働コスト軽減の条件として，労働現場への生活指導員 tutorat が必置となった（主に担当個所でのベテラン労働者が担当しているようである）。tutorat は，職業指導ではなく，雇用施策の受給者を職場環境に適応させる役割をもつもので，そのために個々人の生活上の問題，職場での人間関係の悩みの相談，そして解決への助言などを行っている。

　参入支援企業（EI）などの「経済活動による参入」領域では，前身の宿泊施設の作業場や職業生活適応センター（CAVA）でのソーシャルワーカーたちの対人援助が引き継がれ，「同伴」や「見守り」援助は不可欠かつ法的義務である。参入支援の目的も一般雇用の確保であるが，実際は参入就労そのものの遂行，さらには参入就労にいたるまでに解決すべき問題は多い。

　個別支援の内容を，仲介的アソシエーション（AI）と参入支援労働派遣企業（ETTI）を運営するパリのアソシエーションである Dyna'MO の事例からみてみよう。Dyna'MO では被用者はおよそ20人，指導や事務職員4人であるが，受け入れた際に4割は無収入，ほとんどが職業資格をもたない。そして北アフリカを中心に外国人が5割という。まず，職業能力の評価で5ランクに分けるが，「どのような労働が可能か」だけではなく，住居，健康・精神状態，家族構成，読み書き能力，生活習慣などの状況も判断基準に入れる。そして早急な問題解決が求められる場合には関連のアソシエーションの協力を得て，たとえば RMI や疾病保険の申請を援助したり，住居を探したり，保育サービスも用意したりする。とくに，住宅問題の解決（安定した住宅への入居と保持）がなければ，どのような就労も困難であると語っていた。こうした就労準備のために数カ月を要することは珍しくなく，1年以上経っても解決にいたらないケースを抱えていた。Dyna'MO 自身では派遣先が決定した場合には，職場倫理（時間厳守，ヒエラルキー，エチケットなど）を体得させるための講習や個別指導を行い，さらに派遣中には派遣先企業と頻繁に電話連絡をとり，勤務・就労状況を尋ね，問題がある場合には再指導を行うという。それでも，Dyna'MO の参入就労か

ら他の雇用に移行できる者は AI では20％，EI では35％程度という。[57]

　さて，個別的支援体制は，青年や困難層への補助雇用と参入就労においてだけでなく，職業紹介諸機関でも，今日，強化されている。個別化策は1998年の「反排除法」における雇用領域での中心施策のひとつであるが，これについては第6章で詳しく述べる。ここでは，その端緒は1980年代初頭に拡大したコミューンでの青年失業者のための「地域青年担当局 mission locale」，「受入れ・情報・オリエンテーション窓口（PAIO）」で着手された活動を挙げるにとどめよう。この「相談窓口」では，求職活動の指導，そして職業養成および補助雇用に青年をつなげるだけでなく，医療や住宅など諸問題の解決に向けてのオリエンテーションや個別援助が組織的に実行されていった（いる）のである。

3　雇用政策（補助雇用・参入就労）の効用

　「困難層」，とくに「経済活動による参入」施策の「受給者」においては，参入就労の遂行でさえ，そして同伴活動によっても諸困難を克服することは容易ではない。一般雇用（労働市場で確保される雇用），ましてや「本来的雇用形態」といわれる無期限労働契約かつフルタイム雇用につながる者は多くはないことは推察できるし，事例でも前述のとおりである。また，フランスの社会学者たちは数多くの失業者の追跡調査，そして補助雇用の効果を検証する調査を実行してきたが，そこでも公的セクターや「社会経済」領域での公的雇用から一般雇用へと脱出できる者は少ないことが明らかにされている。民間企業での補助雇用は相対的に良好な結果を示しているが，それは前述のように「受給者」を選別したことの結果である。さらに，補助雇用の「受給者」になることによって，「雇用確保力」の小さな者とのレッテルが貼られ，彼らは企業からは回避されがちであるという指摘もある［Fougère, 1996, pp.149-152］。

　しかし，D.ドマジエールが主張するように，失業対策についての評価を，雇用確保率という法施策の目的・基準だけにしたがって行ってはならないのである。補助雇用および参入就労を通じて現実に雇用と所得が（再）分配されていること，そしてとくに公的雇用の「当事者たちは，民間の労使関係とは異なっ

た相互関係を形成しており，そこでは受給者たちは自己への信頼やアイデンティティの回復，意欲の喚起など，雇用アクセスに還元できない，普遍的かつ人間的な『参入』を果たしている」［Demazière, 1995, 邦訳122頁］のである。

　ただし，ホームレス生活者に関しては職業参入支援の問題でも，再度，住宅，とくに社会住宅の建設に加えてますます厳しくなっている入居選定基準という問題に戻らざるをえない。これは，安定した住居の確保が雇用確保の前提となっているからという理由だけではない。宿泊施設の滞在者，そして一般住宅入居を待機している社会的レジデンスなどの「一時的住宅」の生活者が，補助雇用を含め有期限労働契約の雇用しか確保していない場合には，収入が継続的かつ安定していないとみなされ，社会住宅の入居を拒否される事例もみられるからである［都留, 2002a, 49-51頁］。

第5章　住宅政策と住宅困窮者支援施策

　フランスでは，路上生活者や居住施設入所者など，文字どおり定住できる住まいをもたないホームレス状態の者のみならず，望まない同居や，不適切な住宅に居住することを余儀なくされている者，また，家賃負担能力が低いなどの理由で退去を迫られている者等，さまざまな理由で住宅に困窮する者を「恵まれない者 personnes défavorisées[58]」と位置づけ，福祉や雇用の分野のみならず，住宅政策の一環としても，支援策を講じている。

　フランスの住宅政策がこのような広がりをもつようになったのは，比較的に最近のことである。そこで，この背景を理解するために，近年の住宅政策の特徴を5点ばかり挙げておきたい。

　第1に，フランスでは「住宅への権利」保障が明確に位置づけられている。1990年に制定された「住宅への権利を実現するための法律」は，先行していた住宅困窮者支援のための具体的な取組みに法的根拠を与えるとともに，その後の住宅政策を方向づけてきた。

　第2に，戦後フランスの住宅政策は，適正家賃住宅 habitation à loyer modéré（HLM）と呼ばれる社会賃貸住宅の供給に注力してきた。現在では，大規模団地を中心に，その荒廃化がすすむなど，社会賃貸住宅の管理問題が表出している。他方，低家賃の民間賃貸住宅が「事実上の社会住宅」と呼ばれるように，1980年代以降，社会住宅の概念が拡張され，公益組織が供給・管理する社会賃貸住宅のみならず，公的支援が組み込まれた持ち家を含む民間住宅もまた，その範疇に含まれるようになってきている。社会住宅制度のあり方が住宅政策上，重要な課題となっているのである。

　第3に，住宅建設・改善助成等の「石への援助」から，居住者の所得に応じた家賃補助やローン補助といった「人への援助」へと，支援形態が移行している。予算額でみると，「人への援助」は今日，住宅予算全体の6割近くを占め

るまでになっている。

第4に,住宅政策の射程が居住福祉全般へと広がってきている。通常の住宅のみならず「一時的住宅」や「宿泊所」等,居住施設をも含む包括的な住宅・居住政策が展開されている。

第5に,住宅政策の権限は国にあるものの,その遂行には地方公共団体の協力が不可欠となっている。1980年代からすすめられた地方分権化が,その傾向に拍車をかけてきた。

フランスでは,1980年代に顕著となった緊縮財政と失業問題の深刻化が,住宅政策における困窮者支援策の実効性やその位置づけをめぐる論議に大きな影響を与えてきた。そして,住宅困窮者の増大という事態に対して,住宅政策の目標や施策対象の範囲に関する考え方を異にする諸勢力が,それぞれの視点から,対応を模索してきた。このため,フランスの住宅政策の流れを概観するとき,類似する施策や制度であっても,必ずしもその政策意図が一致しているわけではない,という点に留意する必要がある。住宅困窮者問題に対する政策の変遷過程とその到達点は,政権政党の住宅政策に対する考え方や諸団体の利害,社会運動や世論の動向等,いわば,この問題をめぐるより大きな枠組みによって変動してきたからである。以下ではそのような視点から,住宅分野における「恵まれない者」問題をめぐる施策,制度的対応の流れ,さらに支援の現状と課題を整理したい。

1　住宅政策と「特定層」対策

1) 1977年以前の住宅困窮者対策

フランスの住宅政策は,稼働能力のない者を長らく施策対象から排除してきた。第2次世界大戦後の20年余りは,建設産業の育成や都市開発の推進,景気浮揚対策としての住宅政策が重視された。この時期の施策対象は主として都市に流入する勤労者であった。社会住宅の入居者はその後,一般勤労世帯から移民労働者へと周辺化していくが,制度上,社会住宅は,困窮者のための残余的な住宅ではなく,あくまでも一般勤労者のための住宅として位置づけられてき

た。[59]

　小額の年金で生活する高齢者や障害者など特定層の住宅問題が住宅政策上の課題として取り上げられるのは，1970年代に入ってからのことである。1971年，第6次計画委員会のなかに設けられた「劣悪な住宅に居住する者 mal-logé」問題検討部会の提言を受けて導入された社会住宅手当（ALS）制度[60]は，生活扶助の一環として用意されていた従来の家賃手当の内容を拡充し，その後の住宅制度改正を方向づけた［原田, 1989, p.358］。

　ただし，それ以前に困窮者に向けられた住宅施策がまったくなかったというわけではない。1950年代には深刻な住宅難を背景に，ピエール神父らがすすめた全国的なホームレス救済キャンペーン等を受け，緊急住宅団地が建設された。また，1960年代には，低所得の移民労働者などを優先的に受け入れる社会賃貸住宅の融資枠が設けられ，不良住宅地区の再開発で立ち退きを余儀なくされた低所得者や移民労働者向けに，再居住用住宅が供給された。

　1970年代に入ると，これらの施策の延長線上に位置づけられる困窮者支援策として，移民労働者や労働者階層の底辺に位置する貧困世帯を対象に，「通過団地 Cité de transit」が提供されるようになった。「通過団地」とは社会的な援助を必要とする世帯に提供される一時的居住を前提とした住宅団地で，住宅提供と同時に社会的支援が行われる点に特徴がある。該当する世帯は，ここでフランス社会に適応するための社会教育を受けた後，通常の住宅への入居が可能になるとみなされた。しかし，通常の社会住宅とは異なるこれらの「補助的な住宅」は，「補助」住宅というサブカテゴリーの存在を正当化するという問題を提起した。さらに，団地の荒廃化が，マイノリティーの集中する特異な地区という否定的な居住地像の形成を促した。

2）1977年の住宅融資制度改革と「特定層」対策

　一般に，低所得者向けに安価な社会賃貸住宅を大量に供給するために，大規模な社会住宅団地を造成すれば，社会階層による都市居住空間の分断（社会的隔離 ségrégation sociale）が生じるが，大量に供給しなければ，同じように住宅に困窮している者すべてに，同様の権利を保障することができず，制度の恩恵

を受けない「恵まれない者」が生み出される。また，建設助成に必要な財政負担は重く硬直的で，その推進には限界がある。「特定層」対策を重視する者も[61]，社会賃貸住宅は住宅困窮世帯を受け入れるにはその家賃が高すぎ，また仮に，家賃が抑えられたとしても，建設助成に偏重した住宅融資制度のもとでは，社会的不適応等の問題を抱える困窮者が求める住宅を，効率的に提供することができないと，建設助成に批判的であった [Zittoun,2001, pp.122-132]。

「石への援助」（建設助成）から「人への援助」へという大きな方針転換を掲げて断行された1977年の住宅融資制度改革は[62]，中道右派のディスカール‐デスタン大統領のもとで推進された。この改革は建設助成制度に敵対的な勢力によって主導され[63]，当初は，住宅政策の受益者を，市場で適切な住宅にアクセスできない「特定層」に限定することをねらっていた。しかし，関係する諸団体の利害調整過程で，社会住宅供給政策を支持する勢力の主張も反映され，「石への援助」と結びつく「人への援助」が導入された。改革の趣旨は徹底されず，中途半端なものとなったのである[64]。

とはいえ，1977年の住宅融資制度改革は，「特定層」対策を住宅政策の中心課題のひとつとして位置づけるための伏線となった。新たに導入された住宅費対人助成 aide personalisée au logement（APL）は，入居者の家賃負担能力を高め，低所得者が高水準，高家賃の新設社会住宅に入居することを可能にしたからである。事実，住宅費対人助成水準が高く設定された1981〜82年には，APLを受給できる低所得者が高家賃の社会住宅に入居することとなり，実質家賃負担額と享受する居住サービスとの不均衡が指摘された [Lanco et Boukobza, 1987, pp.80-81]。当然のことながら，この方法は大きな財政負担をともなった。緊縮財政のもと，1984年からAPLの助成水準は見直され，給付額も抑制された。こうして，「人への援助」は不安定化を余儀なくされた[65]。

3）ベソン法制定の背景

1970年代の「住宅困窮者 mal-logé」は，低所得の高齢単身世帯や障害者，移民労働者で，問題の所在は「社会的不適応 inadapté social」にあると考えられていた。しかし，1980年代に入ると，社会住宅にも市場で供給される賃貸

住宅にも入居できない人々が増大し,住宅困窮問題は「不安定化 précarité」という概念によって説明されるようになる。安定した住まいを確保できないという事態は,特定層に限定されず,社会の構成員の誰にでも起こりうる問題として理解されるようになった。

需給関係の不均衡によるアフォーダブル住宅の不足は,首都圏や地方大都市の中心部でとくに深刻であった[66]。低所得の母子世帯や移民労働者,障害者など,特定層を受け入れる宿泊施設の運営にあたってきた福祉団体や,カトリック救済会をはじめとする民間の人道支援団体は,大都市を中心に先鋭化した住宅問題への政策対応を求める運動を展開するようになった[67]。これらの団体は,住宅政策管轄省との連携を深め,それまで社会住宅政策のなかでは周辺的な問題として捉えられていた「特定層」対策を,住宅政策の中心課題に引き上げるうえで,大きな役割を果たすこととなった[68]。

背景としてもう1点指摘されなければならないのは,住宅政策を担当していた公共施設省が,社会住宅供給をはじめとする住宅市場への積極的な公共介入を正当化する必要に迫られていたことである。そうした観点からみれば,キィヨ法制定以降,実験的に試みられていた住宅困窮者支援策を推進するための制度基盤を強化することは,その関心とも適合していた。

こうした状況を背景として,1984年,キレス公共施設相により住宅困窮者支援問題が住居国民評議会 Conseil National de l'Habitat (CNH) の諮問に付された。審議会のメンバーや意見聴取を受けた専門家の中には,HLM公社の代表等,普遍的な社会住宅政策の推進を支持する者だけでなく,人道支援活動に携わる民間非営利団体の代表者も加わっていた。その結果,答申の内容は,困窮者への住宅支援を支持する諸勢力の主張に配慮したものとなった。すなわち,この答申は,困窮者の住宅確保や居住の安定を支援するアソシエーションの役割に明確な位置づけを与えるとともに,社会住宅供給の拡大や対人助成制度による支援を拡張する等,国の介入=社会住宅政策を支持したのである。さらに,具体的な支援策として,150項目にものぼる施策が提案された[Boué, 1985, pp. 14-68]。

もっとも,これらの提案を実行に移すための条件が整うまでにはなお時間を

要した。1986年，シラク内閣のもとで住宅管轄相となっていたメェニュリィ氏は，住宅難の原因を民間住宅の不振とその原因となったキィヨ法に求め，民間投資家による住宅投資を促す新しい借家法を制定した。この改正で，キィヨ法により格段に強められた借家人の権利が再び見直され，家主の権利との調整がはかられた。

4) ベソン法の特徴

1988年の大統領選でミッテランが再選を果たすと，新たに組閣された社会党内閣は，住宅政策を優先施策と位置づけ，「住宅への権利を実現するための法律（1990年5月31日第90-449法，通称ベソン法）」を制定した。その第1条は，「住宅への権利を保障することは，国民にとって連帯の義務のひとつである」と宣言し，困窮者のための住宅を確保するために，①県行動計画を策定する，②住宅連帯基金 Fonds solidarité pour le logement（FSL）を設置する，③社会住宅供給組織や民間非営利団体と協働する，④困窮者の住居費を助成する，⑤民間賃貸住宅を活用する等の具体方針を打ち出した。また，国と地方，官民のパートナーシップを強調することにより，社会住宅政策推進主体としての国の役割と，社会住宅組織の位置づけを相対化するとともに，民間非営利団体であるアソシエーションの役割を明示した。

同法は，住宅困窮者の増加を抑制することが肝要であるとの立場から，持ち家・借家，フロー・ストックを問わず，住宅投資への助成を厚くすること，また，社会住宅・民間住宅の別や，支援対象者の属性を問わない普遍主義にもとづく対人助成[69]を提起していた。さらに，キィヨ法の制定と同時に試みられ，また，1985年に提出されたブエ報告が提案していた，民間住宅ならびに民間非営利団体の活用を想定して展開されるさまざまな施策がここに盛り込まれた。

ベソン法はキィヨ法と同様，社会党政権下で制定されたが，その後の保革共存内閣，さらに1995年に成立する右派政権にも引き継がれた。両者の違いは，キィヨ法が拘束力をもち，賃貸住宅市場に直接影響を及ぼしたのに対して，ベソン法は規制的手法ではなく，住宅施策遂行主体間の「契約」関係に依拠しながら，施策の推進をめざしたことである。このため，ベソン法には，困窮者

の受け入れに難色を示す基礎自治体や企業的経営を追求していた一部の社会住宅供給組織に，国の求める施策の遂行を促す効力が乏しかった。

分権化された社会で住宅への権利を保障するためには，住宅政策の「地域化」を前提として組み立てられていた諸制度を機能させることが求められていた。[70] すなわち，地方住居計画 programme local d'habitat（PLH）[71]と「恵まれない者」を支援するプログラムを盛り込んだ県行動計画が，実際に策定されなければならなかった。そこで，これらの制度を機能させるため，1991年には「都市の方向づけに関する法律 Loi d'orientation pour la ville（通称L.O.V.）が制定された。[72] 同法は，国が基礎自治体に，地方住居計画制度にもとづく社会住宅供給や社会的隔離問題への取り組みを迫るものであった。さらに，とくに困難な問題を抱える地区については，「都市政策 politique de la ville」[73]が展開され，当該地区を全体都市と融和させる方策等，社会的隔離をともなわない「恵まれない者」支援の方法が探られた。

2　住宅事情と貧困世帯の居住状況

1) 住 宅 事 情

1999年現在，フランス全国には2870万戸の住宅がある。このうち，実際に居住されている住宅は2381万戸で，全ストックの83.0%を占める。水道，屋内水洗便所，シャワーもしくは浴槽，集中暖房設備の4点がすべて備わっている住宅は「快適」住宅とみなされているが，その比率は1984年の69.9%から，1996年には80.6%へと上昇している。社会賃貸住宅に限ると，その94%が「快適」住宅である。国民の住宅に対する評価は良好で，全世帯の73%にものぼる世帯が現在の住宅に「満足」であると表明している。また「許容できる」世帯が21%で，「不満」と回答した世帯はわずか5%にすぎない。

住宅の延べ面積は平均で88㎡である。住宅規模の拡大は世帯規模の縮小と並行してすすんでおり，過疎居住世帯[74]が増加している。一方，世帯人員数から導かれる必要室数より2室以上少ない超過密居住世帯は0.9%，1室少ない過密居住世帯は9.5%，合計で10.4%である。減少しているとはいえ，1984年の同

比率12.8%とさほど変わらず，住宅事情の2極化がうかがわれる。

　住宅政策と関連づけて住宅ストックの状況をみるとき最も注目されるのは，住宅の所有形態である。フランスは戦後，社会住宅政策を展開し，大量の社会住宅ストックを構築した。社会住宅は1996年調査で400万戸を上回っており，全ストックの17.6%を占める。低所得者の受け皿住宅としていまひとつ注目されるのは，1948年に制定された借家法の統制下におかれている低家賃の民間賃貸住宅（1948年法借家と呼ばれる）である。1948年法借家の数は，1984年の71万戸から1996年には34万戸弱へと，12年間で半分近くに減少している。世帯主の年齢層別持ち家率にも構造変化がみられる。1999年の全世帯の持ち家率は54.7%で，1990年のそれ（54.4%）とほとんど変わらないが，20代，30代の世帯主に限ると，これらの年齢層の持ち家率は10年前に比べ減少している。若年世帯が持ち家に居住することは，それ以前の世代よりむずかしくなっている。

　これらから浮かび上がってくるのは，国民一般の住宅事情が改善される一方で，住居費負担能力の低い者が利用できる低家賃住宅のバリエーションが減り，社会賃貸住宅にほぼ絞られてきたことである。事実，社会賃貸住宅部門では過去20年間に，所得階層区分が低位の世帯の占める割合が，一貫して上昇している。

　住宅事情は地域差が大きい。大都市では中低所得層が適正な負担で一定の質を備えた住宅に入居することが困難である。需給関係の不均衡を解消するために必要な政策コストも高い。たとえば首都圏の場合，民間賃貸住宅の平方メートルあたり家賃は社会賃貸住宅のそれの2.4倍にも達している。

2) 貧困世帯の居住状況

　既往住宅調査の問題点は，通常の住宅に住んでいない者や他世帯と同居している困窮者の実態を十分に把握していないことである。[75] そうした人口の居住実態を間接的に示すと考えられるのは，貧困世帯[76]に関する統計である。そこで，国立統計経済研究所の分析結果を用いて，住宅問題を抱えるであろうと推定される世帯の住宅事情の大雑把な傾向を指摘することにしたい［Le Blanc & Clanché, 1998］。

1996年の住宅調査結果から導かれる貧困世帯数は，約280万である。従来，貧困世帯の半数以上は，農家，60歳以上の非就労者，60歳未満の非就労者，学生という4つのカテゴリーのいずれかに該当した。しかし，1996年調査では，職業参入過程にある30歳未満の就労者や，労働市場で問題を抱えている30歳以上の就労者の占める割合が高まり，両者が貧困世帯の46％を占めるにいたった。1984年の同比率は33％であったから，実に13ポイントの増加である。反対に，相対的に減少したのは60歳以上の非就労者で，1984年の43％から1996年には26％に減少した。1996年の貧困世帯は，過去の貧困世帯よりも相対的に若く，都市で就労しているにもかかわらず，十分な賃金を得ていないゆえに「貧困」に陥ったといえる。

　彼らの住宅事情は上記の特徴と結びついている。過去の調査結果と比べ，用益権等が設定された無償住宅や持ち家に居住する世帯が減り，借家世帯の比率が上昇した。持ち家世帯は，1984年時点では貧困世帯の46％であったが，1996年には31％に減少した。借家世帯にとっての収入の低さは，同程度の収入を得ている持ち家世帯より切実な問題である。

　貧困世帯にとって適切な住宅の確保は以前より厳しくなっている。全世帯では10％を下回る過密居住世帯の割合は，貧困世帯に限れば28％に達する。借家世帯の家賃負担率は，家賃補助分を差し引いた実質負担率でみても，1984年から1996年にかけて上昇しており，とりわけ民間賃貸住宅に居住する世帯（貧困世帯全体の26％）は，家賃補助を受給しても平均で所得の3割近い家賃負担を強いられている。一方，平方メートルあたりの賃料が10フラン以下の低家賃住宅は，1984年の約300万戸から1996年には82万戸にまで減少しており，しかも，貧困世帯にはこれら低家賃住宅全体の18％しか提供されていない。

　貧困世帯の住居移動は1984年以降，活発化している。典型的な移動パターンは民間賃貸住宅から社会賃貸住宅への移動である。年間約2万5000の貧困世帯が社会住宅に転入していると推計されている。低家賃の民間賃貸住宅が大幅に減少した結果，社会賃貸住宅部門で住宅を確保することが求められているのである。

3 「恵まれない者」施策の両義性

1）社会住宅への優先入居

　1990年に制定されたベソン法の条項の中でもとくに大きな論議を呼んだのは，「恵まれない者」が社会住宅に優先的に受け入れられるよう，住宅割当に関する県知事の権限を強化するという点であった。[77]この問題をめぐって，社会住宅の残余化に反対する勢力と，住宅管轄省やアソシエーションの代表者らとが鋭く対立した。[78]HLM組織連盟全国連合は「最も恵まれない者」の住宅確保に一定の理解を示す一方で，制度の運用にあたっては，所得階層の混合に配慮することを求めた。困窮者を社会住宅に優先的に受け入れるなら，すでに深刻な荒廃化に直面していた既存社会住宅団地の問題状況をさらに悪化させる，との懸念を示したのである［UNFOHLM, 1993］。

　ベソン法は「最も恵まれない者」への支援を優先するという点で，社会住宅政策を特定層対策に限定しようとする政治勢力の主張とも共鳴していた。保革共存内閣のもとで制定された住居法（1994年7月21日法）は，路上生活者をはじめとする極限状態にある人々にシェルターを提供する施策を優先するとの方針を打ち出し，緊急宿泊施設への援助を増額した。また，社会住宅についても，入居者を困窮者に限定する助成融資枠を拡大するなど，「最も恵まれない者」を優先する助成制度を拡充した［原田／大家,1999,p.338］。

　一方，社会住宅供給組織はベンソン法に則り，宿泊施設退去者の受け入れ等，困窮者の受け入れをすすめる協定を締結した。そして，ソーシャルワーカーや居住問題に取り組むアソシエーションと連携するなど，新たな事業を展開しはじめた。しかし，こうした対応が可能な組織は限られていた。加えて，社会住宅の残余化を加速するため，積極的には推進されなかった。[79]1990年に導入された社会住宅占用議定書 protocole d'occupation du patrimoine social（POPS）制度は，困窮度や待機年数等を勘案した入居優先順位を定め，優先度の高い者に社会住宅を割り当てることを求めるものであったが，その実効性は乏しかった。[80]収入基準を超過する入居者に適用される割増家賃制度も，高額所得者の退

去を促す効果は乏しかった。

2）反排除法の方針

　反排除法（1998年）は，「最も恵まれない者」への支援を強化するという点において，1994年住居法と共通する性格を有している。この理念に即して組み立てられた住宅関連施策は，次の4つに分類される。

　第1は，「恵まれない者」向けの住宅供給を拡大する施策である。具体的には，空き家の期限付き収用，投機目的等による意図的空き家への課税，住宅改善契約付き社会賃貸住宅の供給促進，困窮世帯を受け入れる民間賃貸住宅の建設・改善への助成と税制面での優遇措置ある。

　第2は，社会住宅ストックの活用である。社会住宅を困窮度の高い世帯に優先的に割り当てるという問題をめぐっては，15年近くにわたって，さまざまな取り組みが展開されている。主なものを挙げると，住宅割当基準の明確化（1985年），社会住宅占有議定書（POPS）制度の導入（1990年），住宅割当委員会の設置（1991年），大規模社会住宅団地等の「問題地区」を包摂する複数の市町村が参加する市町村間住宅会議の設置（1996年），県知事と社会住宅供給組織による入居優先基準協約の締結ならびに市町村間住宅会議の設置要請地域の拡大と機能の拡張（1999年），HLM住宅入居申請者リストの1本化と待機者番号の発行（2000年）などである。並行して，社会住宅部門における居住者の社会的混合を促進する措置がとられ，2000年には，入居基準となる上限所得を引き上げるとともに超過家賃適用基準が見直された。

　第3は，居住の継続を保障することである。家主や債権者による居住者の「追い出し」を予防するため，相談窓口の設置，支援情報の提供，住宅連帯基金による救済，「追い出し」予防憲章の策定等が推奨されている。また，住居明け渡し裁判にいたる前に，知事が問題に介入できるよう，猶予期間が設けられている。水道使用料，光熱費，電話使用料の滞納については，それぞれの滞納料金を肩代わりする連帯基金が設置されており，事業主は援助の検討から決定までの間，サービスを継続するよう要請されている。

　居住継続保障政策のもうひとつの介入領域は，劣悪な住宅に居住する，ある

いは居住する恐れのある者への援助である。1点目は、健康被害が懸念される鉛害問題への対応である。鉛を含む建築材料が使用された住宅建物を対象に、診断費用ならびに修繕工事費用に対する国費助成が用意されている。県知事は該当する住宅を所有する者に改善を命じることができる。2点目は、劣悪な居住条件で入居を斡旋する悪質業者の取り締まり強化、3点目は、困窮者を受け入れる社会賃貸住宅に適用される又貸し制度の拡充とアソシエーションによる支援活動への助成である。4点目は、家具付き住宅や簡易宿泊施設に滞在する者に最低限度の居住保障を適用することである。2000年にはこれらに加えて、老朽化した分譲共同住宅の改善を促進するための支援策が打ち出されている。

第4は、上記1〜3の施策を推進するため、県行動計画の策定と施行、また、住宅連帯基金の活用等、ベソン法により導入された制度の運用を促進することである。反排除法は、県行動計画の策定後3年以内の施行を義務づけている。また、住宅連帯基金の利用規則を見直し、行政機関でなくとも公共性の高い組織であれば基金を運用できるようにするとともに、アソシエーションに適用される活動助成として、賃貸借仲介業務に特定される補助枠を新たに設け、その活動を支援するとしている。[81]

反排除法では、居住施設の運営や住宅管理と結びついた対人支援を、とくにアソシエーションに期待される任務として位置づけている。これは、「居住の場で提供される社会同伴活動 Accompagnement social lié au logement（ASL）」と呼ばれ、住宅連帯基金による助成の対象となっている。なかでも住宅転貸事業は、アソシエーションによる支援を念頭に創設された制度で、2000年の実績ベースで、625団体がこの事業に関与し、住宅数で約2万戸分に相当する6000万フランの助成を受けている［METL/SEL, 2000, p.24］。

反排除法は「恵まれない者」の範疇を拡大し、予防施策を強化する一方で、優先されるべき施策対象が「住宅から排除された者」であることを強調している。一般社会住宅の建設助成の後退、また対人助成給付の不安定化等、過去20年余りの住宅政策の推移と重ねてみれば明らかなように、この方向性は、普遍主義を標榜する社会住宅政策とは対立する「残余的」住宅政策の理念とも合致している。

4　困窮者に向けられた住宅施策の現状と課題

1）施策の現状

　フランスで現在展開されている「恵まれない者」支援策は大きく，既存の住宅制度のなかで実施されている一般的な援助と，対象を特定し実施される援助とに分けられる。住宅手当等の対人助成制度は前者に，住宅連帯基金によって展開されるさまざまな施策や困窮者受入のための特別枠の社会賃貸住宅制度，また全国住宅改善事業団が推進する特定社会プログラム等は後者に該当する。それぞれについて，支援の現状をみてみよう。

（1）対 人 助 成

　住宅施策として実施される対人助成には，住宅ローンを返済中の持ち家居住世帯に対するローン補助と借家世帯に対する家賃補助がある。世帯属性と住宅種別により，家族住宅手当（ALF），社会的住宅手当（ALS），住宅費対人助成（APL）の3種がある。給付額はいずれも，所得，家族構成，居住地によって導びかれる。

　2000年末の統計で支給総額は123億ユーロ，対人助成を受給している世帯の総数は628万世帯である。賃貸部門が圧倒的に多く，539万世帯を数える[82]。このうち，施設に入所し，社会住宅手当（ALS）あるいは住宅費対人助成（APL）を受給している者は50万人程度である[83]。社会レジデンス等「一時的住宅」と呼ばれる特定住宅はここに含まれる。「一時的住宅」入居者への対人助成は，給付期間が限られ，住宅管理者に直接支給される。

　一方，持ち家世帯で手当を受けているのは89万世帯である。施設入所世帯を除く受給世帯数は，賃貸部門では借家世帯全体の5割強，持ち家部門ではローン返済中世帯の2割弱である。賃貸部門における手当受給者の数は，1980年代には借家世帯全体の30％程度で推移していたが，1995年には50％台に到達した。その後はこの水準を維持し現在にいたっている。賃貸住宅に居住し，対人助成を受給している借家世帯の半数以上は，法定最低賃金を下回る所得層である。

(2) 困窮者向け住宅の供給

困窮者向け住宅は,「間隙住宅 logement interstitiel」や「第三の住宅 habitat tiers」とも呼ばれる。その特徴は,住宅と宿泊施設の間にあるさまざまな居住形態が含まれていることや,民間と公共のイニシアティブが混在していること,また,入居から通常の住宅へ住み替えにいたる全過程において,住宅への支援と居住者への社会援助が共時的に実施されることである。[84]

困窮者向け住宅供給の制度的枠組みは大きく2つある。第1は,社会賃貸住宅融資制度と結びつくものである。「参入賃貸住宅助成貸付 (PLA-I,1990～94; 98,99年)」,「非常に社会的な賃貸住宅助成貸付 (PLA-TS,1994～97年)」,「低家賃社会賃貸住宅 (PLA-LM,1998～99年)」を利用して供給される社会住宅が,これにあたる。[85]これらの住宅の入居者には,通常の社会賃貸住宅より低い所得基準が課される。その見返りとして,供給事業には国の助成が割増しされるほか,事業者は安価な資金を,預金供託金庫や雇用主建設協力拠出金(1％住宅基金)の特定目的融資財源から調達できるので,通常の社会住宅の供給に比べると,資金繰り面で有利である。入居者にはその所得に応じて住宅費対人助成 (APL) が支給され,さらに,必要に応じて,後述する住宅連帯基金 (FSL) を介したサポートも用意されている。住宅管理はアソシエーションに委託される場合もある。

この枠組みでは,新規建設に限らず,既存民間住宅の取得＝改善プログラムによる供給も想定されている。[86]供給された住宅は,原則として困窮度の高い入居待機者に割り当てられるが,注意を要するのは,設定されている所得基準によって自動的に困窮世帯に割り当てられるわけではない,[87]という点である。社会レジデンスのように居住期間が限定される「一時的住宅」は別として,困窮者向け住宅の大半は,通常の社会住宅となんら変わらず,所得基準を下回りさえすれば,誰でもこれに入居できる。入居者選考において困窮者優先の原則を担保することが重要な政策課題となるのはこのためである。

困窮者向けに供給される社会賃貸住宅の計画戸数と供給実績の動向をみると,1991～99年の間に予算は約3倍に伸長,計画戸数も1万戸から3万戸へと大きく伸びている。しかし,計画承認された戸数はこれを大きく下回っており,年

度によっては目標戸数の半分を下回る低い水準となっている。予算消化率は7～8割，1991～99年の累積供給戸数は10万戸を若干上回る程度で，目標戸数と比べると著しく少ない。[88]

　困窮者向け住宅供給促進のための第2の方法は，全国住宅改善事業団 Agence nationale pour l'amélioration de l'habitat（ANAH）[89]による支援の枠組みを用いて，低家賃の民間賃貸住宅を確保することである。ANAH の特定社会プログラムは，国，地元自治体との協定にもとづき実施される。これは，困窮者あるいは困窮者を支援するアソシエーションに賃貸することを条件に，大規模修繕を要する民間住宅の所有者に補助を行い，住宅改善と困窮者向け住宅の確保という2つの政策目標を実現しようとするものである。このプログラムでは改修工事に要する資金が総額の70％を上限に助成される。このほかにも，民間参入住宅 logements d'insertion privés（LIP）ほか社会的性格の強い助成プログラムが用意されている。HLM 組織が事業主体となる場合も想定されるが，PACT-ARIM[90]のような住宅改善を推進するアソシエーションがこうした支援の枠組みを積極的に活用している。これらによって確保された民間住宅は，1990～99年の累積で4万8000戸程度である。

（3）住宅連帯基金（FSL）による援助

　住宅連帯基金は，入居保証金の肩代わり等，困窮者が住宅に入居することを支援する給付，滞納家賃の肩代わりやアソシエーションによる転貸等，困窮者向け住宅を維持管理するための給付，また住宅と結びついて実施される支援活動経費[91]等として支出されるほか，困窮者を援助するアソシエーションの活動助成費としても利用されている。その財源は，国，地域圏，家族手当金庫，基礎自治体，HLM 組織等の拠出によって賄われている。近年，支援対象が賃貸住宅居住者のみならず，持ち家居住者にも広げられ，老朽化した分譲共同住宅に居住する管理費滞納者等への支援も実施されるようになった。

　支出額が大きいのは，住宅を維持するための給付（2000年の推計値で8126万ユーロ），入居を支援する事業（同，6845万ユーロ），「住宅と結びついた社会サービス提供事業（ASL）」（同，5351万ユーロ）である。とくに「住宅と結びついた社会

サービス提供事業」に要した支出は伸び率が大きく，1995～2000年にほぼ2倍となっている。支出総額は1億4420万ユーロ（1995年）から，2000年にはその約1.6倍の2億4200万ユーロに増大している。

こうした援助の有効性を検討するうえで参考になるのは，法務省，内務省が有する賃貸人退去に関する統計である。1999年の概数値で，家主から裁判所に提出された退去執行認可要請件数は10万件，裁判所の認定件数は7万件，強制執行による退去者数は5000人である。いずれも，1990年から減少傾向にあったが，2000年には再び増加に転じている。[92]

（4）不衛生住居等の除去や老朽住宅の改善に対する援助

住宅政策の目標のひとつが住宅の質を向上させる点にあることを考慮すれば，困窮者支援施策においても，一定の質を備えた住宅[93]の確保は重要な課題である。

住宅需給関係の不均衡が著しい大都市や，衰退した地方都市の中心市街地等には，依然として適切に維持されていない不良住宅ストックが残されている。そこで近年，民間賃貸住宅を対象に，老朽化した住宅の修繕や現在の住居基準に適合させるための改良事業を推進する全国住宅改善事業団（ANAH）の機能が拡張され，老朽化した分譲住宅の改善等，持ち家に居住する低所得者向けの住宅改善助成が実施されるようになった。

反排除法では，健康被害に直結する鉛害問題への取り組みをとくに重視し，建築材料に鉛を含んだ住宅建物を所有する者に改善を義務づけると同時に，改善工事を促進するための予算措置を講じるなどしている。[94]

（5）社会住宅の活用

反排除法56条は，社会賃貸住宅の割当においては，住宅への多様な要求を勘案すること，市町村や地区単位で多様な社会階層の混合を促進すること，入居申請者を公平に扱うこと，という3つの原則を掲げ，県単位で一本化された入居申請者番号制度の導入と，調停委員会[95]の役割を規定している。これらは，1990年以降積み上げられてきた議論の現時点における到達点である。困窮度の高い者を優先するとの方針が維持される一方，1999年9月に導入された社会的

利用賃貸住宅貸付 prêt locatif ā usage social（PLUS[96]）の仕組みと同様，特定の社会賃貸住宅に困窮者が集中しないよう，入居者構成に配慮するべきことが盛り込まれている。

　ただし，上記の方針が常に社会住宅の割当において遵守されているわけではない。とくに問題となっているのは，都市圏を形成する隣接基礎自治体の中に市町村間住宅会議を組織することに合意していないものがあるということである。対象となる377地域のうち，2000年までに同会議を組織したのは116地域にすぎない。会議によって策定される県共同協定を締結したのは，わずか17県である［HPLPD, 2001, p.31］。

（6）空き家対策

　反排除法により打ち出された一連の施策の中でも，最も論議を呼んだのは，住宅需給関係が逼迫している大都市で，住宅に困窮している者の利用に供するために実施される空き家[98]の接収である。その根拠となる法令は第2次世界大戦直後の1945年10月に発布されたもので，その後はアルジェリア戦争末期に発令されたにすぎない。これが1998年の反排除法に盛り込まれたのは，1990年代半ばに生じた投機的需要の増大に対処するためであった。もっとも，法令にもとづき，接収にいたったケースはほとんどなかったようである。1994年時点と比べ，1999年には条件を満たす空き家が大幅に減少した，というのがその理由である。住宅担当相ベソン氏の次の発言には，そもそも積極的にこの施策を発動する意志はなく，その抑止的な効果に期待していたことがうかがわれる。

　「空き家を社会住宅として活用できるよう，なすべきことはすべてやった。受益者を不安定な状態におく施策をこれ以上追加すべきではない。接収という方法には限界がある。永続する解決にはならない。」（1999年10月。居住関連アソシエーションの連合組織FAPILの総会での発言。Marcovitch, 2000, p.15）

　空き家への課税強化は接収よりも現実的な施策である。適用されるのはパリ，リヨン，リール，ボルドー，トゥルーズ，ニース，モンペリエ，カンヌの8つの都市圏で，対象は，法令で認められた正当な理由[99]のないまま，課税年の1月1日から遡って2年以上空き家にしている住宅所有者である。居住税の基礎と

なる賃貸価値にもとづき，初年度はその10％，2年目は12.5％，3年目は15％が課税される。公式発表ではないが，1999年11月27日付リベラシオン誌によれば，13万3000戸の空き家が課税対象になったという［Marcovitch, 2000, p.19］。政府の報告書によれば，2000年6月までにこの措置によって7670万フランの税収が得られた。また，これを原資とする全国住宅改善事業団の補助事業により，3万5000戸の空き家が改善され，社会的使途に付される民間賃貸住宅として供給された［SEL, 2000, p.7］。

2）施策の評価

住宅管轄省が2000年9月に発表した「反排除のための行動から2年－1998年7月29日法による住宅分野での取り組み」は，反排除法関連の住宅施策によって2000年までに60件の「恵まれない者の住宅のための県行動計画」が採択され，住宅連帯基金による累積支援世帯総数150万世帯のうち，50万世帯が期間中新たに支援されたこと，また，住宅連帯基金への国の支出が1996年から2000年の間に倍増し，5億フランに達したこと等を，その実績として挙げている。

しかし，2000年3月に国会に提出されたラジョワニ委員会の報告は，施策の実施状況について手厳しい評価を下している。すなわち，空き家の接収や課税強化といった施策の効果は薄く，こうした手法による困窮世帯向け住宅の供給拡大は困難であり，困窮世帯向けの社会賃貸住宅供給を拡大すべきであるが，実態をみると，建設計画戸数の達成率はきわめて低い，[100]というのである。同委員会は社会賃貸住宅供給の鈍化を指摘し，建設予算が消化されない理由を，物価の推移や融資条件などとともに，社会住宅の建設に消極的な基礎自治体の首長や議会，社会住宅供給組織の取り組み姿勢に求めている［Marcovitch, 2000, p. 16, p.65, p.66］。

社会住宅に居住している者の貧困化はかつてなくすすんでいる。問題地区化している団地では地区の荒廃を食い止めるため，教育環境の改善，雇用促進や治安対策，都市基盤整備などとともに，住戸改善や分譲住宅の新規供給によるテニュアミックス等，総合的な対策が講じられている。それでもなお，治安状態が悪化するなど，問題が山積している。このため，住宅を管理するHLM組

織ではなく，定住できる住まいをもたない困窮者が，斡旋された社会住宅に入居することを拒否するという状況も生まれている。困窮者の住宅確保が求められる一方で，既存社会住宅の除去プログラムに対する予算が増額されている背景には，こうした事情がある。

2000年12月にわれわれが実施した施策担当者や居住関連非営利団体代表へのインタビュー調査においても，関連施策を遂行する困難さや問題点が数多く指摘された。なかでも支援団体からたびたび指摘されたのは，困難な問題を抱える人々の受け皿となる住宅が不足していることである。このため，宿泊施設や社会レジデンスを退所できず，要支援状態が続いている。雇用や健康の問題等，複合的な要因により要支援状態となった者には，必要な社会支援が組み込まれた居住の場が確保されなければならず，包括的な援助を機動的に実施する主体として民間の非営利団体の役割が強調されているのだが，長年にわたって現場で支援活動を行い，発言力を強めているアソシエーションは，彼らを競争させることにより援助の効率を高めようとする国の方針を厳しく批判した。一方，首都圏に立地するオー・ド・セーヌ県で国の施策を遂行する責任者は，民間の支援団体への依存が高まることに懸念を表明し，HLM組織等の公的機関が果たすべき役割を強調した。

3）社会住宅政策の方向性と課題

安定した住まいを確保できない人々の問題が社会住宅政策の中に包摂されたのは，こうした状況が誰にでも生じうるからであり，その防止のためには，普遍的な住宅手当制度と，多様かつ十分な量の社会住宅の供給が求められること，さらに適切な住まいを確保できるようにするには，劣悪な住宅の除去や改善を並行して進めることが必要だと認識されたからである。しかし，ベソン法から反排除法にいたる困窮者支援のための一連の施策過程は，社会住宅政策を支持する諸勢力に，この問題への対応をめぐる新たな戦略の必要性を示唆している。

注目されるのは，ベソン住宅相のもとで，1999年から持ち家取得を促進する金利0％融資補助原資の予算化，社会賃貸住宅助成融資の再統合，また2001年から対人助成制度のさらなる改善がすすめられる等，特定層対策からより広範

な社会階層を包摂する住宅政策へという理念が再び鮮明にされたことである。

ただし,上記社会住宅政策を推進するための財源や制度的基盤は依然として弱い。困窮者の受け皿となる社会住宅の慢性的不足が指摘されるなか,ベソン法の内容をさらに補強した反排除法の制定後においても,困窮者を優先的に受け入れる社会住宅の供給はすすんでいない。[107]民間賃貸住宅の活用にも限界があり,[108]困窮者支援に向けられた住宅予算が消化されないという事態も生じている。[109]宿泊施設や社会レジデンスから恒久住宅へという困窮者支援プログラムが機能していないという事実は,住宅政策を特定層対策に限定するという考え方を支持する勢力に,[110]その論拠を与えるものともなっている。

この間の動向を概括すると,住宅予算の削減や助成財源の非予算化が普遍的[111]な住宅政策の推進を制約してきた。そうしたなかで展開された「恵まれない者」支援策は,公共介入を支持する諸勢力の結束を促しただけでなく,その対立をも惹起し,結果として住宅政策を不安定なものにしてきた。社会住宅組織はこの間,既存社会住宅の除去や公的助成を組み込んだ持ち家を含む社会住宅の供給,既存住宅の改善を内容とする都市再生事業に注力し,住宅管轄省やアソシエーションなど「恵まれない者」問題への対応を求める諸勢力からその対応を批判されてきた。[112]他方,ベソン法・反排除法が推進した「特定社会住宅」[113]については,階層別対応を批判した1977年改革の理念を後退させるとの懸念が表明されている。

近年制定された「都市の連帯と再生法 loi relatif à la solidarité et au renouvellement urbain(SRU;2000年制定)」[114]は,社会住宅の供給に消極的であった基礎自治体に供給を義務づける一方,問題地区化した社会住宅団地の住棟除去を促進するという方向性を示している。困窮者・低所得者の住まいの確保や定住の保障と,特定層が特定の地区に集中することによって生じる社会的隔離問題の抑制・解消という,2つの課題を接合する道を示唆するものといえよう。同法は現時点における社会住宅政策の到達点を示していると考えられるが,その実効性は定かではない。

5 「恵まれない者」施策の意義

　1990年代のフランスの住宅政策は,「恵まれない者」の住宅問題への対応に重点をおくものであったと総括される。この流れを方向づけたベソン法は, フランスがホームレス問題に象徴される住宅困窮問題の解決のために施策を講じるというメッセージを国内外にアピールする役割を果たしてきた。

　住宅統計調査からみるかぎり, 住宅の量, 質という点で, フランスの住宅事情は戦後一貫して改善されてきた。住宅数は世帯数を大きく上回り, より広く, 設備の整った住宅ストックが形成されている。また, 低所得者に対しては, その所得, 家族構成, 居住地から導かれる家賃補助や住宅ローン補助が用意されている。住宅困窮問題の要因のひとつがアフォーダブル住宅の不足にあるとしても, 制度的対応はすでにとられている。社会的に利用可能な住宅は全ストックの2割弱にものぼり, すでに国民の4分の1以上, 借家居住者のみに限定すると半数以上が, 対人助成により住居費負担を軽減されている。

　それでもなお, この問題が大きな社会課題として認識されている背景には,「住まう」という営みの主体が個人へと移行し, その営みを支える資源の量や質に大きな格差があること, さらに, その格差が, 1980年代以降の社会経済的変化と相乗して, 急速に大きくなっているという状況がある。フランスでは定職に就けない若者や, 健康や家族関係に問題を抱える中高年単身者を中心に, 住宅困窮問題が顕在化した。ベソン法ならびに反排除法は, 居住権保障という理念のもと, 現実的で具体的な行動計画の策定を促すことにより, この問題に対応しようとしてきた。

　ベソン法制定以降繰り広げられてきたさまざまな試みは,「ソーシャルミックスの促進」や「援助水準に対する社会的同意」を担保しつつ,「恵まれない者」の居住問題を解決すること, とりわけ, それを施策に落とし込んでいくという作業が容易ではないことを示している。反排除法による住宅困窮問題への取り組みは, いまだ十分には機能していない。問題解決の枠組みをめぐる議論も, 一定の方向に収斂しているわけではない。

住宅困窮の要因は多様であり，必要とされる支援が単なるシェルター提供にとどまらないことは論をまたない。雇用，福祉，医療等の関連サービスを含むより広い支援の枠組みが必要である。効率を重視するなら，類似する問題を抱える人々を1カ所に集めるという方法が想起されるかもしれない。しかし，そうした対応は社会的隔離を加速し，結果としてより大きなコストをともなう恐れがある。少なくともフランスではこれまで，社会的隔離を回避し，しかも財政的に大きな負担とならない方法が探られてきた。

住宅困窮問題はまた，個人の社会的不適応という側面だけでなく，社会の差別や人権意識とも結びついている。フランスの場合，既存社会賃貸住宅の立地が特定の地区に集中するなど偏向していること，また，民間賃貸住宅の減少と新規社会住宅供給の鈍化という事態が，政策選択の幅を狭め，対応をいっそうむずかしくしてきた。アソシエーションの活用や住宅連帯基金によるきめ細かな援助とともに，住宅市街地の再生を掲げる「都市の連帯と再生」が求められる所以である。

おそらく，この間にフランスで積み重ねられてきた社会実験の意義は，居住権保障の理念を具体化するための課題を明らかにし，ツールを増やし，世論を喚起したことであろう。ベソン法制定以降，予防的措置を含む施策メニューは格段に増えた。1998年に制定された反排除法は，「恵まれない者」への支援において，住宅施策が他の関連する施策と同様に重要な役割を担っているとの認識を再度表明し，福祉，雇用，医療，住宅という4つの分野で，貧困や社会的排除に抗するために必要な施策を講じることを促した。こうした枠組みの中に「住宅」が位置づけられていること，また，斬新な施策が試行され，評価され，再調整されるというプロセスとその積み重ねが，社会政策としての住宅政策を実体化していくことに通じているように思われる。

第6章 「反排除法」から「ナショナル・アクション・プラン」,そして今後の課題

1 制定の経緯

　1980年代末以降,フランスでは「貧困および排除との闘い」の諸法・制度が登場したが,この方向に大きな影響を与えたものに,政府の諮問機関である社会経済評議会(CES)のウレザンスキ・レポート(1987年)がある。レポートは,極貧に通じる生活の不安定化・貧困化に対しては教育,雇用,所得保障,住宅,医療,市民活動の諸領域で「最低限保障を共同で確実にする諸措置が必要」[Rapport Wresinski,1987,邦訳224頁]として包括的な法の作成を提案した。また,不安定化に抗して国民連帯を追求するためには,諸施策への国家の必要十分な財政負担が必要であること,そして国家責任は財政にとどまらず,計画-実行-評価の諸段階で貫かれること,とくに,従来は不十分であった「全段階における活動の計画化と評価の実行」[ibid.,227頁]を主張した。[115]

　ウレザンスキ・レポートの作成,成立は人道的アソシエーションの協同運動に負うところが大きかったが,諸団体はCESで採択された,このレポートに依拠しながら,国家責任の明確な「貧困・排除との闘い」の包括的な法,そして国家レベルで総括的に諸施策の監督と評価を行う機関を求め続けた。

　実際,レポート以降数多く諸法は登場したが,予想したような結果をもたらしておらず,むしろ貧困は拡大・深化していることに懸念が出されていた。包括法制定の運動は,1995年の大統領選を控えて一挙に高まった。全国組織をもつアソシエーション40団体は連帯組織「警告Alerte」を結成して,総合法,さらに具体的な国家のアクション・プランを求める大キャンペーンを展開した。この結果,保守と左翼の両候補も,政府をして包括的な法の作成とナショナル・プランによって法の具体化をすすめさせるという公約を掲げたのである。

本章では以上の経緯から登場した1998年7月29日法すなわち「排除との闘いの基本法 Loi d'orientation relative à la lutte contre les exclusion」（以下「反排除法」とする），そして1998年5月からの3カ年プラン（第1次プラン）を引き継ぐ「第2次プラン」としての「貧困と社会的排除に抗するナショナル・アクション・プラン Plan national d'action française contre la pauvreté et l'exclusion sociale 2001-2003」の特徴を紹介するが，その前に留意すべき点を指摘し，またお断りもしておきたい。

「反排除法」は社会党内閣のもとで作成された法であるが，1995年に選出されたシラク大統領と同じ党の保守政権のもとでも貧困への総合法は準備され，アソシエーションとの内容の協議，そして議会での審議も始まっていた。つまり，反排除の包括法は政権のいかんにかかわらず，制定されたであろうという点である。[116] 第2に，「基本法」と名づけられたが，新しい基本的な権利・制度を創出してはおらず，既存の多くの法の改正，そして補足的な新しい措置によって，従来からの「排除との闘い」の効果を高めることを意図している。したがって，この10年来の雇用，住宅から社会保障など全領域の制度の内容と現状を把握しなければ，「反排除法」の措置のもつ意味は理解できない。しかし，本章でそうした作業を行うことは紙幅から，そして著者の能力からも不可能であり，また，本編ですでに行った説明と重なる部分もある。したがって，本章では主要な施策に，そして全体的な傾向に筆をとどめざるをえない。なお「反排除法」の法文および施行規則の内容については，［Monéger,1999；都留,1999b］を参照していただきたい。

また，第2次ナショナル・プランについても，「反排除法」と同様のお断りをしておく。なぜならば，「第2次プラン」は，EUサミットで各国に義務づけられたプランであるが，フランス国内でみれば，3年を経た「反排除法」，そして同法制定の2カ月前に公表された第1次プランの効果や問題点を踏まえたものだからである。

2　諸施策の特徴

　「反排除法」は3部（Ⅰ.基本的権利へのアクセス，Ⅱ.社会的排除の予防措置，Ⅲ.社会機関），159条からなり，雇用，住宅，医療，市民権，債務，生活手段（社会給付など），教育，文化・スポーツ・余暇，社会的緊急策の領域を網羅している。そして諸施策の実行のために横断的な組織・委員会（国レベルでは「貧困・社会的排除施策国民監視機関 Observatoire national de la pauvreté et de l'exclusion sociale：ONPES」，県では排除の予防・調整委員会など）を創設した。なお，医療保障については「反排除法」ではなく「普遍的疾病保障（CMU）法」（本書237-239頁を参照）が対処し，「反排除法」においては保健委員会などの地域組織の再編成のみを規定している。「反排除法」の諸施策には3年間で520億フラン（約1兆2000億円）の予算が計上された。

　第2次ナショナル・プランの柱は2つである。第1に雇用（復帰）策，第2は基本的諸権利（所得，住宅・居住，保健・医療，学校・スポーツ・余暇・芸術・文化など社会生活）へのアクセスの簡便化，そして，アクセスを援助する社会福祉サービス，とくにソーシャルワーカーなどの強化策からなっている。その予算全体は不明だが，2002年だけで雇用および社会福祉関連の雇用連帯省予算のみで20億フラン（3億500ユーロ，400億円に相当）である。

　「反排除法」と，「反排除法の第2ステージ」とされる第2次ナショナル・プランを通じて，今日の貧困・排除対策の特徴をみると，その中心は雇用対策であること，そして雇用を含めた諸領域で従来「取り落とされてきた」層に的をしぼった諸施策が強化されていることがわかる。これは，ギグー雇用連帯相（当時）が「第2次プラン」の序文で述べているように，「失業の固い核は破られた」という現状評価，にもかかわらず「労働市場の好転」の恩恵を受けられない「一定の人々が残されている」という現状認識が基底にある。

1 ）雇用諸施策
　中心施策である雇用政策の特徴を見てみよう。

「反排除法」では，公的な職業養成や公的雇用において，その対象の年齢制限の緩和または撤廃，労働時間や労働契約期間の延長などが打ち出された。青年失業者や長期失業者への公的雇用，とくに連帯雇用契約（CES）では5万人のポスト増，トータルで31万人の雇用，週30時間の就労，そして3年から5年の長期労働契約など，公的雇用の「恒常化」策が打ち出されている（公的雇用について詳しくは第4章参照）。

ただし，「第2次プラン」では公的雇用からの「出発」の準備策を強化するなど，「恒常化」策だけでなく一般労働市場への参入策も強化されているのである。

困難層にターゲットをしぼる雇用確保策は，「反排除法」，そして「第2次プラン」とも，求職−参入の「個別的支援」（受け入れ→面接→能力評価→求職→（再）就職）の拡大と徹底化である。[117]「反排除法」では経済的困難，とくに住宅問題を抱え，なおかつ職業資格をもたない青年（16歳から25歳）を対象にした「青年のための雇用アクセス援助 Trajet d'accès à l'emploi pour jeunes (TRACE)」プログラムを創設した。諸困難が合併した青年失業者を，地域の青年担当窓口の専任担当者が18カ月継続して，個別的に相談・同伴 accompagnement しながら職業資格取得の実習等を実行させ，雇用を確保させるという策である。受給青年の間では＜常に相談相手のいることは精神的に励まされる＞［Le Monde du 13 janvier 1999］と好評であり，2000年末までに9万5000人の青年がプログラムに参加し，54％が一般雇用，または報酬ある職業養成を受けるようになった。ただし，3分の1が失業状況のままであり（多くは失業手当なし），57％が有効な職業資格（職業高校などで得る職業資格）を取得できていない。また，職業養成実習に従事していない時期には基本的な収入が欠如していること，受給者の95％はすでに担当局とコンタクトのあった青年であり，住居を喪失した青年，徘徊傾向のある青年，失業状況から脱する意欲が欠如した青年を参加させるのは困難であること，などの問題点も明らかになった［ASH N°2208；ASH N°2228, 2001］。

「第2次プラン」では，TRACEが最困難の青年に届かないという問題点に対処するため，同伴活動の予算を増額して，福祉事務所や宿泊施設・貧困者支

援アソシエーションなど雇用関係以外の援助諸組織とのパートナーシップを強化するという。協力内容は，対象となる青年の情報を受け，雇用以前の問題，とくに言語未修得（移民およびその家族である青年），健康および心理・精神的問題への支援を行いながら，TRACE プログラムに参加させるというものである。なお，深刻な心理・精神的問題を抱えている青年の数が少なくないことをかんがみて，コミューンの青年担当局において精神分析チームを配置する措置が予算化された。また，同伴支援の期間の18カ月をさらに6カ月延長し，その期間に無収入であれば，「県青年援助基金 Fonds départemental d'aide aux jeunes (FAJ)」により月額2000フラン（単身者RMI手当に相当），半年で6000フランを限度とする「雇用アクセス援助金 Bourse d'accès à l'emploi」を支給することになった。受給者は2002年末には12万人に達するといわれている。

　TRACEとともに，「反排除法」は長期失業者，RMI 受給者を対象とする，求職・職業的参入の個別援助である「雇用への再出発のための個別支援活動 Action personnalisée pour un nouveau départ vers l'emploi」プログラムも定めた。長期失業とは25歳未満青年では6カ月以上，25歳以上では1年以上であるが，公共職業紹介所（ANPE）において個々の状況を配慮して求職計画の作成・実行を援助するという施策である［Micheau et al.,2001］。2000年にはすでに対象求職者113万2000人中105万8000人（54％が女性）がプログラムに参加したが，「第2次プラン」では2002年7月まで60万人のRMI受給者と25万人の失業扶助（ASS）受給者に的をしぼって援助の個別化を図ることにしている。[118]個別援助のカウンセラーは，労働ポストへの適応，職場の人間関係，労働時間や労働権問題だけでなく，職業外問題（借金，司法，健康，心理，住宅，子どもの保育……）にも対応することが強調されている。さらに居住地外で雇用を見つけた場合に[119]は，引越し・移動，そして二重居住への援助，日常の交通費などの援助金等も支給することとなった。

　さらに，「第2次プラン」では，最困難層の参入就労を援助する「経済活動による参入」事業体，すなわち参入支援企業（EI），派遣労働を行う仲介アソシエーション（AI）などでの個別支援――「同伴」や「見守り」援助のための補助金を増額し，労働市場への復帰をすすめる方向も明らかにした（「経済活動

による参入」施策については4章243-247頁参照)。

　失業者自身の就労へのインセンティブを高める措置も強化された。「反排除法」ではRMI，失業扶助（ASS），そしてひとり親手当（API）などの稼働年齢層への無拠出最低限所得保障（社会的ミニマム）受給者が（再）就職し稼働収入を（再）確保した場合には，3カ月間はまったく収入認定せず，以降9カ月間は稼働収入の50％のみを認定とした。さらに「第2次プラン」は，100％控除の期間を3カ月から6カ月へと延長し，50％控除は6カ月とした。

　1997～98年の冬季に社会的ミニマム（失業扶助，RMIなど）の大幅引き上げの運動を展開した失業者組合・アソシエーションでは，以上のような措置について，＜全体として非常に安価な措置＞と批判し，最低限保障額自体の増額と，RMIの受給資格のない25歳未満青年へは＜自治的生活の可能な所得＞保障を要求している［ASH N°2225, 2001, p.47］。

2）住宅および居住保障策

　「反排除法」の住宅施策については第5章で詳しく論じているので，ここでは主要な方向のみ叙述する。第1に，住宅困窮者への住宅提供のため民間セクターの住宅供給の促進策を打ち出したことである（「民間空き家への課税」，「法人所有の空き家の接収」など）。第2の柱は，社会住宅への入居や県の援助（住宅連帯基金：FSLを活用した住宅への入居，滞納家賃の貸付などによる住宅保持あるいは強制退去の予防）において除外されがちな人々を確認して，権利を確実にするための特別の援助である。まず，収入の不足からのみで住宅への入居あるいは住宅保持ができない人・家族と，経済的困難だけでなく社会的参入（健康，社会関係などの）の困難が合併している人・家族とを区別し，後者にソーシャルワーカーなどの同伴活動を実行することとした。次に，県の援助が「家族もち」に的をしぼり，単身のホームレス青年や，当該県で一定期間の滞在のない人々を援助リストからはずす傾向にあったが，「反排除法」ではこうした人々も援助の対象であることを明記した。

　「第2次ナショナル・プラン」の住宅施策は，2年間を空き家の接収の第2段階と位置づけ，また不適切な住居の解消，そして接収した住居を自治体のス

トックとすることにした。ただし，それによる住宅の増加数はパリと周辺3県で450住宅とワンルーム，そしてマルセイユ，ニース，ボルドーなどの都市の住宅を加えても970住宅にすぎない。また，「住宅に住み続ける」ための施策では，家賃滞納世帯の状況調査，そして民間保健・福祉団体全国組織（UNIOP-SS）によるソーシャルワーカー向けの，家賃不払い世帯への対応，住宅連帯基金（FSL）による社会的同伴活動についてのガイドブック作成に補助金を支給することになった。

「第2次プラン」は，一般住宅の供給，そして保持策とともに，居住の緊急保障，つまり不定住者（SDF）や難民家族の社会扶助宿泊施設（CHRS）での受け入れの拡大（500席増，そのうち100席は家族や子どものいない若いカップルの専用施設および部屋），フリーSOS電話（115番）についてはただちに宿泊施設を紹介する体制の強化策も打ち出している。ただし，以上の緊急策について全国宿泊・社会参入施設アソシエーション連合会（FNARS）は，＜CHRSの増加は，潜在的要求の1.5％しか満たしていない。緊急施設，難民寮での受け入れ強化策もなく……非常に落胆している＞と批判している「ASH N°2225, 2001, p.47」。

3）その他

教育の機会均等策，文化・余暇についても，「第2次プラン」は「反排除法」の諸措置を引き継ぎ，そして予算を増額した。とくに指定の貧困地域における中学生と高校生への奨学金拡充，芸術・文化活動へのアクセスのための，そして余暇・スポーツ活動のためのクーポン券または手当，近隣の地域福祉センター Centre social での文字習得やインターネット教育の拡充とアクセスのための手当も予算を増加させた。また，バカンス手当によって2000年に1万2000人，2001年には2万人の青年がバカンスに出発できたといわれるが，「第2次プラン」では予算は倍化されている。地域スポーツセンターのクーポン券も2万5000人増となった。

最後に，ホームレス生活者および住宅困窮者に直接関連する施策をみてみよう。

「反排除法」では，市民権の保障として不定住者（SDF）へも投票権を，

RMI 方式(福祉事務所または認可アソシエーションへの住所登録が条件)で付与することとなった。また,人道的アソシエーションの社会的代表権も以下のように認可された。アソシエーションは行政・公権力の協力団体(パートナー)であると法で記され,公的な貧困対策プラン・プログラムの作成メンバーの一員になった。また相談・サービス申請・決定機関,そして各種基金の運営委員会に参加し,行政と貧困者との仲介者としての役割を果すこととなった。また社会住宅の入居申請書受理機関,社会住宅に入居できない申請者の嘆願を受理する仲裁委員会,そして福祉事務所(CCAS)の運営委員会における貧困者の代表者として席を確保した。[120] さらに貧困・社会的排除施策国民監視機関のメンバーにもなった。

なお,貧困・社会的排除施策国民監視機関は「貧困・排除との闘い」の全施策を評価し,今後の課題を提言するものであるが,興味深い作業委員会報告書,そして施策の評価書 [ONPES, 2000, 2002] を提出するようになっている。

「第2次プラン」でも,社会福祉の公民協同の運営体制を確認している。まず,全国50の貧困地域で,多様なサービスの申請を一括して受理する「連帯の家 Maison de la solidarité」の設置である。「連帯の家」は,従来指摘されていた「たらいまわし」や長期間かかる手続きを回避することを目的とし,市町村の福祉事務所,県の社会福祉局,家族手当金庫(CAF)などの参加が予定されている。また,長期失業者,学歴のない青年失業者,そしてホームレス生活者など困難層の捕捉,彼らへの同伴活動が強調される中で,「第2次プラン」では2年間で3000人の新たなソーシャルワーカー養成も図っている。

3 「ナショナル・アクション・プラン」など今後の「貧困・排除との闘い」の課題

フランスのホームレス生活者対策は,広範な貧困そして排除対策の一環として取り組まれてきた。ホームレス生活者を異質な人々もしくはアンダークラスではなく,社会の最大問題である排除の極限的状況におとされた人々とみなして,貧困・排除化の予防策も実行されている。

ただし,「反排除法」と第2次プランの施策内容の推移をみると,その対象はよりしぼられてきていることがわかる。たしかに,対象者の数,そして実際の受給者の数を増加させていることは評価すべきである。しかし,対象カテゴリーとしては「貧困地域」,「困難の合併している者」,「大きな困難に直面している者」,「単に収入問題だけでなく住宅問題,あるいは健康,精神的な問題を抱えている者」に施策を集中するようになっている。もちろん,困難層を一般的な施策にアクセスさせるための優遇策,すなわち「積極的差別」の措置は必要不可欠であり,困難層をターゲットとする施策自体は評価できる[121]。

しかし問題点は,前述したように施策の中心が困難層の雇用復帰(一般労働市場への参入)となっていることである。なぜならば,今日,一般労働市場で増加しているのはパートタイマーなどの低賃金の不安定雇用だからである。勤労者の6％,130万人がワーキング・プアであることが確認されているが,その3分の2が被用者という[122]。「雇用はもはや貧困を防げなくなっている」[Demazière,1995,邦訳186頁]といわれ,行政官僚自身からも,失業者からワーキング・プアへの移行という貧困の「質」の変化と貧困の拡大について警告されている[123]。そして実際に,貧困世帯は全世帯の7％を占めていることが大々的に報道された[124]にもかかわらず,雇用の「質」の問題点は等閑に付され,所得保障制度(とくに社会的ミニマム)においてはベース・アップなど根本的な改善は見送られているのである。

さらに,貧困・社会的排除施策国民監視機関のメンバーであり,EU 全体の貧困対策のエキスパートにもなった感のある社会学者 S. ポーガムは,貧困諸施策で設定された対象カテゴリーについて強く批判している。それは,年齢,健康,家族状況,そして失業者では失業期間などの条件が加わえられ,あまりに細々としたものとなっており,これを是正しないまま次から次に新しい施策で屋上屋を重ねているという。さらに,フランスでは保守政権であっても,左翼政権と同様にサッチャーリズムは採用せず「福祉国家」体制を維持し,今後ともその方向は変わらないであろうが,両者ともこのようなカテゴリー化から脱却する方針をもたない,と強く批判している(2002年5月の大統領選挙に際しての発言[Paugam,2002])。

しかし，以上の批判は，わが国の貧困対策そして社会保障の現状と比べるならば，非常に「高い」到達点での問題点の指摘であることも忘れてはならない。なぜならば，フランスの社会保護（社会保障）支出は粗国内総生産（PIB）比で1995年35.8％，1999年35.7％，そして「貧困-社会的排除対策」支出は1.2％，1.4％（再掲値）を占めるにいたっているからである。しかも以上の数値には，1997年にPIB比3.9％となった失業対策（保険と扶助の失業手当，そして雇用対策）は含まれていないのである［L'état de la France 2001-2002, p.518］。ちなみに，日本の国民所得に占める社会保障給付率は先進諸国においては最低であり，1996年で17.4％にすぎない［唐鎌，2002, 271-273頁］。

1）「恵まれない者 personnes défavorisées」は住宅政策で最近使用されている用語であり，ここでは住居喪失者，住宅や居住環境が劣悪な者，また不安定な経済的状態ゆえに住宅問題に直面している者，あるいはその恐れのある者などを含む広い概念である。
2）移民問題，彼らの生活や住居状況，そして居住地域—郊外問題などの歴史や現状については［Hargreaves, 1995, 石井邦訳］が詳しい。この優れた書によって（とくに［ibid., 邦訳111-124頁］），著者はアメリカの移民問題や「ゲットー」の様相・実態とはまったく異質なフランスの状況（決定的な空間的な隔離，ましてや人種的および民族的な隔離はみられず，貧困者，そして移民の集中する団地であっても相対的に小規模な集合であり，環境的にもオープンであること）を知った。
3）社会保障制度では従来の職域制度から取り落とされていた人々すべてを捕捉し平等な保障をめざす「一般化」政策（1975年〜），そして障害者の完全な社会参加をめざす障害者基本法（1975年）などである［都留，2000, 76-82頁，99頁］。
4）貧困者支援アソシエーション（人道的アソシエーション）は地域において，食料配給サービス，学校教育に失敗した青年への学習活動・職業養成，家族への家計維持の指導，スポーツ・文化活動，社会住宅への入居申請の指導，入居保証金や家賃の貸し付けなどと生活全般にかかわる広範な援助活動を展開するようになっていた。詳細については［都留，1994a；1994b；2000, 39-41頁］。
5）1988年の大統領選挙の際，最大の貧困者支援アソシエーションが貧困対策を要求したキャンペーン用冊子［Secours Catholique, 1988］からの知見。
6）たとえば，宿泊施設全国連合である「全国宿泊・社会参入施設アソシエーション連合会（FNARS）」は1983年のパリなどイル=ド=フランス地方のCHRS（36カ所）の退所者2885人のその後の状況を明らかにし，退所後に自治的な生活可能な住宅に（再）入居できた者は19％にすぎず，残りの8割はホテルか他の施設への入所14.5％，親族や友人宅への居候20.5％，病院7％，そして39％が路上生活を余儀なくされたことを明らかに

した．とくに再度，路上生活を余儀なくされた人の3分の2が男性の失業青年であった［Rapport Wresinski, 1987, p.40］．
7) 1980年代半ばには，パリを中心とするイル=ド=フランス地方では，HLMの新規供給量の20倍もの入居待機者を抱えるようになったという［ibid., p.40］．また当時のHLMにおける住民の貧困化，財政事情からの入居基準の厳格化については［Grémion, 1992, pp.58-68；1996］．
8) 対象は債務一般であるが，その多くは家賃および光熱費の滞納である．ネイエルツ法に始まる債務対策については［Pola, 1997］．
9) 「排除」に関する理論および概説書は膨大な数にのぼる．ここでは，1990年代の「排除」に関する著作を挙げるにとどめる．理論については［Paugam, 1991；Castel, 1995；都留，2000，53-64頁］，そして人文・社会科学の諸領域の代表的な研究者など51人が，それぞれの領域での排除概念そして実態などを論じている［Paugam, 1996］はフランスの排除研究についての必読の大著である．「排除」概念の曖昧さ，そのカテゴリーは社会改良に有効ではないとする最近の批判または疑義の著作としては［Demazière, 1995, 邦訳25-27頁；Messu, 1997；Karsz, 2000］，それらへの反批判として［Paugam, 1998；Castel R., 2000］がある．「排除」をめぐる論争については［都留，2002b］を参照．フランスの「排除」と，アメリカ合衆国のアンダークラスそして南米のマージナリダmarginalidadの比較研究として［Fassin, 1996］もあり，わが国でも紹介されているアンダークラス問題と排除の関連がうかがわれる．
10) カトリック系有力紙ラクロワとラリュの1994年1月調査［La Rue n°14 du janvier 1995］では，SDF 343人のうち40歳以上は10%でしかなく，21歳未満14%，21歳から29歳までが42%，30歳代が27%である．経済社会評議会（CES）の要請を受けた生活条件・消費研究センター調査［CREDOC, 1995］では，25歳未満が25%，25歳から34歳が34%，他方54歳以上は7%である．
11) 宿泊施設・公私の無料レストラン・食事サービスの利用者，さらに宿泊場所とは予定されていない場（路上，踊り場，駐車場，駅など）で就寝している者である．
12) 国立人口問題研究所（INED）では，1998年2～3月に16歳から24歳の青年を対象にして，ほぼ同じ場所で481人のヒアリング調査を実行している．しかし，この詳細な報告書はいまだ出されておらず，その断片的情報が引用されているだけである．たとえば［ONPES, 2000, pp.83-84］．なお，青年ホームレス（とくに不定住者SDF）の実態については，16年間，地域において青年への援助活動を行ってきた社会学者の著書［Guillou, 1998］が詳しい．
13) 調査責任者のマルプサ女史は，著者たちのヒアリングに対して「パリでの，究極の路上生活者は1000人程度ではないか」と回答された．
14) わが国の路上生活への太い道すじのひとつである建設等日雇労働からの流入という経路は，フランスではみられない．フランスでは日雇労働は違法であり，労働監督官による厳しい監視下にある．また，仮説の段階だが，わが国では元日雇労働者に加えて「一般労働者」が単なる失業（職なし）を契機にして路上生活に転落する傾向はより強いし，強くなっていると考える．この点に関しては著者たちの調査報告書［広島路上生活を明

らかにする会，2002, pp.27-38］参照。フランスでは失業に対する諸施策は厚く，失業を直接的契機とした「住居喪失」・ホームレス化はきわめて少ない。
15) 社会住宅への入居の成功事例，またアクセスが困難で「一時的住宅」に滞留している家族の具体的事例は［都留，2002a, 49-52頁］参照。
16) 徘徊青年のみへの対策ではないが，1990年代半ば以降南仏の観光地では「物乞い禁止」条例が相次いで制定され，およそ40コミューンがこの条例を適用している［Damon, 1998, pp.92-94］。
17) 1999年の難民施設入所申請者の出身地は，東欧を主としたヨーロッパ27％，アジア36％，アフリカ34％である［Fondation Abbé Pierre, 2001, p.20］。
18) 宿泊施設が満杯なため入所を断られるSDFの状況もあるが，これは施設の不足ではなく施設での入所者の滞留が顕著なためであり，根本的には社会住宅不足であると言われている［Rapport de Gaulle-Anthonioz, 1995 ; Le Monde du 11 décembre 1998 ; Le Parisien du 20 janvier 2001］。
19) 国立統計経済研究所（INSEE）の詳しい調査結果は［Brousse et als., 2002b］参照。
20) フランス社会において，ホームレス生活者そして貧困者を放置しない諸施策の土台には，市民権 citoyenneté の思想—民主主義思想があること，そして「福祉国家」がこうした社会を支えていると著者は考えている。「福祉国家」の施策がホームレス生活者を生んでいるという見解，また「福祉国家」を支配（戦略）体制とみる見解，あるいは「福祉国家」と「福祉社会」とを対立させる論には強い批判をもっている。著者の以上の主張については詳しくは［都留，2001］を参照願いたい。
21) パリ交通公社（RATP）の援助のなかで，マスメディアが派手に取り上げた「夜間の駅の開放」，駅での「簡易ベッドの支給」については，あくまで例外的，そして「やむをえない解決策であった」と「極限的排除と闘う委員会」の責任者は語った。なぜなら，委員会の役割は，不定住者（SDF）に地下鉄駅・構内が宿泊の場としてふさわしくないことを説得することであり，そこから脱出させることが第1の目的であり，したがって構内での宿泊は「極寒ゆえ」という政府からの要請とはいえ忸怩たるものがあった，とのことである（2001年6月のヒアリング調査における責任者ドクター・アンリP. Henryの回答）。
22) 国鉄（SNCF）の連帯委員会 Mission solidarité の活動については毎年詳細な活動報告書：Action Solidarité SNCF-Analyses et Initiatives が発刊されている。SNCF，そしてパリ市交通局が SDF 援助に着手した契機は［Damon, 1993］に詳しい。
23) 社会福祉緊急援助 SAMU-social の詳細は［ASH Supplément au n°2158, 2000a, p17］参照。
24) パリの SAMU-social に参加している団体・組織はパリ県，パリ市福祉事務所（CASVP）および国の出先機関である保健福祉局（DASS），公立病院 Assistance Publique-Hôpitaux de Paris，フランス電力・ガス公社（EDF-GDF），預金供託金庫，パリ交通公社，国鉄，緊急医療看護センターの「ナンテールの家」，全国宿泊・社会参入施設アソシエーション連合会（FNARS）である。
25) パリの SAMU-social に援助を求め受け入れられた人々は，以前は冬季に集中してい

たが，1990年代末には夏との格差は100人程度に縮まっているという。これは東欧からの難民流入，また「地方の観光都市での物乞いの禁止条例と，農業における季節雇用の減少」で夏に首都から脱出しないためである [ASH n°2136, 1999]。
26) 日中の相談所の実態については [Rapport Huèges, 1996] 参照。ピエール神父財団 Fondation Abbé Pierre の「連帯ブティック boutique solidarité」については，財団の各年の活動報告書 Rapport annuel sur l'état du mal logement en France 参照。
27) 「世界の医師団 Médecins du Monde」も，毎年の活動報告書 La population prise en charge dans les centres d'accueil, de soins et d'orientation gratuits, de la Mission France de Médecins du Monde を公表している。

また，地域における医療援助としては前世紀からの歴史をもつ公私の無料診療所 dispensaire，さらに今日ではデイ・ホスピタルである hôpital du jour も普及している。ただし前者の治療は風邪，皮膚病など軽症の場合に限られ，後者は主として不定住者 (SDF) への薬の定期的投与，および服用を点検しているという。
28) パリ消防局によると路上での死者は，1999年では42人，2000年では44人である。この数は路上生活者だけのものではないが，ホームレス支援アソシエーションでは2000年にパリで少なくとも8人の路上生活者の死亡を確認している。死亡原因は殺人，溺死，過労，飛び降り自殺，他は路上生活ゆえの病死であるという [Le Monde du 11 avril, 2001]。
29) ただしCHRSを規定するのは「家族および社会扶助法典」だけではない。施設名称をCHRSとし，対象を，経済的問題を抱えた単身者だけでなく家族も含めた1974年11月19日法，対象カテゴリーを規定した1976年6月15日デクレ，障害者施設など他の施設との関連や相違を明確にした1975年6月30日法・「社会福祉および保健-福祉施設に関する法」，作業場や職業生活適応センター (CAVA) などの職業養成施設の規定，さらには施設外部での就労への国庫補助も設けるなどの方向性を開いた1979年9月10日省令（いわゆる職業参入についての「省令44 circulaire 44」）などがある。また，「反排除法」では，CHRSに「経済，家族，住宅，健康または参入の大きな問題を抱えた個人または家族に，個人的，そして社会的自治の確保，または再確保させる」施設と新たな定義づけをした。なお，「家族および社会扶助法典」の宿泊扶助規定については [都留他, 1994, 113-114頁] 参照。
30) 1975年6月30日法で，それまで無資格，ボランティアが中心であった施設職員について専門職化することが規定されたが，CHRSの中心的ソーシャルワーカーは社会福祉および社会教化指導資格 Diplôme d'Aptitude à l'Animation Sociale et Socio-Educative : DAPASSE（一般に指導員 éducateur または animateur と呼ばれる）である [Maurel, 1996, p.15]。
31) 法的に（財政的に）確固としたCHRSとしての認可がすすんでいるが，全国宿泊・社会参入施設アソシエーション連合会 (FNARS) の1995～96年年鑑によると約1600のセンター（施設）とサービスの3分の1が正式のCHRSとして認可されている [Noguès, 1996, p.25]。
32) CHRSにおいて参入が容易な者のみを選別して受け入れているという状況は公式資

料ではうかがえない。しかし，いくつかの CHRS，および社会的レジデンスでの調査を通じて，著者は参入容易な（とくに雇用確保の可能な）人々を選別している施設があるのではないか，との感を強く抱いている。専門ソーシャルワーカーは相談には応じているが，求職活動などは本人の意思に任せ，しかも大多数は短期間での雇用確保→退所となっている施設があった。参入困難な人々を多数受け入れているカトリック救済会・施設のチーフ・ワーカーからは「(施設の）参入実績が問われるので，他の施設のワーカーが（宿泊者を）選り好みをする気持ちもわかる……」との説明も受けた。国庫など公費による職員人件費を中心とした経常的運営費補助は，国家（等）と個々の施設との協定にもとづくものであり，補助金の「交換」として，明確な参入効果・実績も問われている。

33) 緊急施設，単身者施設，家族施設，そして HIV 感染家族用施設，さらに周辺のアパートでの参入宿泊などの施設を容し，多様な専門施設をもち，さまざまなサービスを展開しているパリのシテ・サン・マルタン施設（カトリック救済会 CHRS ; 4, rue de l' Arsenal, 75004 Paris）の1999年の財源（運営資金）の内訳は，国庫84.0%，イル＝ド＝フランス地域圏3.6%，家族手当金庫3.4%，県福祉局1.8%，疾病保険金庫1.5%であるが，他方カトリック救済会の自己資金は3.9%にすぎない［Cité Saint Martin, 2000, p. 3］。

34) 1991年5月14日の社会福祉局通達では，緊急宿泊施設を長期宿泊施設と対比して「夜のシェルター asile de nuit」とし，〈緊急状況において不可欠な施設。参入目的により適合した援助に結びつけるための一時的な措置〉としている。

35) 外国人の大家族，異なる文化，習慣のための援助の困難さは前述のシテ・サン・マルタン施設の活動記録［Cité Saint Martin, 1998, 2000］，同じくパリ郊外のカトリック救済会のシテ・ミリアム CHRS（2, rue de l'Aqueduc, 93100 Montreuil）(**写真③④**〔本編の扉裏〕参照）の活動記録［Cité Myriam, 2000］から把握した。

36) 社会レジデンスにおける家族の受け入れ状況は［Sauvayre, 1999b］参照。また近年増大している難民家族への対応に苦慮しているアソシエーションでは，「施設はほぼ足りている。問題はその後であり，社会に再参入するための長期の援助である。社会は彼らに即雇用を見つけることを要求してはならない。まず，個々人の精神，生活を立て直すことであり，それは何年も要する。長期にわたる同伴活動と，生きることを学び定住できるような，とくに社会的レジデンスと家族用レジデンスが必要である」［Le Parisien du 20 janvier 2001］と述べている。

37) なおフランスでは55歳以上で失業した場合は，事実上労働市場からの引退とみなされている。求職活動は免除され失業手当などを年金受給まで保障することは失業対策の原則であるなど，高齢労働者への職業的参入は行政的，そして社会的課題とはなっていない［Demazière, 1995, 邦訳20-21頁］。

38) 著者が調査したパリの男性単身者 CHRS（140人規模）・シテ・ノートルダム（6, rue de la Comète, 75007 Paris）(**写真②**〔本編の扉裏〕参照）では，1997年の退所者では，入所時失業38%だが，失業のまま退所にいたった人が 26%，24%が無業者で入所だが，無業で退所は17%，1998年では入所時失業49%が退所時では24%，無業18%であり，事

態の改善は明らかだが，それでも4割が職業的参入を果たせていない。もちろん，失業状況でも失業手当，RMIなどの扶助受給にいたれば問題はないが，1割程度の人（25歳未満の青年と思われる）が無収入のまま退所している［Cité Notre-Dame, 1998, p. 27；都留, 1999a, p.113］。
39) 宿泊施設から一般住居に入居するには長期にわたるソーシャルワーカーたちの同伴accompagnementと見守りsuiviの活動が不可欠になっている。そうしたCHRSの成功事例は［都留, 2002a, 51-52頁］参照。
40) 1994年に制度化された社会的レジデンスは急速に普及していったが，社会的レジデンスから一般住宅への移行も容易ではなく，レジデンスでの仲介状況が常態化している。詳しくは［都留, 1999a, 49-50頁］を参照。
41) RMI制度全体の内容，そして受給者の詳細については［都留, 2000, II部］参照。
42) RMI以前の無拠出最低限所得保障（社会的ミニマムと呼ばれる）は，年齢（高齢者），障害，前職・就労期間（失業者），家族状況（ひとり親世帯）などを条件としたカテゴリー別の諸制度であった。社会的ミニマムの詳細は［ibid., 107-126頁］参照。
43) RMIの受給権は個人に付与し，手当や参入援助は世帯員すべてを対象とする。受給権者とは前者をさす。
44) 国立統計経済研究所（INSEE）の調査によれば，1996年12月RMI受給権者の7.7%が住宅所有者，50.1%が借家人（25%が社会住宅・HLM）だが，26.8%が親族や友人宅での居候，一時的住宅などの「準備的住宅logement mis à disposition」が7.7%，宿泊施設または流動的な宿泊状況にある者7.7%という［INSEE, 1999, p.1］。
45) RMI受給者の6割が単身者であり，一般住宅，とくに社会住宅（HLM）への入居は家族もちが優先され単身者は放置されるという問題点がある。ここから，1998年の「反排除法」では住宅入居に関して国籍などとともに25歳未満青年の差別禁止を規定した［都留, 1999a, 55-56頁］。
46) 普遍的疾病保障（CMU）制度の詳しい内容は［ASH supplément n°2171, 2000b］参照。
47) ここでフランスの医療保障についてのわが国での誤解を解いておきたい。わが国では，フランスの疾病保険は「現金給付」であり，受診者は医者および病院でいったん医療費など全額を支払い，後に疾病保険から保険給付分が償還されると説明されることが相変わらずである。しかし，現在では地域の医師会と疾病金庫の協定が結ばれ，病院からの請求にしたがって疾病金庫から病院に支払われている。また保険給付外の自己負担分も共済組合などがカバーし（共済組合未加入者にはCMUが補足カバー措置），受診者は病院等の窓口で支払う必要はないのである。
48) 職業養成策，民間企業での雇用誘導策，公的雇用策のほかに，55歳以上の雇用確保の困難な「高齢失業者」の早期退職年金など受給者25万人，失業手当の受給者であるが求職活動免除されている32万5000人なども含めると，雇用対策の「受給者」は1999年末で実に274万3000人である［MES-DARES, 2000, p.12］。なお，フランスの雇用政策の歴史，そして特徴については［Garraud, 2000］参照。
49) 職業養成施策の推移，内容は［Demazière, 1995, 邦訳98-100頁］参照。また青年に

対する職業養成および雇用諸施策の歴史は［Nicole-Drancourt, 2001］参照。
50)「雇用確保力 employabilité」とは，雇用へのアクセス，失業からの脱出の可能性を測定するために導入された概念といわれ，主として失業期間の長さで判断されている。その概念について詳細は［Demazière, 1995, 邦訳64-88頁］参照。
51) 民間への補助雇用においても1985年の職業資格獲得契約（CQ），1989年の雇用復帰契約（CRE），さらに1995年に CRE を再編成した雇用誘導契約（CIE）などでは無資格青年，参入最低限所得（RMI）受給者，および長期失業者などの困難層も対象としていったが，それでも有用な者を選別して雇用する傾向は変わらなかったという［ibid., 邦訳98-100頁，112-118頁］）
52) 公的雇用の推移，内容は［ibid., 邦訳98-100頁］参照。
53)「青年-雇用」施策の詳しい内容については［Meyer, 1999］，そして退出状況などの実態，受給青年の意識などについては［Bellamy, 2000］を参照。
54) 作業場 Atelier や就労生活適応センター（CAVA）のすべてが参入支援企業（EI）などに移行したのではなく，現在でも作業場あるいは CAVA として存続し，宿泊施設滞在のホームレス生活者の技能習得，職業参入などを援助している施設もある。資料はやや古いが，1996年末で作業場や CAVA などで250カ所，1300人の「就労者」がいる［FNARS, 1997, p.8］。彼らは社会保険の権利はあるが，賃金ではない手当 pécule を支給され，最低賃金の保障や労働組合への加入などの被用者の地位はもたない［FNARS, 2000, pp.65-71］。

また，「経済的活動による参入」事業体には，前身が CAVA などホームレス生活者支援アソシエーションではなく，施策の創設を契機に新たにアソシエーションを設立し，失業者支援に着手したものもある。なかでも仲介的アソシエーション（AI）では，失業者自身が結成して仕事を確保していったものが多い。失業者アソシエーションによる AI では「雇用による失業者援助アソシエーション全国委員会（COORACE）」を結成し，この団体は公的認可を受け，自治体の職業参入にかかわる委員会などで席を確保している［Demazière et Pignoni, 1999, pp.114-116］。
55)「家族雇用 Emploi familial」施策の詳しい内容は［Denante, 2000］。
56)「経済的活動による参入」事業体は，EI，AI，そして ETTI が中心だが，そのほかに自治体とアソシエーションの協同運営の「地域公社 Régie de quartier」，企業とアソシエーション共同の「教育または参入の就労現場 Chantiers-école ou d'insertion」もある。両者とも地域の困難な失業者を受け入れ，地域環境整備―住宅の改築・改善・メンテナンス，公園整備，清掃などに取り組んでいるのは，前3者と共通している。全国宿泊・社会参入施設アソシエーション連合会（FNARS）によると，「地域公社」は1996年末で1110事業体だが，年間就労者は6200人にとどまる［FNARS, 1997, pp.7-8］。

「経済的活動による参入」施策の規定などは［ASH Supplément au N°2193, 2000c］。
57) 2000年12月，2001年6月の Dyna'MO（住所 3, Passage Salarnier, 75011 Paris）の責任者 Peuziat 女史へのヒアリングより。Dyna'MO はパリ県雇用局（DDAEE）から紹介された団体であり，「うまく組織化」できているアソシエーションであり，事業体によって個別的同伴支援の内容は格差があるようである。

58) 公式文書で用いられる表現。このうち，施策対象として優先されるのは，①路上に野宿する者や宿泊施設に滞在している者等，安定した居住の場としての住宅をもたない個人・家族，②転居先についての見通しのないまま，現在居住している住宅から退去するよう求められている個人・家族，③劣悪な住宅，また劣悪な状態で住宅に居住している個人・家族，④複数の問題を抱えている個人・家族である。なお，④は後述する反排除法により新たに追加されたものである。「恵まれない者」という表現には，住宅困窮状況にあることだけでなく，既存制度による支援の恩恵を受けないという意味が込められている。
59) 1977年の住宅融資制度改革時点で，新設社会住宅の入居所得基準は80％近い国民を包摂していた。その後，引き下げられたが，カバー率が50％を下回ったことはなく，現在も60％程度を維持している。
60) 1948年に導入された家族住宅手当は，民間賃貸住宅への投資の促進をねらったもので，対象を，子どもを抱える家族に限定していた点で，家族政策としての性格が強かった。これに対して，社会住宅手当の支給対象は，障害者や高齢者等，家族住宅手当の支給対象とはならない特定社会階層とされた。
61) Jacques Delors, René Lenoir 等，社会福祉局（DAS）や公衆衛生・社会保障部門の上級官僚，移民労働者の宿泊施設を運営する連合組織やそうした施設を建設・管理するSONACOTRA，家族手当金庫，ATD カールモンド等の人道支援団体の代表者らによって構成される［Zittoun, 2001, pp.126-129］。
62) 1977年の住宅融資制度改革の内容については，［原田／大家, 1999］，［檜谷, 1999］ほか参照。
63) 制度化の段階では，「人への援助」は住宅の質の向上に寄与しない，との立場にたつHLM組織連盟全国連合等，利害関係者との妥協点が探られ，「石への援助」の継続と，新たに導入される住宅費対人助成APL制度を「石への援助」に連動させることで，決着が図られた。
64) この改革を提起したバール委員会のメンバーは経済自由主義の立場にたっていた。1977年の住宅融資制度改革をめぐる攻防については，［檜谷, 1999, 212頁］参照。
65) 1977年改革の基本的な枠組みは今日まで継承されてきたが，制度の連続性は必ずしも政策の一貫性を担保するものではない。1981年にミッテラン大統領のもとで社会党内閣が誕生すると，住宅費対人助成（APL）は社会賃貸住宅の新規供給を拡大する政策手段として活用されたが，1983年頃から財政負担の軽減がめざされると，APLの水準は下方修正され，所得水準に関係なく設定された最低限負担金が課されるなどした。同時に，社会賃貸住宅の新規供給を柱とする社会住宅政策は後退し，社会住宅供給組織は経営合理化への取り組みを促された。
66) 社会党政権は法定更新権による借家権の存続保障と賃料上昇率の規制措置による借家人の居住権保護を主たる内容とするキィヨ法（1982年6月22日法）を制定した。同法は居住権保障の理念を初めて明確に打ち出し，困窮者支援のための具体的な方策として家賃不払い基金や困窮世帯を受け入れる家主への支援策を盛り込むなど，民間賃貸住宅を包摂する新たな社会住宅政策の方向性を提示したが，他方，空き家の貸し控えや事務所

への転用,売却による持ち家へのテニュア転換,新規供給への投資の減少など,民間賃貸住宅の供給動向に大きな影響を及ぼしたため,保革共存内閣下の1986年に改正された。[原田/大家,1999],[寺尾,2001] 参照。
67) 人道支援団体等による住宅運動については［稲葉,2001］,［都留,2000］,［檜谷,1995;2001］ほか参照。
68) この流れを決定づけるうえで,1984年,公共施設相であった Paul Quilès が大きな役割を果たしたとみられている［Zittoun, 2001, pp.156,158］。
69) 対人助成制度の縫合化政策（ブックラージュ）をさす。［大家,2000］,［原田/大家,1999］参照。
70) ［寺尾,1997］,［寺尾,2001］ほか参照。
71) PLH制度は1983年に導入された。基礎自治体が単独で策定するのではなく,都市圏単位で,社会住宅供給計画等を内容とする計画策定が期されている。
72) 同法もまた理念法であり,その実施を担保するための効力を欠く。
73) ここでいう「都市政策」とは,地区社会開発（DSQ）,都市協定事業等,主として社会住宅が集中する大規模団地地区に向けられた包括的取り組み（教育・治安・雇用・福祉対策とインフラ整備や住宅改善事業を統合した施策）をさす。
74) 居住する住宅の室数が世帯構成から導かれる必要室数より多い世帯をさす。1996年の過疎居住世帯率は67.1％で,必要室数より2室以上多い超過疎居住が過疎居住全体の3分の2,全世帯の40.9％を占めている。
75) 国立統計経済研究所は,2001年1月に宿泊施設や無料給食サービスの利用者を対象とする大規模な調査を実施し,その調査結果をもとに定住できる住宅がない者 sans-domicile を8万6500人と推計している［Brousse, de la Rochère et Massé, 2002］。ここには路上生活者だけでなく,近親者の住宅に仮住まいしている者や各種居住施設,民宿等に居住している者も含まれる。しかし,この調査は,工事現場の簡易宿舎やキャラバン,建築中の建物などの非居住用建物に居住している者など,住宅以外の場所に居住する者を網羅するものではない。ピエール神父財団は,国立統計経済研究所が実施した関連調査結果を総合して,2001年時点で住宅困窮者が約344万人存在すると推定している。
76) 貧困世帯とは調査票に記載された消費単位あたりの収入が中央値の半分以下となる世帯をいう。ここで消費単位とは,世帯主を1とし,同居する世帯構成員については14歳以上を0.5,未満を0.3として求めたものである。1996年調査結果から求めたこの定義による貧困世帯は,全世帯の12.6％に相当する280万世帯である。
77) この方向性は1989年に発表された政府の報告書［Rapport Geindre, 1989］が明示している。
78) ベソン法審議過程ではこの条項が社会住宅の貧困化を促進するとの懸念が表明されている。また,1993年のHLM組織連盟全国連合（UNFOHLM）大会では1992年住宅調査結果をもとに,社会住宅居住者の貧困化が示され,困窮者を優先的に受け入れるとの方針に疑義が表明されている［UNFOHLM,1993］。
79) こうした事例は,UNFOHLMの1994年ホームレス問題セミナー資料に詳しい［UNFOHLM, 1994］。

80) 同制度は1998年に廃止され,「市町村間住宅憲章」が制度化された［原田／大家,
1999, p.340］。
81) 反排除法で確認されたアソシエーションの役割は5点に整理される。第1は,政策実施機関や行政に情報を提供したり施策を提言したりする役割である。アソシエーションは,住宅への権利を保障するための施策を検討する国や県の設置する審議会,地元の市町村間住宅会議や調停委員会等,関連委員会や会議の正式メンバーとして位置づけられており,施策評価や政策提言を行う。第2は,居住施設の運営である。反排除法は,社会レジデンスを運営するアソシエーションに賃貸する目的でHLM組織が建物を取得することを奨励している。第3は,住宅転貸事業を実施することである。「恵まれない者」が入居可能な居住用建物を確保するため,家主,借家人双方に働きかける事業で,仲介業務を助成する制度が導入されている。第4は,「改善契約付き住宅賃貸契約 le bail à réhabilitation」による民間住宅の管理ならびに住戸改善事業を実施することであり,第5は,「恵まれない者」のための住宅を供給することである。これは主としてHLM組織に期待される役割であるが,住宅改善事業に特化した専門知識や技術をもつアソシエーションも,特定の認可団体にのみ融資される特別貸付プログラムを活用してこうした事業を実施している。
82) データは上院に提出された2002年住宅予算審議意見書第89号,p.20による。
83) 住宅会計2002年版は,1999年の該当者数が48万7000人であることを示している (p.67,表5.3による)。
84) 公共施設省建築・建設・都市計画研究所 (METL/PUCA) 主催セミナー『住宅への権利の実現』(2002年1月29日,30日開催) 報告による。関連する研究レポート［Massiah et Tribillon, 2000; Peré et Mizzi, 1999; Bensasson et Michel, 2000］においても同様の指摘がなされている。
85) 1999年9月に制度改正が行われ,現在では社会的利用賃貸住宅融資 (PLUS) によって供給される社会住宅の一部と,統合助成賃貸住宅融資 PLA-I により供給される住宅が困窮者向け住宅となっている。
86) 1997～99年の実績をみると,供給された住宅は新設が5～7割で,残りは取得＝改善事業によって供給されている。
87) 特定枠の社会住宅入居申請者の所得上限値は通常の社会住宅入居申請者に適用される所得上限値の60％に設定されているが,通常の社会住宅に居住し,その基準を下回る世帯は少なくない。
88) このプログラムの利用が想定されているのは主として社会住宅供給組織である。事業を実施するには地元の同意,協力が不可欠であり,助成措置のみで供給を促進することはできない。
89) 1971年に設立され,フランス全国に地域事務所をもつ国の政策機関。主たる事業は老朽化した民間賃貸住宅を改善することである。
90) PACT (Propangande et action contre le taudis, 1949年～) と ARIM (Association de restauration immobilière, 1967年～) から構成される連合組織で,全国連合センター (FNC) をパリにおく。

91) 生活習慣を確立させる等により，自立した住生活，地域生活，社会生活が可能となるよう，援助する活動が想定されている．
92) 住宅管轄省『反排除法から2年』p.8 ならびに『第7次「恵まれない者」住宅高等委員会報告（2001年版）』p.80による．
93) 「適切な住宅 logement décent」と呼ばれる．2001年に就任したリヌマン住宅管轄相は「人間としての尊厳を傷つけられない住まい habitat indigne」という表現を用い，不衛生住居や劣悪な住宅の除去・改善を，優先施策のひとつとして位置づけた．
94) 鉛害対策予算は1999年から計上され，1999年夏から利用可能となっているものの，2001年秋までに実際に改善事業にまでいたったというケースはなく，予算未消化問題が指摘されている［Dumont,2001］．
95) 調停委員会は，社会住宅組織の代表4名，借家人組織の代表4名，困窮者支援を行う認可アソシエーションの代表2名の計10名で構成される．
96) PLUSは，預金供託金庫により融資される賃貸住宅助成貸付（PLA）と低家賃賃貸住宅助成貸付（PLA-LM）を統合したもの．住棟レベルで入居者の社会混合を促進するとともに，社会賃貸住宅の家賃水準を従来の PLA 家賃の90％程度に抑制している．
97) 会議を構成するメンバーは，基礎自治体の首長，国を代表する県の担当者，当該地域に社会住宅を所有する社会住宅組織や借家人組織，アソシエーション等困窮者支援団体の代表，1％住宅基金徴収機関等である．
98) 接収対象となる空き家は18カ月以上空いたままになっている法人所有の住戸に限られ，収用期間は例外的ケースを除き最長6年である．住宅を困窮者に割り当てる者には，国と協定を締結し必要な改善工事を実施することや適正に管理することが義務づけられる．
99) 大規模な住宅改善工事を実施している，売却中である，市場家賃で借家人を求めているのに入居者がいない等．
100) ［Macrovitch,2000］によれば，1998年に予算化された賃貸住宅助成貸付（PLA）件数は8万戸，このうち実際に融資されたのは5万1415戸，着工されたのは4万4000戸，達成率は55％である．
101) 『第7次「恵まれない者」住宅高等委員会報告（2001年版）』p.11による．
102) 社会レジデンスは，住宅に困窮している単身者やひとり親世帯向けの小規模な居住施設で，原則として滞在期間を限って提供されている．単身者用には必要な生活器機（家具，テレビ等）と浴室・トイレなどの基本設備が整った個室，家族用には2室以上の独立したユニットが用意されており，ソーシャルワーカー等を介して，入所申請が行われている．
103) 住宅領域における国の役割や公的介入に対する考え方は，政党間や住宅政策に利害関係をもつ諸団体間で異なる．［Zittoun,2001］によれば，戦後フランスの住宅政策は，"普遍主義"と"自由主義"をそれぞれ掲げる二大勢力の拮抗関係のなかで推移してきた．前者は，住宅政策担当省の技術官僚や社会住宅供給組織等，社会民主主義を標榜する政治勢力から構成され，後者は，財政均衡や費用対効果を重視する財務省や経済省の官僚，また市場の役割を重視し，自由主義的な経済運営を主張する保守政党，民間デベロッパーや建設事業者らの連合組織等から構成される．単純化すれば，"普遍主義"は

「市場で適切な住宅を確保できない者すべてに,社会住宅を提供する」住宅政策を標榜している。他方,公共介入に否定的な〝自由主義〟は,社会住宅に対する建設助成に反対し,社会政策としての住宅政策は「市場で供給される住宅を確保できない者にのみ,最小限必要な支援を提供する」ことに限定すべきだとする。ここでは,前者の社会住宅政策を支持する勢力をさす。

104) 保守政権のもとで導入された同制度は,その原資を1％住宅基金運営機関との協定に依拠してスタートさせていたため,継続を図るためには予算化が求められていた。

105) 従来の賃貸住宅助成貸付(PLA)に代わり1999年に導入された社会的利用賃貸住宅貸付(PLUS)制度により,困窮者の受け入れ促進のためのPLA特別枠は廃止された。

106) 2000年6月,所得源によって差が設けられていた給付水準の一元化,引き上げが決定され,2001年1月より段階的に実施されている。

107) 特別枠融資による社会住宅供給戸数は,1998年の計画数3万戸に対し1万5568戸,1999年も計画数3万戸に対し,実績は1万3921戸であった[Assemblée national,2001, Rapport No.3320; METL/SEL,2000]。

108) 困窮者を受け入れる民間住宅の質は低く,現行制度のもとで,困窮者の住宅事情は改善されていないとの調査結果が発表されている[METL/PUCA,1999;2002]。

109) [Dumont,2001]は,1998年より住宅連帯基金(FSL)をはじめとする困窮者支援のための予算が大幅に引き上げられてきたものの,それらが未消化となっている問題を指摘している[Assemblée national,2001, Rapport No.3320]。

110) 前掲注106を参照。

111) 1996年よりPLA(1999年よりPLUS)への補助金はTVA控除に切り替えられた。また2001年より非助成融資の導入,1％住宅基金によるPLUS融資の補完,既存社会住宅の除去,社会的持ち家促進等が推進されている。

112) [檜谷,2001]を参照。

113) ここでいう特定社会住宅とは,アソシエーションやソーシャルワーカーらが介在する,同伴活動や一時住宅手当,転借など特殊な契約ならびに管理形態をともなう住宅をさす。

114) 社会党政権下で,1991年に制定された「都市の方向づけに関する法律」でうたわれた住居の多様性原則の実効性を高めることをめざし,制定された。議会における審議では,とくに,人口が一定規模以上の基礎自治体にストック比で20％の社会住宅を確保することを課す条項が問題とされた。

115) ウレザンスキ・レポートについての著者の評価は[都留,1998]に叙述している。

116) ただし,保守政権の反排除法案である「社会的統一 Cohésion sociale 法案」は財政的裏づけの弱さ,文化・教育策の欠如などの問題点が指摘されていた。

117) 失業者への「個別的支援」についてはすでに1980年代から実行されている。その意図と内容,さらに個別化の問題点については[Demazière,1995,邦訳104-112頁]参照。

118) 失業保険制度においても,2001年7月からの新制度では個別化政策が導入された。新しい「雇用復帰援助プラン(PARE)」施策では「雇用復帰手当(ARE)」の支給要件として「個別行動計画(PAP)」の作成が義務づけられ,後者の遂行を怠る場合には前

者の支給を中断する措置も盛り込まれた。ペナルティとも思える措置だが，フランスでは，公共職業紹介所から新たな雇用または職業養成が提案されても，従前賃金や前職，そして職業資格に合致した「適切な雇用 emploi convenable」ではないものならば拒否する権利があり，PAP でも「適切ではない」計画については，受給者は拒否できるし（PAREの契約拒否），職業紹介所もそのような契約は作成してはならないとされた。また ARE は，従来の一定期間がすぎれば給付額が逓減する「単一逓減手当（AUD)」に替わる手当であり，ARE では逓減措置は廃止されるなどの改善も着手された。なお，フランスの失業保険は最長 5 年間もの給付期間がある。新たな「雇用復帰援助プラン（PARE)」の詳細な内容は［ASH supplément n°2240, 2001]。

119) 対象となる雇用は，無期限契約，有期限契約の場合は 6 カ月以上であること，セクターは建設および公共工事，ホテル従事などを想定しているが，具体的には県の雇用局によって定める。

120) 福祉事務所（コミューン社会福祉センター）の仕組み，およびその運営委員会についての詳細は［都留,1995b;2000,105-107頁］参照。

121) 困難層の諸状況を考慮して彼らを捕捉しようとする「第 2 次プラン」に満足する声も多い。たとえば民間保健・福祉組織全国連合（UNIOPSS）は＜期待に広く応えたプログラム＞と評価し，全国「経済活動による参入」アソシエーション評議会の長は＜予想以上の内容……とくに仲介的アソシエーションでの同伴活動を評価＞しているのである［ASH N°2225, 2001,p.47]。

122) フランスのワーキング・プア travailleurs pauvres とは現に就労中で，過去 1 年間で最低 3 カ月職業があり，その世帯収入が消費単位で，所得中央値の 2 分の 1 の貧困線 seuil de pauvreté に満たないものとされる。ワーキング・プアの 3 分の 2 が被用者，残りは農業従事者を含めた自営業者であり，ワーキング・プア世帯の世帯員を含めると17歳以上の者で200万人，17歳未満の子どもは83万人といわれる。詳細は［Lagrenne et al., 2000a et 2000b; Concialdi et al., 2000]。

123) J.-B.ド＝フーコ財務監督官（大蔵官僚）は，社会福祉緊急援助（SAMU-Social）責任者の X.エマニュエリや社会学者 S.ポーガムとの，ワーキング・プア，そして排除問題に関する討論において，非常に興味深い発言をしている。ド＝フーコは，今日の好況下では，「排除」，とくに労働市場からの「排除」は減少しているが，「貧困」は増大している，この状況はアングロサクソン諸国と同様の事態であるというのである［Liaisons sociales n°7, 2001,pp.30-32]。

124) 貧困世帯とは，世帯収入が消費単位で所得中央値 2 分の 1 の貧困線未満の世帯である。フランス，そして EU 諸国の1970年から1997年までの貧困世帯数および率の推移は［INSEE, Première N°761,2001］参照。

125) 国民総生産と国民総所得は，異なった視点から把握された「国富」であり，ほぼ等価と考えてもよい。また社会保障支出は，社会保障給付だけでなく管理・運営費も含むが，フランスの後者は支出総額の 3 ％に過ぎず，社会保障支出と社会保障給付も等価と考えてよい。

【参考文献】

稲葉奈々子　2001：「フランスにおけるホームレス対策と住宅への権利運動」都市住宅学会『都市住宅学』34。

大家亮子　2000：「フランスの1980年代,1990年代の住宅手当制度の潮流－二つの縫合化政策『ブックラージュ』」『都市住宅学』29。

唐鎌直義　2002：「社会保障と財源問題」相沢与一編『社会保障構造改革』大月書店。

原田純孝　1989：「住宅政策と住宅保障」社会保障研究所編『フランスの社会保障』東京大学出版会。

原田純孝・大家亮子　1999：「住宅政策と住宅保障」社会保障研究所編『フランスの社会保障』東京大学出版会。

檜谷美恵子　1995：「住宅融資における公民パートナーシップ－フランスの「1％」住宅制度について」住宅金融普及協会・住宅問題調査会『住宅問題研究』Vol.11,No.3。

檜谷美恵子　1999：「フランスの住宅政策」小玉徹ほか『欧米の住宅政策』ミネルヴァ書房。

檜谷美恵子　2001：「民間非営利組織アソシエーションの制度的位置付けとその活動実態－フランスにおける住宅困窮問題への政策対応に関する研究」『都市住宅学』35。

広島路上生活を明らかにする会ほか　2002：広島市第二次ホームレス調査（2001年2月10日）調査報告書。

都留民子　1994a：「フランスの貧困とその援助活動1－ATD-カールモンド運動」『福祉のひろば』No.58。

都留民子　1994b：「フランスの貧困とその援助活動3－人道的アソシエーション」『福祉のひろば』No.60。

都留民子　1995：「フランスの貧困と援助活動4－福祉事務所の役割」『福祉のひろば』No.62。

都留民子　1998：「『ウレザンスキ・レポート』における貧困との闘い」『広島女子大学生活科学部紀要』3号。

都留民子　1999a：「フランスの『ホームレス』問題と社会施策」社会政策学会『日雇労働・ホームレスと現代社会』御茶の水書房。

都留民子　1999b：「フランスの『反排除法』にみる『ホームレス』対策」大阪市政調査会『市政研究』124号。

都留民子　2000：『フランスの貧困と社会保護－参入最低限所得（RMI）への途

とその経験』法律文化社。

都留民子 2001:「フランスの『連帯』と『排除との闘い』から思うこと」『Shelter-less』No.9。

都留民子 2002a:「フランスの好況下でのホームレス問題」大阪市立大学経済学会『経済学雑誌』102巻3‐4号。

都留民子 2002b:「フランスの『排除 Exclusion』概念―わが国の社会問題に使用することは可能か」『海外社会保障研究』141号。

都留民子・矢嶋里絵共訳 1994:「フランス・社会扶助および家族法典(抄訳)」『白梅学園短期大学紀要』No.30。

寺尾仁 1996:「地方分権15年の光と影―フランスにおける分権体制下の都市・住宅政策」『都市住宅学』16。

寺尾仁 2001:「誰が都市で困窮者に住宅を供給するのか―1990年代のフランス法の経験を例に」内田勝一他編『現代の都市と土地私法』有斐閣。

ASH (Actualités sociales hebdomadaires) 2000a: Supplément au n°2158, *Le logement des personnes défavorisées*.

ASH 2000b: supplément au n°2171, *La couverture maladie universelle*.

ASH 2000c: Supplément au n°2193, *Insertion par l'activité économique*.

ASH 2001: supplément au n°2240, *L'indemnisation du chômage*.

Assemblée nationale 2001a: *No,3325, Avis par M.Alain Cacheux Projet de loi de finances pour 2002*, Logement et Urbanisime,

Assemblée nationale 2001b: *No.89, Avis du Mano Jean-Yves au nom de la commission des Affaires économiques et du Plan sur le projet de la loi finances pour 2002*, Logement, Sénat, session ordinaire de 2001-2002

Ballet, Jérôme 1997: *Les entreprises d'insertion*, que sais-je?

Baruch-Gourden, Jean-Michel 1985: L'intolérable vagabond, in CNAF, *Informations sociales N°5*.

Bellamy, Vanessa 2000: Les sorties du programme « nouveaux services-emplois jeunes», in MES-DARES 2000: *Premières synthèses n°47-2*, novembre 2000.

Benguigui, Francine 1997: *La politique du logement, à l'épreuve de la précarité*, Plan Construction et Architecture

Bensasson, Suzanne et Tuele, Michel 2000: *Des marges aux interstices: quelles nouvelles strategies d'acteurs sur le marché de l'habitat ?*, Ministère de l'Équipement, des Transports et du Logement, Plan Urbanisime Construction Architecture (METL/PUCA)

Borgetto, Michel et Lafore, Robert 2000 : *Droit de l'aide et de l'action sociale*, Montchrestien.

Boué, René ,1985 : *Loger les plus défavorisés*, Rapport du conseil national de l' habitat, La documentation française

Brousse, Cécile et als 2002a : Hébergement et distribution de repas chauds: Le cas des sans domicile, in *INSEE première*, No.823,

Brousse, Cécile et als 2002b : Les sans domicile usagers des services d'hébergement ou de distribution de repas chaud ,in ONPES (Observatoire national de la pauvreté et de l'exclusion sociale), *Les Travaux 2001-2002*, La documentation Française.

Céalis, Roza 2000 : L'insertion par l'activité économique, in MES-DARES, *Premières synthèses* n°40-1,octobre 2000.

CNAF (Caisse nationale des allocations familiales) 1994 : *Informations sociales* N°37.

Castel, Robert 1989 : La question sociale commence en 1349, in *Vie Sociale* mai *1989*.

Castel, Robert 1995 : *Les métamorphoses de la question sociale . Une chronique du salariat*, Fayard.

Castel, Robert 2000 : Cadrer l'exclusion, in Karsz, Saül(dir.), *L'exclusion, définir pour en finir*, Dunod.

Chaleix et Madinier 2000 : Recensement de la population 1999, Des logements plus grands et plus confortables, in *INSEE Première*, N°750

Chobeaux, François, 2001 : *L'errance active. Politiques publiques, pratiques professionnelles*, éd.ASH

Cité Notre-Dame 1998 : *Rapport d'activité 1997*, Association des Cités du Secours Catholique,ronéoté.

Cité Saint Martin 2000 : *Rapport d'activité 1999*, Association des Cités du Secours Catholique,ronéoté.

Coloos, Bernard 2001 : Conjoncture et choix budgétaires face à la demande sociale, in CDC, *Quel habitat pour les ménages à faibles revenus?* pp.105-110

Concialdi, Pierre et al. 2000 : Salariés à « bas salaire » et travailleurs pauvres: une comparaison France et Etats-Unis, in MES-DARES, *Premières Synthèses N°02-1*.

CREDOC (Centre de Recherche pour l'Etude et l'Observation des Conditions de vie) 1993 : *La lutte contre les formes extrêmes de la pauvreté: Les politiques évaluées*, Synthèse Bibliographique.

Damon Julien 1993 : Les « indésirables » dans les espaces de transport. Les exemples de la RATP et de la SNCF, SNCF.GLMksg, ronéoté.

Damon Julien 1994 : *La citoyenneté du SDF*, SNCF Diogène.

Damon Julien 1998 : *Vagabondage et Mendicité*, Flammarion,coll.,Dominos.

Demazière, Didier 1995 : *La sociologie du chômage*, La Découverte, coll. « Repères », 都留民子訳2002：『失業の社会学』法律文化社。

Demazière, Didier et Pignoni, Maria-Teresa,1999 : *Chômeurs: du silence à la révolte. Sociologie d'une action collective*, Hachette, littératures, 都留民子監訳2003：『行動する失業者—ある集団行動の社会学』法律文化社。

Denante, Gérard 2000 : les emplois familiaux et les organisme des services aux personnes en 1998 et 1999, in MES-DARES, *Premières synthèses n°40-4*, octobre 2000.

Dumont, Jean-Louis 2001 : Rapoort logement, Document mis en distribution le 2 novembre 2001, No,3320, Assemblée national

Fassin, Didier 1996 : Exclusion, underclasse, marginaridad. Figures contemporaines de la pauvreté urbain en France, aux Etats-Unis et en Amérique latine, in *Revue française de sociologie, vol.37,n°1*.

FEANTSA (Fédération européenne d'associations nationales travaillant avec les sans-abri) 1995 : *L'Union Européenne loge-t-elle ses pauvres?* Bruxelles

FNARS (Fédération nationale des associations et de réadaptation sociale) 1995 : *Annuaire 1995-1996, Accueil Hébergement Insertion*.

FNARS 1997 : *L'emploi pour tous-l'insertion par la activité, l'emploi et la formation*.

FNARS 2000 : *Guide des CHRS. Références et évolutions*, éd. ASH.

Firdion, Jean-Marie 1999 : L'étude des jeunes sans domicile dans les pays occidentaux, in INED, *Dossiers et recherche 81*, decembre 1999.

Fondation Abbé Pierre 2000 : *L'état du mal logement en France 1999*

Fondation Abbé Pierre 2001 : *L'état du mal logement en France 2000*

Fougère, Denis 1996 : Trajectoires de chômers de longue durée, in Paugam Serge(dir.), *L'exclusion.L'état des savoirs*, La Découverte.

Gaboriau, Patrick 1993 : *Clochard*,Julliard.

Garraud, Philippe 2000 : *Le chômage et l'action publique. Le bricolage institution-*

nalisé', Paris, L'Harmattan.

Grémion, Catherine 1991 : Le logement social, in *Informations sociales n°21*.

Grémion, Catherine 1996 : L'accès au logement social, in Paugam Serge (dir) 1996a : *L'exclusion. L'état des savoirs*, La Découverte.

Guillon, Jacques 1998 : *Les jeunes sans domicile fixe et la rue*, L'Harmattan.

Hargreaves, Alec G, 1995 : *Immigration,Immigration,Race and ethnicity in contemporary France*, 石井伸一訳1997：『現代フランス-移民からみた世界』明石書店。

HCLPD (Haut comité pour le logement des personnes défavorisées) 1999 : *5ème Rappor: Le besoin de cohérence dans la politique du logement*, ronéoté.

HCLPD 2000 : *6ème Rapport: Le logement des personnes défavorisées à l'épreuve de l'application de la loi*, ronéoté.

HCLPD 2001 : *7ème Rapport: La lutte contre les exclusions le besoin d'un nouvel élan*, ronéoté.

HCSP (Haut Comité de la Santé Publique) 1998 : *La progression de la précarité en France et ses effets sur la santé*, ronéoté.

Henneron, Francoise 2001 : *Avis au nom de la commission des Affaires sociales sur le projet de la loi finances pour 2002*, adopté par l'Assemblée Nationale, Logement social, No.91, Sénat, session ordinaire de 2001-2002

Houillion, Michel 1996 : Les personnes concernées par l'aide sociale à l'hébergement et à la réadaptation sociale, in Alfandari Elie et al., *Hébergement et réadaptation sociale*, Editions Sirey.

INSEE (Institut de la Statistique et des Études Économiques) 1999 : *INSEE Première N°685*.

INSEE 2001 : INSEE Première n°761- La pauvreté des ménages de 1970 à 1997.

INSEE 1998 : *Les Conditions de Logement des Ménages, Exploitation de l'enquête Logement 1996-1997*

Karsz, Saül 2000 : L'exclusion: faux concept, vrai problème, in même auteur(dir.), *L'exclusion, définir pour en finir*, Dunod.

Klenfer, Jule 1995 : Appréhension pour 1995, in *Quart Monde N°155*

Lagarenne, Christine et Legendre, Nadine 2000a : Les travailleurs pauvres en France, in INSEE, *Economie et statistique N°335*, mai 2000.

Lagarenne, Christine et Legendre, Nadine 2000b : Les travailleurs pauvres, in *INSEE Première N°745*,octobre 2000.

Lallaoui, Mehai 1993 : *Du bidonville au HLM*,Syros.

Lanco, Patrice et Boukobza, Maurice 1987 : *Le Logement Locatif Social*, Rapport de la Commission présidée par M. Dominique Figeat, La documentation française

Lenoir, René 1974 : *Les exclus.Un Français sur dix*,Le Seuil.

Ligneau P. 1993 : La réforme de l'aide médicale, in *Revue de droit sanitaire et social n°1*.

Liscia, Claud 1985 : Errants et pauvres, in *Informations sociales* N°5.

L'état de la France 2001-2002, La Découverte.

Liaisons sociales 2001 : Vol.926 N°7, Les oubliés de la croissance.

Macrovitch, Daniel 2000 : *Du droit au logement au droit à l'habitat: un bilan en demi-teinte pour les plus démunis*, les documents d'information de l'Assemblée nationale No.2108

Mairie de Paris 1999 : *Cahiers de Chaligny, La situation des allocataires du RMI vis-à-vis des risques de perte du logement.*

Mairin, Louis 2000 : L'Etat doit s'engager, in *Alternatives économiques n°181*

Marie-Blandine,S. 1990 : *Sans domicile fixe et RMI*,in *Etudes, février 1990.*

Marpsat, Maryse et Firdion, Jean- Marie 1998 : Sans domicile à Paris: une typologie de l'utilisation des services et du mode d'hébergement, in *Sociétés contemporaines N°30.*

Marpsat, Maryse et Firdion, Jean-Marie(dir.) 2000 : *La rue et le foyer*, PUF

Massiah, Gustave et Tribillon, Jean-Francois 2000 : *Habitat-Tiers, Rechereche exploratoire sur l'habitat populaire*, Rapport final, Ministère de l'Équipement, des Transports et du Logement, Plan Urbanisime Construction Architecture (METL/PUCA)

Maurel, Elisabeth 1996 : L'aide sociale à l'hébergement. Origines et évolution, in Alfandari, E. et al., *Hébergement et réadaptation sociale*, Editions Sirey.

MES (Ministère de l'emploi et de la solidarité) 1997 : *Les phénomènes d'errance chez les jeunes de 15 à 25 ans.*

MES 1998 : *Les 10ans du RMI*, ronéoté.

MES-DARES (Ministère de l'emploi et de la solidarité- Direction de l'animation de la recherche, des études et des statistiques) 2000 : *Premières synthèses n° 26-1*,juin 2000

MES- DREES (Ministère de l'emploi et de la soliarité-Direction de la recherche des études de l'évaluation et des statistiques), *Annuaire des statistiques sanitaires et sociales.*

MES- DREES 2001 : *Etudes et Résultats, N°107.*

Messu, Michel 1997 : L'exclusion :une catégorisation sans objet ,in *Genèses n°27*

METL-DGUHC (Ministère de l'Équipement, des Transports et du Logement-Direction Générale de l'Urbanisme, de l'Habitat et de la Construction) 1999 : *Du droit au logement à la lutte contre les Exclusions*

METL-SEL (Ministère de l'Équipement, des Transports et du Logement - Secrétariat d'Etat au Logement) 1995 : *Loger les personnes défavorisées, une politique sous le regard des chercheurs*, La documentation française

METL-SEL 1998 : *Promouvoir le droit au logement, Contribution à l'évaluation de la loi du 31 mai 1990*, La documentation française

METL-SEL 2000 : *Deux ans d'action de lutte contre les exclusions, Le volet logement de la loi du 29 juillet 1998*

METL-SEL 2001 : Projet de loi finances pour 2001 Budget: Logement, Questionnaire de la Commission des Finances, Assemblée Nationale, Question No. 46 Reponse (sujet: aide à la personnes).

METL-SEL 2001 : Projet de loi finances pour 2001 Budjet: Loement, Question-naire de la Commission des Finances, Sénat, Question No.69 Reponse (sujet: le logement des plus démunis)

METL-PUCA (Ministère de l'Équipement, des Transports et du Logementm-Plan Urbanisme Construction Architecture) 1999 : *Accompagnement social: droit au logement et fragilisation des ménages*

Meyer, Jean-Louis 1999 : *Des contrats emploi-solidarité aux emplois jeunes. Regards sur l'insertion*, L'Harmattan.

Micheau, Julie et Poujouly, Christel 2001 : Les services personnalisés pour nouveau départ vers l'emploi : Programme français d'accompagnement des chômeurs ,in MES-DARES, *Premières Synthèses N°18-1.*

Milano, Serge 1982 : *La pauvreté en France*,Le sycomore.

Monéger, Françoise(dir.) 1999 : *La lutte contre les exclusions*, Dalloz.

MSN. MS (Minstère de la solidarité nationale. Ministère de la santé) 1980 : *Annuaire des statistiques sanitaires et sociales.*

Noguès, Henry 1996 : Les aspects économiques de l'aide sociale à l'hébergement et à la réadaptation sociale ,in Alfandari E. et al., *Hébergement et réadapta-*

tion sociale, Editions Sirey.
ONPES (Observatoire national de la pauvreté et de l'exclusion sociale) 2000 : *Les Travaux* et *Rapport 2000*, La documentation Française.
ONPES 2002 : *Les Travaux et Rapport 2001-2002*, La documentation Française, 2002.
Nicole-Drancourt et Roulleau-Berger, Laurence 2001 : *Les jeunes et le travail*, PUF.
Paugam, Serge 1991 : *La disqualification sociale:essai sur la nouvelle pauvreté*, PUF.
Paugam, Serge 1993 : *La société française et ses pauvres. L'experience du RMI*, PUF.
Paugam, Serge 1995a : Les sans-abri d'une crise à l'autre, *Fondations N°1*.
Paugam, Serge 1995b : Le refuse de la marge ,in *La rue n° 14*
Paugam, Serge 1996a : *L'exclusion. L'état des savoirs*, La Découverte.
Paugam, Serge 1996b : Pauvreté et exclusion. La force des contrastes nationaux, in *ibid*.
Paugam, Serge 1998 : Les formes contemporaines de la pauvreté et de l' exclusion-le point de vue sociologique, in *Genèses n°31*.
Paugam, Serge 2000 : *Le salarié de la précarité*, PUF.
Paugam, Serge 2002 : Il faut réviser nos modes d'intervention sociale,in *ASH N°2259*.
Peré,Anne et Mizzi, Florence 1999 : Accompagnement social : droit au logement et fragilisation des ménages, Rapport final, Ministère de l'Équipement, des Transports et du Logement, Plan Urbanisime Construction Architecture (METL/PUCA)
Perinet-Marquet Hugaues 1996 : L'hébergement, in Alfandari, Elie. et al., *Hébergement et réadaptation sociale*, Editions Sirey.
Pétonnet, Colette 1982 : *Espaces habités. Ethnologie des banlieues*, Paris, Ed., Galilée,1982.
Plan national d'action française contre la pauvreté et l'exclusion sociale 2001-2003, La documentation Française.
Pola, Béatrice 1997 : La loi Neiertz et ses dispositifs, in CNAF, *Informations Sociales n° 64*.
Prolongeau, Hubert 1994 : *Sans Domicile Fixe*, Hachette.

Rapport Chassériaut 1993 : *La grande exclusion sociale-questions liées à l'insertion et au devenir des publics en grande difficulté sociale,* ronéoté.

Rapport de Gaulle-Anthonioz 1995 : *Evaluations des politiques publiques de lutte contre grande pauvreté* adapté par CES (Conseil Economique et Social), JO du 27 juillet 1995

Rapport Vanlerenberghe 1992 : Commission nationale d'évaluation du RMI,*Le pari de l 'insertion,*Tome1,2,La documentation Française.

Rapport Huèges D. au Secrétariat d'Etat chargé de l'action humanitaire d' urgence 1996 : *Rapport de mission sur les lieux d'accueil du jour,* ronéoté,

Rapport Thierry M.au Secrétariat d'Etat de l'action humanitaire d'urgence 1996 : *Rapport sur la mise en oeuvre du dispositif,* ronéoté.

Rapport Wresinski 1987 : *Grande Pauvreté et Précarité économique et sociale* adapté par CES,JO du 28 février 1987, 都留民子抄訳1995：フランス経済社会評議会報告書「極貧と経済的・社会的不安定」『白梅学園短期大学紀要』第31号

RATP 2000 : *Revue Savoir faire N°36-4.*

Sauvayre, Anne 1999a : Les ménages précaires logées dans le privé, in *Recherches sociales N°152.*

Sauvayre, Anne 1999b : Les blocages du logement temporaire, in *ibid.*

Sénat 1997 : *Avis sur le projet de loi de finances pour 1998,tome1 :Affaires Sociales n°89,* ronéoté

Stoleru, Lionel 1974 : *Vaincre la pauvreté dans les pays riches,* Flammarion. 益戸欽也他訳1981：『富める国の貧困』サイマル出版。

UNFOHLM (Union Nationale de la Fédération des Organismes d'HLM) 1993 : *Le Congrès Lyon 16-19 juin 1993, Rapport au Congrès*

UNFOHLM, 1994 : *Mémento sur l'accueil d'urgence et le logement temporaire,* Document de travail, Forum du 11 Mai 1994, Un domicile pour sans abri

UNFOHLM, 2001 : *Le Congrès 21-24 juin 2001 Toulouse, Aide-Mémoire*

Zittoun, Philippe 2001 : *La Politique du logement 1981-1995, Transformations d' une politique publique controversée,* l'Harmattan

van Oorschot, Wim et Math, Antoine 1996 : La question du non-recours aux prestations sociales, in CNAF, *Recherches et Prévisions n°43.*

第Ⅴ編
アメリカ

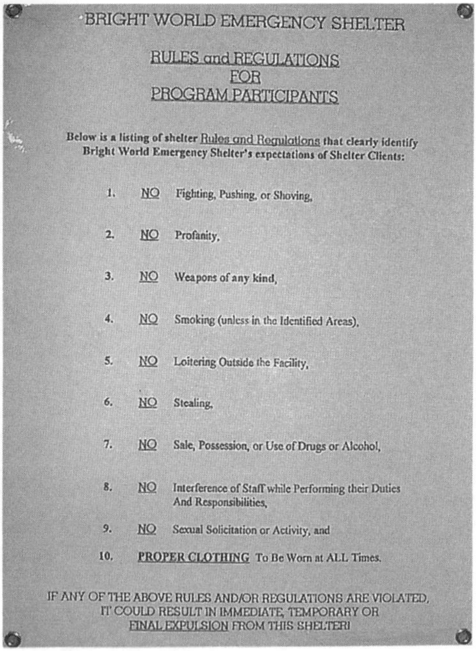

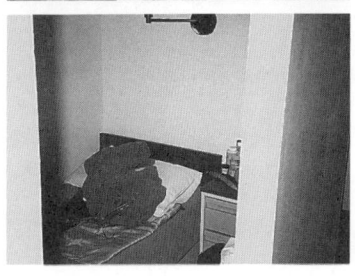

① サンフランシスコ市の中心部にある SRO ホテル。NPO のなかには，老朽化した SRO ホテルを買い取り改造したうえで，ホームレス生活者などに低家賃で入居させる取り組みをしているものがある。
② サンタモニカ市の NPO が運営している（ホームレス生活者のための）アクセスセンター。食事の提供のほかに相談業務も行っている。写真はサンドイッチを作っているところ。
③ ロサンゼルス市内にある緊急シェルター Bright World Emergency Shelter の利用者規約。
④ ロサンゼルス市の People Assisting the Homeless という NPO が運営する通過施設（transitional housing）の内部。ベッドとサイドテーブルがあるだけの部屋で，通路との仕切りはない。

はじめに
——マキニー法のもとでのホームレス生活者対策——

　1970年代末から80年代初めにかけて，アメリカにおける中心諸都市の都心部では文字どおり住む家がないので路上や公園などで寝泊まりするしかない人々がいまだかつてない規模でみられるようになった。ホームレス生活者の人口規模については最小25万〜35万人（1984年・1晩）から最大200万〜300万人（1982年・年間）までと大きな開きがあったが，いずれにせよ路上や公園などで寝泊まりするしかない人々の姿が都市の日常的な風景となった。しかも，1980年代初めのホームレス生活者がそれ以前のスキッド・ロウ skid low の SRO ホテルなどで暮らしていた人々（彼らもホームレスと呼ばれていた）と違ったのは，数の多さばかりではなかった。その構成もかなり異なっていて，単身男性のほかに単身女性，そして子どもを連れた女性（母子家族または女性世帯主家族）が目立つようになった。また，高齢者が少なくなり平均年齢は低くなった。さらに黒人やヒスパニックなどのマイノリティ層が半分近くを占めるほどになっていた。
　連邦政府は当初，こうした大量のホームレス生活者の出現は一時的な現象であり，州政府や地方政府の対策で十分であると考えていた。しかし1982年の連邦議会下院・住宅およびコミュニティー開発小委員会における公聴会でホームレス問題が取り上げられて以後，連邦政府もまたホームレス問題に取り組み始めた。とはいえ，1980年代前半における連邦政府の取り組みは「緊急シェルター」の確保・運用と食料の供給に限定されたものであった。そうしている間にもホームレス問題はますます深刻になり，それとともにホームレス生活者支援組織による法律制定を求めるロビー活動も活発になった。また，当時，多くの人々はホームレス生活者（とりわけ子どもを連れた女性ホームレス生活者）に対して敵意よりむしろ「同情」の念を抱いていた。これらの要因が背景となって，1986年になると「ホームレス生活者生存法案」，「ホームレス有資格説明法」がつくられた。そして翌年，「ホームレス生活者のための緊急救援法」が制定された。これが，法律の制定に尽力した共和党議員の死後その名を冠して「ステ

ュワート・B・マキニー・ホームレス支援法」と呼ばれるようになった法律である。

　マキニー法は一部の州政府および地方政府がこれまで行ってきた種々のホームレス生活者対策——基本的には「緊急シェルター」の確保を中心とした応急処置的な対策であった——を集大成したものであった。つまり，この法律にはホームレス問題を解決するための長期的な展望が欠けていたのである。この点で，マキニー法は一部の州政府および地方政府が以前から行っていたホームレス生活者の「緊急シェルターへの一括収容 sheltering」を正当化したうえで，それをさらに促進するものにすぎなかったということができる。

　すでに以前から指摘されていたことであったが，1990年代になると「シェルタリング」の促進によってホームレス問題を解決することは不可能であるということがますます明白になった。「シェルタリング」によるだけでは，ホームレス生活者はいつまでたっても路上から立ち去ることはできない。ホームレス問題の解決のためには「シェルタリング」の後の「出口」を確保する必要があるだろう。「出口」の確保を通してホームレス生活者の路上からの脱出を実現しようとしたのが，「ケアの継続」という方針である。これは1990年代半ば以後住宅都市開発省（HUD）が採用しているもので，現在ではほとんどの州政府，地方政府，NPOもまたこの方針のもとで種々のホームレス生活者対策を行っている。

　「ケアの継続」においてとりわけ重視されているのは，「通過施設」にいる人に対して就労支援をはじめとしたさまざまなサービスを提供することであり，また既存のSROホテルを改造し，それを「恒久住宅」にしたうえで，そこにホームレス生活者を入居させて種々のサービスを提供することなどである。こうした「ケアの継続」方針はホームレス生活者の就労を通した「自立」や住宅の確保による「自立」を可能にする道筋を示し，またある程度の実績も残している点で「シェルタリング」よりはるかに優れているといえる。

　しかしながら「ケアの継続」方針にも問題がないわけではない。たとえば「通過施設」における就労支援サービスの提供の場合であれば，「通過施設」入所の際の面接において入所希望者が就労支援サービスを就職に結びつける能

力をもっているかどうかが見極められ、その能力がありそうな人のみが入所を許されるというふうに、入所希望のホームレス生活者に対してサービス提供効果の有無を基準とした「選別 screening」が行われるということがある。この場合、就労支援を就職に結びつけられそうにないと判断されたホームレス生活者は通過施設への入所を拒まれることになる。するとその人は以後「ケアの継続」路線に乗れないまま、ホームレス生活を続けざるをえなくなる可能性が大きくなるだろう。

「ケアの継続」方針に窺える「選別」は、ホームレス生活者を「就労可能な者」と「就労不可能な者」に分類したうえで前者に対してのみ「自立」につながるようなサービスを提供することにほかならない。実は、こうした「選別」は1996年の「福祉改革」においてそれまで要扶養児童家族扶助（AFDC）を受給していた母子家族（女性世帯主家族）の母親に対してなされたことでもあった。

マキニー法のもとでホームレス生活者対策が行われてきた時期は、初めの数年と最近を除けばおおむね空前の好景気と重なる時期であった。それにもかかわらずホームレス生活者人口が減少したという証拠はいままでのところ示されていないばかりか、増加したことを示す有力な調査結果さえある。筆者らは、この間ホームレス生活者人口は景気の動向如何にかかわらず一定であったか、もしくは若干増加したと考えている。他方において、マキニー法のもとでの施策が一定の効果をもったと考えることもまた自然であろう。そうしたとき、なんらかの援助を得てホームレス状態から抜け出ることができた人々と同等か、もしくはそれ以上の人がなんらかの事情で新たにホームレス状態に陥ったとみなさざるをえなくなる。

好況期にもかかわらずホームレス生活者人口が減少しなかったということは、なんらかのきっかけさえあれば容易にホームレス状態に陥る人々が大量に存在しているということを意味する。こうしたいわばホームレス生活者の「汲めども尽きない給源」を放置したままでは、たとえ「ケアの継続」方針にもとづいてホームレス生活者対策を実施したとしてもホームレス問題の解決にはつながらないということが、ここ数年ようやく比較的多くの人に認識されるようになってきた。ホームレス問題の解決のためには構造的なレベルでの条件整備——

たとえば,「低家賃住宅」の確保や「ふつうの生活ができる賃金」の保障,公的扶助の充実など——が不可欠であると考えられるようになってきたのである。こうした認識はいまだこれまでの連邦政府によるホームレス生活者対策の枠組み(「ケアの継続」)を変えるところまでにいたっていないけれども,NPOの中にはこの認識にもとづく実践を積み重ねつつあるものが現れてきている。今後この認識がどこまでの広がりをもてるか——筆者らにはこれがアメリカのホームレス問題解決の鍵であるように思われる。

なお,本編での政策についての議論は連邦政府によるホームレス生活者対策に限られている。連邦主義の国アメリカにあって,議論を連邦政府レベルにとどめることは不十分のそしりを免れない。州政府,地方政府,NPOレベルでのホームレス生活者対策については『欧米のホームレス問題(下)―支援の実例―』で論じることにする。

第1章　ホームレス生活者の歴史と現在

1　スキッド・ロウのホームレス生活者

　アメリカにおいてホームレスという言葉が、文字どおり住む家がないので路上やシェルターで寝泊りするしかない人々をさすものとして使われるようになったのは、それほど以前のことではない。それはせいぜい今から20年くらい前のことでしかない。1970年代末から80年代初めにかけて、とりわけニューヨークやシカゴ、ロサンゼルスなどの中心諸都市の路上や公園、駅などで寝泊まりする人々がいまだかつてない規模で見られるようになって以後、そのような人々をさす言葉としてホームレスが使われるようになった。

　では、ホームレスという言葉はそれまで使われなかったのかというと、そういうことはない。現に1911年には、その当時シェルターを利用していた人々についての調査報告が A. Solenberger によってまとめられて、*One Thousand Homeless Men* というタイトルで出されているし、また1923年には N. Anderson が、当時ホーボー hobo と呼ばれた移動労働者 transient workers に関する研究を、*The Hobo: The Sociology of the Homeless Man* として出版した。さらに1936年には、E. H. Sutherland と H. J. Lock が、大恐慌下のシェルター利用者についての調査報告を *Twenty Thousand Homeless Men* として出版している。1910年代から30年代にかけてなされたこれらの調査報告や研究では、いずれもタイトルもしくはサブタイトルにホームレスという言葉が使われていた。しかし、たとえこれらの調査報告や研究でホームレスという言葉が使用されていたとしても、その言葉が意味するものは、1970年代末以後使われるようになったホームレスという言葉が意味するものとかなり違っていた。

　かつて——少なくとも20世紀初めから1970年代中頃までの間——ホームレスと呼ばれた人々は、基本的には住む家がないので路上やシェルターで寝泊まり

するしかない人々ではなかった。彼らの多くには住む〈家〉はあった。もちろん彼らのなかにも，Solenberger や Sutherland らの報告書で描かれているように，不況になればシェルターに入るしかない人もいたが，不況がそれほど深刻でないかぎり，彼らの多くには住む〈家〉はあった。ここでいう〈家〉とは，格安の，それゆえ居住条件はきわめて劣悪なホテルのことである。居住条件の劣悪さは一貫して変わらなかったけれども，ホテルの名称は時代とともに変化した。1920年代前後，これらのホテルは workingmen's hotel や cubicle もしくは cage hotel，また dormitory-style lodging や flophouse と呼ばれた[Hoch and Slayton, 1989, pp.46-51]。

　これらのホテルは中心諸都市のスキッド・ロウと呼ばれる地域に集中していた。N. Anderson は，あるホームレス調査——それは1933年の1月から2月にかけて行われた——の報告書の中でホームレスを次のように定義しているが，そこでいわれている「特定の地域に住居を確保している者 a resident in the community」とは，スキッド・ロウにあるホテルに宿泊している人のことであると考えられる。Anderson によれば，ホームレスとは「男性にせよ女性にせよ，あるいは若者にせよいずれも貧しい者であって，特定の地域に住居を確保している者もいれば，移動を旨としていて，特定の地域に住居を確保せずに各地を転々とする者 a transient もいる」[Kusmer, 2002, p.4]。

　Anderson は続けて以下のように書いている。「彼らには，今いる所とは別の所に家庭 home がある場合もあるし，今いるのとは別の場所に家族 relatives がいる場合もある。それにもかかわらず，彼らは家庭や家族から離れている。しかも彼らがいつの日にかこれらの家庭や家族のもとに帰って行くということはおそらく考えられない」。この部分からわかることは，当時一群の人々がホームレスと呼ばれたのは，第1次的には，彼らが親許から離れた後も，結婚して家庭をつくることをしないで，ホテルに宿泊しながら暮らしていたからである。ところで，「多くのアメリカ人は依然として home という言葉を自分の家族 family が生活している場所を意味する言葉として使っている」といわれる [Jencks, 1994, p.3, 邦訳18頁]。このとき，homeless という言葉には「家庭がない（家庭をもたない）」というニュアンスが強く込められることになる。す

図表V-1-1 スキッド・ロウの居住場所別人数 (1958年)

居住場所	人数(人)	割合(%)
Cage hotel		
大規模 (300室超)	4,624	38.8
中規模 (200室以上300室以下)	1,779	14.9
小規模 (200室未満)	1,635	13.7
Workingmen's hotel	1,677	14.1
教会系シェルター	975	8.2
Rooming house	806	6.8
病院・刑務所	320	2.7
路上	110	0.9
計	11,926	100.0

Donald Bogue, Skid Row in American Cities (Chicago, 1963) p.84.
出所：[Hoch and Slayton, 1989, p.101, Table 5-7]

ると，当時，一群の人々が homeless men と呼ばれたことは，言葉の正確な使用という点からみれば適切なことであったといえる。もちろん，homeless という言葉を使う人は，その言葉の中に厳しい評価――「家庭がない(家庭をもたない)」人は劣っている――を持ち込んでいたのだけれども。第2次世界大戦後においても，homeless という言葉がまずもって「家庭がない(家庭をもたない)」という意味を含むものとして使われたことに変わりはなかった。たとえば Wallace は1965年に出版したスキッド・ロウ研究の中で，スキッド・ロウで暮らす「結婚していない労働者 single unattached worker」をさすものとして，homeless という言葉を使用していた [Wallace, 1965, p.18]。

　さて，先にみたように，1920年代前後の時期，ホームレスの多くは格安のホテルに宿泊していたのであるが，これは第2次世界大戦後にあっても変わることはなかった。このことは**図表V-1-1**から見てとれる。この表は，1958年時点においてシカゴ市のスキッド・ロウ――Main Stem と呼ばれた――にいた人々の居住場所別の構成(実数と割合)を示したものである。この表からわかるのは，当時のスキッド・ロウ住人のなかで，ホテルに宿泊しない人は少なかったということである。それは路上で寝泊まりする人に加えて，教会系シェルターや病院・刑務所入所者を入れても1405人 (11.8%) にすぎない。こうした傾向は，ほぼ同時期，別の都市で行われた調査によっても確認できる。1960年に

フィラデルフィア市で行われた調査によれば，スキッド・ロウのホテルに宿泊している人がおよそ2000人いたのに対して，路上で寝泊まりしていたのは64人だけであった［Rossi, 1989, p.30］。なお，この表に見られるさまざまな名称をもったホテルは，今日，一括して Single Room Occupancy hotel（SROホテル）と呼ばれている。居住条件は劣悪であったが，これらの SRO ホテルは都心部に位置していたので，宿泊者にとって種々の臨時的仕事を見つけるのに好都合だったし，それらはまた，宿泊者の安全やプライバシーも保障してくれたので，利用者にとって，貴重なものと考えられた［Hoch and Slayton, 1989, pp.159-160］。

　ところで，これらの SRO ホテルが集中していたスキッド・ロウとはどういうところだったのだろうか。それが移動労働者の集住地域として形成され始めたのは19世紀末から20世紀初めにかけてであった。その際，都市の中心部の一角が集住地域として選ばれたのは，当時各地で季節的な農業労働をはじめさまざまの労働に従事していた人々にとって，移動のことを考えたとき，鉄道が集中する都心部が便利だと思われたからである（鉄道を使っての移動といっても，当時の労働者にとってそれは貨物列車の貨車に無断で乗り込むことを意味したのであるが）。これらの移動労働者は特定のスキッド・ロウにしばらく滞在した後，鉄道を使って各地に出かけて，種々の労働に従事した。そして，その仕事が終わると彼らはまた元のスキッド・ロウに戻ってきて，次の仕事が見つかるまで，そこにしばらく滞在した。スキッド・ロウには，こうした移動労働者たちの需要に応えるために，種々のホテルがあった。また酒場やレストラン（食堂），質屋，理髪店，貸ロッカー屋，ビリヤードの店，本屋，図書室などもあったし，民間の職業紹介所もあった。スキッド・ロウはまぎれもなくひとつの町であった。なお，シカゴ市にあった Main Stem というスキッド・ロウの人口は，1910年代にはおよそ 6 万人であった。また時代は少し遡るが，1880年代のニューヨーク市の Bowery というスキッド・ロウの人口は約 1 万3000人であった［Kusmer, 2002, pp.148-157］。

　スキッド・ロウで生活していたのはホーボーやトランプ tramp と呼ばれる移動労働者だけではなかった。ちなみに移動労働者は当時，一般にトランプと呼ばれた。その中でもとくにホーボーと呼ばれたのは主に季節的な農業労働に

第1章　ホームレス生活者の歴史と現在　313

従事した人々であった [Schneider, 1984, p.228]。スキッド・ロウには，トランプ（ホーボー）の他にもさまざまの人々がいた。これらの人々はトランプのように広い地域を移動することはなかった。彼らはもっぱらスキッド・ロウの内部や周辺に見いだされる，サービス業関係を中心とした種々の臨時的な仕事に従事した。こうした人々はホーム・ガード home guard やバム bum と呼ばれた。トランプ，ホーム・ガード，バム——これら3者の間には，3者それぞれが従事した仕事の種類に応じて，価値の序列がみられた。それによれば，トランプが最も価値ある者とされ，バムが最も価値のない者とみなされた。しかしながら，たとえこれら3者の間に価値の序列がみられたとしても，彼らには共通点があった。それはこれら3者ともその多くが，たとえ職種は違っても，とにかくなんらかの仕事に従事していたということであり，それゆえそれらの仕事から得られる収入によって，種々のホテルに宿泊することができたということである [Hoch and Slayton, 1989, pp.37-46]。

　1920年代以後，各地のスキッド・ロウ人口は減少し始めた。というのは，この頃から農業の機械化が始まったので，農場ではそれまでのように大量の移動労働者を必要としなくなったからである。また，フロンティアの消滅にともなって森林労働の需要も減った。さらに，この頃までには道路や鉄道，橋梁，ダムなどもほぼ整備されてしまったので，これらの分野でも移動労働者に対する需要は大幅に減少した。移動労働者の中には都市で臨時的な仕事を見つけて，スキッド・ロウに定住する者もいたが，それは少数でしかなかった。多くの移動労働者はスキッド・ロウから出ていった [ibid., pp.63-64]。

　こうしてスキッド・ロウの人口は全体として1920年代をピークに，その後減少に転じることになった。D. Bogue によれば1958年におけるシカゴ市のスキッド・ロウ人口はおよそ1万2000人であったし，また H. Bahl と T. Caplow によれば1964年におけるニューヨーク市のスキッド・ロウ人口はおよそ8000人であった [Rossi, 1989, p.29]。なお，D. Bogue は1950年に人口5万人以上の都市の市役所に依頼して，各都市にあるスキッド・ロウ地区を特定してもらったうえで，自身センサスを用いて全米のスキッド・ロウ人口を推定している。それによれば，1950年時点での全米のスキッド・ロウ人口は約10万人であった

[ibid., p.29]。

　1920年代以後のスキッド・ロウにあって人口の多数を占めるようになったのは，ホーム・ガードやバムと呼ばれる人々であった。スキッド・ロウの人口構成の中心がトランプからホーム・ガード，バムへと移行するにともなって，スキッド・ロウは高齢化していった。移動労働者が多数を占めていた頃，スキッド・ロウ住人の平均年齢は低かったが，彼らがそこからいなくなり始めた1920年代を境に高齢化が始まり，第2次世界大戦後になるとそれはさらに進んだ。D. Bogueが1958年に行ったシカゴ市のスキッド・ロウ調査によれば，住人の年齢の中央値はおよそ50歳であった [ibid., p.31]。

　ここで今日の意味でのホームレス生活者が問題になる前の段階での，スキッド・ロウのホームレス生活者の特徴をまとめておこう。

① 彼らは貧しかったが，それでも多くは格安のホテルに宿泊することができないほど貧しいというのではなかった。なぜなら，不況期を除けば，多くはなんらかの臨時的仕事に従事して宿泊費を含む最低の生活費を得ていたからである。

② 1920年代以後スキッド・ロウ住人の高齢化が進行した結果，1960年代になると彼らにとって，年齢の高さが，アルコール依存や身体的病気（身体障害を含む），精神的病気（精神障害を含む）と並んで，不利な条件とみなされるようになった。なおアルコール依存に関しては，スキッド・ロウ住人の20％から35％がそうであるとされたし，また身体的病気と精神的病気については，それぞれおよそ20％が関係しているとみなされた [ibid., p.31]。

③ 性別。ほとんどが男性であった。しかも結婚していない男性が大部分を占めた。これは19世紀末から一貫して，そうであった [ibid., p.21, p.23, p.26]。

④ 人種構成。ほとんどが白人であった。これも19世紀末以後の一貫した特徴であった [ibid., p.23, p.31]。これにはスキッド・ロウ内での黒人差別が関係していた。すなわち，SROホテルの経営者が黒人の宿泊を認めたがらなかったのである。その結果，都市ではスキッド・ロウとは別の地域に黒人貧困層の集住地区（ゲットー）が形成されるようになった [Kusmer, 2002, pp.165-166]。

2　今日のホームレス生活者

　今日のホームレス生活者の状態を『全米ホームレス支援サービス提供組織およびその対象者調査（NSHAPC）』を通してみてみよう。この調査の実施主体は「ホームレス問題連絡協議会 Interagency Council on the Homeless」である。これはマキニー法にもとづいてつくられた組織であり，その主な仕事は連邦政府が行うホームレス対策の評価と各省庁の活動の調整である。構成メンバーは住宅都市開発省（HUD）や保健福祉省（HHS），連邦緊急事態管理庁（FEMA）などを含む15省庁である。

　調査はホームレス支援サービス提供組織（以下，プロバイダーと呼ぶ）とそこでのサービス利用者に対して行われた。プロバイダーは以下の手順で決定された。まず全米の地域を①大都市地域，②小規模および中規模都市地域，③農村地域に分けたうえで，それぞれの地域から無作為に28地域，24地域，24地域を選ぶ。次にこれら76の地域にあって，あらかじめ決定された16種類のサービス（住宅関係5種類，食事関係3種類，医療関係4種類，アウトリーチ関係4種類）のうち少なくともひとつを提供している組織が調査対象とされた。調査対象となったプロバイダーは6307であり，そこで実施されていたプログラムは1万1983であった。

　もうひとつの調査対象であるサービス利用者とは，今みたようなかたちで選ばれたプロバイダーでサービスを受けている人のことであり，合計4207人が無作為に選ばれた（なおこの調査では，親と一緒に暮らす子どもは年齢の如何を問わずサービス利用者とみなされていない。それゆえランダム・サンプリングの対象に入っていない）。したがって，この中には「現在ホームレスである人」ばかりでなく，「ホームレスの経験はあるが今はホームレスではない人」や「サービスは利用しているがいまだかつて1度もホームレスであったことはない人」も含まれることになる。このうちインタビューできたのは4133人で，その内訳は「現在ホームレスである人」が2938人，「以前ホームレスであった人」677人，「ホームレスの経験がない人」518人であった。以後「ホームレス生活者」という場合，それは「現在ホームレスである人」をさす。

調査の第1段階として，6307のプロバイダーのディレクターやその他のスタッフへの電話による聞き取りが行われた。この電話インタビューの目的はそれぞれのプロバイダーが実施しているプログラムに関して基礎的な情報を得ることであった。この電話インタビューが行われたのは1995年の10月から翌年の10月までであった。

　第2段階として，プログラムならびにサービス利用者に関してより詳細な情報を得るために，プロバイダーのスタッフに対して郵送による調査が行われた。この郵送調査が行われたのは1996年の4月であった。この時点までにすでに電話インタビューによって情報が得られていた1万400余りのプログラムに関して調査票が送られた。そのうち回収されたのは6457のプログラムに関する調査表であった。そして，このうちの5694のプログラムについて分析がなされた。

　最後に，サービス利用者に対して面接調査が行われた。これは1996年の10月18日から11月14日までの4週間にわたってなされた。この面接調査は1人あたり45分くらいかかるもので，調査に協力してくれた人には10ドルの謝礼が支払われた。なお，面接調査も含めてデータ収集を担当したのは国勢調査局（Census Bureau）の職員である。調査の分析はM. Burtを中心とした，民間シンクタンクのアーバン・インスティテュート（Urban Institute）のメンバーによって行われた。

　みられるように，この調査は厳密な統計的手法を使った，きわめて大規模なものである。こうした手法と規模をもった調査によって，全米レベルでのホームレス生活者の実態を明らかにしようとする試みはこれまでなかったし，またこれ以後もない。それゆえ，この調査は今日のアメリカのホームレス生活者の実態を知るのに最も適切なものであるといえる。

　しかし，もちろんこの調査にも限界はある。そのうちのひとつとしてここで指摘しておく必要があるのは，この調査ではプロバイダーのサービスを利用していないホームレス生活者のことはわからないということである。なぜなら，この調査は対象をプロバイダーのサービス利用者に限定しているからである。

　ところで，この調査ほど規模は大きくないが，統計的手法を使って全米の都市でのホームレス生活者の実態を明らかにしようとする調査が1987年に行われ

ている。それは人口10万人以上の都市にあるスープ・キッチン（無料食事提供所）とシェルター（無料宿泊所）の利用者に対する調査であった。この調査ではスープ・キッチンとシェルターを利用していた人をすべてホームレス生活者とみなしたうえで，人口規模と地域特性を考慮して選ばれた20都市のホームレス生活者1704人に対してインタビューがなされた。なお調査の実施主体はアーバン・インスティテュートであった。

　以下でNSHAPCにもとづいて，現在のアメリカにおけるホームレス生活者の実態をみていくにあたって，可能なかぎり1987年の調査にも言及することにしよう。その際，前者の調査を『96年調査』，後者を『87年調査』と略記する。なお，項目によっては『87年調査』に触れないことがあるが，それは『87年調査』の中に『96年調査』の項目に該当するものが見あたらない場合である。

1）ホームレス生活者の定義

　『96年調査』でホームレス生活者とみなされたのは，**図表V-1-2**にあるような8つの基準のうち少なくともひとつに該当する人である。ただし，これらの基準のうち8番目の基準——「調査日当日は自分の家（部屋）もしくは誰かの家（部屋）にいたが，来月もその状態が続くかどうかについて，自信がない人」——はマキニー法にはないものである。すなわち，『96年調査』では，ホームレス問題を，路上やシェルターで寝泊りしている，いわば顕在的なホームレス生活者だけの問題とみなすのではなく，不安定な居住を強いられている人々（たとえば，家賃が払えなくなったので今の住宅から追い出されそうになっている人や，誰かの好意で部屋に住まわせてもらっている——ダブルアップ状態にある——が，それがいつまで続くかわからない人）をも含むものとして考えようとしているのである。この調査はまた，今みたような「現在ホームレス状態にある人」ばかりでなく，それにきわめて近い人——「今はホームレス状態にはないが，以前はそうであった人」や「サービスは利用しているが，ホームレスの経験はない人」——に対してもインタビューしたうえで，分析を加えている。

　これらのことを考慮したとき，『96年調査』はマキニー法にうかがわれるホームレス生活者の狭い定義（ホームレス生活者を顕在的なそれに限定する定義）を超

図表V-1-2　ホームレス生活者とみなされる人

1	調査日当日ないしはそれに先立つ7日間のうち少なくとも1日，緊急シェルターもしくは通過施設にいた人
2	調査日当日ないしはそれに先立つ7日間のうち少なくとも1日，バウチャーを使ってホテルに泊まっていた人
3	調査日当日ないしはそれに先立つ7日間のうち少なくとも1日，無人の建物や事務所，車の中などにいた人
4	少なくとも1週間前までは，自分の家もしくは部屋があって，そこに30日間以上住んでいた人
5	ホームレス状態が終わってまだ7日以上経っていない人
6	1～5のいずれにも該当しないが，緊急シェルターもしくは通過施設での調査対象に選ばれた人
7	調査日を含む7日間のうち少なくとも1日，シェルターの食事を利用した人
8	調査日当日は自分の家（部屋）もしくは誰かの家（部屋）にいたが，来月もその状態が続くかどうかについて，自信がない人

出所：[ICH, 1999, p.2/7のTable 2.1（一部）]

えているとみなすことができる。

2）性　別

　男性が68％，女性が32％であった。性別は単身のホームレス（2473人）の場合とホームレスの家族（465人）の場合では大きく異なる。前者（以下では〈単身ホームレス〉と呼ぶ）では男性77％，女性23％であるが，後者（以下では〈家族ホームレス〉と呼ぶ）では男性16％，女性84％となっていた。単身ホームレスでは男性の割合が，家族ホームレスでは女性の割合がそれぞれかなり高くなっている（図表V-1-3参照）。

　単身／家族別の男女数とその割合をみると，最も多いのが単身・男性の1904人（65％）で，次が単身・女性の569人（19％）であり，以下家族・女性391人（13％），家族・男性74人（3％）と続いている。スキッド・ロウのホームレス生活者と比べたとき，今日のホームレス生活者にあって女性の割合の高さが目立つ。しかも，女性のなかでも単身ホームレスの女性が家族ホームレスの女性より多い。家族ホームレスの場合，「子どもの有無」の項でみるように，すべてに18歳未満の子どもが少なくとも1人いて，一緒に暮らしている（18歳未満

図表V-1-3　ホームレス生活者の特徴（1）　　　（単位：％）

	全米成人 (1996年)	全ホームレス (2,938人)	家族ホームレス (465人)	単身ホームレス (2,473人)
性別　男性	48	68	16	77
女性	52	32	84	23
エスニシティ				
白人	75	41	38	41
黒人	11	40	43	40
ヒスパニック	10	11	15	10
インディアン	1	8	3	8
その他	3	1	1	1
年齢　18歳未満	—	1	1	1
18〜21歳	7	6	10	6
22〜24歳	5	5	15	3
25〜34歳	21	25	43	22
35〜44歳	22	38	28	40
45〜54歳	17	17	4	19
55〜64歳	11	6	—	7
65歳以上	17	2	—	2
居住（滞在）場所				
中心都市	32	71	69	71
中・小都市	48	21	21	21
農村	20	9	10	9
退役軍人	13	23	5	26

出所：[ICH, 1999, p.3/4の Table 3.1（一部），p.3/16の Appendix Table 3.A1（一部）]から作成。

の子どもだけがいるのが93％，それに加えて18歳以上の子どももいるのが7％）ことを考慮すれば，調査対象者が，女性の〈家族ホームレス〉である場合，その大部分はいわゆる「女性世帯主」（母子家族の母親）であると思われる。

　このように女性の占める割合が高いのはたしかに印象深いことであり，それゆえ今日のホームレス生活者の重要な特徴のひとつではあるが，しかしながら単身・男性の占める割合が65％にのぼることもまた十分強調されなくてはならない。

　『87年調査』では男性が81％，女性が19％であった。また単身ホームレスと家族ホームレスの割合は，前者が83％で後者が16％であった［Burt and Cohen, 1989, p.39］。『96年調査』でも単身ホームレスと家族ホームレスの割合は『87年調査』とほぼ同じであった。単身ホームレスと家族ホームレスの割合が2つの

調査でほぼ同じであるにもかかわらず、男女比に大きな差がみられるのは、『87年調査』では「スープ・キッチンのみの利用者」(223人)と「スープ・キッチンに加えてシェルターも利用する人」(811人)で男性の割合がかなり高くなっていたからである(前者では男性93%・女性7%、後者では男性84%・女性16%)。なお「シェルターのみの利用者」(670人)の場合、男性68%、女性32%であった[ibid., p.38]。

3)エスニシティ

白人41%、黒人40%、ヒスパニック11%、インディアン(ネイティヴ・アメリカン)8%、その他1%となっている。アメリカ全体のエスニシティ構成と比較したとき、黒人とインディアンの割合の高さが際立っている。

単身/家族別にみると、単身ホームレスのエスニシティ構成は、ヒスパニックが1%弱低くなっていることを除けば、ホームレス生活者全体のそれとまったく変わらない。家族ホームレスの場合、黒人とヒスパニックの割合がさらに高くなっている(黒人43%、ヒスパニック15%)。そのぶん白人とインディアンの割合が低くなっている(白人38%、インディアン3%)(図表V-1-3参照)。

『87年調査』では白人46%、黒人41%、ヒスパニック10%、その他3%となっていた[ibid., p.38]。

4)年　齢

アメリカ全体の年齢構成と比較したとき、青・壮年層(25〜44歳)の割合がかなり高いことと老年層(65歳以上)の割合がかなり低いことが目につく。25〜44歳層の場合、全米が43%なのに対して、ホームレス生活者では63%になっている。とりわけ35〜44歳層の割合の高さが際立っている(全米22%・ホームレス生活者38%)。他方65歳以上層の割合はきわめて低くなっている(全米17%・ホームレス生活者2%)。55〜64歳層の割合もかなり低い(全米11%・ホームレス生活者6%)(**図表V-1-3参照**)。

次に単身/家族別の年齢構成をみると、単身ホームレスの場合、青・壮年層(25〜44歳)の割合はホームレス生活者全体のそれとあまり変わらない(ホーム

第1章　ホームレス生活者の歴史と現在　321

レス生活者全体63%・単身ホームレス62%）が，家族ホームレスの場合では青・壮年層の割合が一段と高くなっている（71%）。そして家族ホームレスの25～34歳層と35～44歳層を比較すると，25～34歳層の割合がかなり高くなっている（35～44歳層28%・25～34歳層43%）。単身ホームレスの年齢構成に比べて，家族ホームレスのそれがかなり若いという傾向は24歳以下層にもあてはまる。単身／家族別に24歳以下層の割合をみると，前者が10%，後者が26%になっている。先にみたように，ホームレス生活者の年齢構成は全体として，青・壮年層の割合が高く，老年層の割合が低くなっていた。すなわち，ホームレス生活者はアメリカ人全体より〈若い〉といえたのであるが，この〈若さ〉に大きく寄与しているのが家族ホームレスの年齢構成のあり方である。[1]

『87年調査』の場合，年齢区分が『96年調査』と違うので厳密な比較はできない。結果だけを記すと18～30歳30%，31～50歳51%，51～65歳16%，66歳以上3%となっていた［ibid., p.38］。ここでもホームレス生活者の人口構成の〈若さ〉を指摘することができる。

5）居住（滞在）地域

　ホームレス生活者のうち中心都市にいる人の割合は71%，中・小都市および郊外にいる人の割合は21%，農村地域に住む人の割合は9%となっている。単身／家族別にみても大差ない。全米の人口分布に比べるとホームレス生活者の都市——とくに中心諸都市——集中は際立っている（図表V-1-3参照）。都市でのホームレス生活者人口の多さには，ホームレス生活者はもともと都市に多いという事情ばかりではなく，ホームレス状態に陥った人のその後の地域移動のあり方も関係している。「地域移動」の項で触れるように，中心都市以外の場所でホームレス状態に陥った人で，中心諸都市に移動する人がかなり多いのである。

6）退役軍人

　退役軍人の割合は23%である。全米レベルに比べて相当高くなっている。単身／家族別にみると，単身ホームレスにおいて顕著に高くなっている（家族ホ

ームレス5％・単身ホームレス26％）（図表V-1-3参照）。

7）結婚の有無

結婚の経験がない人の割合は48％であった。単身／家族別にみると，単身ホームレスの方が結婚経験のない人の割合が高い（家族41％・単身50％）。また離婚／離別経験者の割合はそれぞれ24％，15％である。離婚経験者の割合は単身ホームレスで高く（家族13％・単身26％），離別経験者の割合は家族ホームレスで高くなっている（単身14％・家族23％）。さらに現在結婚している人の割合は9％である。これを単身／家族別にみると，家族ホームレスの方が単身ホームレスより高い（単身7％・家族23％）。配偶者と死別した人の割合は3％であった（すべて単身ホームレス）（図表V-1-4参照）。

『87年調査』では結婚の経験がない人の割合は55％であった。離婚／離別経験者の割合は合わせて29％であり，現在結婚している人の割合は10％であった。また配偶者と死別した人の割合は5％となっていた［ibid., p.39］。

8）子どもの有無

子どもがいない人の割合は37％であった（すべて単身ホームレス）。他方，子どもがいる人の割合を子どもの年齢別にみると，18歳未満の子どもだけがいる人

図表V-1-4　ホームレス生活者の特徴（2）　　　　（単位：％）

	全ホームレス (2,938人)	家族ホームレス (465人)	単身ホームレス (2,473人)
結婚の有無			
結婚経験なし	48	41	50
結婚している	9	23	7
配偶者が亡くなった	3	0	4
離　婚	24	13	26
離　別	15	23	14
子どもの有無			
いない	37	0	44
18歳未満の子どもだけがいる	42	93	33
18歳以上の子どもだけがいる	15	0	18
18歳未満と18歳以上の子どもがいる	6	7	6

出所：［ICH, 1999, p.3/5のTable 3.2（一部），p.3/17のAppendix Table 3.A2（一部）］から作成。

の割合は42％で，18歳以上の子どもだけがいる人の割合は15％であった。また18歳未満と18歳以上の子どもの両方をもつ人の割合は6％となっている。

　これらを単身／家族別にみると，18歳未満の子どもだけがいる人の割合は家族ホームレスで著しく高かった（単身33％・家族93％）。また18歳以上の子どもだけがいる人はすべて単身ホームレスであった。さらに18歳未満と18歳以上の両方の子どもがいる人の割合はほぼ同じであった（単身6％・家族7％）（図表Ⅴ-1-4参照）。

　すべての家族ホームレスには18歳未満の子どもが少なくとも1人いて，一緒に暮らしていた。そのうち18歳未満の子どもが1人だけだったのが40％で，2人が28％であった。また3人以上の子どもと一緒に暮らしていた家族ホームレスは33％であった［ICH, 1999, p.3/5, p.3/17］。

　『87年調査』によれば，家族ホームレスの割合は16％で，その内訳は女性世帯主家族（母子家族）が8％，その他8％であった。「その他」8％のうち2％は子どもと一緒に暮らしていた（両親ともいる家族と父子家族）［Burt and Cohen, 1989, p.39］。

9）学　　歴

　高卒以上が62％を占めていた。その内訳は，38％が高卒相当（高校卒業22％，GED 12％，職業訓練校修了者4％）の者で，22％は大学入学者——ただし学位は未取得——，2％は大学の学位取得者かそれ以上の者となっていた。全米レベルでは高卒が58.7％，大卒以上が23.0％である（1995年）［合衆国商務省センサス局, 2000, 169頁］から，ホームレス生活者の場合，高卒レベルは全米と比べても遜色ない（高卒相当と大学に入学はしたが卒業できなかった人の割合を加えると60％）が，大卒レベルの割合がかなり低いということになる。他方，高校未修了者の占める割合は全米レベルに比べると相当高くなっている（全米18.3％・ホームレス生活者38％）［ICH, 1999, p.3/7］。

　『87年調査』によれば，高卒以上の割合は34％であった。その内訳は，高卒相当が31％，大卒が3％となっていた。他方，高校未修了者の割合は65％であった［Burt and Cohen, 1989, p.39］。

10) 身体的病気（身体障害を含む）

　少なくともひとつの慢性的病気を抱えている人は46％，急性の病気で苦しんでいる人は34％であった。単身／家族別の相違はほとんどなかった。慢性の病気の中で多かったのは，リュウマチを含む関節に関係した炎症（24％），高血圧（15％），歩行に支障をきたす身体障害（14％）などであった。急性の病気で多かったのは，風邪関連の咳・気管支炎（22％），皮膚病（7％），肺炎（3％），結核（3％）などであった。

　単身／家族別にみると，関節関係の炎症，高血圧，身体障害のいずれにおいても単身者の割合が高かった（関節関係では家族18％・単身25％，高血圧では家族9％・単身16％，身体障害では家族9％・単身15％）。これは主に家族ホームレスと単身ホームレスの年齢構成の違いにもとづくと考えられる。咳・気管支炎，皮膚病，肺炎，結核に関しては，単身ホームレスと家族ホームレスでの相違はあまり大きくなかった（咳・気管支炎では家族25％・単身22％，皮膚病では家族7％・単身7％，肺炎では家族4％・単身3％，結核では家族1％・単身4％）[ICH, 1999, p.6/4, p.6/21]。

　治療については，調査日までの1年間，医師または看護婦に診てもらう必要があったにもかかわらず，それができなかったという人が24％いた。単身／家族別にみると，家族ホームレスの割合が若干高かった（単身24％・家族27％）。歯科治療については，46％の人が，この1年間，歯科医師に診てもらう必要があったにもかかわらず，それができなかったと回答していた。単身／家族別にみると，家族ホームレスの割合が若干高かった（単身46％・家族51％）[ibid., p.6/21]。

　医療保険に関しては，どんな保険もないという人が55％いた。単身／家族別にみると，単身ホームレスの割合がかなり高かった（家族32％・単身59％）。メディケイド（低所得者対象医療扶助）該当者は30％いた。これを単身／家族別にみると，家族ホームレスの割合がかなり高かった（単身25％・家族61％）。これはメディケイドの受給資格が認められるのが，要扶養児童家庭扶助（AFDC）や補足的保障所得（SSI）の受給有資格者であるという事情が関係している（「収入源」の項でみるように，AFDCとSSIの受給者は単身ホームレスが14％であるのに対して，家族ホームレスでは63％であった）[ibid., p.6/13, p.6/15]。

『87年調査』では「健康に関してなんらかの問題を抱えている」と答えた人が56％いた。これらの人々が挙げたもので多かったのは「風邪に関係した咳や気管支炎」(21%),「関節関係の炎症」(15%),「高血圧」(15%),「歩行に支障をきたす身体障害」(10%)などであった［Burt and Cohen, 1989, p.49］。

11) アルコール・薬物・精神障害

　ホームレス生活者のなかで、これまでアルコール問題、薬物問題、メンタルヘルス問題でなんらかの治療を受けたことがあると回答した人はそれぞれ26%、25%、34%であった［ICH, 1999, p.8/4, p.8/12, p.8/18］。

　また、調査に先立つ1カ月内にメンタルヘルス、薬物、アルコールに関して「問題があった」と答えた人の割合はそれぞれ39%、38%、26%であった。[2]それぞれを単身／家族別にみると、いずれの問題でも単身ホームレスの割合が高くなっている（メンタルヘルスでは家族36%・単身40%、薬物では家族20%・単身27%、アルコールでは家族16%・単身41%）［ibid., p.8/37, p.8/38, p.8/40］。

　この調査では、アルコール、薬物、メンタルヘルス問題の重複（ADM問題）についても調べている。それによれば、調査に先立つ1カ月内にこれらのうち少なくともひとつに関して「問題があった」と回答した人は66%であった［ibid., p.8/21］。この割合の高さ、逆にいえばこれらの問題と無縁である人の割合の低さ（34%）は注目に値する。

　組み合わせの中で高い割合を占めるものから列挙すると次のようになる。メンタルヘルス問題単独（17%）、アルコール問題単独（13%）、アルコール・メンタルヘルス問題（10%）、アルコール・薬物・メンタルヘルス問題のすべて（8%）、薬物問題単独（7%）、アルコール・薬物問題（7%）、薬物・メンタルヘルス問題（5%）［ibid., p.8/21］。たしかに、アルコール、薬物、メンタルヘルス問題のうちの2つ以上の重複も深刻である。しかし、それ以上に考慮しなくてはいけないのは単独問題——とりわけメンタルヘルス問題単独、アルコール問題単独——に苦しんでいる人の多さである。

　『87年調査』では19%の人がメンタルヘルス問題で入院を経験したことがあると答えていた。そのうちのおよそ半数（46%）は薬物問題で入院した経験も

あった。また，自殺企図の経験があると答えた人はホームレス生活者全体の21％であった［Burt and Cohen, 1989, p.48, p.71］。

12）調査日の滞在場所

調査時点での滞在場所として多かったのはシェルターであった。緊急シェルター emergency shelter が30％，通過施設 transitional shelter/housing が33％であった。車や無人の建物，公園や路上などの「人間が住むのに適さない場所」にいたのは18％であった。また，友人の家やホテル，モーテルなどを挙げた人が16％いた。[3]

単身／家族別にみると，単身ホームレスでは「人間が住むのに適さない場所」に滞在している人の割合が家族ホームレスに比べて著しく高くなっていた（家族2％・単身20％）。他方，シェルター（緊急シェルターと通過施設）滞在者の割合は家族ホームレスが単身ホームレスよりかなり高かった（単身60％・家族81％）［ICH, 1999, p.4/4, p.4/22］。

なお調査では，今回ホームレス状態になってからどの程度シェルターを利用したかを聞いている。結果は「ほとんど利用したことがない」と「まったく利用したことがない」を合わせると30％にのぼった（前者19％・後者11％）。ということは，『96年調査』のようなプロバイダーによるサービス利用者を対象とした調査では捕捉できないホームレス人口が3割近くあるということである。単身／家族別にみると，どちらかといえば単身ホームレスがシェルターを利用しない傾向を示しているが，その差はあまり大きくない（「ほとんど利用したことがない」は単身20％・家族13％であり，「まったく利用したことがない」は単身10％・家族13％）。これに対して「これまでずっとシェルターにいた」という人の割合は家族ホームレスが顕著に高くなっている（単身11％・家族29％）［ibid., p.4/24］。

13）ホームレス状態の経験回数

30日以上のホームレス状態の経験回数で，1番多かったのは「今回が初めて」で49％であった。以下「2回目」17％，「3回目」12％となっていた。他方，「4回目以上10回目まで」は18％，「11回目以上」が4％であった。単身／

家族別にみると「今回が初めて」の割合はほとんど同じ（単身49%・家族50%）であるのに対して、「2回目と3回目」では家族ホームレスの割合が高い（単身27%・家族38%）。他方、「4回目以上」になると、単身ホームレスの割合が家族ホームレスの2倍以上も高くなっていた（家族12%・単身25%）［ibid., p.4/11］。

14）現在のホームレス状態の継続期間

　3カ月以下が28%であり（1週間未満5%、1週間以上1カ月未満8%、1カ月以上3カ月以下15%）、4カ月以上12カ月以下が26%であった（4カ月以上6カ月以下11%、7カ月以上12カ月以下15%）。これに対してホームレス状態の継続期間が1年を超える人の割合は46%であった（2年以下16%、2年を超えて5年以下10%、5年を超える20%）［ibid., p.4/11］。ホームレス状態の継続期間が長期にわたる人の割合の高さが目立つ。とりわけ2年を超えて5年以下の人が10%、さらに5年を超える人が20%もいるということは注目すべきことである。

　現在のホームレス状態の継続期間を単身／家族別にみると、単身ホームレスではホームレス状態が長期にわたる人の割合が高く、1年を超える人の割合が51%になっていた（2年以下17%、2年を超えて5年以下11%、5年を超える23%）。これに対して家族ホームレスで1年を超える人の割合は24%であった（2年以下11%、2年を超えて5年以下5%、5年を超える8%）。そのぶん家族ホームレスではホームレス状態にある期間が短い人の割合が高くなっていて、1年以下の人が76%を占めた（3カ月以下49%、4カ月以上12カ月以下27%）［ibid., p.4/24］。

　ホームレス状態の継続期間に関して『87年調査』は『96年調査』と一部異なった区分を用いているので、両者の厳密な比較はできない。しかし、『87年調査』においても、『96年調査』と同じくホームレス状態が長期にわたる人の割合が高いということはいえる。『87年調査』では、3カ月以下21%（1カ月以下8%、2～3カ月13%）、4カ月以上12カ月以下31%（4カ月以上6カ月以下19%、7カ月以上12カ月以下14%）、1年を超える47%（1年を超えて2年以下16%、2年を超えて4年以下12%、4年を超える19%）となっていた［Burt and Cohen, 1989, p.41］。

15) 地域移動

ホームレス状態に陥ってから他の地域に移動した人の割合は44％であった。そのうち別のひとつの地域に移動したのが22％であった。調査では，別のひとつの地域に移動した人について，ホームレス状態になった時点で住んでいた地域と移動先を尋ねている。それによると中心都市への移動の多さが確認される。たとえば，比較的大きな町 large town でホームレスになった人はすべて他の地域に移動したが，その内訳は中心都市99％（大規模・中心都市44％，中規模・中心都市55％），その他1％であった。また比較的小さな町 small town でホームレス状態に陥った人もすべて他の地域に移動したが，その内訳は中心都市60％（大規模・中心都市22％，中規模・中心都市38％），大規模・中心都市の郊外41％であった。さらに，農村地域でホームレスになった人のなかで，他の地域に移動した人は99％であったが，その内訳は中心都市87％（大規模・中心都市27％，中規模・中心都市60％），大規模・中心都市の郊外3％，その他10％であった。なお，ホームレス状態になった地域が大きな町，小さな町，農村であった人は合計するとホームレス生活者全体の15％を占めた（大きな町3％，小さな町7％，農村5％）［ICH, 1999, p.4/16］。

単身／家族別にみると，移動した人の割合は単身ホームレスで高く（家族29％・単身46％），移動しなかった人の割合は家族ホームレスで高かった（単身54％・家族71％）［ibid., p.4/25］。

16) 収　入

ここでいう収入とは，調査日に先立つ30日間のそれである。平均は367ドル，中央値は300ドルであった。その内訳は次のとおりである。収入なし13％，100ドル未満17％，100～299ドル19％，300～499ドル18％，500～699ドル14％，700～799ドル4％，800～999ドル5％，1000～1199ドル3％，1200ドル以上4％であった。これまでみてきたように，ホームレス生活者といっても，その構成はかなり多様であったが，それは収入においてもいえる。しかしながら全体としてみれば，収入の低さは否定しようがない。なお，連邦の貧困水準は単身者の場合680ドルであった（1996年）。すると，ホームレス生活者のおよそ8割

が単身者の貧困水準に達しないということになる［ibid., p.5/1, p.5/4］。

　次に，単身／家族別にみてみよう。単身ホームレスの平均収入は348ドル，中央値は230ドルであった。これに対して家族ホームレスの平均収入，中央値はそれぞれ475ドル，418ドルであった。また，収入がなかった人の割合は単身ホームレスが14％，家族ホームレスが8％であった。さらに，連邦の単身者貧困水準に達しない人の割合は，単身ホームレスでおよそ82％，家族ホームレスでおよそ77％であった。このようにみてくると，家族ホームレスの方が単身ホームレスよりまだ比較的恵まれているように思われる。しかし，家族ホームレスが恵まれているとはいっても，1人あたりの収入をみると，家族ホームレスの方が単身ホームレスよりも少なくなってしまう程度のものなのである［ibid., p. 5/25］。

　『87年調査』でも調査日に先立つ30日間の収入を尋ねている。それによると平均収入は137ドルであった。これは同年の連邦貧困水準の28％にすぎなかった。また収入がない人の割合は17％であった［Burt and Cohen, 1989, p.42］。これに対して『96年調査』の平均収入（367ドル）は同年の連邦貧困水準（680ドル）の54％であり，また収入がない人の割合は13％であったから，貧困の程度に関していえば『87年調査』でのホームレス生活者の方が『96年調査』でのそれよりいっそうはなはだしいといえる。

17）収　入　源

　収入源として，一番多く挙げられたのは「仕事」であった（63％）。このうち3カ月以上続いた，もしくは続くと考えられる（比較的安定した）仕事を挙げた人は36％であり，あとは日雇のような短期の仕事（18％）を挙げた人や「自分が持っている物を売り歩く」を挙げた人（9％）などであった。このような「仕事」の次に多かったのは「種々の福祉給付金」であった（41％）。その内訳はSSI（11％），AFDC（10％），一般扶助（GA）（9％），その他（11％）であった。3番目に多かったのは「その他」である（32％）。そこには路上での物乞い（8％），不法行為（4％），売血（3％）などが含まれていた。次に多かったのが「家族もしくは友人からの援助」であった（29％）。その内訳は友人（恋人も含

む）(12%)，親（9%)，親戚（5%）などとなっていた［ICH, 1999, p.5/26］。ここでも収入源の多様性をみてとることができる。前項でみたような少ない収入といえども，こうしたさまざまな源泉に支えられていたのである。また「種々の福祉給付金」を受給しているにもかかわらず，ホームレス状態から抜け出せない人が相当いるということにも注目すべきだろう。

　単身／家族別にみてみよう。「仕事」を挙げた人の割合は単身ホームレスが高かった（家族35%・単身68%）。また「種々の福祉給付金」を挙げた人の割合は家族ホームレスが高かった（単身36%・家族77%）。そのなかでもとくにSSIとAFDCに関していえば，前者は家族ホームレスと単身ホームレスの間に差はなかった（ともに11%）。後者の場合，単身ホームレスの受給者が3%だったのに対して家族ホームレスの受給者は52%であった。「家族もしくは友人からの援助」を挙げた人の割合も家族ホームレスが高かった（単身26%・家族47%）。物乞いや売血，不法行為を含む「その他」を挙げた人の割合は単身ホームレスが高かった（家族15%・単身35%）［ICH, 1999, p.5/26］。

　『87年調査』でも『96年調査』と同じく，収入源として1番多くの人が挙げていたのは仕事であった（25%）。以下，フード・スタンプ（18%），物乞い（17%），GA（12%），AFDC（5%），SSI（4%）となっていた。なお，「その他」は31%であった［Burt and Cohen, 1989, p.74］。ここでも収入源が多様であること，ならびに種々の福祉給付金がホームレス生活を予防したり，あるいはいったんホームレス生活に陥った場合，そこから抜け出す手段として有効なものになっていないことを指摘することができる。

18）ホームレス生活者人口

　『96年調査』では，全米のホームレス生活者人口を推計することはめざされていない。しかし，M. Burt──『96年調査』の実施計画作成と分析の中心であった──はその後，この調査にもとづいて全米のホームレス生活者人口の推計を試みている。彼女らはまず利用者がプロバイダーによって提供されるサービスを利用した頻度にもとづいて，調査期間（1996年10月18日から11月14日まで）内の1週間におけるサービス利用者の平均を64万6000人と推計した。この中に

は「現在ホームレス状態にある人」だけではなく,「過去においてホームレス状態にあった人」や「今までホームレス状態に陥ったことはない人」も含まれている。そこで次に Burt たちはこれら3者がサービスを利用した回数の割合から,3者の数を推計した。それによれば,現在ホームレス状態にある人の数は34万6000人になった。ところで,この数字には親と一緒に暮らしている子どもは含まれていない。そこで最後に Burt らは親と一緒に暮らす子どもの数を推計した。結果は9万8000人であった。これを先の現在ホームレス状態にある人(34万6000人)に加えると,子どもを含めてのホームレス生活者人口がわかる。それは44万4000人であった。これが,Burt たちが推計した1996年10月から11月の調査期間内の1週間(どの1週間でもよい)のどこかの時点でホームレス状態にあった人の数である[Burt et al., 2001, pp.31-34](**図表Ⅴ-1-5参照**)。

　Burt たちは,10月・11月に比べて気候が厳しい2月時点でのホームレス生活者人口も推計している。この推計は,調査の第1段階としてすでに1995年10月から始まっていたプロバイダーへの電話インタビューのうち,1996年2月分の結果にもとづいている。それによれば2月の1週間(どの1週間でもよい)におけるサービス利用者は134万2000人であった。そのうち現在ホームレス状態にある人は63万7000人であった。最後に,親と一緒に暮らす子どもも含めたホームレス生活者人口が84万2000人とされた。これらの数字はいずれも先にみた10月・11月内の1週間における数字よりも大きい(**図表Ⅴ-1-5参照**)。なぜそうなるかといえば,推計の根拠がサービス利用回数だからである。つまり2月は10月・11月に比べて気候が厳しいぶんサービス利用回数が多くなる結果,ホームレス生活者人口も多くなると考えられるのである[ibid., pp.37-40]。

　『87年調査』では1987年3月の1週間(どの1週間でもよい)内の,ある1日のホームレス生活者人口として次の3つの推計が行われていた。①人口10万人以上の都市で,プロバイダーのサービス(シェルターとスープ・キッチンのみ)を利用していたホームレス生活者人口は22万9000人(大人19万4000人,子ども3万5000人)。②サービスを利用しないホームレス生活者がサービスを利用するホームレス生活者の50%いると仮定したときの全米のホームレス生活者人口は56万7000人から60万人。③サービスを利用しないホームレス生活者がサービスを利

図表V-1-5　1996年10月・11月と1996年2月のホームレス生活者人口(推計)の比較

(単位:人)

	1996年 10月18日〜11月14日内の1週間	1996年 2月の1週間
サービス利用者	646,000	1,342,000
ホームレス生活者(子どもを除く)	346,000	637,000
ホームレス生活者(子どもを含む)	444,000	842,000

出所:〔Burt et al., 2001, p.40のTable 3.2 (一部)〕

用するホームレス生活者の20％と仮定したときの全米のホームレス生活者人口は49万6000人。なお、②と③のホームレス生活者人口にはともに親と一緒に暮らす子どもが含まれていた〔Burt and Cohen, 1989, pp.27-31〕。

　Burtたちは『87年調査』と同じ基準——プロバイダーのなかでもとくに都市にあるものだけに限ったうえで、これらのプロバイダーが提供するサービスに関しても、スープ・キッチンとシェルターのみに限定する——を用いて、1996年2月および同年10月・11月の「子どもを除くホームレス生活者」人口と「子どもを含むホームレス生活者」人口を推計した。このようにして得られた推計人口を、『87年調査』の推計人口①——すなわちサービスを利用しない人を除いたホームレス生活者人口と比較している。その結果は図表V-1-6のとおりである。この表の1996年10月・11月の欄をみるかぎり、1987年以後、ホームレス生活者人口(子どを含まない場合であれ、含む場合であれ)はほとんど変わらなかったということができる。しかし、『87年調査』と比較するというのであれば、1996年10月・11月より、同年2月の方が適切であろう。そこで両者を比べると、この間ホームレス生活者人口は著しく増加していることがわかる。

　1987年3月と1996年2月の間にみられる、ホームレス生活者人口の顕著な増加はどの程度の信憑性をもつのだろうか。Burtたちは推計の信頼性に関してかなり自信をもっているようにみえる。その自信の主な根拠は、ホームレス生活者人口が増加したと考えられるのとほぼ同じ期間において、全米のシェルターの収容能力もまた、ホームレス生活者人口の増加分を上回る規模まで大きくなったことにある(図表V-1-7参照)。

　Burtらはまた1996年2月のホームレス生活者人口をもとに、同年同月内の

図表V-1-6　1987年調査と1996年調査にもとづくホームレス生活者人口(推計)の比較

(単位：人)

	1987年調査	1996年調査	
	3月	2月	10月・11月
ホームレス生活者(子どもを除く)	194,000	404,000	197,000
ホームレス生活者(子どもを含む)	229,000	516,000	234,000

出所：[Burt et al., 2001, p.41, Table 2.7]

図表V-1-7　シェルターの収容能力の変化

	プログラム数 (シェルターおよび住宅)	収容能力 (ベッド数)
1984(HUD1984)	1,900	100,000
1988(HUD1989)	5,400	275,000
1996(NSHAPC)		
緊急シェルター	5,700	239,600
通過施設	4,400	160,200
恒久住宅	1,900	114,000
バウチャー	3,900	93,900
計	15,900	607,700

出所：[Burt et al., 2001, p.244 の Table 9.1 (一部)]

　いずれかの週から始まる1年のうちのどこかの時点でホームレス状態になった人口も推計している。それによれば，子どもを含まないホームレス生活者人口は最小158万4000人・最大214万3000人になる。子どもを含めた場合，最小239万8000人・最大349万4000人となる［Burt et al., 2001, pp.44-50］。

　年間ホームレス生活者人口の，こうした膨大な数字は，われわれに1982年の出来事を思い出させる。その年，あるホームレス生活者支援団体に属するM. Snyder と M. E. Hombs は，全米のホームレス生活者人口が200万人から300万人であると発表した。その後，この数字の信憑性をめぐって論争が起こった。そして，この論争が続いている間に全米規模のホームレス生活者調査がいくつか実施されたが，いずれの調査も Snyder たちの推計を完全に否定するものであった。その結果，現在ではこの数字は妥当な根拠を欠く「政治的な数字」にすぎなかったという評価が定着している［Jencks, 1994, pp.1-3：邦訳14-17頁］。たしかに Jencks がいうように，Snyder たちの推計には科学的根拠がなかった

のは事実である。では Burt たちの推計はどうであろうか。『96年調査』を含めて，彼女たちの仕事をここまでたどってきた筆者には，彼女らの推計が十分な根拠をもっているように思われる（もちろん『96年調査』が情報の多くをプロバイダーに依拠しているがゆえに，ホームレス生活者人口に関してもバイアス——推計が過大になる恐れ——から完全に自由であることはできないということは承知のうえである）。そうしたとき，Burt たちが呈示している全米の年間ホームレス生活者人口の膨大さが示しているのは，アメリカにあって，1980年代の初めからホームレス問題がほとんど解決されていないということなのである。

　最後に，今日のホームレス生活者の特徴をまとめておこう。

① 以前のホームレス生活者の多くが曲がりなりにも種々のホテルに宿泊していたのに対して，今日のホームレス生活者はそれができなくなって，路上やシェルターで寝泊まりせざるをえなくなった。このことに関係している要因として，今日のホームレス生活者にみられる貧困の深まりと並んで，低家賃住宅の不足——それは都心の再開発によって多くのスキッド・ロウが解体された結果 SRO ホテルが大幅に減少したこと，および公営住宅建設が縮小されたことや民間賃貸住宅家賃が高騰したことに起因する——を指摘することができる。しかし，いずれにせよ今日のホームレス生活者の最大の特徴は，住む〈家〉（または家）がなくなって，路上やシェルターで寝泊まりせざるをえなくなったということである。しかも，この意味でのホームレス状態は長期化する傾向にあった。

② スキッド・ロウのホームレス生活者にあっても，アルコールやメンタルヘルス問題は深刻であったが，今日のホームレス生活者においては，薬物問題も含めて，これら3つの問題はいっそう深刻なものになっている。これらの問題のうち，少なくともひとつを抱えている人の割合は66%にのぼった。また，スキッド・ロウのホームレス生活者の場合，アルコール依存や身体的病気，精神的病気と並んで年齢の高さが不利な条件となっていたが，今日のホームレス生活者にあって年齢は問題ではなくなっている。

③ スキッド・ロウのホームレス生活者の場合ほとんどが単身の男性であったのに対して，今日のホームレス生活者のなかでは女性が32%を占めている。

とくに，家族ホームレスにあって女性の占める割合は84％にのぼっていた。しかも，これらの女性にはすべて，少なくとも1人の18歳未満の子どもがいて，一緒に暮らしていた。結婚経験の有無や年齢から考えると，彼女たちの多くは，未婚のまま子どもを産んで，そのまま女性世帯主家族（母子家族）を形成することになった人々であると思われる（それゆえ，子どもの占める割合もホームレス生活者の22％にのぼることになった）。しかし，同じ女性ホームレスのなかでも，こうした子どもと一緒に暮らす女性よりも数のうえで多かったのは，単身の女性ホームレスであった。この単身の女性ホームレスを含めて，女性の割合が大きくなったということが，今日のホームレス生活者の大きな特徴のひとつである。しかしながら，単身男性の割合が現在でもなお65％という高い割合を占めているということもまた軽視すべきではない。

④ スキッド・ロウのホームレス生活者はほとんど白人であった。これに対して今日のホームレス生活者にあっては，黒人やヒスパニック，インディアンなどのマイノリティ層の占める割合が高くなっている。とりわけ黒人の割合の異常な高さ（40％）は，都心部のインナーシティに住む黒人貧困層の窮乏がこの間いっそう深まったことと関係していると考えられる。

第2章　連邦政府のホームレス生活者対策
――マキニー法の成立・展開を軸に

　アメリカ合衆国において，いわゆる homeless people ＝ホームレス生活者の存在が都市の日常の光景として認識されるようになったのは1970年代後半から1980年代前半にかけてのことである。ホームレス生活者の増大は，この時期の経済状況の悪化にともない顕現し，80年代には大規模な社会問題として認識された。アメリカ社会は新たな対策をとることを迫られたのである。

　マキニー法として知られるホームレス支援法 The Stewart B. McKinney Homeless Assistance Act が1987年に制定されるにおよび，連邦政府によるホームレス生活者向けの諸対策が今日まで講じられてきている。同法にもとづき実施されているホームレス生活者対策は，そもそもどのような内容をもっているのか。またそれがアメリカ社会政策全体のなかで，とくに旧来からの福祉・住宅などの諸制度のもとで，いったいどのような整合性をもち展開してきているのか。このことは，路上生活者問題が大きくなり，それへの制度対応に着手し始めたわが国にとっても，明らかにすべき重要な点であるように思われる。

　本章は，連邦ホームレス支援法が成立し今日にいたるまで展開してきたプロセスをたどり，極貧生活をする人々に対してアメリカ社会がとることを迫られた制度対応の内実を検証し，現代のアメリカ社会政策のなかでホームレス生活者対策がどのように機能し，またその政策含意としてはいったいどのようなことが示唆されうるのかについて検討することを課題とする。

1　ホームレス支援立法の前提

1）ホームレス生活者の諸相

　まず，連邦政府レベルでの政策対応が施されるにいたった前提から検討して

図表V-2-1　各種調査が明らかにした全米ホームレス人口概数

調査実施主体	調査年	概　数	インターバル
支援団体（CCNV）	1982年	200万～300万人	不　明
住宅都市開発省（HUD）	1984年	25万～35万人	ひと晩
アーバン・インスティテュート	1987年	50万～60万人 140万～180万人	1週間 1年間
国勢調査（Census S-night）	1990年	229,000人[2]	ひと晩
アーバン・インスティテュート[1]	1996年	460,000人以上 842,000人 230万～350万人	ひと晩 1週間 1年間

注：1）ホームレス問題連絡協議会（ICH）による委託調査
　　2）シェルター17万9000人，路上5万人
出所：[Sommer, 2001]

おこう。過去20年間にアメリカのホームレス問題に関して蓄積されてきた膨大な調査研究の到達は，この検討にあたり多くの点を明らかにしている。

　第1には，ホームレス人口の規模が，社会問題としては無視しえない大きさであることが認識されたことを指摘できる。**図表V-2-1**は，ひと晩，1週間，1年間のそれぞれの期間にホームレス生活をすごすアメリカ国民の概数を示したものである。1980年代はそれ以前と異なり，ホームレス生活者，とくに文字どおり路上で生活する人々の存在が，都市の日常生活のものとして消し去ることのできない時代となった。

　また，エスニシティ，年齢やジェンダー，家族構成，健康状態，身体的ハンディキャップの有無など，ホームレス生活者のデモグラフィクスについては，その諸相ともいうべき多様性の存在することが，多くの調査・研究によって明らかにされてきた。たとえば，地域による大きな差異を有しつつもアメリカのホームレス生活者は人種マイノリティである割合が高く，とくに1980年代は他のエスニックグループと比較してもアフリカ系アメリカ人によってその多くが構成された。こうした人々は中高年齢層であるよりは比較的若年者であり，男性の場合，単身者である割合が高い。また，子どもを連れた家族ホームレス生活者が増大してきたことも特徴的であり，この人口グループと人種マイノリティの高い相関も明らかにされている。薬物やアルコール依存との関係も深く，精神疾患をはじめとして複合的な疾病を抱えている。さらに「戦争をする国家

warfare state」ゆえにアメリカが負った傷は大きく，とりわけベトナム戦争がアメリカ社会に与えた負の影響は疑う余地がない。平時社会への復帰に障害を抱え，ホームレス生活者になる退役軍人は少なからず存在しており，合衆国監査院が議会上院の退役軍人問題委員会で行った報告 [U. S. General Accounting Office, 1999c] によると，全米におけるホームレス生活者の3分の1は退役軍人であるという。[4]

ところで，こうした諸相に共通しているのは経済的にきわめて貧しい生活状況であった。1980年代に実施されたシカゴにおけるホームレス調査のひとつによると，雇用の地位と所得に関してみれば，1950年代にはホームレス生活者のほとんどすべての人々が年間を通じて一定期間仕事についていたのに対して，80年代の調査時点におけるシカゴ市のホームレス生活者の間では，わずか3％の人々が安定した仕事をもっているにすぎなかった。1958年当時のホームレス生活者の年間中位所得が1058ドルであったのに対し後者は1198ドルであり，インフレ調整をすれば後者の所得がかつての3分の1に満たないことが明らかにされた [Rossi, 1989]。こうして1980年代にその諸相が明らかにされてきたホームレス生活者たちは，それ以前の人々とは異なる「新しいホームレス」として把握されるようになるが，この「新しいホームレス」の増大は，多様な国民にホームレス生活がおよび，アメリカ社会における貧困の深化が進んだことを意味した。

2) 貧困対策の切り詰め

他方，福祉政策や住宅政策などの後退も，ホームレス生活者対策が成立する前提として指摘しておきたい。すなわち，それらの施策はその残余的性格を，1980年代のレーガン政権下において極度に強めていった。同政権下で進行した公的扶助の事実上の切り詰めは，中西部大都市圏における資本逃避に端を発した，高失業の慢性化といった経済状況のもとで行われ，「貧困者に対する戦争」[Gans, 1996] が生じていることを白日のもとにさらすこととなった。アメリカ25都市の市長が集まる全米市長会議は，1986年の合衆国議会下院における公聴会において資料を提出している。すなわち，「ボストン，シカゴ，クリーブラ

ンド，デトロイト，ロサンゼルス，ルーイヴィル，ナッシュヴィル，フィラデルフィア，サンフランシスコ，シアトルおよびトレントン，これらの11都市では飢餓状態の要因として公的扶助が不十分であることを確認している。ルーイヴィルでの公式発表が説明するところによれば，『4人家族に対するAFDCの給付水準は，過去10年間に11ドル上昇したにすぎない（1カ月235ドルから246ドル）。同時にインフレ率は93％上昇しており，実質的にAFDC給付金の購買力を半分にカットしている』。シアトルでは『公的扶助とフードスタンプの割当額はインフレに十分追いついていない。現金扶助の割当額は，住宅，便益品および食料への支出をまったく満たしていない』」という具合いに，進行するインフレに対して福祉施策の水準が追いつかず，極貧生活者におよぶ否定的影響について報告されたのである。

また住宅政策についてみれば，連邦政府がそれへの関与を極度に薄めていったことを背景に（1981年から88年までに住宅都市開発省予算を71％削減），連邦補助を受けた新規住宅供給は1981年の18万7377戸から89年の7万8767戸にまで大幅に圧縮され，セクション8など貧困者向け家賃助成プログラムも，適用対象者の資格要件が所得中央値の80％以下から50％以下にまで絞り込まれていった。このように，住宅政策の強度の残余化が進行した結果，低廉で支払い可能なアフォーダブル住宅が払底し，借家市場では低家賃住宅のストックが減少，ひいては低所得者の家賃負担は過重となり，貧困層にとっては住宅事情が大幅に悪化した［平山，1999］。

こうした，経済状況の悪化とともにすすんだ福祉政策や住宅政策の残余化のもと，ホームレス生活＝極度の貧困生活が多様な国民におよび，かつ広がりをみせているという事実が発見されたのである。

ところで，さまざまな国民に貧困がおよんでいるという事実は，先述した諸相をもつホームレス生活者の状態に共通する輪郭を浮上させた。それは，低廉で支払い可能な住宅を得るには不十分な所得状況であった［Hopper, 1997］。貧困の深化にともなって，ホームレス生活の「状態」とそこへいたる「動態」の双方に対する認識を備えつつ，われわれの目にみることのできる顕在的なホームレス生活者，すなわち文字どおりの路上生活者だけにホームレス問題が限定

されえないことを,これまでの調査・研究の到達は発見しつつある[8]。ところが潜在的なホームレス生活者の問題に対応する際の困難については,われわれが当地で行ったヒアリングにおいて得られた言説によく示されているので,引用しておきたい。

「現在ニューヨークでは,一般的に違法であるダブルアップ(同居)状態が普及している。どのくらいの家族がこの都市に在住しているのかはほとんど研究されていないが,以前公共住宅で行った調査によれば,5分の1のアパートがダブルアップ状態であった。このことはセンサスには出てこない。違法な状態ゆえにセンサスには出ない。ダブルアップの計り方としては,アパートや家がどのくらい水を消費しているかで調べる。」「大人になってから住むところを求める若年者,移民など,こうした人々の住宅需要はとても高いといえる。こうした人々に対する住宅市場は大きな市場だが,これについて具体的なことを知る人は誰もおらず,また非常に危険な研究でもある。彼らはひとつのアパートをいくつかの部屋に分けて利用している。麻薬や売春だけでなく,住宅も地下経済化している。住宅が地下経済化していることもニューヨークのホームレス問題をある程度隠蔽している。ごみ,水道など,公共政策に影響をおよぼす問題であるという見地からいっても,目に見えるホームレス問題の研究だけでなく,こうした目に見えないホームレス問題の研究を行わなくてはならない。違法なダブルアップがいまやホームレス状態に対する主要な予防政策になっている。」[9]

しかし,先取りして述べるならば,アメリカ政府により施行されたホームレス生活者対策は,路上やシェルターにおいて視認可能な,すなわち文字どおりのホームレス生活者だけをまさに対象にしたのであり,問題に対する予防的な性格を著しく欠くものとして展開するのである。次に,このいわば1980年代状況下において連邦政府が開始した具体的対応を,ホームレス支援法の成立過程を軸に跡づけていきたい。

2 マキニー・ホームレス支援法の成立

1) マキニー法成立以前の政府動向

まずは，1987年のマキニー法制定以前に実施されていた連邦レベルでの動きに言及しておこう。この問題に対し連邦レベルでとられた初めての対応は，1982年12月に連邦議会下院の「銀行・財務ならびに都市問題」委員会内「住宅およびコミュニティ開発」小委員会で「アメリカのホームレス状態」について開催されたヒアリングにおいて事態の把握が試みられたことである。[10] 1980年代を通じて膨れ上がったホームレス生活者の存在を，連邦レベルでは議会が80年代の初頭においてすでに公式に認めるにいたったことを確認することができる。それ以前は，行政サイドにおいて全国的な問題としてのホームレス状態は否定されていたが，そこでの支援活動家をはじめとする参考人の意見陳述が，アメリカ国民の日常としてのホームレス生活者の増大を明らかにするにおよんで，議会のポジションには修正が生じた。

　しかし，連邦レベルでこのような取り組みが開始された頃には，大規模化するホームレス問題に対して各州政府や都市自治体が独自のプログラムの確立を追求し始めており，そうした計画の最大の障害が連邦政府による財政資金の欠如にあることがすでに認識され始めていた [Blau, 1992]。

　ともあれこの公聴会を経て，連邦政府はようやくホームレス問題への具体的な対応をとった。翌1983年3月24日に議会を通過した法案（PL98-8）にもとづき，とくに連邦緊急事態管理庁（FEMA）を通じて緊急シェルターと食料の確保が開始された（Emergency Food and Shelter Program）。議決を経た歳出予算は1億ドルであり，それは各州ならびにFEMAといくつかの主要な慈善組織団体の代表から構成された全国委員会との間で配分された。しかし，そもそも緊急事態管理庁はハリケーンや洪水など，自然災害の犠牲者に対応する組織であり，時のレーガン政権がFEMAプログラムを分割して確立することを拒否したこともあって，同庁実施のホームレス支援策が長期的な政策インプリケーションをもつことはなかった。つまり，夏はハリケーンに対して，冬はホームレスに対して，まさにひとつの季節的な自然災害としての扱いを受けたにすぎなかったのである。また1983年には未使用施設をホームレス生活者のためのシェルターとして提供すべく，国防省にも400万ドルの予算が配分されている。しかし，軍事施設がホームレス生活者にとってアクセスの便に優れていることは

なく,FEMA同様ホームレス生活者の住宅確保に直接的責任をもたない国防省の役割はきわめて限定的であった。「それらは全国的なインパクトを与えるには小規模すぎた」のである [Jahiel, 1992]。

その意味では,住宅都市開発省(HUD)が,たしかに問題に対応する直接的な行政機関であったといえるが,当時HUDはこの問題のための財政資金を,事態改善への効果といった点からみてほとんど得ていなかったのが実情であった。1983年までには,119の地方行政管区がHUDの「コミュニティ開発包括補助金」のなかからホームレス生活者の支援のために3400万ドルを支出していた。また1984年には,前年施行された住宅公認法 Housing Authorization Act にしたがってシェルターの保全・復興をはかるために6000万ドルの予算割り当てが議決を経ている。だが,これさえもレーガン大統領が,すでに事は十分なされているとの立場から,拒否権の発動をちらつかせて威嚇を行ったことが知られている [Blau, 1992]。

いずれにせよ,1980年代前半を通じた連邦レベルの対応は,緊急シェルターと食料の確保に取り組んだ以外では,住宅都市開発省による概数調査と1983年に保健福祉省(HHS)管轄下の全国精神衛生研究所(NIMH)によって取り組まれたホームレス生活者の特性に関する調査などとともに,議会での複数の公聴会がもたれたことを挙げるのがせいぜいであった。80年代前半において議会のさらなる具体的行動がなされることもなかった。当時のレーガン共和党政権のホームレス問題に対する姿勢は,困惑と躊躇が混在したものであった。

だが,ようやく実施に移された施策は,屋根のある場所(シェルター)への収容措置を事実上公的に制度化した。すでにみてきたように,ホームレス生活者にはその特徴の多様性が存在した(すなわち,ホームレス生活へいたる過程の複雑さが存在した)にもかかわらず,画一的な公認の収容措置が実施されていったのである。

もとより支援者らによる運動があって,上記のような連邦政府の対応が引き出されえたことを指摘しておかねばならない。すなわち1980年代には,ホームレス生活者の種々の権利をめぐる法的支援運動が,ロサンゼルス,フィラデルフィアなど大都市において展開されたが,とくにニューヨークで展開されたシ

ェルターに居住する「権利」を確立する運動は大きな盛り上がりをみせ、ついに州最高裁がその「権利」を事実上容認するまでに達した。[11] こうした支援団体によって取り組まれた運動が、各州政府・地方自治体の具体的対応策に直接的な影響をおよぼし、ひいてはシェルターをまずは確保していくという連邦ホームレス対策の性格に影響を与えたのである。

いずれにせよ公認の収容措置を背景に、住宅都市開発省調べによる全米の緊急シェルター数の累計は、1984年から1988年にかけての4年間で190％増大し、夜間ベッド数も10万床から27万5000床へと増大した。[12] さらにこの状況は、都市によって著しい差異をみせ、フィラデルフィアでは1982年の250床から1988年には5400床へと2000％もの伸びを示したとされる〔Culhane, 1992〕。

2）マキニー・ホームレス支援法の成立

さて、増大するホームレス問題の危機に応じて増えたシェルターの内実は、多くの場合、寝床を提供し、かついくばくかの食事の提供を行い、また若干のカウンセリングなどを付帯させた緊急シェルター emergency shelter であった。住宅都市開発省が1984年に実施した調査によれば、7割が礼拝などの宗教行事への出席をシェルター利用要件としているなど、ミッション系の施設が広がりをもっていたことがわかる。[13] また、そのような宗教上のもの以外にも起床後はシェルターを去る必要があるといった規則を課しているところも多く、そのようなコンディションは最も貧困な人々にとって「最も魅力的ではない選択肢」〔Hoch, 2000〕であった（**図表Ⅴ-2-2**）。だが、同調査が「とくに、住宅および雇用カウンセリング（ないしは紹介）を行っているシェルターは他のシェルターに比べて利用率が高い」[14] ことを明らかにしているように、ホームレス生活者が求めているサービスの内容が、単に寝床を確保することにとどまらないものであったことは、1984年当時においてすでに明らかとなっていた。

しかし、制定される連邦ホームレス支援法は、このような潜在的に存在する「ニーズ」をふるいにかけ、ある種の優先順位をつけていく。これまでみてきたような緊急シェルターの確保を主眼とする連邦レベルでの対応に、若干のニュアンスが混在し始めたことを同法の立法過程においてみることができる。こ

図表Ⅴ-2-2　緊急シェルターに付帯するサービス

食料の提供	96%	注：左記以外にも，ほとんどの緊急シェルターでは寝床が提供される。また精神カウンセリングと施設への紹介も行っていることが多いが，ほとんどは非公式に，また専門的訓練を必ずしも受けていない者によって行われている。
シャワーまたはバス	96%	
洗濯施設	86%	
衣服提供	83%	
テレビ設置	86%	

出所：[U. S. Department of Housing and Urban Development, 1984, p.38] より作成。

のことに関して言及しておこう。

　1986年，ようやく連邦財政の裏づけをともなう包括的な法整備が開始された。その意味での最初の法案「ホームレス生活者生存法案 Homeless Person's Survival Act」が議会に提出され，それは同年，各種の生活扶助給付に際し恒常的な住所をホームレス生活者の資格要件としないことや，その他の障壁も取り除くことを定めた「ホームレス有資格説明法 Homeless Eligibility Clarification Act」の制定へとつながった。もはや放置されえない問題に連邦政府がようやく重い腰を上げて取り組み始めたという意味において，この年はそれまでとの画期をなした。そして，今日まで実施されてきた施策のほとんどを規定する「ホームレス生活者のための緊急救援法 Urgent Relief for the Homeless Act」が議会両院の賛成多数で可決される。のちにマキニー法として知られることになる，この「ホームレス生活者のための緊急救援法」を連邦議会が立法化したのは1987年のことであった。たしかにレーガン政権は，連邦政府によるホームレス対策への関与を可能なかぎり薄めようとしたのであり，マキニー法は同政権のそのような対応の縮図ともいわれている [Blau, 1992]。だが，それまでに何度か開催されてきた公聴会で，支援活動家や支援サービスプロバイダーらが意見陳述を行ってきたことを背景に，ホームレス生活者の多様な諸相への洞察もまた少なくとも開始されたのである。

　　「ホームレスは季節的な危機ではありません。ホームレス立法措置のために何年も働いてきたわれわれはそのことに気づいています。しかしたいていの人々にとっては，ホームレス問題は感謝祭の頃に現れ，イースターのときにはなくなってしまうのです。しかし，年々問題は悪化しています。それらが麻薬なのか，メン

タルな問題なのか，アフォーダブルな住宅の不足なのか，職業訓練かあるいはその他なのか，といったホームレス状態の原因に議会が取り組むときがきたことを私は述べるものです。しかし，それは包括的なやり方で行うのです。縄張りを忘れて彼らのことを考えましょう。」[15]

連邦議会における共同提案者であり，のちにホームレス支援法の名称に自らの名前を残すことになった，Stewart B. McKinney 共和党議員の下院公聴会における上記の発言が，ホームレス問題における議会での認識が深まりつつあった状況を示している。すなわちホームレス生活者の諸相に応じた，いわば「優先的ニード」が立法過程において想定されていたことをうかがうことができよう。

マキニー法が当初包括した施策は次のものであった。
① 住宅都市開発省がとりしきる緊急シェルターならびに「支援住宅 supportive housing」
② 連邦緊急事態管理庁が管轄する緊急食料ならびに緊急シェルター
③ 精神疾患がある路上生活者サービスのための助成金（保健福祉省が管轄）
④ 退役軍人省による退役軍人ホームレス生活者のための諸施策への助成金
⑤ 教育省による路上生活をしている児童のための学校参加プログラム
⑥ 労働省が管轄する職業訓練
⑦ ホームレス問題連絡協議会の設置

安定した夜間の居住を欠く人や，福祉ホテルなどの一時宿泊施設，そして人が寝ることは通常想定されていない場所などを主たる夜間の住まいとする人が，ホームレス生活者として同法により定義づけられた（42 USC 11302）。支援策の対象となるホームレス生活者は，ホームレス生活者の「定義」を満たさなければならず，同時に同法が規定する関係省庁主宰の各種支援プログラムの所得制限を満たしていなければならないと定められた。同法で，ホームレス問題に対する連邦政府の責任が初めて明らかにされ，同時に連邦政府は問題に取り組んでいるという弁解余地を手にしたのであった［Culhane, 2001］。

しかし，マキニー法にもとづく施策は個別に立ち上がったプログラムの寄せ

集めとしてスタートしたのであり，その具体化はほとんど1990年代において展開するのであった。したがって，以下では節を変えて，同法とそれにもとづく政策の具体的な展開を跡づけ，さらに連邦政府により枠組が規定されたホームレス生活者対策が，アメリカの社会政策において果たす役割とその意味を考察したい。

3　1990年代における連邦ホームレス政策の展開

1)「ケアの継続」という戦略

1990年代に入りクリントン政権誕生後，連邦ホームレス生活者対策は「ケアの継続 Continuum of Care」という「戦略」のもと，各州レベルにおいて一層の具体化が進められる。ここではホームレス問題の関係者によって今日一般的に「ケアの継続」と呼ばれるその「戦略」にもとづいて，アメリカのホームレス生活者対策が展開していく過程をみていきたい。

すでに述べたように，1980年代後半のホームレス生活者に対する主要な対応は，大都市を中心に緊急シェルターを大幅に増加させることであった（ニューヨークやフィラデルフィアでは地方自治体直営のシェルターも設置された）。しかし，それにともなう補助金をはじめとする運営経費の増加は，州政府・地方自治体の財政にとって負担の増大となり，「シェルターの改革」が模索されるようになる。

1980年代後半から1990年代初頭にいたる時期の「シェルター改革」について，社会福祉研究者の Dennis P. Culhane が，ペンシルヴァニア州の事例から以下のことを明らかにしている。すなわち，緊急シェルターの増大を抑制すべく，フィラデルフィアにおいては入所者を公共住宅へ紹介する試みを当初行ったが，それは逆にホームレス生活者や低廉な住居の確保に苦しんでいる極貧生活者の評判を呼び，むしろ緊急シェルターに入所するインセンティブを増加させ，シェルターの需要に拍車をかけてしまった。そこで，市当局は緊急シェルターの「回転率」を高めることへとその対応をシフトさせていき，入所に際する要件を厳格化していった（たとえば，もし稼得がある場合その6割を貯蓄し，3割をシェル

ター利用料として収めねばならない等)。こうしたシェルター改革の追求の結果，フィラデルフィアではシェルターのベッド数が，5400床（1988年）から2800床（1990年）へと短期間のうちに大きく削減されたという。また，種々の疾病をもつホームレス生活者のために，より専門的なリハビリサービスを付帯させた「専門シェルター」が創設されていった。すでにマキニー法において打ち出されている，緊急シェルターの確保・収容にとどまらないホームレス対策の種々の幅（ホームレス生活者の諸相に応じた施策の幅）は，このフィラデルフィアの事例にも明らかなように地方政府において具体化をみるようになっていた。

こうした地方政府における「シェルター改革」に呼応するかたちで，マキニー法にもとづくホームレス対策にも変化が加えられ，連邦レベルでの「シェルターの改革」が追求されていく。クリントン大統領は1993年5月19日，「ホームレス状態のサイクルを断ち切る連邦計画」として「①マキニー法のもと定められたホームレス問題連絡協議会がホームレス状態のサイクルを断ち切るために，単一の調整されたプランを開発しなければならないこと，②そのプランを遂行するための，連邦行政ならびに立法府のイニシアティブが発揮されること，③その計画が，住宅と教育サービスを結びつけ，地域の住宅サービスならびに支援サービスプロバイダーの協力を促進し，かつ創造的アプローチやコスト効果的な地域の努力を促進すること，④ホームレス問題連絡協議会は州および地方自治体の代表や，支援プロバイダーの代表，また現在ホームレス生活を行っているかあるいは以前行っていた者との間で協議をもつこと，⑤同協議会は本令発布後9カ月以内に大統領へプランの提出をすること」という5つの柱からなる大統領令を公布したのであった。[16]

この大統領令公布に際し，連邦議会ではマキニー・ホームレス対策をめぐって公聴会が開催されている。そこで住宅都市開発省長官が行った意見陳述において，連邦ホームレス生活者対策のあるべき方向性が明らかにされた。すなわち，当時の住宅都市開発省長官 Henry G. Cisneros は次のようなきわめて重要な陳述をしている。

「1980年代の間，連邦のホームレス政策は本質的には対処的であったのであり，

趣旨としては緊急性に焦点を当てたものでした。結果として現在，連邦ホームレス政策は一連の孤立し分離させられたプログラム，すなわち目に見え，さし迫ったニーズに応じて設立されたプログラムなのです。しかし，プログラムはなんらかの一貫した構造やシステムのなかに位置づけられていません。その結果，多くの都市では大規模な緊急シェルターには過大な投資を行い，かつホームレス生活者のための恒久住宅にはわずかな投資しか行ってこなかったのです。われわれはアメリカにおけるホームレス状態を減らしていくための包括的で統合されたアプローチを必要としています。このアプローチはわれわれのコミュニティを動員し，ホームレス生活者を，依存した状態から自立を強化させることへと向かわせるシステムに焦点を当てねばなりません。われわれの戦略はホームレス生活者の多様なニーズを見分けるケアの継続を促進するものでなければなりません。現在のシステムは一切の明確な輪郭を欠いたものですが，3つの提携可能な段階，すなわち，緊急シェルター段階，通過施設 transitional housing，そして恒久住宅からなるシステムによって置き換えられねばならないのです。」[17]

ここにおいて初めて，「戦略」として「ケアの継続 Continuum of Care」が強化されねばならないことが主張されたのである。その内容は，基本原則としてホームレス生活者に「自立」することを求めるのと同時に，緊急シェルターに始まり，通過施設，そして最後に恒久住宅 permanent housing へいたる継続的なケア体制の確立を政策の具体的な実践として含んだのである（**図表V-2-3**）。連邦ホームレス生活者対策の基本指針として，「ケアの継続」戦略が明示されたのであった。

ところで，「ケアの継続」戦略にもとづき展開される「住宅都市開発省のマキニー・プログラム」と呼ばれる各種の対策プログラムは，**図表V-2-4**に示してあるとおりである。①緊急シェルター助成（緊急シェルターの質の向上や確保，運営費の支援に始まり，助成額の一定割合を雇用支援や薬物依存の治療など多目的に使用可能），②サポーティブ・ハウジング・プログラム（ホームレス生活者が独立するまでの仮住まいや，身体的ハンディキャップをもつ者のための恒久的な住宅供給を目的とする），③シェルター・プラス・ケア（助成額の少なくとも半分を慢性的な病気や障害をもつホームレス生活者のための居住支援にあてねばならないプログラム），④SROホテル（第1章参照）のための家賃助成，などにより構成される。

第2章 連邦政府のホームレス生活者対策

図表V-2-3 「ケアの継続」(Continuum of Care) 戦略における連続的サービス

緊急シェルター ──→ 通過施設 ──→ 恒久住宅

ホームレス状態 ━━━━━━━━━━━━━━━━━━▶ 非ホームレス状態

図表V-2-4 「ケアの継続」と住宅都市開発省のマキニー・プログラム

「ケアの継続」の段階	緊急シェルター	通過施設		恒久住宅
プログラム	緊急シェルター補助金プログラム	支援住宅プログラム Supportive-housing	シェルター・プラス・ケア	SROプログラム
グラントのタイプ	一定式に基づく助成	競争（competitive）方式による助成	競争方式	競争方式
プログラム有資格者	州，各地方行政区	州，地方自治体，NPO，地域の精神衛生センター，準政府機関	州，地方自治体，公共住宅庁	公共住宅庁，NPO
認められているプログラム構成	緊急シェルター 社会サービス	通過施設，避難所，革新的支援住宅，身体障害者用恒久住宅	入居者・スポンサー・SROへの家賃助成	SROホテル
認められている活動	施設の修繕・改装，入居者リハビリ，サービス運営，予防活動	物件買収，入居者リハビリ，新規建設，賃貸，運営管理，支援サービス	家賃助成	家賃助成
有資格者	ホームレス生活をする可能性のある個人・家族	ホームレス生活をする個人および家族，恒久住宅が必要と判断されたホームレス生活をする身体障害者	ホームレス生活をする身体障害者の個人とその家族	ホームレス生活者の個人
申請1回の支援期間	1年	3年まで	5ないし10年	10年

出所：[U. S. General Accounting Office, 1999a, p.6, Table1.1] より加筆作成。

　また，こうしたプログラムの1990年代半ば以降（1995〜98年）における予算割り当ての構成を示したものが**図表V-2-5**である。いまや，緊急シェルター段階ではなく，通過施設 transitional housing 以上の段階における支援住宅プログラムに予算の多くがつぎ込まれるようになってきている。
　さらに連邦財政の割り当てから，マキニー・ホームレス対策を担う省庁の位置をみてみよう。**図表V-2-6**は，マキニー法にもとづく主要なホームレス対策の費用が担当省庁へどのように配分されたのかについて，1987年と96年との

図表Ⅴ-2-5　住宅都市開発省のマキニー・プログラムにおける構成

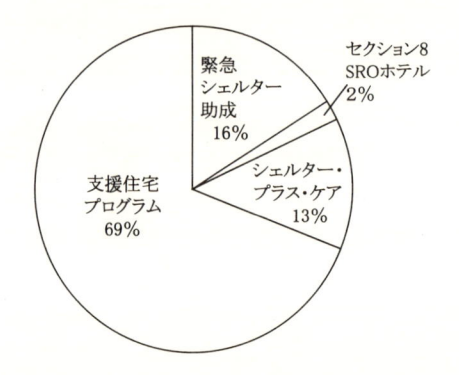

（円グラフ）
- 支援住宅プログラム 69%
- 緊急シェルター助成 16%
- セクション8 SROホテル 2%
- シェルター・プラス・ケア 13%

出所：[U. S. General Accounting Office, 1999b, p.125] より作成。

図表Ⅴ-2-6　連邦ホームレス対策費の変遷　　　（単位：100万ドル）

省　　　庁	1987会計年度	1996会計年度
連邦危機管理局(FEMA)	10.0	100.0
住宅都市開発省(HUD)	180.0	823.0
ホームレス問題連絡協議会(IA)	0.2	None
保健社会福祉省(HHS)	124.2	102.4
教育省(DOE)	12.5	23.0
退役軍人省(VA)	1.0	81.5

出所：[Fascarinis, 1996, Table 35] より算出。

比較を示したものである。連邦法にもとづくホームレス対策の主要な担い手が1990年代には住宅都市開発省へシフトしていったことが確認できる。

　さて、この「住宅都市開発省プログラム」の補助金をできるだけ多く確保するためにも、支援対策の元締めとなる各地方政府の本部に対しては、「ケアの継続」の趣旨に沿うように工夫された「革新的」計画とその実施が要求されるようになった。よって、プログラムを具体的に実施する支援団体などの諸組織は「創意ある」プランを提出しなければならず、業績の評価も行われる。この「ケアの継続」戦略の「目にかなう」ためにも、申請書に記載される内容は相当厳しく精査されるという。この「ケアの継続」戦略のもと、多くのプログラムが創出され、そして多数の機関や業者、またホームレスサービスの雇用が生み出された（ホームレスサービスプロバイダーは1980年代初頭の1500から、2000年には1

第2章　連邦政府のホームレス生活者対策　351

万5000にまで達しており，「ホームレス産業」の創出がいわれる所以である）　　［Culhane, 2001］。

　では，これまでみてきたような，連邦ホームレス支援法とアメリカのホームレス生活者対策の1990年代以降における展開に鑑み，われわれはいったいどのような示唆を得ることができるであろうか。アメリカの社会政策のなかで，同法とそれにもとづく施策の展開がもつ政策含意について，以下，項を変えて検討しておきたい。

2) 連邦ホームレス生活者対策の政策含意

　すでに，住宅都市開発省長官の1993年の議会証言においても確認したように，1990年代以降に展開した「ケアの継続」戦略にもとづくアメリカのホームレス生活者対策には次のような意図が込められていた。つまり，ひとつには緊急シェルターをホームレス問題の解決策としては拒絶するというものであった。それがホームレス状態の解決に必要な資源やサービスを提供しないという考えにもとづくものであった。そしていまひとつは，ひとたび必要なサービスと資源が提供されていれば，システムを最大限活用し，自立自助でホームレス状態から抜け出す義務がホームレスの人々に発生するというものであった。

　連邦ホームレス支援法の成立以降，そして上のような1990年代における「ケアの継続」戦略の導入とその実践開始後，アメリカでも事態の展開に関する検討・評価がなされ始めている。

　たとえば，「ケアの継続」戦略のもと大きく進展してきた「シェルター改革」については，1997年に開催された連邦議会公聴会での証言のなかに，1990年代以降の事態の展開をめぐる注目すべき内容が含まれている。ニューヨークとフィラデルフィアのシェルターで行った調査をもとに，前出のCulhaneは近年における一般扶助（GA）のカットとメディケア資格要件の変更（一部の人にとっての要件カット）にともない，低所得で医療を受けられない者にとっては，シェルターが第2の保健・福祉システム secondary health and welfare system になってきているとして，次のように述べている。

「皆さんが関心をもつ必要があるのは，シェルターが莫大な量のサービスを過重負担させられているということです。それは，他のシステムがその利用者をホームレス・システムへ投げ捨てる誘因を実際のところ生み出しています。そのことは，薬物濫用防止プログラム，メンタルヘルスプログラム，そして監獄から人が出てくる場合にはとりわけ言えることなのです。この国では私が行くところのどこでも，私はホームレス生活者へのサービス供給組織と話をしますが，刑務所から出所し挙句の果てにはシェルターに終わる人の数が増えていることに，彼らは大変な関心をもっています。」[18]

「第1次的」な施策の後退にともない，その受け皿としてホームレス生活者対策が機能し始めていることへの警鐘が鳴らされているものと読むことができる。事実，旧来から存在してきた福祉政策などにおける「貧困対策」から「漏れる者」をいかに防ぐかについては，現在，当の連邦政府が検討を加え始めるなど，いわば「メインストリーム」に位置づけられていた施策の機能不全は公式に認められつつある。[19] 機能不全を起こしている「安全網」の下方に，さらに新たな最底辺の「網」が張られてきているという一面をここにおいて把握することができよう。

また，ホームレス生活者対策における「ケアの継続」について検討を加えている研究は，次のような問題点を指摘している。Charles Hoch と Lynette Bowden によれば，「ケアの継続」戦略は，ホームレス生活者の「社会的依存性」を問題にしており，その「継続」のレールに乗ることで，彼らの社会に対する依存が自立へ向かうという「社会的可動性」を前提にしているという。しかし，シカゴにおける「ケアの継続」の実践に着目するなかで，Hoch らは，「継続」のレールに乗ってなしうる生活条件の改善は必ずしも経済的な「依存状態」の克服に結びついているわけではないことを示唆している。

図表 V-2-7 にみられるとおり，調査時点において「ケアの継続」戦略が確立されていない1987年から92年の間に住宅都市開発省が実施した調査によれば，通過施設の利用者のうち56％が恒久住宅へと移動したのであるが，シェルターにとどまる者も1割いたことが示されている。他方，「ケアの継続」のレールが敷かれて以降実施された同様の調査（1996年のセントルイス調査）が示すところ

図表 V-2-7　通過施設利用者の移動先構成比　　　　　（単位：％）

	1987〜92年 HUD調査		1996年 St.Louis調査
	入所前に いた場所	移動先	移動先
恒久住宅	9	56	52
（家賃助成をもらう者の割合）	NA	NA	(41)
同　居	12	21	23
シェルター	50	9	22
その他（刑務所・病院・路上等）	29	14	3

出所：[Hoch and Bowden, 1998, Table.2]

によれば，22％がシェルターにとどまり続けるという選択をしており，それ以前の HUD 調査時点より倍以上増加していた。それは1990年代半ばにかけて「ケアの継続」戦略がすすめられ，その実践の結果として「通過施設」である種々のシェルターが増大したことを背景にしている。しかしまた，政策が意図する一時的・過渡的 transitional な場所としての「通過施設」が，必ずしも意図されている通過地点としての機能を果たしていないこと，つまり，そういった施設に滞留するものが少なからず存在していることを，この数字は物語っている。

　さらに，この1996年調査においては，恒久住宅のうち「セクション8」といった家賃助成を受けて入居する住宅がどの程度あったかについても明らかにされているが，それによると恒久住宅とされるもののうちの5分の4は，実のところ家賃助成を受けて入居する公共住宅であったといい，民間の住宅市場を利用できるものは1割程度であったのである。実際，こうした現状から「通過施設の制度は，家賃助成付き住宅へ入居するための順番待ちの行列になっている」[Culhane, 2001] という指摘も存在している。

　ともあれ，このようにおよそ半数が移動しえた「恒久住宅」の多数が家賃助成を受けて入居する住宅であったという調査結果を受けて，Hoch らは「家賃助成を受けたアパートへの入居は，たしかにホームレス貧困者にとって生活の質の劇的な改善を意味している。だがそれでは，貧困者への財政拠出を減らすことに関心がある，納税者や役人がもっている現在の移動予想を満たしてはいない」と述べ，「ケアの継続」という戦略によっても，対象となる者の経済的

な「依存状態」が克服されるわけではないこと，すなわち政策が意図する「自立」が全うされうるわけではないことを示唆しているのである。[20] アメリカ社会では，所得不平等も増大するなかで，社会的移動性戦略の蓋然性は困難であり，こうした戦略の立場は困窮状態を一時的な苦難であるかのように想定しているという [Hoch, 2000]。

以上，アメリカにおけるホームレス生活者対策の政策含意を考察するべく，よりどころとなる知見について援用した。アメリカでは，貧困ではない人々とは分けて，貧困者にその対応を特化する残余的施策が，福祉政策，住宅政策などにおいて展開されてきた。すでに述べた福祉政策の切り詰め，とくにその残余化の進行した1980年代においては，救貧法時代に伝統をもつ，かの選別軸すなわち「救済に値する貧民」・「値しない貧民」像が，福祉政策適用範囲の基準としても剥き出しになったかの如くであった。施策が適用される貧困者に対しては，困窮を脱するために自らを助く「潜在的な中産階級」たることが強く求められ，その条件を満たすかぎりにおいて彼らは救済に値したのである [Katz, 1989]。

しかし1990年代においては，ホームレス生活者に対しても「ケアの継続」戦略のもと，自助原則を求めることが政策基準として明確化された。すなわち，1990年代におけるアメリカのホームレス政策の展開においては，旧来から存続してきた福祉政策の適用範囲として80年代状況下に剥き出しになった「救済に値する貧民」像が，それまでは適用されえなかったホームレス生活者にまで拡大して適用されるようになったと見立てることができよう。マキニー法以前，彼らは実際単なる収容措置のもとにおかれていたのであり，「救済には値しなかった」のである。

すでにみたように，ホームレス生活者対策は，1980年代当時ほころびをみせつつあった旧来からの福祉政策などの「網」に対する，いわば弥縫策として登場せざるをえなかったのであり，当初はプログラム施策の寄せ集めとしていびつなままスタートせざるをえなかった。だが，今日では対象とする者の「自立」（経済的自活が第1に含意されるところの自立）を前提としその方向性が打ち出されてきている。したがって，経済的にも自立する可能性がある者（すなわち，

潜在的な中産階級）を政策の対象として明確にしたという意味において，それは旧来からのアメリカにおける福祉政策の論理に連なる制度として展開したという側面をもっている。

しかし同時に，ホームレス生活者対策はそうした論理を内在させつつ，それゆえに1996年の福祉改革（実質的福祉改悪）を頂点とする一連の「安全網」再編の前段として，アメリカ社会における最底辺の「網」としての役割を事実上担うことになったという側面をももっているのである。このことが，今あらためて指摘されねばならないであろう。

4 小　括

今日アメリカ合衆国において，実際のところホームレス問題が劇的な解決をみたとは決して言いがたい。2000年実施の国勢調査では，調査期間中のシェルター（緊急シェルターならびに通過施設）利用者数は全米で17万人であったことが明らかにされており［U. S. Census Bureau, 2001］，これは10年前の国勢調査における該当数値（17万9000人）から約1万人が減った結果となっている。だが，数値だけをあえて単純に比較するならば，このおよそ1万人の減少はどのように評価されるべきなのであろうか。たしかにアメリカ社会はこの10年の間に，人々がホームレス生活から脱却し「自立」していくためのレールを敷こうとしてきた。少なくともそのレールの入口にあたる対策の整備に取り組んできたのであった。

しかし，アメリカのホームレス生活者にとって，その入口の整備をみた1990年代は，実はいまひとつの「反動」が起こった時期でもある。すなわち，かつてのシェルターへの居住権運動により勝ち取られていった法令は，地方都市などで徐々に廃止されていった。また，ホームレス生活者が路上にいること自体を取り締まる動きも強まっていき，「ホームレス状態と貧困に対する全国法律センター（NLCHP）」の調べによると，1998年には調査都市の85％が「物乞い」を禁止するか制限する法律を制定し，73％が公共の場所においてテントを張ったり「居眠り」したりすることを禁ずる法律を制定したという。こうした一連

のホームレス生活者の「犯罪者化 criminalization」の流れが発生してきているのは，ホームレス生活者への対応としての一種の「ダブルスタンダード」が生じてきたことを意味するものである。

　連邦ホームレス生活者対策が「ケアの継続」戦略のもとで「整備」をみる一方，このレールに乗ることをなんらかの事情により拒否する人々，あるいは当局によって拒否したとみなされる人々（すなわち今日における「救済に値しない」人々）に対しては，路上生活者の犯罪者化＝治安対策が適用され，刑務所への収容が行われるようになっている（ちなみにアメリカでは1990年代末に刑務所収容人員が史上最高に達したことが知られている）。[21] ホームレス生活者対策として整備されてきたアメリカ社会における最底辺の「網」からも，なおなんらかの事情により漏れる人々の存在を，われわれは刑務所などの施設において今日認めるのである。

　「新しいホームレス」としてその存在が確認されて以来，アメリカ社会は大規模化した社会問題としての「ホームレス問題」に20年以上さいなまれてきた。ホームレス問題に長い間かかわってきた社会が，ホームレス問題に対してみせる疲労やある種の麻痺といったようなものが，上記の「ダブルスタンダード」という状況によく現れているのではないだろうか。先進的事例を挙げる草の根の支援組織などが広く展開する社会運動の存在が，政策に影響をおよぼし事態を打開するきっかけをどのようにして見いだしつつあるのか，ミクロでの具体的な取り組みは機会を改めさらに検証する。

1）今日のホームレス生活者人口の年齢構成が〈若い〉ことと関係しているのは，第1にホームレス生活者全体に占める家族ホームレスの割合がスキッド・ロウのホームレス生活者の場合に比べて大きくなったことである（『87年調査』，『96年調査』ともに16％）。というのは家族ホームレスの場合，女性が子どもと一緒に暮らすという形態（女性世帯主家族）が多くなるが，そこでは女性の年齢は低くなる傾向があるからである［ICH, 1999, p.3/16］。第2の要因は，高齢者に対する社会保障が充実したことである。とりわけ「老齢・遺族・障害年金（OASDI）」の場合，1970年代以後適用対象者枠が拡大され，また給付額も引き上げられた結果，高齢になってからホームレスになる人は少なくなったと考えられる［Rossi, 1989, pp.33-34］。第3に，若くしてホームレス状態に陥った

人々が，それほど時間を経ずに，援助を受けて「恒久住宅 permanent housing」に移るなり，また自分の力で部屋を借りるなり，あるいは場合によってはなんらかの事情で亡くなったりして，ホームレスではなくなっていく一方で，さまざまな理由から，若くして新たにホームレス状態に陥る人々が現れてくるという可能性を指摘することができる。
2) ここで「問題があった」というのは，回答者が調査日に先立つ1カ月間になんらかの具体的な困難を経験したということである。メンタルヘルスについては，次の8つの困難のうちひとつでも該当するものがあったという人は「メンタルヘルスに関して問題があった人」ということになる。①自殺を企てた，②重い鬱状態に陥った，③深刻な不安もしくは緊張を覚えた，④幻覚を経験した，⑤物事の理解や精神の集中，もしくは記憶に困難を覚えた，⑥暴力衝動を押さえるのに困難を覚えた，⑦本気で自殺したいと思った，⑧症状を緩和する薬を処方してもらって服用した［ICH, 1999, p.8/3-8/4］。アルコールと薬物についてはそれぞれ同書 p.8/9，p.8/15 を参照されたい。
3) 調査では，調査日とそれに先立つ1週間における滞在場所も尋ねている。それをみれば，ホームレス生活者がいかに頻繁に滞在場所を変えているかがよくわかる。すなわち，調査日を含む8日間ずっとシェルターにいた人，路上にいた人，一時的な住居にいた人はそれぞれ34%，7%，6%でしかなかった［ICH, 1999, p.4/5］。なお，ここで「路上」というのは車や無人の建物，公園などの「人間が住むのに適さない場所」のことであり，また「一時的な住居」とは友人の家やホテル，モーテルなどをさしている。
4) デモグラフィックスについては，本編第1章に詳しいが，ここでは退役軍人とホームレス生活者との関係について言及しておきたい。すなわち，第2次世界大戦後，アメリカでは退役軍人省が設置されるなど，退役軍人に対する除隊後の給付が幅広く制度化されたこともあり（教育支援，住宅ローン保証，年金や障害給付など），「退役軍人は他のアメリカ人と比べてもホームレス状態に陥りやすくなかったはず」であった［Rosenheck et al., 1996］。Rosenheck らは，1980年代に退役軍人の間でホームレス生活者が増大したことを理解するのはたやすくないとしながらも，退役した人々のホームレス状態がベトナム戦争に従軍した経験と，とくに戦闘にかかわる心的外傷後ストレス障害（PTSD）の結果であることを複数の調査をもとに示唆している。われわれの行った2回の現地調査でも，とくに退役軍人である場合，行政が直接実施するホームレス支援サービスは嫌われ受け入れられない傾向があること（すなわち「彼らは政府に対して疲れきっています」: Jeanette Rowe, Program Coordinator of Los Angeles Homeless Service Authority, Los angeles, 2001年12月17日のインタビュー）や，あるいは空軍に従軍した経験のある支援者によって表明されたモチベーションとしての言説（すなわち「15年間従軍した後に日常の生活に復帰することの困難さは，私自身がよく知っています」: Rogena Thurber-Waheed, Program Coordinator of Chrysalis, Los Angeles, 2001年2月27日のインタビュー）などのケースに，この関係の根深さを垣間見るのである。アメリカのホームレス生活者のデモグラフィックスにおいてこの問題は決して看過されるべきではない。
5) AFDC (Aid to Families with Dependent Children) は「要扶養児童家庭扶助」として知られるアメリカの代表的な公的扶助制度であったが，1996年の福祉改革により「貧

困家庭への一時的扶助」(TANF:Temporary Assistance for Needy Families) へと制度が変更された。これにより，一人が同扶助を受給できる期間は生涯5年に制限され，さらに受給と引き換えの強制的な就労要件が設定された。同制度のドラスティックな改革は，「福祉改悪」あるいは「福祉の終焉」とも呼ばれている。

6) U.S. Congress, House, Committee on Banking, Finance and Urban Affairs, Hearing before the Subcommittee on Housing and Community Development, *The Continued Growth of Hunger, Homelessness and Poverty in America's Cities*: 1986., 100th cong., 1st sess., February 4, 1987, p.141.

7) 土地利用規制としての地域制（ゾーニング）や，融資などの際に金融機関によって行われる特定地域の線引き差別化（レッドライニング）によって，低所得層，なかでも人種隔離された居住地で暮らさざるをえない貧困な人種マイノリティにとって，住居を得るオプションは非常に限定されているのであり，1980年代の悪化した住宅事情においてはその困難が彼らに最も集中したのである。レッドライニングについては，[大塚, 2001] 参照。

8) この点，先述 [Rossi, 1989] は代表的な研究として多くの研究において参照されている。

9) Kim Hopper, a medical anthropologist working as a lecturer of the Columbia University, School of Public Health, 2001年3月7日のインタビュー。

10) U. S. Congress, House, Committee on Banking, Finance and Urban Affairs, Hearing before the Subcommittee on Housing and Community Development, *Homelessness in America*, 97th Cong., 2nd sess., December 15, 1982

11) 1980年代における支援活動については，[Blau, 1992] に詳しい。またわが国では，社会福祉研究者の [窪田, 1993] による，ニューヨークの権利運動に関する言及がある。

12) この点について詳しくは，[U. S. Department of Housing and Urban Development, 1989] を参照せよ。

13) この点について詳しくは，[U. S. Department of Housing and Urban Development, 1984, p.41] を参照せよ。

14) *Ibid.*

15) U. S. Congress, House, Committee on Banking, Finance and Urban Affairs, Hearing before the Subcommittee on Housing and Community Development, *Urgent Relief for the Homeless Act*, 100th Cong., 1st sess., February 4. 1987, p.32

16) Executive Order 12848, May 19, 1993

17) U. S. Congress, House, Committee on Banking, Finance and Urban Affairs, Field Hearings before the Subcommittee on Housing and Community Development, *Homelessness in America*, 103rd Cong., 1st sess., April 23, 1993, p.13

18) U. S. Congress, House, Committee on Banking Financial Services, Hearings, Housing and Community Opportunity, 105th, Cong., 1st sess., March 5, 1997

19) 合衆国監査院は，ホームレス問題とのかかわりにおいて，この「メインストリームの施策」が後退していることを指摘し報告を行っている。1994年にはボルティモアやシア

トルなどの4都市の調査をもとに，ホームレス問題に関する専門家たちが，ホームレス生活者対策以前の「メインストリーム施策」が拡張されるべきことを望んでいると紹介している［U. S. General Accounting Office, 1994］。また，同監査院は近年，［U. S. General Accounting Office, 2000］のような報告を提出している。
20) この点について詳しくは，［Hoch and Bowden, 1998, p7］を参照せよ。
21) Inmate Population Reaches Record 1,8 Million, *The New York Times*, March 15, 1999. また，ジャーナリストの原昌平にこの点は詳しい［原，2001］。

【参考文献】
大塚秀之　2001：『現代アメリカ社会論―階級・人種・エスニシティからの分析』大月書店。
合衆国商務省センサス局編　2000：鳥居泰彦監訳『現代アメリカデータ総覧1999』東洋書林。
窪田暁子　1992：「アメリカのホームレスとホームレス研究」岩田正美編著『大都市におけるホームレス問題と福祉援助』（平成3・4年度科学研究費補助金研究成果報告書）。
窪田暁子　2000：「ホームレス問題とその対策」窪田・古川・岡本編『世界の社会福祉9　アメリカ・カナダ』旬報社。
原昌平　2001：「矛盾に立ち向かう当事者運動」野宿者・人権資料センター『Shelter-less』No.10。
平山洋介　1999：「アメリカの住宅政策」小玉・大場・檜谷・平山『欧米の住宅政策―イギリス・ドイツ・フランス・アメリカ』ミネルヴァ書房。
Anderson, Nels　1923：*The Hobo: The Sociology of the Homeless Man,* Chicago: The University of Chicago Press. 広田康生訳　1999/2000：『ホーボー―ホームレスの人たちの社会学―』上・下，ハーベスト社。
Blau, Joel　1992：*The Visible Poor: Homelessness in the United States*, Oxford: Oxford University Press.
Burt, Martha and B. Cohen　1989：*America's Homelessness: Numbers, Characteristics, and Programs that Serve Them*, Washington, D.C.: The Urban Institute Press.
Burt, Martha et al.　2001：*Helping America's Homeless: Emergency Shelter or Affordable Housing?* Washington, D.C.: The Urban Institute Press.
Culhane, Dennis　1992："The Quandaries of Shelter Reform: An Appraisal of Efforts to 'Manage' Homelessness" *Social Service Review*: vol.66, no.3.
Culhane, Dennis　2001："Responding to Homelessness Policies and Politics."

Urban Homelessness & Public Policy Solutions: A One-Day Conference, January 22, UC Berkley.
Fascarinis, Maria 1996 : "The Federal Response: The Stewart B. McKinney Homeless Assistance Act.", in: Jim Baumohl (ed.), *Homelessness in America*, Phoenix: The Oryx Press.
Gans, Herbert, J 1995 : *The War Against the Poor: The Underclass and Antipoverty Policy*, New York: Basic Books.
Hoch, Charles and R. Slayton 1989 : *New Homeless and Old: Community and the Skid Row Hotel*, Philadelphia: Temple University Press.
Hoch, Charles and Lynette. Bowden 1998 : "Sheltering the Homeless: Social Mobility Along the Continuum of Care", *A Great Cities Institute Working Paper*, Chicago: University of Illinois.
Hoch, Charles 2000 : "Sheltering the Homeless in the US: Social Improvement and the Continuum of Care", in: *Housing Studies*, vol.15, no.6.
Hopper, Kim 1997 : "Homeless Old and New: The Matter of Definition", in: Dennis Culhane and Steven Hornburg (eds.) *Understanding Homelessness: New Policy and Research Perspective*, Washington, D.C.: Fannie Mae Foundation.
Interagency Council on the Homeless 1999 : *Homelessness: Programs and the People They Serve (Findings of the National Survey of Homeless Assistance Providers and Clients: Technical Report)*, Washington, D.C.: The Urban Institute (http://www.urban.org).
Jahiel, Rene 1992 : "Services for Homeless People: An Overview" in: Rene Jahiel (ed.), *Homelessness: A Prevention-Oriented Approach*, Baltimore: The Johns Hopkins University Press.
Jencks, Christopher 1994 : The Homeless, Cambridge: Harvard University Press. 岩田正美監訳 1995:『ホームレス』図書出版社。
Katz, Michael 1989 : *The Undeserving Poor: From the War on Poverty to the War on Welfare*, New York: Pantheon Books.
Kusmer, Kenneth L. 2002 : *Down and Out, on the Road: The Homeless in American History*, Oxford: Oxford University Press.
Rosenheck et al. 1996 : "Homeless Veterans", in: Jim Baumohl (ed.), *Homelessness in America*, Phoenix: Oryx Press.
Rossi, Peter H. 1989 : *Down and Out in America: The Origins of Homeless-*

ness, Chicago: The University of Chicago Press.

Schneider, John C. 1984 : "Tramping Workers, 1890-1920: A Subcultural View", in: Eric H. Monkkonen (ed.), *Walking to Work: Tramps in America, 1790-1935*, Lincoln: University of Nebraska Press.

Solenberger, Alice 1911 : *OneThousand Homeless Men: A Study of Original Records*, New York: Russel Sage.

Sommer, Heidi 2001 : *Homelessness in Urban America: A Review of the Literature*, California: Institute of Governmental Studies Press.

Sutherland Edwin H. and Harvey J. Rock 1971 : *Twenty Thousand Homeless Men: A Study of Unemployed Men in the Chicago Shelters* (reprinted edition), New York: Arno Press and The New York Times.

U.S. Census Bureau 2001 : *Emergency and Transitional Shelter Population 2000: Census 2000 Special Reports*, Washington, D.C..

U.S. Department of Housing and Urban Development 1984 : *A Report to the Secretary on the Homeless and Emergency Shelter*, Washington, D.C..

U.S. Department of Housing and Urban Development 1989 : *A Report on the 1988 National Survey of Shelters for the Homeless*, Washington, D. C..

U.S. General Accounting Office 1994 : *Homelessness: McKinney Act Programs Provide Assistance but Are Not Designed to Be the Solution*, Washington,D. C..

U.S. General Accounting Office 1999a : *Homelessness: Consolidating HUD's Mckinney Programs*, Washington, D.C..

U.S. General Accounting Office 1999b : *Homelessness: Coordination and Evaluation of Programs Are Essential*, Washington, D.C..

U.S. General Accounting Office 1999c : *Homeless Veterans*, Washington, D.C..

U.S. General Accounting Office 2000 : *Homelessness: Barriers to Using Mainstream Programs*, Washington, D.C..

Wallace, Samuel E. 1965 : *Skid Row As a Way of Life*, Totowa: The Bedminster Press.

――― **著者紹介** (執筆順) ―――
①所属・職名，②主要著作，③本書での担当箇所

中村健吾（なかむら・けんご）
①と②：奥付参照，③序，第Ⅰ編，第Ⅲ編の第1章・第2章・第3章・第4章の第1節と第4節・第5章

小玉　徹（こだま・とおる）
①と②：奥付参照，③第Ⅱ編の「はじめに」と第1章

岡本祥浩（おかもと・よしひろ）
①中京大学商学部教授，②『居住福祉の論理』（共著，東京大学出版会，1993年），「イギリスのホームレス問題と住宅政策の模索」（都市住宅学会『都市住宅学』34号，2001年7月），③第Ⅱ編の第2章と第4章

中山　徹（なかやま・とおる）
①大阪府立大学社会福祉学部教授，②『高齢在日韓国・朝鮮人』（共著，御茶の水書房，1997年），「イギリスにおけるホームレス問題と『野宿者』(Rough Sleeper) 対策」（大阪市立大学経済学会『経済学雑誌』102巻3・4号，2002年3月），③第Ⅱ編の第3章

庄谷怜子（しょうや・れいこ）
①大阪府立大学名誉教授，②『現代の貧困の諸相と公的扶助』（啓文社，1996年），『高齢在日韓国・朝鮮人』（共著，御茶の水書房，1997年），③第Ⅲ編の「はじめに」

嵯峨嘉子（さが・よしこ）
①大阪府立大学社会福祉学部専任講師，②「ホームレスと社会扶助」（布川日佐史編著『雇用政策と公的扶助の交錯』御茶の水書房，2002年），「ドイツにおけるホームレス支援策」（社会政策学会編『グローバリゼーションと社会政策』法律文化社，2002年），③第Ⅲ編の第4章の第2節と第3節

都留民子（つる・たみこ）
①と②：奥付参照，③第Ⅳ編の「はじめに」・第1章・第2章・第3章・第4章・第6章

檜谷美恵子（ひのきだに・みえこ）
①大阪市立大学大学院生活科学研究科助教授，②『欧米の住宅政策』（共著，ミネルヴァ書房，1999年），「民間非営利組織アソシエーションの制度的位置づけとその活動実態―フランスにおける住宅困窮問題への政策対応に関する研究」（都市住宅学会『都市住宅学』35号・2001年10月），③第Ⅳ編の第5章

平川　茂（ひらかわ・しげる）
①と②：奥付参照，③第Ⅴ編の「はじめに」と第1章

小池隆生（こいけ・たかお）
①専修大学大学院経済学研究科助手，②「現代アメリカにおけるアンダークラス問題とその研究視角」（専修大学大学院『社会科学論集』22号，1998年9月），『東京における日雇労働者―山谷日雇労働調査中間報告書』（共著，UCLA, Center for the Study of Urban Poverty, Working Paper Series, 2000年6月），③第Ⅴ編の第2章

編著者紹介

小玉　徹（こだま・とおる）
　大阪市立大学大学院創造都市研究科教授
　主要著作『欧州住宅政策と日本―ノンプロフィットの実験』（ミネルヴァ書房，1996年）
　　　　　『大都市圏再編への構想』（編著，東京大学出版会，2002年）

中村健吾（なかむら・けんご）
　大阪市立大学大学院経済学研究科助教授
　主要著作「グローバリゼーションと地域統合の時代における社会政策の可能性」（社会政策学会編
　　　　　『グローバリゼーションと社会政策』法律文化社，2002年），「国民国家を超える公共圏の
　　　　　可能性― EU の経験をめぐるドイツでの論争」（立命館大学人文科学研究所公共研究会叢
　　　　　書編集委員会編『新しい公共性を求めて』有斐閣，2003年）

都留民子（つる・たみこ）
　県立広島女子大学生活科学部教授
　主要著作『フランスの貧困と社会保護―参入最低限所得 (RMI) への途とその経験』（法律文化社，
　　　　　2000年），「フランスの排除 Exclusion 概念―わが国の社会問題に使用することは可能か
　　　　　―」（国立社会保障・人口問題研究所『海外社会保障研究』141号，2002年12月）

平川　茂（ひらかわ・しげる）
　四天王寺国際仏教大学人文社会学部助教授
　主要著作「非正規雇用の広がりと都市最下層」（八木正編著『被差別世界と社会学』明石書店，1996
　　　　　年），「『事業型NPO』と『運動型NPO』」（『四天王寺国際仏教大学紀要』34号，2002年3月）

2003年2月10日　初版第1刷発行
2004年2月20日　初版第2刷発行

欧米のホームレス問題（上）
―実態と政策―

　　　　　　　　小　玉　　　徹
　　　　　　　　中　村　健　吾
　編著者　　　　都　留　民　子
　　　　　　　　平　川　　　茂

　発行者　　　　岡　村　　　勉

　発行所　　株式会社　**法律文化社**
　　〒603-8053 京都市北区上賀茂岩ケ垣内町71
　　電話 075(791)7131　FAX 075(721)8400
　　　http://www.hou-bun.co.jp/

© 2003 T.Kodama, K.Nakamura, T.Tsuru, S.Hirakawa
Printed in Japan
一進印刷株式会社・酒本製本所
装幀　前田俊平
ISBN4-589-02619-8

都留民子著
フランスの貧困と社会保護
―参入最低限所得(RMI)への途とその経験―
A5判・240頁・6300円

I部で貧困問題から排除問題への推移をたどり、II部で貧困・排除に抗する社会諸施策の1つであるRMI制度を丹念に考察。その実像を明らかにし、課題を見出し実行するフランスから日本の社会保護制度のあり方を問う。

社会政策学会編〔社会政策学会誌第8号〕
グローバリゼーションと社会政策
A5判・286頁・3045円

グローバリゼーションの展開をふまえ、社会政策的見地からその問題点と課題を明らかにする。アメリカや、それとは対極をなすアジアでの労働者や労使関係、労働組合運動の実相など、生の実態からグローバリゼーションの側面を浮き彫りにする。

訓覇法子著
アプローチとしての福祉社会システム論
A5判・320頁・2940円

社会システムに立脚した福祉社会システムと福祉生産・供給システムをひとつの枠組みとして、国際的視点から先進諸国の社会政策とその効果、福祉の組織化、現代のポスト福祉国家議論を体系的に展開する。

ノーマン・ジョンソン著／青木郁夫・山本　隆監訳
山本惠子・村上　真・永井真也訳
グローバリゼーションと福祉国家の変容
―国際比較の視点―
A5判・350頁・3780円

現代福祉が抱える諸問題を理論面、実際面で整理し、その展望を福祉ミックス論の視点から検討する。国家・地方自治・民間の役割と任務、地域住民の参加と意思決定など幅広く取り上げ、福祉社会のあり方を提起。

ディディエ・ドマジエール著／都留民子訳
失業の社会学
―フランスにおける失業との闘い―
四六判・224頁・2730円

失業とは何か。フランスにおける失業の推移、失業対策、失業者生活をめぐる社会学研究の動向を明らかにする作業を通して、失業概念の構築と変容のメカニズムを解明する。日本との比較や研究課題については〈補論〉で論及。

――法律文化社――

表示価格は定価(税込価格)です